CLAUDINEY PRIETO

RITUAIS DE MAGIA
— COM O —
TARÔ

Um guia para uso dos arcanos em feitiços, encantamentos, meditações e jornadas mágicas interiores.

Para ele, que me inspira,
o amor que eu escolhi sentir,
a mais incrível aprendizagem,
e o melhor que eu tenho na vida:

ADRIANO

RITUAIS DE MAGIA COM O TARÔ
* Publicado em 2021 pela Editora Alfabeto

Supervisão geral: Edmilson Duran
Consultor editorial: Claudiney Prieto
Ilustração da capa: Rodval Matias
Revisão: Luciana Papale e Renan Papale
Diagramação: Décio Lopes e Walmir da Silva Santos

DADOS INTERNACIONAIS DE CATALOGAÇÃO NA PUBLICAÇÃO

Prieto, Claudiney

Rituais de Magia com o Tarô: um guia para uso dos arcanos em feitiços, encantamentos, meditações e jornadas mágicas interiores / Claudiney Prieto. Editora Alfabeto, 1ª edição, São Paulo, 2021.

ISBN 978-65-87905-21-1

l. Tarô 2. Magia 3. Wicca 4. Bruxaria 5. Esoterismo I. Título.

Todos os direitos reservados, proibida a reprodução total ou parcial por qualquer meio, inclusive internet, sem a expressa autorização por escrito da Editora. Tradução autorizada do inglês. Direitos de edição para todos os países de Língua Portuguesa cedido à Editora Alfabeto.

A violação dos direitos autorais é crime estabelecido na Lei n. 9.610/98 e punido pelo artigo 184 do Código Penal.

EDITORA ALFABETO
Rua Protocolo, 394 | CEP: 04254-030 | São Paulo/SP
Tel: (11) 2351-4168 | editorial@editoraalfabeto.com.br
Loja Virtual: www.editoraalfabeto.com.br

SUMÁRIO

ORIGENS DO TARÔ 13

O TARÔ E A MAGIA 19

COMO FUNCIONA A MAGIA COM AS CARTAS? 23

ESTRUTURA DO TARÔ 27

A MAGIA DOS ARCANOS MAIORES 35

   O USO MÁGICO DE CADA ARCANO 45

      O LOUCO 46

      Ritual para ativar a energia da carta do Louco 51

      O MAGO 56

      Ritual para ativar a energia da carta do Mago 61

      A SACERDOTISA 66

      Ritual para ativar a energia da carta da Sacerdotisa 71

      A IMPERATRIZ 76

      Ritual para ativar a energia da carta da Imperatriz 81

      O IMPERADOR 84

      Ritual para ativar a energia da carta do Imperador 89

      O HIEROFANTE 92

      Ritual para ativar a energia da carta do Hierofante 95

      OS ENAMORADOS 98

      Ritual para ativar a energia da carta dos Enamorados 102

      O CARRO 108

      Ritual para ativar a energia da carta do Carro 111

      A FORÇA 114

      Ritual para ativar a energia da carta da Força 117

      O EREMITA 120

      Ritual para ativar a energia da carta do Eremita 123

      A RODA DA FORTUNA 126

      Ritual para ativar a energia da carta da Roda da Fortuna 130

      A JUSTIÇA 134

      Ritual para ativar a energia da carta da Justiça 137

      O ENFORCADO 140

      Ritual para ativar a energia da carta do Enforcado 144

      A MORTE 148

      Ritual para ativar a energia da carta da Morte 151

      A TEMPERANÇA 156

      Ritual para ativar a energia da carta da Temperança 159

O DIABO ... 162
Ritual para ativar a energia da carta do Diabo ... 166
A TORRE ... 172
Ritual para ativar a energia da carta da Torre ... 175
A ESTRELA ... 178
Ritual para ativar a energia da carta da Estrela ... 181
A LUA ... 184
Ritual para ativar a energia da carta da Lua ... 188
O SOL ... 192
Ritual para ativar a energia da carta do Sol ... 195
O JULGAMENTO ... 198
Ritual para ativar a energia da carta do Julgamento ... 201
O MUNDO ... 204
Ritual para ativar a energia da carta do Mundo ... 208

A MAGIA DOS ARCANOS MENORES ... 213

Compreendendo os naipes ... 215
Uso mágico do naipe de Espadas ... 216
Uso mágico do naipe de Bastos ... 217
Uso mágico do naipe de Copas ... 218
Uso mágico do naipe de Ouros ... 219
A magia das cartas numéricas ... 221
ÁS – O INÍCIO ... 225
Ás de Espadas ... 226
Ás de Bastos ... 227
Ás de Copas ... 228
Ás de Ouros ... 229
DOIS – DUALIDADE ... 230
2 de Espadas ... 231
2 de Bastos ... 232
2 de Copas ... 233
2 de Ouros ... 234
TRÊS – O CRESCIMENTO ... 235
3 de Espadas ... 236
3 de Bastos ... 237
3 de Copas ... 238
3 de Ouros ... 239
QUATRO – A ESTRUTURA ... 240
4 de Espadas ... 241
4 de Bastos ... 242
4 de Copas ... 243
4 de Ouros ... 244

CINCO – AS TENSÕES	245
5 de Espadas	246
5 de Bastos	247
5 de Copas	248
5 de Ouros	249
SEIS – EQUILÍBRIO	250
6 de Espadas	251
6 de Bastos	252
6 de Copas	253
6 de Ouros	254
SETE – APRENDIZADO	255
7 de Espadas	256
7 de Bastos	258
7 de Copas	260
7 de Ouros	261
OITO – MUDANÇA	262
8 de Espadas	263
8 de Bastos	264
8 de Copas	265
8 de Ouros	266
NOVE – INTENSIDADE	267
9 de Espadas	268
9 de Bastos	269
9 de Copas	270
9 de Ouros	271
DEZ – CONCLUSÃO	272
10 de Espadas	273
10 de Bastos	274
10 de Copas	275
10 de Ouros	276
A MAGIA DAS CARTAS DA CORTE	277
As cartas e o tipo físico	280
VALETES	282
Valete de Espadas	283
Valete de Bastos	284
Valete de Copas	285
Valete de Ouros	286
CAVALEIROS	287
Cavaleiro de Espadas	288
Cavaleiro de Bastos	289
Cavaleiro de Copas	290
Cavaleiro de Ouros	291

RAINHAS 292
   Rainha de Espadas 294
   Rainha de Bastos 295
   Rainha de Copas 296
   Rainha de Ouros 297
REIS 298
   Rei de Espadas 300
   Rei de Bastos 301
   Rei de Copas 302
   Rei de Ouros 303
   Ritual para ativar a energia dos Arcanos Menores 304

CONSAGRANDO O TARÔ PARA FAZER MAGIA 307
   Algumas dicas para tornar seu baralho de Tarô ainda mais mágico 311

UM ALTAR PARA O TARÔ 313
   Altar: um palco para a prática da magia 324
   Altar dividido em duas partes 328
   Altar dividido em quatro 332
   Altar dividido em oito 338
   Altar dividido em doze 343

FAZENDO MAGIA COM O TARÔ 351
   Preparação para a magia 353
   Concentração 354
   Visualização 355
   Consciência 355
   Ética na magia do Tarô 357
   Lançando o Círculo Mágico 360
   Criando seus próprios rituais com o Tarô 363
   Como escolher cartas de Tarô para feitiços 364
   Fazendo magia com apenas uma carta 366
   Feitiços com combinação de diferentes cartas 367
   Triângulo da manifestação 368
   Distribuição circular 370
   Feitiços oraculares 370
   Ativando o feitiço 371
   Dando um passo além 372
   O sistema da Golden Dawn 376
   Deuses para seus rituais com o Tarô 391
   O Tarô e a mitologia Wiccaniana 398

RITUAIS PLANETÁRIOS E ELEMENTAIS COM O TARÔ — 401
Os rituais planetários — 402
Hexagramas planetários de invocação e banimento — 407
Heptagramas de invocação e banimento — 413
Fazendo magia com o Tarô usando os quadrados mágicos planetários — 415
Criando sigilos com grades planetários e potencializando-os com os Arcanos do Tarô — 421
Os rituais elementais — 427
Pentagramas elementais — 432

JORNADAS INTERIORES COM O TARÔ — 437
Roteiro básico de jornadas interiores para os arcanos menores — 510

RITUAIS DE ASSUMIÇÃO DE FORMAS DIVINAS COM O TARÔ — 513
Cargas do Tarô — 518
As Cargas de cada Arcano — 519
Roteiro básico para assumir uma forma divina — 530
Ritual de assumição de forma divina — 533

DANÇANDO O TARÔ — 537
As etapas das cartas numeradas — 541
As voltas das cartas da realeza — 541

POSTURA DOS ARCANOS — 543
Assumindo as posturas dos arcanos — 547
Preparação — 547
Acalme sua mente — 549
Escolha a carta — 549
Assuma a postura da carta — 549

A MAGIA DAS CONSTELAÇÕES DO TARÔ — 551
As constelações e suas matrizes arquetípicas — 558
1. O Mago — 559
2. A Sacerdotisa — 561
3. A Imperatriz — 562
4. O Imperador — 563
5. O Hierofante — 564
6. Os Enamorados — 565
7. O Carro — 566
8. A Força — 567
9. O Eremita — 568
Roteiro para realizar os rituais das constelações do Tarô — 570

TRABALHANDO COM O TARÔ NO MUNDO DOS SONHOS	**573**
O TARÔ E A SOMBRA	**579**
A Sombra de cada Arcano	586
Ritual de magia com o Tarô para encontrar com sua Sombra	589
Trabalhando com a Sombra	592
MAGIA SEXUAL COM O TARÔ	**595**
Magia sexual com o Tarô	599
Um ritual de magia sexual com os Arcanos	600
Posições para cada carta	603
Considerações práticas dos rituais de magia sexual com o Tarô	606
Prática da magia sexual solitária	607
Ritual básico de prática energética autoerótica	607
Prática da magia sexual com um parceiro	608
Ritual básico de magia sexual com um parceiro	610
Uma última palavra sobre magia sexual	612
PALAVRAS FINAIS	**619**
COMPÊNDIO	**623**
Resumo para realizar rituais de magia com o Tarô	624
Instrumentos e utensílios necessários	624
Rápida referência dos Arcanos do Tarô para propósitos específicos	627
Protocolo básico de ritual de magia com Tarô	628
Aprimorando o ritual do Tarô	629
As fases da Lua	630
Os 7 planetas mágicos e suas correspondências	631
Horas planetárias	636
Incensos	638
Propriedades mágicas dos aromas	639
As velas	650
Velas para altar	652
Velas astrais	652
Velas significadoras	653
A unção das velas	656
Número de velas em um ritual	660
Pedras	661
Ervas	664
Guia de rápida referência para uso das cartas baseado em temas	676

Resumo do uso mágico dos Arcanos para rápida referência	682
Conceitos, palavras-chaves e frases	699
Invocação dos Arcanos	704
O simbolismo do Tarô na magia	715
Os símbolos	715
Cores	719
Gestos e posições	721
Métodos para seus rituais de magia com Tarô	722
Método 1: Fazendo as coisas funcionarem	724
Método 2: Alcançando um desejo	725
Método 3: Tome a ação	725
Método 4: Saindo do lugar	726
Método 5: Cura geral	727
Método 6: Superando a mente	727
Método 7: Pico da montanha	728
Método 8: Jornada de vida	729
Método 9: Alcançando seu maior sonho	730
Método 10: Lei da atração	731
Método 11: Chuva de bênçãos	732
Método 12: Checkup de relacionamento	733
Método 13: Cura da Sombra	734
Método 14: Geral	735
Método 15: Alinhamento afetivo	736
Método 16: Estrela dos desejos	737
Método 17: Manifestação dos pensamentos	738
Método 18: Poder dos Elementos	739
Método 19: Pirâmide	740
Método 20: Generalista	741

BIBLIOGRAFIA 743

CAPÍTULO 1

ORIGENS DO TARÔ

NÃO SE SABE AO CERTO acerca da origem do Tarô. Durante muito tempo lendas de que o Tarô tinha origem egípcia e de que era a sobrevivência do Livro de Thoth fez parte do imaginário dos buscadores das ciências secretas. Outros, atribuíram uma relação direta entre o Tarô e a Cabala, fazendo uma conexão entre a terminologia hebraica *nabi* (significando "profecia") com a atual palavra "naipe". Paul Foster Case, que foi um importante ocultista, pesquisador e o fundador da escola B.O.T.A.[1], conectou a origem do Tarô com a antiga Alexandria. Segundo ele, por volta de 1200 EC, depois da completa destruição de Alexandria, os sábios do mundo antigo teriam se reunido na cidade de Fez, Marrocos, para criar um depositário simbólico da sabedoria universal que ultrapassasse as barreiras linguísticas, adotando um sistema baseado nas ideias primordiais comuns aos judeus, sírios, tibetanos e hindus. Paul Foster afirmou que assim surgiu o Tarô, com diversas cartas, que ficaram conhecidas como *arcanos* (segredos), dando origem ao atual formato deste oráculo. Todas essas origens míticas foram desacreditadas pelos pesquisadores modernos que encontraram a origem do Tarô entre os anos de 1200 e 1400.

A história do Tarô provavelmente remonta às primeiras décadas do século 13, através dos comerciantes mediterrâneos que faziam a Rota da Seda pela China, Pérsia e África. Diz-se que eles trouxeram o primeiro baralho conhecido no Ocidente. De origem islâmica, ele foi dividido em quatro partes parecidas com os atuais naipes. Um quinto naipe

---

[1]. A B.O.T.A foi uma ordem fundada por Paul Foster Case, que tinha sido um membro sênior da Ordem Hermética da Golden Dawn nos Estados Unidos. Após desentendimentos com Moina Mathers, líder da Golden Dawn e viúva de MacGregor Mathers, Paul deixou a Golden Dawn e junto com alguns de seus ex-membros formou uma ordem separada que trabalhava com o Tarô de forma mística. A ordem está em atividade até os dias atuais.

foi incorporado na Europa a esse modelo original durante o século 15: os trunfos. Essas cartas traziam motivos de flores ou outras cenas que pareciam superiores àquelas encontradas nos primeiros naipes e se assemelham muito com as que hoje encontramos entre os 22 Arcanos Maiores do Tarô contemporâneo.

Desta forma, surge um novo jogo chamado *Tarocco* ou *Tarocchi*, na Itália, e que foi chamado de *Tarot* na França. Porém é o Tarô de Visconti-Sforza, encomendado pelo Duque de Milão, em 1440, um baralho com figuras como o Mago, a Imperatriz, o Enforcado e tantas outras que se consolida trazendo praticamente todas as figuras que encontramos no Tarô Clássico. Apenas duas delas não foram retratadas no Visconti-Sforza original: a Torre e o Diabo. Até hoje os pesquisadores não chegaram a uma conclusão se essas cartas nunca fizeram parte do jogo inicial ou se suas origens acabaram por se perder nas brumas do tempo.

No final do século 15, o Tarô já circulava em sua versão clássica como o conhecemos atualmente, trazendo 78 cartas ao total: 22 trunfos numerados de 1 a 21, mais a carta do Louco, sem número, e outras 56 lâminas divididas em 4 naipes (Espadas, Bastos, Copas e Ouros) indo de 1 a 10, além das cartas da realeza correspondentes à cada naipe (Rei, Rainha, Cavaleiro e Valete).

Assim, os Tarôs mais antigos que podemos citar surgiram na Itália (Visconti-Sforza, na segunda metade do século 14, e em Veneza, na primeira metade do mesmo século) e na França (Charles V, no ano de 1500, e Noblet no ano de 1650, em Vieville).

O Tarô se tornou popular na Europa no final do século 14, entre os anos de 1370 e 1380. Rumores sobre um jogo de cartas enigmático e simbólico percorreram a Europa naqueles tempos, indicando a provável popularidade do Tarô naquele século.

Nesta mesma época, o Tarô começou a ter outra função, a divinatória. Durante as rodadas de jogos, era comum no decorrer dessas reuniões sociais pedir que os presentes tirassem aleatoriamente um dos 22 trunfos e, feito isso, descrevia-se a personalidade ou destino da pessoa de acordo com a carta escolhida.

No século 18, seitas ocultistas e ordens secretas como a Maçonaria proliferavam na Europa. Os ocultistas em circulação daquela época passaram a se interessar pela linguagem simbólica do Tarô, resultando em uma infinidade de associações entre o Tarô, a Cabala e a Astrologia. Novos Tarôs foram redesenhados pelos mais proeminentes ocultistas daquele tempo, originando os Tarôs de Waite e o de Crowley, por exemplo, ambos membros da Golden Dawn. O interesse pelo Tarô se multiplicou e psicólogos, antropólogos e historiadores também passaram a usar o oráculo como material de referência em suas pesquisas e estudos, devido à sua linguagem arquetípica. Tamanha é a importância do Tarô para a história da humanidade, que os maiores museus do mundo, como o de Milão, o Museu Britânico ou a Biblioteca Nacional de Paris, possuem baralhos e cartas raras de Tarô em seu acervo.

Em meados do século 20, durante escavações feitas no castelo de Sforza, em Milão, foram encontradas em um poço cartas do século 15 com o estilo típico do Tarô de Marselha, reforçando uma antiga crença de que o primeiro e verdadeiro Tarô nasceu em Marselha e não na Itália.

Mas o baralho que passou a ser conhecido como *Tarô de Marselha* não era apenas confeccionado na cidade francesa que leva esse nome. Ele passou a ser assim chamado porque Marselha foi um importante centro de impressão de cartas entre os séculos 17 e 18. O estilo Marselhês se destaca por suas características: traz personagens das cartas da corte aparecendo com o corpo inteiro e não pela metade, como era comum nas antigas versões dos arcanos, que eram ilustradas de maneira mais minimalista, porém muito mais ricas em sua simbologia. Números romanos foram incluídos na parte superior das cartas, que traziam o nome de cada arcano em francês na parte inferior de cada lâmina. O baralho do Tarô de Marselha conhecido por nós atualmente, com desenhos em estilo medieval, vem de ilustrações que se produziram de forma industrial por xilografia posteriormente, e que foram sendo reproduzidos e se espalhando, chegando até a nossa época.

Porém, foi só a partir do século 18 que o Tarô de Marselha definitivamente se estabeleceu como os que encontramos agora e que se tornou o mais universal e popular dos Tarôs.

Na década de 1960, pudemos acompanhar o renascimento do interesse pelo Tarô graças ao movimento hippie. A partir daí, ele caiu nas graças de pessoas influentes na sociedade e na classe artística. Tanto, que até Salvador Dalí pintou seu próprio conjunto de cartas nos anos 1970. Atualmente, existem centenas de tipos de Tarôs diferentes e cada ilustrador alinha sua própria visão e mundo aos poderosos arquétipos dos arcanos.

Apesar de o Tarô ter sido empregado ao longo da sua história basicamente como uma ferramenta oracular e divinatória, você sabia que ele também vem sendo amplamente usado na prática de rituais e cerimônias de magia?

O Tarô pode ser usado para promover uma abordagem premonitória, mas também é um excelente veículo para a compreensão psicológica e o desenvolvimento espiritual do ser, capaz de descerrar os véus da ilusão que guardamos sobre a nossa própria natureza e suas verdades internas mais ocultas para promover o despertar do ser.

Esta obra se concentrará no uso mágico e ritual do Tarô, ensinando como tirar o melhor proveito dele ao empregá-lo para enriquecer seus rituais e práticas mágicas e como usá-lo no lançamento de feitiços e encantamentos.

Ainda que possa parecer algo inovador e desafiador, saiba que usar o Tarô como um instrumento de magia é algo altamente intuitivo se você já tiver algum conhecimento dele como ferramenta oracular. Basta unir este saber com os fundamentos da magia e o ritual mais poderoso usando os arcanos estará pronto para ser realizado.

Mas não desanime se você for um iniciante no mundo do Tarô. Cada capítulo desta obra ensinará passo a passo tudo o que precisa para fazer magia com o baralho, mesmo que não conheça nada sobre ele. E, de certa forma, ao aprender a usá-lo como um instrumento mágico, você também entenderá o que cada carta significa a nível divinatório e poderá finalmente iniciar sua jornada neste universo encantado que transformará para sempre sua percepção de mundo e acerca de si mesmo.

Uma das maiores chaves da magia está prestes a ser desvendada por você. Use-a sabiamente e para o bem!

CAPÍTULO 2

O TARÔ E A MAGIA

É COMPREENSÍVEL QUE muitas pessoas ainda não tenham despertado para o uso mágico do Tarô, uma vez que sua intepretação mais espiritual só se iniciou em meados do início do século 19 ou final do século 18. Ainda que as primeiras versões do Tarô tenham existido desde 1451, sendo o Visconti-Sforza a mais antiga de suas versões conhecidas até o momento, foi só a partir de 1773, que Antoine Court de Gebelin chamou a atenção das pessoas para a sua dimensão espiritual e esotérica.

Desde então esse pensamento foi ampliado e o Tarô tem sido usado também como um instrumento de magia e autoconhecimento, meditação, contemplação e um veículo para o despertar da consciência.

Nesta obra vamos entender como tornar o Tarô, que para muitos tem sido apenas um velho amigo consultado para prever o futuro, em um veículo capaz de mudar o que vai acontecer através da magia.

Para alguns, essa pode parecer uma perspectiva completamente inovadora e inusitada, mas apesar da pouca divulgação que tem tido, essa forma de uso do Tarô tem sido empregada por, pelo menos quase 200 anos, desde a fundação da Golden Dawn, que fez extensivo uso do Tarô na magia.

Muito mais do que um instrumento de divinação, o Tarô é depositário de uma sabedoria milenar arcana. Suas cartas, cheias de simbolismos, são chaves pictoriais que se comunicam com nossa mente mais profunda. Exatamente por essa razão, elas são perfeitas não só para despertar a sabedoria que existe dentro de nós e nos guiar quando uma previsão é feita, como também para influenciar e impressionar o nosso eu interior e, por fim, convencê-lo a fazer algo por nós. É assim que a Magia do Tarô funciona e é por isso que ela é tão efetiva.

Os símbolos apresentados pelos arcanos do Tarô conseguem criar uma ponte entre a nossa mente consciente e o inconsciente e, por isso, podem nos ajudar a canalizar forças e energias despertadas dentro de nós quando alcançamos estados alterados de consciência. Aqui o Tarô assume o aspecto de moldador do "destino" e transformador da realidade, estimulando nosso lado subconsciente a criar mudanças efetivas dentro e fora de nós, bem como eliminando padrões de comportamentos repetitivos que possam estar limitando nosso campo de ação e capacidade realizadora. Suas cartas são um espelho para a humanidade e seus símbolos são capazes de inspirar, sugerir, empoderar, parar ou nos fazer prosseguir. São guias simbólicos despertando em nós memórias que podem nos levar à felicidade, ao êxtase, à dor ou à cura. Da mesma forma, elas podem nos prover um modelo de superação, mostrando-nos o que devemos e podemos transpor e de que maneira logramos fazer isso.

Entender esse mecanismo é a chave para a compreensão de como usar o Tarô na magia. Quando contemplamos cada imagem despertamos em nós emoções, sentimentos e lembranças, assim, podemos capturar em nós ideias, bloqueios ou formas de comportamento que não seriam acessadas sem o uso dos arcanos. A partir daí, abrimo-nos para a mudança e a magia pode acontecer. O símbolo revela em nós aspectos subjacentes ou adormecidos que podem ser modificados. Nada permanece escondido à luz do símbolo, pois como o próprio Jung costumava dizer, "o símbolo não oculta, mas ensina".

Ao abrirmos as portas das nossas percepções internas para a Magia do Tarô, o que estava oculto será revelado, o que era inconsciente se fará consciente e se manifestará invariavelmente no mundo para que nossa mente racional possa compreender e integrar o que precisa ser aprendido. Tendo em consideração que a magia opera por meio da linguagem simbólica, o Tarô se torna uma ferramenta perfeita e ideal para ser empregada nos rituais, a fim de provocar mudanças positivas em nossa vida.

Usar o Tarô apenas como uma ferramenta divinatória é muito despretensioso e raso para os que querem ir além. É limitar por demasiado as inúmeras possibilidades que ele pode nos oferecer. O Tarô possui tudo o que é necessário para ser empregado nos rituais de magia, porque ele é um modelo simbólico cósmico.

Trata-se de um sistema mágico completo por si só. Seus arcanos representam tudo o que existe no Universo e que o compõe, de forças espirituais a seres humanos. Exatamente por essa razão, podemos desempenhar com ele qualquer função mágica espiritual. Suas cartas podem ser usadas para lançar um Círculo Mágico, representar os elementos em uma cerimônia, invocar poderes espirituais e simbolizar as divindades em seus ritos. Sobre uma simples mesa e somente usando os arcanos é possível criar um diagrama espiritual do Universo para invocar as potências espirituais que você deseja acessar. Você pode substituir as estátuas do seu altar por cartas de Tarô que representem a Deusa e o Deus, pode trocar o seu Bastão ritual pela carta Ás de Bastos para invocar as forças que deseja atrair para a sua magia ou usar uma carta como um portal para acessar o Outromundo. Tudo é possível com o Tarô.

As cartas podem ser usadas como componentes que vão agregar simbolismos aos seus feitiços e rituais ou você pode usar o Tarô como um sistema mágico completo em si, onde as próprias cartas do baralho se tornam o Altar, o Círculo Mágico ou os Instrumentos usados para realizar a cerimônia mágica. Portanto, para fazer magia, basta remover as cartas da caixa, acalmar a mente e iniciar o ritual colocando arcano por arcano sobre uma mesa enquanto faz sua invocação.

Quando usamos o sistema da Magia do Tarô, os rituais cheios de instrumentos e aparatos complexos pode assumir um aspecto meramente simbólico por meio dos arcanos. O Círculo Mágico não precisa ser traçado fisicamente, mas pode ser representado simbolicamente. Ao usar esse sistema, o Bruxo pode ser representado pela carta do Mago, a Bruxa pela carta da Sacerdotisa, uma pessoa de mais idade pela carta do Eremita. O Círculo Mágico, que seria delimitado com um Athame ao redor de toda a extensão da área ritual no sistema mágico tradicional, toma a forma de um grupo de cartas disposta em forma circular sobre um altar numa simples mesa, circundando a carta que representa a pessoa que realiza a operação mágica. Os arcanos podem ser usados ainda como focos para meditação ou como representações simbólicas, capazes de ancorar as formas de pensamentos e egrégoras dos Deuses. As possibilidades são ilimitadas.

CAPÍTULO 3

COMO FUNCIONA A MAGIA COM AS CARTAS?

DESDE TEMPOS MUITO ANTIGOS existe um conceito de que o mundo possui uma Alma. A primeira pessoa talvez a divulgar essa teoria foi Platão, que deu a essa "alma" o nome de *Anima Mundi* e acreditava que era uma força que estava entre o indivisível, o divisível e o material. Ou seja, para ele, a Alma do Mundo exerceria um papel intermediário entre as forças espirituais e o mundo material. Seria algo como o princípio que organiza a vida, que rege o mundo no qual vivemos e que governa o movimento dos céus e das estrelas e de todas as almas humanas, que estão diretamente ligadas a ela. Nomes diversos para expressar o mesmo conceito foram utilizados por hermetistas e filósofos como Paracelso, Agripa e Baruch Spinoza ao longo das diferentes eras.

Mais recentemente, o mesmo conceito foi reavivado por Jung, que lhe deu o nome de *Unus Mundus*. Segundo Jung há uma realidade unificada através da qual todas as coisas emergem e para onde todas as coisas retornam. Ele explorou o conceito de que os arquétipos e a teoria da sincronicidade estavam relacionados com o *Unus Mundus*, o arquétipo sendo uma expressão desta força e a sincronicidade (uma coincidência significativa) como uma possibilidade de explicar como tanto o observador quanto o observado são fenômenos ligados à mesma fonte.

Assim, a *Anima Mundi* conhecida através de diferentes religiões, culturas e sistemas filosóficos por distintos nomes, é a força intrínseca entre todas as formas de vida da Terra que se relacionam com o Planeta. Como o corpo humano tem uma alma, o mesmo aconteceria com a Terra. A Alma do Mundo é a inteligência que aviva o Planeta e que guarda as memórias e os conhecimentos de todas as eras. Platão dizia que essa alma era a única entidade viva contendo todas as outras entidades vivas que, por sua natureza, estão relacionadas.

O conceito da *Anima Mundi* postula que, por trás de todos os elementos, sejam eles naturais, sejam artificiais, está uma força que possibilita que o Planeta viva. É graças a essa força que toda a Terra conseguiu alcançar o equilíbrio e desenvolver seus modos de vida, transformando-se e evoluindo.

Os seres da natureza, os planetas, as plantas, os animais, os minerais e tudo que existe são permeados por essa energia que vai de impulso ao pensamento e a vontade humana de crescer e evoluir.

A Alma do Mundo é a força que nos possibilita entrar no reino dos arquétipos. É como uma ponte que dá acesso a esse universo. Através dela, conseguimos fazer uma conexão com a centelha de luz dentro e fora de cada um de nós. As figuras simbólicas e arquetípicas do Tarô estão impressas em nossa memória ancestral e fazem parte do inconsciente coletivo. Por isso se tornam instintivamente compreensíveis e respondemos a elas com tamanha predisposição.

Quando entramos em contato com a Alma do Mundo, ela então aviva em nós sabedorias e conhecimentos e nos desperta para a verdadeira magia da vida. A linguagem de comunicação com a *Anima Mundi*, assim como a linguagem do próprio Universo, é simbólica. Sendo o Tarô tipicamente dotado de simbolismo, ele se torna um instrumento ideal para nos comunicarmos com o Universo e a Alma do Mundo. Isso significa duas coisas: o Tarô pode ser usado tanto para ouvirmos a voz e conselhos da *Anima Mundi*, como para nos comunicarmos com ela.

Ao usarmos o Tarô como uma ferramenta oracular, é a *Anima Mundi* que se comunica conosco. A leitura, torna-se um portal de acesso à esta sabedoria universal, que tudo sabe e tudo vê, que por meio dos arcanos fornece respostas claras e objetivas sobre as indagações de nossa alma.

O objetivo desta obra é alcançarmos a segunda etapa mencionada: nos comunicarmos com a *Anima Mundi* através dos arcanos. É aqui que entra a Magia do Tarô.

Pense nas cartas como letras, vogais e consoantes, que criam uma linguagem própria capaz de transmitir uma mensagem. Ao unir os diferentes arcanos, é como se você estivesse criando palavras e frases que, através do ritual apropriado, podem ser enviadas para a *Anima Mundi*.

Uma teoria amplamente aceita é de que o Tarô possibilita o acesso aos nossos registros *akáshicos*, onde passado, presente e futuro coexistem no mesmo plano. Os registros *akáshicos* são gerados pelos pensamentos da humanidade. Cada pensamento ou ideia fica impresso para sempre no *Akasha* (éter, luz astral), gerando um arquivo primordial de registros da existência. Todas as coisas que o ser humano aprende ao longo de uma vida fica impresso neste arquivo. Todos nós temos um canal de ligação com esses registros que, segundo se acredita, podem ser acessados quando estamos em estados alterados de consciência.

As diferentes cartas e seus símbolos são, então, o alfabeto que usamos para acessar a memória *akáshica* do universo e enviar nossas mensagens a ele quando usamos o Tarô para fazer magia. Como a linguagem do Tarô é simbólica, ela é ideal para alcançar a parte de nós que precisa ser despertada no momento dos rituais mágicos: o Eu Jovem, ou nosso Eu Emocional. É ele que se comunica com a nossa mente consciente, o Eu Lógico, para levar suas mensagens para a parte mais profunda do nosso ser, o Eu Divino.[2]

Ao usar os arcanos para fazer magia, os símbolos, cores e toda a linguagem arquetípica do Tarô, torna-se o veículo perfeito para criar uma interconexão entre o consciente e o subconsciente, para que a nossa essência mais divina seja tocada e o processo de transformação de nossa realidade seja iniciado. Esse mecanismo está por trás de toda operação de Magia com o Tarô.

---

[2]. Para mais informações sobre o conceito dos 3 Eus leia o livro *A Arte da Invocação*, do mesmo autor.

CAPÍTULO 4

ESTRUTURA DO TARÔ

ANTES DE NOS AVENTURARMOS a usar o Tarô para fazer magia, devemos nos familiarizar com sua estrutura para tirar o maior proveito de todo o seu poder.

Geralmente, as pessoas chamam os diferentes tipos de baralho usados na arte da divinação pelo nome de Tarô. Porém, "Tarô" é um tipo de baralho específico.

Para fazer os rituais e práticas mágicas aqui compartilhados, você pode usar qualquer Tarô disponível no mercado, desde que ele mantenha uma estrutura clássica: um baralho com 78 cartas, dividido em dois grupos, os Arcanos Maiores, compostos de 22 cartas, e os Arcanos Menores, que totalizam as 56 cartas restantes.[3]

A palavra *arcano* significa "mistério". Assim sendo, Arcanos Maiores representam os grandes mistérios da existência e os Arcanos Menores os aspectos menos importantes e corriqueiros do dia a dia, que muitas vezes nos distraem e nos tiram do caminho enquanto tentamos alcançar a compreensão dos aspectos mais elevados da vida, que possibilitarão a evolução da nossa alma.

Composto por 22 lâminas ilustradas, os Arcanos Maiores é um grupo de cartas extremamente simbólico e pictorial. Suas imagens trazem figuras com um apelo arquetípico e universal, onde encontramos, por exemplo, arcanos que nos remetem à figura da mãe, do sábio e do guerreiro. Os Arcanos Maiores são considerados o pilar central do Tarô, o conjunto de cartas mais importante e relevante, que expressa os mistérios maiores da vida e traz os arquétipos universais e os ensinamentos que devemos integrar para evoluir em nossa jornada.

---

[3]. Recomendamos *O Novo Tarô de Waite*, publicado pela Editora Alfabeto, cujos arcanos são usados para ilustrar o conteúdo deste livro. Além das 78 cartas clássicas, o baralho traz ainda 8 lâminas alternativas inclusivas que podem ser usadas por aqueles que desejam tornar tanto as leituras divinatórias quanto os rituais de magia menos heteronormativos em sua simbologia.

Esses arcanos podem ser chamados em algumas obras pelos nomes de *chaves* ou *trunfos*. É fácil de entender o conceito por trás desses nomes, porque cada Arcano Maior pode ser interpretado como uma chave de acesso a um conhecimento ou como uma sabedoria que, quando acessada, torna-se um trunfo, uma vantagem, levando-nos ao triunfo em determinado processo. Esse conjunto de cartas é considerado o mais importante e influente, tanto durante uma leitura divinatória quanto na Magia do Tarô. Eles trazem os aspectos psicológicos mais relevantes de nossa jornada e suas energias falam diretamente sobre a nossa busca espiritual.

A sequência desses arcanos não é aleatória, ela expressa a nossa jornada rumo ao autoconhecimento e integração espiritual mostrando um indivíduo que começa a sua busca com pouco ou nenhum conhecimento (Louco) e que vai aos poucos ascendendo na escalada da evolução conforme aprende as lições ensinadas por cada arcano até chegar à Totalidade (Mundo).

Essa jornada ilustra a nossa própria vida, nossos anseios e nossa senda na Iniciação Sagrada do Eu como forma de alcançar a ampliação dos nossos paradigmas e acessar a chave dos grandes mistérios que abrem a porta da compreensão interior do ser. Cada arcano é uma etapa no processo de nossa cura interna e no resgaste do nosso poder pessoal adormecido, capaz de tudo realizar.

Os mistérios representados pelos Arcanos Maiores falam acerca dos principais enigmas da vida e trazem ensinamentos de como podemos nos conectar com a fonte primordial da criação. Trazem, ainda, as diferentes etapas do caminho da individuação rumo à totalidade e produzem respostas para as mais importantes indagações da alma humana: "o que estamos fazendo aqui?", "para onde estamos indo?", "qual o propósito da nossa existência?".

As 22 cartas dos Arcanos Maiores vão do 0 ao 21 e seguem uma ordem específica. Cada uma das lâminas também possui um nome próprio que se conecta com a sua natureza:

01. O Louco
02. O Mago
03. A Sacerdotisa
04. A Imperatriz

05. O Imperador
06. O Hierofante
07. Os Enamorados
08. O Carro
09. A Força
10. O Eremita
11. A Roda da Fortuna
12. A Justiça
13. O Enforcado
14. A Morte
15. A Temperança
16. O Diabo
17. A Torre
18. A Estrela
19. A Lua
20. O Sol
21. O Julgamento
22. O Mundo

A maioria dos baralhos disponíveis usa o mesmo nome e ordem numérica demonstrada anteriormente. Porém, algumas escolas de pensamento podem colocar o arcano 8 (Justiça) no lugar do arcano 11 (Força) e vice versa.

Tradicionalmente, a carta da Justiça era a 8ª na ordem dos Arcanos Maiores, enquanto a da Força era a 11ª. No entanto, Waite, ao publicar sua própria versão de Tarô, mudou tudo isso colocando a Força como o arcano número 8 e a Justiça como o 11 na sequência dos Arcanos Maiores. Waite dizia que a posição original das cartas tinha sido trocada propositadamente para confundir as pessoas, pois a Justiça corresponderia astrologicamente ao signo de Libra e a Força ao signo de Leão. Estabelecida uma conexão entre as cartas e a tradicional sequência astrológica dos signos, a ordem dos Arcanos Maiores ficaria comprometida. No entanto, do ponto de vista numerológico, esse posicionamento fazia muito sentido. O número 8 está relacionado com o equilíbrio e, portanto, a Justiça está correta nesta situação. Diz-se que esse posicionamento antigo foi estabelecido mais de acordo com o sistema numerológico do que com o sistema astrológico. Segundo Waite, sua mudança romperia com a simbologia numerológica e colocaria finalmente os arcanos na ordem verdadeira e correta astrologicamente. Apesar de ter sido bastante criticado na época por isso, atualmente a inversão das cartas é amplamente aceita e, inclusive, preferida por muitos estudiosos. Assim, caso encontrar alguns baralhos em que a Justiça e a Força estejam com as posições trocadas, não se preocupe. Ambas as perspectivas fazem sentido de qualquer maneira. Lembre-se de que o significado das cartas não muda com a alteração no posicionamento dos arcanos, essencialmente, as duas ordens fazem sentido, eleger uma ou outra é assunto de preferência pessoal de cada estudioso.

Além disso, é importante saber que alguns baralhos trazem leves alterações nos nomes de algumas cartas, como, por exemplo, chamar o arcano 5 (Hierofante) por Papa ou Sacerdote, o arcano 13 (Morte) por Transformação, a carta de número 15 (Diabo) por Tentação, etc. Novamente, isso é tema de eleição pessoal de cada um e os significados das cartas não mudam por isso.

Podemos dizer que os Arcanos Maiores tratam de uma jornada psicológica e espiritual que todos os seres humanos devem passar em suas vidas para encontrar a Totalidade e a realização do Eu. Essa jornada é comparada algumas vezes com a Jornada do Herói, que nos estudos do Tarô assume o nome de a Jornada do Louco. Nesta viagem, o arcano do Louco representa cada um de nós, viajando por todos os outros Arcanos Maiores e recebendo um ensinamento único de cada um deles, até chegar à carta do Mundo, que expressa o final desta jornada.

Os 56 arcanos restantes, os chamados Arcanos Menores, são representados por quatro conjuntos de 14 cartas que falam dos mistérios menores da vida, representando os eventos de nossa vida diária. Divididos em quatro naipes, bastante semelhantes ao baralho comum, são geralmente chamados de Espadas, Bastos, Copas e Ouros. Porém, você poderá encontrar alguns baralhos que usam nomes alternativos para os naipes como Paus, Gládios, Pentáculos, etc. Cada naipe possui 10 cartas, que vão do Ás até o Dez, e mais quatro cartas especiais chamadas Cartas da Corte ou da Realeza, que trazem as figuras do Rei, da Rainha, do Cavaleiro e do Valete. Algumas vezes as cartas da corte também trazem nomes alternativos para seus arcanos como Príncipe, Princesa ou Pajem. Porém, o mais importante é você compreender que, embora sejam chamadas de "cartas da corte" esses arcanos expressam arquétipos que estão mais próximos do conceito universal de pai, mãe, filho mais velho e filho mais novo (ou filha).

Cada um dos quatro naipes mencionados está relacionado com um dos quatro elementos da natureza e seus planos: Espadas representando o Ar e o plano mental; Bastos representa o Fogo e o plano social; Copas simboliza a Água e o plano emocional e Ouros a Terra e o plano material. Na Tradição Ocidental de Mistérios, a ideia clássica grega de que o mundo é composto de quatro elementos básicos principais é imperativa. O Tarô herdou essa visão de mundo como metáfora para compreender e explicar a relação humana com toda existência. Em poucas palavras, poderíamos dizer que os Arcanos Maiores são como o cenário em uma determinada situação e os Arcanos Menores os personagens, desempenhando suas ações.

Alguns estudiosos dizem que os Arcanos Menores são a fonte original de onde o baralho moderno surgiu, mas o importante de entender aqui é que, nos Arcanos Menores, podemos ver personagens em cenas corriqueiras da vida. Por isso diz-se que esse conjunto de lâminas se refere aos mistérios "menores".

Se as cartas eram usadas ou não para a divinação no passado, é tema de debate. Porém as cartas do Tarô assumiram um papel divinatório com o tempo e os seus diferentes naipes representam os mais diversos temas da vida:

- **BASTOS:** trabalho e atividades (plano social)
- **COPAS:** amor e satisfação (plano emocional)
- **OUROS:** dinheiro e ganhos (plano material)
- **ESPADAS:** conflitos e ideias (plano mental)

Obviamente, o plano espiritual fica ao encargo dos Arcanos Maiores.

No baralho moderno, as 22 cartas dos Arcanos Maiores foram deixadas de lado, com exceção do Coringa, que misteriosamente sobreviveu entre elas. Podemos dizer que o Coringa é o único vestígio de que um dia ambos grupos estiveram unidos. Apesar de não poder se afirmar isso com precisão, alguns pesquisadores dizem que ele é a figura do Louco que sobreviveu nas versões modernas e mundanas do baralho usados para o entretenimento.

O Louco simboliza a ponte entre dois mundos, é o intermediário entre o consciente e o inconsciente. Sendo assim, não é de se admirar que ele tenha sido a única figura dos Arcanos Maiores a sobreviver no baralho comum se levarmos em consideração essa teoria.

Por uma perspectiva esotérica, esses dois conjuntos de cartas (os Arcanos Maiores e Menores) expressam as duas grandes forças da vida que estão presentes em inúmeros tratados místicos e do saber arcano: o mundo divino e o humano. Estas são as duas dimensões principais que o Tarô abrange. Cada carta dos Arcanos Menores é como se fosse uma expressão microcósmica de realidades maiores, expressando a maneira como o ser humano pode compreender os significados superiores trazidos à luz pelos Arcanos Maiores.

"Como acima é abaixo, como dentro é fora." Essa frase encontrada na Tábua de Esmeralda ou em obras mais modernas sobre o Hermetismo, como o *Caibalion*, pode ser empregada para demonstrar que há dois planos de existência que estão interligados e que a vida e suas experiências devem ser compreendidas como expressões da interação entre o plano superior e o inferior, o interno e o externo.

Podemos entender o Tarô como uma representação dos elementos que interagem através dos diferentes arcanos para dispor os acontecimentos da vida. Assim, o Tarô nos dá a possibilidade de alcançar a compreensão macrocósmica e microcósmica do Universo.

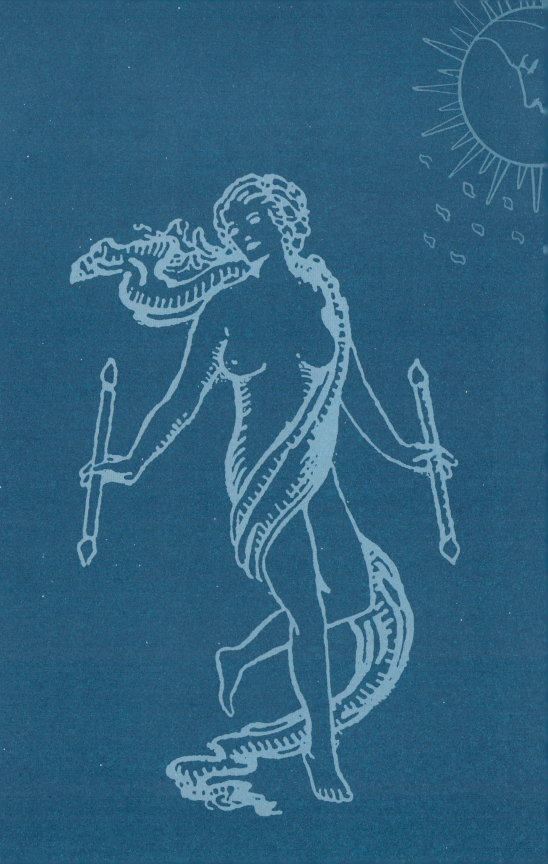

CAPÍTULO 5

A MAGIA DOS ARCANOS MAIORES

OS ARCANOS PARECEM TER SIDO criados para representar estágios ou graus perfeitos de um processo de evolução ou, quem sabe, um sistema de graus iniciáticos.

As cartas do Tarô se parecem com as antigas ilustrações alquímicas, que eram chaves pictóricas que transmitiam verdades metafísicas por meio de suas imagens. Os arcanos do Tarô parecem possuir essa mesma característica ou finalidade, como uma linguagem secreta acessível somente a um grupo de iniciados.

O processo de cada tradição de mistérios é propor ao ser humano um caminho de desenvolvimento por meio do qual é possível evoluir internamente e alcançar uma espécie de iluminação. Em tempos mais modernos, onde a psicologia goza de boa fama como a decifradora da natureza humana, este processo tem sido largamente chamado de "individuação", que é o resultado final da integração psíquica do ser e expressa a expansão da consciência do indivíduo e da sociedade, uma forma de desenvolvimento pessoal ou coletivo que leva o ser até a totalidade do Eu. O processo de individuação pode ocorrer de maneira direta e indireta. De forma direta, o indivíduo se coloca em um caminho consciente de desenvolvimento psíquico. Já no nível indireto, esse processo pode ocorrer de maneira fluida, sem que se tenha consciência da direção da evolução ou controle do seu fluxo.

Quando nos abrimos para a mudança por meio da busca de uma iniciação em uma escola de mistérios, de uma Tradição de Bruxaria ou mesmo de forma autodidata, os processos de transformação nos levam pela senda do herói, trazendo-nos desafios e conhecimentos que precisamos integrar no decorrer da jornada para crescer.

O Tarô é seguramente um instrumento capaz de nos mostrar os obstáculos e conquistas desta busca por meio dos seus 22 Arcanos Maiores, que trazem em suas imagens portais de sabedoria através dos quais devemos passar se desejarmos alcançar essa tão sonhada integração pessoal. Quando usado como uma ferramenta de indagação de nossa natureza mais profunda, o Tarô se transforma em um instrumento iniciático que nos apresenta uma nova dimensão do ser, revelando todos os aspectos de nossa natureza que devemos conhecer e aquilo que precisa ser transformado. Nesta busca, chamada em seu nível iniciático de "Jornada do Louco", cada carta representa um enigma que precisamos resolver para seguir adiante e ir onde a maior parte das pessoas não conseguiu chegar.

Os arcanos envolvem toda a vida e, da mesma forma que o processo de individuação, oferecem-nos duas perspectivas distintas: o desenvolvimento da consciência e equilíbrio do ego e o confronto do ego com nossas sombras. Essas duas perspectivas se opõem entre si, mas são da mesma forma complementares e expressam nossa natureza solar (voltada ao mundo exterior e expansivo), e nossa natureza lunar (introspectiva e meditativa).

Se dividirmos os 22 Arcanos Maiores do Tarô em uma fileira superior e inferior, tendo a Roda da Fortuna como o ponto de mutação dessa jornada, essa natureza solar e lunar das cartas se torna bastante clara. A fileira superior expressa a natureza solar de cada arcano. Já a fileira inferior é seu espelhamento sombrio, retratando sua contraparte lunar. O Louco representa cada um de nós transitando entre essas duas dimensões, para chegarmos na evolução plena representada pela carta do Mundo.

Nesse esquema, podemos entender cada arcano como um mistério ou sabedoria a ser integrada por nós em nossa escalada de autoconhecimento:

O LOUCO pode ser visto como um recém-nascido que acaba de chegar ao mundo. Ele é inocente, puro e ainda não despertou para todos os seus potenciais.

O MAGO representa o despertar da consciência do Louco e a percepção do ego. Os instrumentos sobre a mesa do Mago são as armas da sua consciência que se tornaram grandes aliados na sua luta para crescer e alcançar tudo o que deseja, ou, num sentido mais simbólico, o Mundo no final da jornada.

SACERDOTISA, IMPERATRIZ, IMPERADOR e **HIEROFANTE** nos apresentam os quatro planos que devemos experimentar em nossa jornada: emocional, físico, mental e espiritual. Explorar esses planos é de suma importância para que possamos interagir com o universo ao nosso redor.

OS ENAMORADOS representa exatamente o início do processo de interação assinalado pelas cartas anteriores, por meio da primeira escolha decisiva na vida: sair da segurança familiar para se lançar na difícil tarefa de amar. Este arcano mostra o ponto em que o indivíduo se torna responsável por suas ações e os desdobramentos dela. Nasce aqui o momento em que começamos a realizar o nosso destino.

O CARRO mostra o início da independência adquirida e a construção da individualidade por meio da qual o ser passa a experimentar o mundo.

A FORÇA marca o ponto na jornada em que precisamos subjugar as nossas inseguranças e confrontarmos o medo de crescer. O leão sendo domado, representa o controle sobre todas as adversidades que se colocam no caminho daquele que, definitivamente, saiu da segurança da estrutura doméstica e se lançou no mundo para alcançar suas conquistas por si só.

O EREMITA mostra a sabedoria de saber o momento de parar e fazer uma examinação clara e honesta do caminho, ouvindo os sussurros de nossa consciência. Expressa o momento em que devemos nos voltar para o sábio que existe no interior de cada um de nós e ouvi-lo para continuar prosseguindo na jornada.

A RODA DA FORTUNA marca o ponto de mutação da vida, aquele estágio em que o mergulho em nossas sombras se inicia.

A JUSTIÇA marca o começo desse processo de maturidade em que aprendemos que toda ação proporciona uma reação. Esta carta aparece como um arauto dizendo que o ajustes de conta precisam acontecer, o que deve ser corrigido precisa ser enfrentado para que seja possível restabelecer o equilíbrio.

O ENFORCADO representa tudo aquilo que precisamos renunciar nesse ajuste de contas em favor de um futuro. Mostra os sacrifícios que precisam ser feitos para que a evolução no caminho não seja estacionada.

A MORTE traz transformações em nossa consciência que precisam acontecer, a morte do velho Eu, a transcendência do ego em direção ao amadurecimento.

A TEMPERANÇA indica que tudo tem seu tempo e que às vezes a espera é necessária. Este arcano marca o ponto que nos diz que se os sacrifícios adequados foram feitos, uma ponte de comunicação com o divino pode acontecer. Ela expressa a comunhão do consciente como inconsciente e o início da reparação do equilíbrio que precisa ser restaurado, mas também indica que tudo tem seu tempo e que, para prosseguir, é preciso esperar.

O DIABO mostra que onde há luz, também há sombras, e que os obstáculos e perigos desta jornada de realização do Eu ainda não acabaram. Existe algo ainda a ser avaliado e liberado: os instintos que nos mantêm aprisionados e cativos. É preciso absorvê-los e transmutá-los em algo superior.

A TORRE é o fogo da iluminação que desce dos céus, assim como um relâmpago, para nos libertar de tudo o que nos aprisiona. A energia desta carta destrói tudo aquilo que é incompatível com a nossa essência mais verdadeira, as rupturas necessárias, mas que nem sempre acontecem da maneira mais suave em nossa vida.

A ESTRELA, símbolo da consciência superior, vai nos guiar a partir deste ponto de ruptura, sendo nossa guia na escuridão que se segue ao fogo da iluminação que vislumbramos no arcano anterior.

A LUA simboliza a noite escura da alma, o momento onde mais precisamos da esperança e da luz da Estrela. Sem isso não chegaremos ao final da jornada e toda nossa busca até agora terá sido em vão. Quem deseja alcançar a luz precisa contemplar primeiro as suas trevas.

O SOL representa reconciliação das forças opostas, que terá sido alcançada pelo indivíduo se ele passou no teste de descer aos abismos mais profundos de sua essência. A noite escura se foi e um alvorecer capaz de tudo transformar surge.

O JULGAMENTO expressa o renascimento após todos os desafios da jornada. Agora o Eu está finalmente integrado e é possível celebrar a transformação tão desejada desde o início da jornada.

O MUNDO, mostrando-nos uma figura andrógina dançando a música do Universo é símbolo de integração psíquica, celebração e coroação do indivíduo que alcançou sua totalidade.

Assim, os Arcanos Maiores do Tarô ilustram vinte e dois estágios do caminho da vida rumo à individuação da alma. Diversas interpretações são passíveis de serem feitas aqui, já que essas cartas podem ser interpretadas em diferentes níveis: as forças operando no Mundo e no Universo, os graus de expansão para o despertar da consciência, o mergulho nas sombras para resolver aquelas partes de nós que ainda não evoluíram como deveriam e os obstáculos, desafios e armadilhas que podemos encontrar para alcançar tudo isso.

Como o Tarô é simbólico, as imagens das cartas servem de incentivo para despertar nossa percepção psíquica e extrassensorial, nos possibilitando perceber todos os aspectos que precisamos transcender não de forma racional, mas por meio do escopo que está além daquilo que é concreto e que está no âmbito do intelecto. O Tarô é assim um dos instrumentos simbólicos mais profundos na capacidade de promover uma ponte entre nós e mundo metafísico, fazendo uma ligação entre todos os planos – físico, mental, espiritual e emocional – para que os portais internos de nossa consciência sejam abertos e mudanças valorosas em nosso aprendizado acerca da vida possam acontecer.

Os arcanos do Tarô podem ser compreendidos como transmissores dos poderes da existência e, por isso, são ideais para serem usados para fazer magia. Meditar sobre seus símbolos suscitam nossas próprias forças criativas internas, que nos levam não só a uma iluminação espiritual, mas que também possibilitam a expansão de nossas capacidades psíquicas, acionando o poder oculto existente em cada um de nós para mudar os acontecimentos dos fatos por meios mágicos e metafísicos.

Existem muitas obras excelentes disponíveis que poderão ensinar você a usar o Tarô como um instrumento de divinação. Abranger esta perspectiva foge ao escopo deste livro. Desta forma, o propósito principal da presente obra não é apresentar o Tarô por meio de sua perspectiva divinatória, mas mágica.

Neste capítulo, você vai encontrar a descrição simbólica para cada carta de forma a compreendê-las como uma ferramenta de evolução espiritual, autoconhecimento e magia. Por meio delas você poderá acessar o simbolismo de cada arcano para fazer magia por meio de feitiços, rituais, meditações e ainda realizar jornadas interiores com os arcanos.

Mais adiante, você vai perceber que cada carta possui seções específicas que trazem importantes informações e formas diversas para utilizar os arcanos magicamente.

Para que você se familiarize com cada aspecto da descrição que acompanha cada lâmina e possa tirar o maior proveito das informações compartilhadas, segue uma breve explicação acerca de cada tópico abordado:

USO MÁGICO: os arcanos são como portais mágicos, capazes de atrair, elevar, bloquear ou banir energias específicas em um trabalho mágico e ritualístico. Aqui você encontrará um resumo dos principais aspectos sobre o que cada arcano pode nos ensinar, quais atributos ele traz à nossa vida e/ou personalidade e em que áreas podemos invocar sua força em um ritual ou feitiço. Essa seção fornece uma instrução exata do campo de ação de uma carta na hora de usá-la na magia.

COMO SIGNIFICADOR REPRESENTA: este tópico mostra como cada arcano pode ser usado como um "significador", ou seja, uma pessoa, situação ou local que precisa ser simbolizado na hora do ritual. Os arcanos do Tarô estão ligados a inúmeros arquétipos, personalidades, tipos físicos e eventos da vida cotidiana. Assim, cada carta pode ser usada para representar uma pessoa ou situação em um feitiço. Muitos são os métodos mágicos que necessitam de um arcano para representar exatamente um dado evento, lugar ou a pessoa que faz o ritual ou para quem ele é dirigido. É aqui que a carta "significadora" entra em ação.

ELEMENTO: cada arcano está ligado a um ou mais elementos da natureza que influenciam diretamente o campo de atuação da carta. Os elementos da natureza estão ligados aos muitos temas da vida humana. A Terra representa a matéria e a concretização de objetivos; o Ar está ligado ao intelecto e ao poder criativo; o Fogo está intimamente ligado à força da paixão, vitalidade e defesa pessoal; a Água é o elemento do amor e da compaixão. Sabendo qual elemento cada carta está associada, ficará mais fácil decidir o tom que será dado ao seu ritual quando usar aquele arcano específico. Vai fazer um ritual para despertar a sua intuição com a ajuda do arcano da Sacerdotisa? Use e abuse de correspondências relacionadas ao elemento Água em seu ritual e, sobre seu altar, disponha conchas, areia da praia, pérolas e a própria água em si. Vai invocar sucesso usando a carta do Sol? Decore seu altar com artefatos que remetam ao elemento Fogo, como as cores vermelha ou laranja, velas, lamparina, uma pedra vulcânica, etc.

PLANETA: os arcanos também estão ligados aos 7 planetas mágicos reconhecidos e usados na magia desde a antiguidade. Os planetas influenciam nas energias de cada arcano e estão a eles ligados arquetipicamente. O Sol é o planeta da realização, sucesso e fama; a Lua está ligada à mulher, à Deusa e aos dons da fertilidade e intuição; Marte é o planeta da guerra, da força e da proteção; Mercúrio representa a inteligência, a cura e a eloquência; Júpiter está associado à realização pessoal, estabilidade da família e heranças; Vênus é o planeta do amor, entendimento e amizade; Saturno representa o tempo, as dificuldades e os sábios ensinamentos. Quer passar em um concurso? Use a carta do Mago e faça seu ritual em uma quarta-feira, dia de Mercúrio. Você pode acrescentar artefatos e itens que remetam ao simbolismo mercurial da mesma forma como lhe foi instruído anteriormente acerca dos elementos. Alguns desses itens incluiriam, por exemplo, velas amarelas ou marrons, um citrino e fazer ou ter tudo levando em consideração o número 5 (invocação, velas, pedras, etc.) que é o número de Mercúrio.

PALAVRA-CHAVE: a cada arcano é dada uma palavra-chave que deve ser memorizada. Estas palavras se tornam "gatilhos" capazes de fazer aflorar em nossa memória o significado de cada carta na hora de fazer magia. As palavras-chaves são como pontes que estabelecem uma ligação entre nossa mente consciente e inconsciente, para que se torne simples compreender e integrar a natureza de cada arcano.

RITUAL PARA ATIVAR A ENERGIA DA CARTA: cada Arcano Maior abordado nesta obra traz consigo um ritual para ativar a energia da carta. Um dos trabalhos mágicos mais incríveis do Tarô é invocar a energia de cada arcano para nossa vida. Isso permite verificar como cada um deles atua diretamente em nossa mente, emoções e no dia a dia ao desencadear fatos que nos levam a integração de importantes ensinamentos. Aqui o Tarô assume uma perspectiva iniciática e cada carta se torna um grau de iniciação simbólica rumo à sabedoria. Os rituais fornecidos nesta seção podem ser realizados como uma jornada semanal, quando uma nova carta é invocada à cada semana em sua vida para lhe trazer um ensinamento. Essa jornada pode ser realizada sequencialmente, indo do Louco ao Mundo, ou pode ser realizada aleatoriamente, retirando-se uma carta ao acaso do monte, de forma que o próprio Tarô lhe indique qual energia você precisará integrar naquela semana ou naquele dado momento de sua vida. Cada ritual realizado aleatoriamente pode se tornar também, em suma, uma maneira de chamar a energia daquele arcano para a sua vida, independentemente de fazer a jornada como sugerido. Precisa de amor? Faça o ritual da carta dos Enamorados. Precisa de direcionamento frente a uma questão complicada? Faça o ritual da carta do Carro. E, assim, sucessivamente. Presume-se que os rituais das cartas sejam realizados sobre o seu altar, se você já tiver um, ou sobre um espaço idealmente preparado para dispor a carta e os elementos necessários indicados para a cerimônia. Você perceberá que as descrições dos rituais compartilhados nesta seção vão direto ao ponto e ignoram qualquer orientação acerca de uma preparação prévia. Isso de forma alguma significa que essas coisas não precisam acontecer. Você pode usar a sua forma de criar um espaço sagrado de acordo com a sua Tradição espiritual. Se não souber como fazer isso ou preferir algo alinhado com a Tradição do Tarô, veja os capítulos Montando um Altar do Tarô e Lançando um Círculo Mágico, disponíveis nesta obra, para saber como criar a atmosfera adequada para realizar um ritual usando as cartas.

Todos os demais capítulos também são excelentes fontes para você se inspirar e incrementar ainda mais as cerimônias. Eles lhe fornecerão informações valiosas, como, por exemplo, sobre quais os melhores dias, luas, horários para alinhar seus rituais com o Tarô a um momento mais adequado. Uma vez que tenha captado a essência de como todas essas correspondências funcionam, não deixe de fazer uso delas nos ritos e cerimônias com as cartas, para tornar suas práticas ainda mais poderosas.

A seguir, conheça o significado mágico de cada um dos Arcanos Maiores e prepare-se para usufruir da Magia do Tarô enquanto inicia a "Jornada do Louco" rumo ao conhecimento de si mesmo. Conforme ler cada carta, você vai entender que esta Jornada representa a busca pela sua própria missão e objetivo de vida, e que o Tarô é uma poderosa ferramenta de acesso aos níveis superiores da consciência. Enquanto vislumbra por meio de cada carta os muitos personagens e arquétipos presentes na psique humana, cada carta compartilhará contigo sua grande sabedoria, magia e poder para que você possa não só reconhecer a sua verdadeira natureza, mas alcançar tudo aquilo que sempre sonhou.

O USO MÁGICO DE CADA ARCANO

O LOUCO

AQUI COMEÇA SUA JORNADA

Plano Físico:
ALIENAÇÃO

Plano Mental:
DESPREOCUPAÇÃO

Plano Emocional:
INCONSTÂNCIA

Plano Espiritual:
LIBERDADE

A CARTA DO LOUCO não é numerada na maior parte dos Tarôs. Em algumas versões do baralho, no entanto, esta carta pode aparecer como o número 0 ou 22.

O arcano Louco é representando por um homem caminhando carregando uma trouxa na qual provavelmente traz suas roupas ou pertences pessoais. Ele veste um traje que nos lembra os menestréis da Idade Média, aquelas pessoas que iam de cidade em cidade para animar com suas canções, danças ou jogos em troca de dinheiro ou presentes e que traziam informações imprevisíveis e cheias de surpresas.

Essa é uma figura recorrente nos mitos e histórias da Europa medieval. Os bobos da corte tinham diversas habilidades: eram cantores, bailarinos, acrobatas, menestréis, os únicos que podiam satirizar o Rei sem serem condenados. De fato, em uma determinada época do ano, o bobo da corte até podia trocar de lugar com o monarca e se tornar rei por um dia. Isso nos dá uma pista muito clara do que sua figura representa, mostrando que, até mesmo a mais dura das tarefas, como governar, deve ser vivida com leveza e desprendimento.

Exatamente por essa razão, a figura do Louco é representada na maior parte dos Tarôs como um indivíduo esfarrapado, que parece viver em plena sintonia com a natureza, sem se preocupar muito com as responsabilidades da vida, tornando-se mais aberto às experiências surpreendentes que a maior parte das pessoas, presas às convenções e ao lado mais concreto da vida, não consegue alcançar.

No Tarô, o Louco simboliza aquele que vive à margem da sociedade e de sua vida estrutura e organizada. Ele segue seus próprios desejos e caminhos e ignora toda e qualquer situação que poderia aprisioná-lo e mantê-lo cativo a algo ou alguém. Em alguns Tarôs, aparece com uma borboleta ou flor em suas mãos, simbolizando que ele carrega em si a capacidade de transformação e renovação, além de trazer em seu interior a semente do gênio pronto para desabrochar. O Louco representa todas aquelas figuras na sociedade que estão no limiar entre a sanidade e a loucura, mas que são catalisadores de grandes transformações que causam impacto necessário, chamando às pessoas para a realidade dos fatos.

Tanto a borboleta quanto a flor, que podem ser encontradas em suas mãos em alguns Tarôs, expressam que o Louco é aquele que traz um novo ciclo, um recomeço, uma nova vida.

Ele é seguido por um cachorro que de alguma forma parece tentar chamar sua atenção, pulando e colocando as patas sobre ele, seja para detê-lo, seja, talvez, para encorajá-lo a seguir em frente. Mesmo assim, ele continua a caminhar em direção ao que parece ser um abismo.

O Louco é a carta do não iniciado. Sua mochila representa o reservatório onde estão guardados os quatro elementos da natureza. Ele ainda não tem conhecimento do que está carregando, nem de suas inúmeras potencialidades. É a própria representação dos que partem em direção a coisas novas contando apenas com sua própria vontade e sorte.

Manifestando a vontade da juventude, assim é o Louco buscando seus ideais, mas sem saber como conquistá-los. Psicologicamente falando, ele é a imagem do impulso, da centelha da busca dentro de cada um de nós, todas as coisas que nos atraem para o desconhecido.

Muitas vezes a impulsividade do Louco pode parecer fora de propósito para o nosso lado mais comedido, mais conservador e recatado. Ele representa a troca do novo pelo velho, do conhecido pelo desconhecido, do amor pela razão, da passividade pela não impassividade, da inação pela ação. É a mola propulsora que nos arrasta, levando-nos a agir quando sabemos que é necessário, mas nos encontramos sem vontade. É aquele que coloca todas as coisas fora de ordem para depois arrumá-las de uma maneira melhor e mais positiva. É quem desafia às pré-formas, os fatos e a lógica das coisas. O impulso em direção à mudança. A energia forte e ativa que reside dentro de nós e que precisa ser direcionada para algum propósito. Mas também a irracionalidade que abre caminhos para o novo, ampliando nossos horizontes.

Em sua inocência, o Louco expressa a criança interior que vive em cada um de nós que desconhece ou ignora conscientemente os perigos que o mundo encerra. É aquele que busca a iluminação, os mistérios, os sinais que dão sentido à vida e às experiências espirituais. Assim, é ele que marca o início de uma viagem rumo a algo que pode ser o nosso autoconhecimento, uma iniciação ou sucesso. O Louco é aquele que existia antes de tudo existir. Uma forma representativa do ser humano que decidiu deixar de ser máquina para se tornar gente, construindo uma nova identidade que o possibilita a se livrar aos poucos dos fardos do passado, ressentimentos, mágoas, raivas, medos, complexos. Só isso pode tornar sua jornada cada vez mais fácil, leve e agradável. É também aquele que se permite libertar dos fardos do futuro, dos medos, das inseguranças. Aquele que nos liberta das couraças, que nos impedem de interagir mais profundamente com o nosso mundo. Aquele que vem e joga nossa armadura no meio da estrada para que possamos sentir todas as células do nosso corpo, quem verdadeiramente somos.

Este arcano expressa aquele que é temido pelas pessoas ao seu redor, porque, com o seu senso pleno de liberdade, espelha a incapacidade que os outros têm de seguir o seu exemplo.

Apesar de o arcano ser apresentado de forma leve e despretensiosa, seu simbolismo dá sinais claros de que há obstáculos e provações à frente do caminho que precisam ser enfrentados. Por isso o Louco simboliza o mergulho no desconhecido, o caos que precede a razão, o poder criativo que surge a partir do mergulho no subconsciente.

O abismo à frente do Louco representa a solidão do momento do nascimento e da morte. É ele que sabe quando é o momento de pular no abismo, confiando única e exclusivamente em sua força. O saltar no abismo significa romper com os últimos laços que o ligam ao seu mundo e ciclo anterior para começar de novo.

Viajando ao longo da estrada da experiência, o Louco dá boas-vindas aos novos encontros. Ele está relacionado a todos aqueles que embarcam em fantásticas buscas. É quem nos permite o ingresso em novas aventuras e abre as portas que jamais imaginávamos que existiria. O Louco é o gênio dentro de cada um de nós.

CORRESPONDÊNCIAS PARA O USO NA MAGIA

USO MÁGICO: o arcano Louco deve ser usado na magia em momentos de grandes transições na nossa vida. Ele ajuda a nos mostrar que chegou a hora de agir com coragem, otimismo e crença em nós mesmos. Tem a virtude de atrair uma nova fase de vida, orientada pela voz interior. Use o Louco para quebrar barreiras que cresceram ao seu redor, abrir as portas para novas e interessantes relações e formas de pensamento, para embarcar em novas viagens e oportunidades de trabalho e também para eliminar comportamentos tolos e inocentes que nos prejudicam ou para pôr fim em um início ilusório acerca de algo.

COMO SIGNIFICADOR ELE REPRESENTA: uma criança ou adolescente, pessoa inocente ou inexperiente. Qualquer pessoa do sexo masculino, um indivíduo que precisa tomar uma decisão, uma pessoa que está prestes a embarcar em uma aventura. Também pode ser usado como Significador de uma aventura ou de uma viagem.

ELEMENTO: Ar

PLANETA: Urano

NÚMERO MÁGICO: 4

ERVA: hortelã, ginseng, álamo

INCENSO: sálvia, mandrágora e todas as resinas

PEDRA: cristal, quartzo-azul, topázio-azul, turquesa

COR: azul-claro, branco

PALAVRA-CHAVE: BUSCA

RITUAL PARA ATIVAR A ENERGIA DA CARTA DO LOUCO

Você vai precisar de:

- A carta do Louco
- Athame
- Uma toalha azul para cobrir o altar
- Uma vela azul ou branca
- Óleo de hortelã
- Uma pena

Procedimento:

Com o seu Athame, escreva na vela palavras que você associa com a energia do Louco, como: liberdade, alegria, felicidade, despojamento, excentricidade, etc.

Unja a vela com óleo de hortelã. Disponha a carta do Louco no meio do altar. Coloque suas mãos sobre a carta e diga:

Ó Louco sagrado em cada um de nós.

À medida que avançamos em direção à união da mente e coração, intelecto e espírito, meditação e oração, sabedoria humana e revelação divina, proteja-nos da inação e da loucura.

Que aceitemos ser como tolos quando nossa pompa superar nossa compreensão, quando nosso pensamento se desconectar de nossos corações, quando nosso sentimento abandonar nosso intelecto.

Lutamos para viver à beira do paradoxo onde a parcela individual é maior que o todo.

Que não nos deixemos ser atacados ou nos permitamos encolher perante os cães da opinião pública, pois buscamos a unidade do Céu e da Terra mais do que a aceitação social.

Guia-nos, ó Protogonos, para a transformação interna sem autoelevação.

Não permita que o desespero ou a satisfação nos afastem do que é divino e mais sagrado.

Que assim seja!

Visualize-se vestido como o Louco e coloque a pena entre os seus cabelos. Aos poucos, veja várias esferas coloridas ao seu redor, envolvendo-o. Deixe-as seguir, devagar, a todos os lugares do Mundo e do Universo. Segure a pena em suas mãos e diga:

Sagrado Louco

Ensina-me a ser livre como esta pena. Mostra-me como caminhar em liberdade e verdade, para que eu me torne quem eu nasci para ser.

Ensina-me a voar alto e a não ter medo dos precipícios e abismos que eu encontrar no meu caminho.

Que assim seja!

Segure a pena entre as suas mãos por alguns instantes e medite sobre a sua relação com a liberdade, impulsividade, inocência e despreocupação.

Coloque a pena sobre a o arcano e deixe-a por lá até a vela terminar. Guarde esta pena com você como um amuleto que o sintonizará com a energia deste arcano.

Durante a semana em que realizou este ritual, faça as seguintes perguntas a si mesmo:

Alguma vez você se boicotou? Já impediu a sua felicidade? Foi impedido? Quais aspectos de sua personalidade incomodam outras pessoas? Você é realmente livre? Possui liberdade de ação, pensamentos e ideias? Possui liberdade de alma? Seu corpo é livre? E seu coração, é livre? Alguma vez se atirou em alguma situação sem se preocupar com consequências futuras? Se sim, o que aconteceu? Se não, conseguiria, poderia ou gostaria de fazer isso? Alguma vez foi irresponsável? Considerou que foi irresponsável em determinada época? Foi mesmo irresponsável ou as outras pessoas eram mais adequadas aos padrões sociais hipócritas do que você? Você já conseguiu dar grandes viradas em sua vida? Tem o poder de dar a volta por cima? Se não, o que é necessário para que isso aconteça? Alguma vez já foi considerado louco por alguém? Essa loucura era considerada saudável ou nociva? Em quais aspectos de sua vida você gostaria de cometer uma loucura?

Medite sobre todos esses temas e registre suas impressões sobre cada uma das perguntas.

CONECTANDO-SE COM O ARCANO DO LOUCO

Há uma crença oculta que afirma que o ser humano é formado de três níveis de consciência, chamados de Eus. A mente consciente é chamada de Eu Lógico, o inconsciente é chamado de Eu Divino e a mente é o nosso Eu Jovem, a nossa Criança Interior. Essa é a parte em cada um de nós que mostra tudo aquilo que está adormecido em nosso inconsciente (Eu Divino) à mente consciente (Eu Lógico). Ao fazer isso, o Eu Jovem incita nosso consciente a raciocinar e decidir sobre os fatos da vida. O Eu Jovem é aquela parte de nós que guarda as lembranças e as emoções. É nosso Louco interior se expressando por meio dos arcanos. A parte de nós que está em busca de novas aventuras e que, com sua pureza, passará por todos os demais arcanos para aprender e evoluir.

NOMEANDO SEU LOUCO INTERIOR

É possível realizar diversas práticas para conhecer o Louco que vive dentro de você e integrar lições valiosas no caminho de sua busca pela totalidade.

Uma prática importante é dar ao seu Louco interior um nome. Desde tempos antigos as pessoas têm fornecido nomes pessoais para conceitos, forças, energias e coisas para estabelecer um contato e interação entre elas. No caso do seu Louco interior, saiba que o ato de nomear não estabelece ou representa um senso de separatividade. Você pode conscientemente escolher usar seu sobrenome, um nome criado ou um nome de um personagem histórico ou fictício.

Contemple a carta do Louco por alguns minutos. Observe todos os detalhes do arcano. Em seguida, feche os olhos e pergunte a ele como gostaria de ser chamado. Então use o primeiro nome que surgir em sua tela mental para estabelecer um contato com ele.

Este conceito de nomeação será muito útil no ato de direcionar seu subconsciente para prover informações e fazer mudanças, e também no ato de instruí-lo sobre algumas de suas funções.

Registre suas sensações e impressões sobre o exercício.

LINGUAGEM DOS SÍMBOLOS

Assim como o Eu Jovem, o Louco se comunica muito melhor através de símbolos do que palavras ou memórias. Use este exercício para voltar sua atenção ao seu interior e pensar sobre um problema ou área de sua vida que deseja conhecer melhor. Então, visualize a imagem do Louco em sua mente e peça a ele que lhe forneça uma imagem ou símbolo para aquilo que está indagando. A primeira imagem que aparecer em sua mente, não importa quão bizarra ou sem sentido ela possa parecer, é uma mensagem simbólica de como você tem se relacionado com essa situação. Como um exemplo, procure focar uma situação do trabalho e visualizar a imagem de uma cabine de tortura. Esta é a maneira utilizada pelo seu Louco interior para expressar seus sentimentos internos sobre o emprego. É sua função interpretar os símbolos e você poderá ter mais ou menos facilidade para isto. É importante saber que estes símbolos dão somente uma pista sobre os sentimentos e crenças interiorizadas pelo seu subconsciente e que agora se tornam claros, graças ao auxílio do Louco. Os símbolos e as imagens vistas não representam nenhuma forma preditiva.

Registre suas sensações e impressões sobre o exercício.

AFIRMAÇÕES

Se você chegou até aqui já deve ter conhecido, com a ajuda do Louco, algumas das crenças mais importantes que seu subconsciente cristalizou. É a hora então de estabelecer um diálogo com ele através da argumentação e afirmação para transformar estas verdades internas. Tudo o que deve fazer é colocar a carta do Louco sobre o seu altar, acender uma vela e um incenso em sintonia com a energia do arcano e entrar em estado meditativo. Volte sua atenção para si mesmo, profira lentamente quatro afirmações acerca dessas crenças cristalizadas e repita de 3 a 5 vezes cada uma delas, deixando um espaço de silêncio entre uma frase e outra para qualquer resposta interna que puder surgir. A resposta virá geralmente na forma de palavras em sua tela mental, mas algumas vezes ela poderá se manifestar por meio de respostas puramente físicas e até mesmo imagens que você visualizará ao longo do exercício.

Ao final, agradeça ao Louco pela sabedoria compartilhada.

O MAGO

MINHA INTENÇÃO CRIA A REALIDADE

Plano Físico:
INICIATIVA

Plano Mental:
DISCERNIMENTO

Plano Emocional:
AUTOCONTROLE

Plano Espiritual:
VONTADE

AGORA É HORA DE CONHECERMOS O MAGO, que é o próprio Louco com a carga da experiência e conhecimento do que trazia em sua mochila.

O Mago é o Louco evoluído, aquele que domina a situação e possui conhecimento adquirido através do tempo. Ele geralmente aparece como um homem jovem, seguro de seus atos, que parece ter algum conhecimento sobre as práticas mágicas. Os Tarôs mais tradicionais o representam com uma mesa à sua frente, onde se encontram os Instrumentos Mágicos que ele trazia em sua sacola. Uma de suas mãos aponta para os céus e outra para terra, o reflexo das verdades superiores sobre a matéria. Acima de sua cabeça, encontra-se o *lemniscata*, uma espécie de 8 deitado, um símbolo que indica realização, o infinito e as infinitas oportunidades que lhe serão apresentadas ao longo do caminho da vida e que só ele pode controlar.

Este arcano expressa a difícil tarefa de descobrir os meios de como sobreviver em seu próprio meio usando todos os sentidos. Por essa razão, ele traz sobre sua mesa os quatro Instrumentos Mágicos que representam os quatro planos da existência humana e as quatro máximas da magia:

- Plano mental: a espada e o saber
- Plano espiritual: o Bastão e o querer
- Plano emocional: a taça e o ousar
- Plano físico: o Pentáculo e o calar

Em certa medida, todos esses instrumentos serão encontrados posteriormente, após a última carta, o Mundo, como os naipes dos Arcanos Menores. Cada Arcano Menor representa um aspecto da vida humana, uma lição ou feito que o Mago conheceu e integrou dentro de si durante a jornada do Louco e por meio do qual ele se relacionará com poder e autoridade, após esse ciclo.

Esta lâmina expressa a figura do iniciado que coloca todo o seu esforço na busca do equilíbrio, indo do estágio mais físico até o mais espiritual, para manifestar sua essência sagrada sobre a Terra. Seu Bastão apontando para os céus simboliza o poder da sua vontade ou QUERER sobre todos os outros que ainda estão adormecidos e repousam sobre o altar, esperando o conhecimento correto para serem usados ou a hora certa em que serão despertados. O *lemniscata* sobre sua cabeça expressa o poder espiritual de onde ele sorve sua inspiração e demonstra que sua vontade pessoal expressa a vontade divina e universal, tornando-o uma ponte entre os Céus e a Terra.

O sobretudo vermelho do Mago demonstra a busca pela verdadeira vontade que deve permear as ações de todos os que desejam percorrer a senda sagrada. A veste branca interior simboliza a pureza da intenção e o equilíbrio guardados no íntimo de cada buscador do caminho espiritual, que deve ser sempre preservada. As flores em seus pés são símbolos do que ele aspira alcançar, e as rosas, como símbolos da perfeição, falam do objetivo final desta busca sagrada.

Apesar de o Mago ter passado a assumir uma natureza mais sagrada com o tempo e a evolução do Tarô, originalmente podemos perceber pelas cartas das versões dos primeiros baralhos que ele deve ter representado um prestidigitador, artista, saltimbancos, que se mudava de um lugar para o outro, realizando seus truques ou charlatanices.

Pessoas assim eram com frequência vistas com certa cautela pelos demais ou viviam uma vida errante e criminosa, sendo transmissores de métodos não ortodoxos ou até mesmo heréticos.

Por alguma razão, a figura do Mago foi escolhida dentre todas as outras cartas para ser o arcano abre-alas do Tarô, aquele de número 1. Então, miticamente falando, ele é como Prometeu, que presenteou a humanidade com o fogo dos Deuses. Prometeu e o Mago possuem diversas semelhanças: rapidez, esperteza, astúcia e a relação com a capacidade de trapacear para alcançar seus objetivos.

O arquétipo do trapaceiro é recorrente na história da humanidade e suas mitologias. Temos Loki entre os nórdicos, o Seth egípcio e o Kokopelli da cultura nativa norte-americana. O mito de Prometeu fala do momento em que o homem despertou sua consciência e tomou sentido de si mesmo. Ao fazer isso ele se torna um Deus, mas também cria determinadas responsabilidades pessoais sobre si mesmo e o coletivo.

Esse é o arcano que lança luz no caminho do Eu em direção ao espírito. O Mago assinala o início da jornada e os ciclos com os quais vamos nos deparar ao longo do caminho e que trazem perigos, provas, tentações e desafios que devem ser enfrentados para nos redescobrirmos.

Representa o guia, algum ponto dentro de nós, o vislumbre das profundezas do inconsciente para nos mostrar os caminhos que devemos percorrer. É o ponto de partida, o início de um novo caminho a trilhar, a iniciativa. A vontade firme e clara, a autoconfiança que é necessária para empreendermos qualquer objetivo. É a autoconsciência que emerge da inocência do início de cada jornada.

Enquanto o Louco representa o impulso profundo do inconsciente que nos estimula a mudar, o Mago é aquilo que existe de mais profundo dentro de nós e que dirige esta energia. É ele que inicia a autocompreensão para nos guiar ao nosso eu mais profundo.

Sendo uma das facetas de nosso inconsciente, o Mago é aquele que sabe de muito, mas não conta nada, confundindo-nos, decepcionando-nos e nos trapaceando.

É ele que surge logo depois do Louco, porque é o seu elo social, o primeiro estágio de nossa existência consciente. Exatamente por isso ele sempre esteve ligado aos Deuses mensageiros como Hermes, Odin, Mercúrio, Myrddin. Estes Deuses não só desempenhavam o papel de mensageiros, mas muitos, como Hermes, levavam as almas para o mundo dos mortos. Assim como estes Deuses, o Mago faz a ligação entre o consciente e o inconsciente, pois só assim é possível atingir a totalidade.

Arcano que liga o Eu Jovem com o Eu Lógico, e é por isso que ele usa vários Instrumentos, que são nada mais que símbolos através dos quais a comunicação com o inconsciente e com o Universo se torna possível. Os Instrumentos que ele traz representam as funções psicológicas e as múltiplas formas de administrá-las.

O Mago é a Criança Interior que brinca e se comunica chamando nossa atenção para coisas que são importantes. É aquele que ainda tem muito a aprender. Expressa criatividade, ação, tudo o que é novo, renovador, iniciador, ensinando que a capacidade de criar e a flexibilidade dependem de nós.

Ao mesmo tempo é o senhor da comunicação. Aquele que traz as mensagens de outros reinos ao mundo. Através dele nos tornamos hábeis para classificar e analisar os aspectos de nossa vida e, assim, alcançarmos a transformação interior tão desejada.

CORRESPONDÊNCIAS PARA O USO NA MAGIA

USO MÁGICO: arcano que deve ser usado nos rituais e encantamentos para assegurar sucesso em contratos e finanças, aquisições, testes e negócios. Também favorece a proteção contra fraudes e mentiras, sucesso em causas legais e vitória em processos. Use sempre esta carta para aguçar a habilidade de escrever e entender, para ter proteção durante viagens e influenciar outras pessoas favoravelmente, particularmente aquelas que têm algum tipo de poder sobre nós ou que podem nos ajudar de alguma forma.

COMO SIGNIFICADOR ELE REPRESENTA: uma pessoa que se torna consciente de seu potencial, um homem ideal, um homem que trabalha com Magia ou Bruxaria, um engenheiro ou cientista aplicado, um artista ou artesão.

ELEMENTO: Ar

PLANETA: Mercúrio

NÚMERO MÁGICO: 5

ERVA: lavanda, angélica, jasmim

INCENSO: mastique, sândalo-amarelo, anis-estrelado

PEDRA: citrino, jaspe-amarelo

COR: amarelo e marrom

PALAVRA-CHAVE: INÍCIO

RITUAL PARA ATIVAR A ENERGIA DA CARTA DO MAGO

Você vai precisar de:
- A carta do Mago
- Toalha branca
- 2 velas amarelas
- Óleo essencial de lavanda
- Um pedaço de papel
- 1 citrino
- Tinta marrom

Procedimento:

Coloque a carta do Mago no centro do altar entre as duas velas amarelas previamente ungidas com o óleo essencial de lavanda.

Lance o Círculo Mágico e perceba a luminosidade do círculo ao seu redor. Respire por alguns instantes e sinta a atmosfera deste espaço sagrado.

No pedaço de papel, desenhe com a tinta marrom o símbolo de Mercúrio e coloque sobre a carta do Mago. Unja o citrino com o óleo de lavanda e coloque a pedra sobre o papel.

Coloque as mãos sobre a carta e diga:

Ó Mago divino, em nossos esforços em direção à Verdade, Beleza e Amor, pedimos sua ajuda para descobrir a leveza da criança que existe dentro de nós!

Que sejam sinceros os nossos intentos e que possamos aprender a tornar cada jugo em fardo leve. Que o ritmo natural do pulsar dos nossos corações e pulmões que respiram, guie-nos conforme o centro de nossa consciência se move da mente ao coração. Que possamos reconhecer a unidade essencial dentro de nós, entre os mundos natural, humano e divino.

Enquanto entramos mais profundamente sem esforço no silêncio de nossas almas, que a ação criativa, espontânea e deliberada unam-se para o benefício de todos.

Que assim seja!

Repita mentalmente para si a palavra INICIATIVA.

Pense por alguns instantes em todos os momentos de sua vida. Alguma vez teve de aplicar essa qualidade para fazer as coisas se moverem? Você sempre foi uma pessoa de iniciativa? Quantas vezes as coisas aconteceram em sua vida decorrentes de sua iniciativa? Quantas coisas não aconteceram em sua vida devido à sua falta de iniciativa? Quantas vezes sua iniciativa foi inspirada por outras pessoas? Algumas de suas iniciativas foram impedidas por outros? Suas iniciativas motivaram a decisão de alguém? Quantas de suas iniciativas foram esquecidas ou renegadas? Você já deixou de concretizar suas iniciativas? Quais?

Se você tivesse que escolher uma pessoa de sua convivência, cujas iniciativas lhe inspiram quem seria? Por quê? Perceba como a corrente de energia do Mago flui através desta pessoa em suas ações e palavras e se inspire uma vez mais nela.

Segure o citrino na mão direita e o papel com o símbolo de Mercúrio na mão esquerda. Olhe para a carta do Mago sobre o altar e contemple-a por alguns instantes. Veja-se entrando na cena da carta, tomando parte na história demonstrada no arcano.

Converse alguns instantes com ele, faça perguntas sobre o que está fazendo, quem verdadeiramente ele é e o que mais quiser saber acerca deste arcano. Então faça-lhe uma promessa de iniciar algo novo nesta semana e que você vai levar adiante até o fim, custe o que custar.

Despeça-se do Mago, respire profundamente algumas vezes e volte a sua consciência inicial. Coloque a pedra e o papel sobre a carta novamente e deixe lá até as velas finalizarem. Depois deixe esses dois itens sempre próximo a você.

Todas as vezes que precisar de iniciativa, pegue a pedra e o papel com o símbolo de Mercúrio em sua mão e repita a meditação com a carta do Mago.

Anote as impressões de sua meditação, bem como as impressões significativas que ocorrerem durante a semana na qual realizou este ritual.

CONTEMPLAÇÃO DA VELA PARA CONTATAR O EU LÓGICO

O Mago representa nosso Eu Lógico. Estabelecer uma relação com essa parte de nós é essencial para trazermos ao consciente todos os aspectos em nós adormecidos e descobrirmos nossas potencialidades, que são as verdadeiras ferramentas que encontramos sobre a mesa deste arcano.

Antes de começar qualquer exercício energético, procure ficar bem sereno. Se possível, coloque uma música suave que possa tocar seu coração e trazer-lhe alguma inspiração. Crie um Espaço Sagrado, como demonstrado no capítulo 9.

Respire profundamente, sem acelerar a respiração. Apenas, concentre-se no ar entrando em seus pulmões suavemente, fazendo com que você vá relaxando aos poucos.

Procure ficar em uma sintonia elevada, bem sutil e amorosa. Quando sentir que seus pensamentos estão tranquilos e seu coração está calmo, comece o exercício.

Visualize em seu peito uma pequena vela da cor que você quiser. Concentre-se na chama desta vela e sinta que este pequenino fogo aquece seu peito, limpa seus bloqueios, causando uma gostosa sensação de bem-estar e tranquilidade. Fique assim por um tempo.

Agora visualize esta vela começando a exalar uma fumaça verde, que sai do seu peito e segue em direção à sua testa. Concentre-se nesta fumaça saindo do seu Chacra Cardíaco e entrando em seu Chacra Frontal, bem suavemente.

Aos poucos, sua cabeça vai ficando totalmente preenchida por esta energia, muito amorosa e sutil. Sinta sua cabeça pulsar e se expandir, envolvida por esta luz suave e brilhante. Fique um tempo visualizando que seu coração irradia luz verde para sua cabeça, com muito amor e carinho. Então chame pelo seu Eu Lógico, o Mago que existe dentro de você, usando as seguintes palavras ou semelhantes:

Ó Mago que vive dentro de mim. Venha, desperte, e permita-me saber que você está aqui.

Você é bem-vindo. Contemple-me com tudo o que seja possível através desta união. Equilibre-me, reajuste-me com seu poder e inteligência.

Diga que deseja aprender a amar e respeitar sua parte lógica e que deseja saber como poderão trabalhar unidos para o bem de todos. Permaneça contemplando e conversando com o seu Mago interior, que na verdade é o seu Eu Lógico, por aproximadamente 5 minutos. Então o libere dizendo:

> Mago divino,
> Estou feliz por ter contatado você.
> Por favor, esteja sempre comigo,
> para me auxiliar em tudo o que eu fizer.
> Eu te agradeço!

Registre suas sensações e impressões sobre este exercício.

FORTALECENDO A VONTADE

O Mago nos ensina duas coisas extremamente poderosas. A primeira é o poder da palavra. Palavras possuem grande poder, especialmente quando são proferidas em alto e bom tom. A segunda é o poder da vontade. Sem vontade não atingimos nenhuma meta. A vontade é a forma que faz as coisas se moverem, seja o seu corpo ou suas orações.

Foque sua mente no tema "força de vontade" e estabeleça uma palavra que melhor a represente.

Respire profundamente. Peça que seu Mago interior o ajude a fortalecer sua força de vontade. Expire, proferindo lentamente a palavra escolhida.

LISTA DE MUDANÇAS

O Mago está associado ao planeta Mercúrio e ao elemento Ar. Exatamente por isso, ele se relaciona com a energia da mudança e nossa capacidade de lidar com as adaptações necessárias.

Crie um espaço sagrado e coloque a carta do Mago no centro do seu altar.

Estabeleça uma lista com 10 itens especificando aspectos de sua vida e/ou hábitos que deseja mudar, semelhante às resoluções que redigimos na virada do ano.

Leia cada item listado em voz alta. Coloque a lista sobre o seu altar e a carta do Mago sobre ela. Visualize cenas do cotidiano relacionadas a cada item listado e, respirando e expirando profundamente, envie uma quantidade extra de energia vital para alterar as situações. Peça a ajuda do Mago para realizar essas mudanças necessárias. Converse com ele como se fosse o seu irmão mais velho. Peça conselhos sobre como agir.

Para cada item listado, estabeleça um plano de ação e um tempo determinado para alterar a situação. Após esta prática, comece a agir de acordo com as determinações estabelecidas.

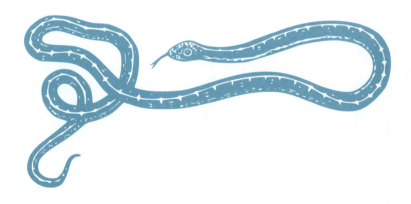

A SACERDOTISA

SOU O MISTÉRIO QUE ESPREITA

Plano Físico:
ESPERA

Plano Mental:
DISCRIÇÃO

Plano Emocional:
SILÊNCIO

Plano Espiritual:
MISTÉRIO

A SACERDOTISA REPRESENTA os poderes da intuição. Conectada com a Lua, em muitos Tarôs aparece sentada. Seu olhar mostra uma expressão calma e relaxada. Traz em suas mãos um pergaminho, onde estão escritos os conhecimentos arcanos que dão acesso à sabedoria oculta. Representa a Deusa que pode presentear com dons todos aqueles que desejar e sua identidade permanece oculta até que ela escolha revelá-la.

O arcano da Sacerdotisa é o de número 2, simbolizando a contraparte, a dualidade, a força do equilíbrio que nasce a partir do 1. Este arcano expressa a inter-relação entre os pares de opostos que dão sentido às experiências individuais de cada ser humano em seu processo de amadurecimento e crescimento. Nesta lâmina, encontramos o momento da jornada do Louco, quando o seu ego se separa do mundo que o envolve para mergulhar no centro dos mistérios.

Este arcano geralmente aparece na maior parte dos Tarôs como uma mulher velada, conectando esta carta com a antiga figura da Deusa Ísis, cujo véu nenhum mortal jamais ousou levantar. Ísis, assim como a Sacerdotisa do Tarô, é uma deidade lunar que expressa a grande força da energia feminina controladora da vida. Não é de se admirar que este arcano é sempre retratado por meio da figura de uma mulher totalmente vestida, com quase nenhuma parte do seu corpo à mostra. Isso simboliza total controle e domínio sobre a fonte da vida que a Deusa encerra e que estão reunidas dentro dela mesma. Essas forças somente são doadas, transferidas ou liberadas por sua livre vontade e no momento certo, quando o equilíbrio pode ser alcançado. Os pilares branco e negro que ladeiam a figura da Sacerdotisa representam o controle sobre as energias receptivas e ativas do Universo, que ela absorve, une e controla. O corpo da Sacerdotisa entre os dois pilares representa que ela é a ponte entre o que é físico e espiritual, sendo a essência da intuição.

A Sacerdotisa é o elo psicológico que nos liga ao insondável e misterioso mundo interior, ao nosso inconsciente. Ela nos mostra que por trás do mundo real existe um mundo cheio de riquezas ocultas, que nos ensina os mistérios a serem desvendados. A Sacerdotisa é aquela que nos mostra nossos potenciais a serem desenvolvidos, bem como as facetas sombrias e mais primitivas de nossa personalidade. É aquela que guarda o destino do indivíduo, que permanece em estado germinativo e embrionário até o momento de estar maduro e pronto para se manifestar, a parte de nós que conhece os segredos do mundo interior.

Entretanto, ela nos ensina que só conseguiremos ter um vislumbre das coisas mais profundas com o despertar da consciência da vida, através dos questionamentos da existência que opera dentro de nós. Ela jamais revela seus segredos abertamente, como o mundo dos sonhos, da fantasia, que são recados do nosso inconsciente, comunicando-se conosco através de uma linguagem simbólica.

Enquanto o Mago é extroversão e ação, a Sacerdotisa é introversão e receptividade. O Mago é o reconhecimento das qualidades internas e como expressá-las ao mundo. A Sacerdotisa é aquela que já reconhece as suas qualidades, mas sabe que o melhor a fazer é observar para aprender. É ela que nos ensina a não perder a perspectiva de nós mesmos, permeando o mergulho profundo em nosso inconsciente. E é através desse mergulho profundo que entenderemos melhor todas as ações que nos levam a determinadas formas comportamentais.

A Sacerdotisa é a parte feminina em cada um de nós, o lado mental do arquétipo feminino. A sensitividade, o entendimento daquilo que é subentendido, os recados sutis que se apresentam a nós quando nos relacionamos com o mundo. Ela nos ensina que essa compreensão só ocorrerá quando conseguirmos decodificar nossos próprios subtextos. E que somente o ego não pode administrar e imperar a nossa vida. Ela nos mostra a compreensão global através das subcorrentes de nossa existência.

Este arcano denota nossa própria intuição e nos revela se é hora de prosseguir ou retroagir. Representa a figura da mãe, que era tão presente em nossa infância e que aos poucos fomos deixando de lado em função do mundo exterior.

Ela é a energia da mudança através da sabedoria, o instinto de segurança, aquela que nos levará de novo ao conhecimento profundo de nossa alma e de nossa existência. É o arcano que traz bênçãos e auxílio da Deusa, inspirando-nos e àqueles que estão ao nosso redor.

A Sacerdotisa é a grande guardiã dos mistérios sagrados, a porta para a verdadeira iniciação da alma. O livro em suas mãos, expressa a linguagem secreta e divina que todo iniciado deve conhecer e que é ela quem ensina ao nos mostrar como unir razão e intuição adequadamente.

Todas as vezes que você alcançou um estado de epifania, entrou em um templo e sentiu uma atmosfera sagrada ou alcançou um estado de paz interior por meio de um ritual, você sentiu a presença espiritual da Sacerdotisa. Por esse motivo, na Cabala ela é tida como uma manifestação de *Shekhinah*, a presença divina que desce dos céus e irradia sobre o templo quando o perfeito equilíbrio entre o mundo dos homens e o divino (ou seja, os dois pilares) é alcançado. Se o Mago pode ser considerado uma espécie de Prometeu, trazendo o segredo do fogo dos céus para iluminar a humanidade, a Sacerdotisa é sua versão feminina trazendo a luz divina para as mentes a fim de nutrir nossa alma. Por isso ela é a guardiã de toda sabedoria, a fonte da intuição e da inspiração. O véu entre os pilares que separam a vida e a morte. Penetrá-los significa entrar no domínio dos planos internos de nossa psique, que possibilita a comunicação com o nosso Eu Divino para receber e manifestar o poder do inconsciente que abre as portas da percepção para reacender a luz do espírito. Ao atravessarmos a porta do templo da Sacerdotisa poderemos conhecer outro de seus aspectos: *Sophia*. Nesse estágio da jornada ela se transforma na senhora da inspiração divina e a Deusa gnóstica da sabedoria.

CORRESPONDÊNCIAS PARA O USO NA MAGIA

USO MÁGICO: a Sacerdotisa simboliza tudo o que está oculto em nossa vida. É o arcano ideal para ser usado em encantamentos e rituais nos quais temos que ficar face a face com o que nos amedronta (o inconsciente), para tornar todos os medos em algo belo, que pode ser trazido à luz pelo nosso consciente. Invoque a energia da Sacerdotisa quando precisar se retirar um pouco do mundo, ou para que qualquer viagem ao seu interior possa ser bem-sucedida. A força desta carta também auxilia a alcançar a solução dos problemas ouvindo a intuição e torna possível o acesso aos poderes mágicos e intuitivos. Use a carta da Sacerdotisa nos rituais que têm como objetivo a revelação de segredos e os desejos secretos de outros, descobrir onde as riquezas estão escondidas, desenvolver as habilidades de cura, aconselhamento e mergulhar nos reinos ocultos do ser.

COMO SIGNIFICADOR ELE REPRESENTA: uma pessoa tentando entrar em contato com ela mesma, uma mulher ideal, alguém que guarda algum segredo, uma pessoa psíquica ou sábia, um professor ou cientista, uma Bruxa, uma ordem mágica e esotérica.

ELEMENTO: Água

PLANETA: Lua

NÚMERO MÁGICO: 2

ERVA: limão, íris, nenúfar, escutelária, dama-da-noite

INCENSO: cânfora, gálbano, artemísia

PEDRA: pedra da lua, pedra estrela, jade-branco, pérola

COR: branco, prata e tons pastéis.

PALAVRA-CHAVE: INTUIÇÃO

RITUAL PARA ATIVAR A ENERGIA DA CARTA DA SACERDOTISA

Você vai precisar de:
- A carta da Sacerdotisa
- Um Cálice com água
- Um espelho de mão
- Uma vela preta e uma branca
- Um véu branco

Procedimento:

Coloque a vela preta do lado esquerdo do seu altar e a branca do lado direito. Posicione a carta da Sacerdotisa entre as duas velas. Crie um espaço sagrado e se cubra com o véu. Perceba que, ao fazer isso, sua consciência muda automaticamente e você poderá voltar sua atenção mais facilmente para o seu interior. Olhe para sua imagem refletida no espelho. Permaneça em estado meditativo por alguns instantes. Quando se sentir pronto diga:

> Sacerdotisa Secreta, você que é como as águas calmas refletindo perfeitamente o espírito divino, ajude-nos a nos tornarmos espelhos da verdade, refletindo a essência superior.
>
> Verdadeiramente, quando a sabedoria revela o poder das polaridades, reconhecemos que a Unidade requer a natureza dupla para ser completa e que sua essência é dualidade do Amor.
>
> Aprendendo a sentar e ouvir, contemplamos o que já está dentro de nós, permitindo que essa essência se torne consciente de si mesma.
>
> Por favor, guie-nos para longe das perturbações das paixões e caminhos áridos da despersonalização, permitindo que a verdadeira personalidade humana seja revelada através dos Deuses.
>
> Que assim seja!

Tire o véu, acenda as velas e diga:

> E assim eu levanto o véu da verdade e contemplo a face da Mãe Divina.

Pegue o Cálice e molhe seus dedos indicador e médio de sua mão de poder. Toque cada uma das partes do seu corpo com os dedos, enquanto diz:

Abençoada seja minha mente que conhece a verdade.

Abençoados sejam os meus olhos que veem a beleza do mundo.

Abençoados sejam meus lábios, que proferem palavras de sabedoria.

Abençoado seja meu peito, que guarda o meu coração.

Abençoado seja o meus genitais, fonte da vida.

Abençoado sejam os meus joelhos, que me sustentam com segurança.

Abençoados sejam meus pés, que me trouxeram até estes caminhos!

Olhe para o espelho e trace sobre ele o símbolo astrológico da lua. Aos poucos, deixe sua mente lhe transportar até um lugar da natureza onde será possível ver a Lua brilhante acima de sua cabeça. Receba a energia da Lua. Ao olhar para o espelho uma vez mais, você vai perceber que o seu rosto se transforma na face da Sacerdotisa. Converse com ela o que desejar. Peça conselhos. Abra o seu coração. Permaneça neste estado enquanto quiser.

Para encerrar, faça o sinal de um X sobre o espelho. Retome sua consciência normal e registre suas impressões sobre o ritual.

CONTEMPLAÇÃO DO PILAR DE LUZ

A contemplação do pilar de Luz faz parte de muitas escolas da Tradição Ocidental de Mistérios. Este exercício é ideal para entrar em contato com a energia da Sacerdotisa e acessar o seu Eu Divino.

Imagine um sólido pilar de luz atravessando você, dos pés à cabeça. Crie-o através de sua imaginação, veja-o com o olho de sua mente, sinta-o. Imagine-o crescendo e mudando a energia negativa que estiver ao seu redor. Veja esta energia negativa como pequenas bolhas negras ou uma bruma. Visualize-as sendo sugada ao centro de si mesmo, por intervenção do pilar de energia que o atravessa.

Quando toda sua energia tiver se modificado, chame pela sua Sacerdotisa interior. Se você puder fazer um contato mental com ela, ou seja, com o seu Eu Divino, receberá alguma resposta afirmativa.

A sensação desse contato não pode ser medida de forma material. Você pode sentir uma sensação de expansão, alegria, conforto, etc. e isso vai refletir o que o seu Eu Divino estiver sentindo: felicidade, tristeza, união, desarmonia e por aí vai. Abra-se para qualquer sensação.

Então diga:

Sacerdotisa Sagrada que vive em mim, meu Eu Divino,
Eu desejo aprender a te amar.
Vamos trabalhar em harmonia a partir de agora para aperfeiçoar esta união e auxiliar toda a vida.
Você deseja isto?

Espere por mais respostas. Dialogue quanto quiser com essa presença energética. Diga como poderão estabelecer essa união e alinhamento. Permaneça neste estado por algum tempo.

Quando estiver pronto, despeça-se e agradeça.

PEDRA DA LUA E O ARCANO DA SACERDOTISA

A corrente de energia que passa pelas cartas e o que elas simbolizam também podem ser encontradas de muitas formas na natureza, nos aromas e em outras inúmeras correspondências. Isso é o que chamamos de *assinatura astral*. A carta da Sacerdotisa possui uma profunda relação com a Lua e, consequentemente, todas as coisas na natureza que carregam a assinatura lunar nos conectam com esse arcano.

Um desses elementos é a pedra da lua, que evoca ternura, equilibra as polaridades dentro de nós e alivia o estresse emocional. Essa pedra aumenta a intuição e a consciência. Sempre que quiser despertar essas energias em sua vida, coloque uma pedra da lua sobre a carta da Sacerdotisa para reforçar ainda mais a energia do cristal. Depois use a pedra com você para sintonizá-lo com a força deste poderoso arcano.

A MAGIA DA PRATA

Os alquimistas medievais codificaram a prata como um dos sete metais planetários e atribuíram-na à Lua.

Por ser um material lunar, a prata corresponde a todos os atributos da Lua: sonhos, visões, percepção psíquica, intuição, conexão com os planos interiores, todos caem sob o domínio da carta da Sacerdotisa.

Como a Lua controla a vazante e o fluxo das marés, a prata está também ligada à magia do elemento Água e se estende ao amor, cura, sensualidade e equilíbrio.

Assim, ao se conectar com a prata de muitas formas você estará evocando a energia da Sacerdotisa em sua vida.

Um ritual simples para despertar sua intuição e receber a resposta para uma pergunta consiste em colocar a carta da Sacerdotisa sobre o seu altar e sobre ela o seu caldeirão repleto de água. Faça uma pergunta e jogue algumas moedas de prata dentro do caldeirão. Deixe que o som das moedas caindo na água despertem os seus sentidos trazendo a resposta de que precisa.

A IMPERATRIZ

MEU TOQUE A TUDO GERMINA

Plano Físico:
GERMINAÇÃO

Plano Mental:
CRESCIMENTO

Plano Emocional:
FERTILIDADE

Plano Espiritual:
BELEZA

A IMPERATRIZ QUASE SEMPRE nos aparece como uma mulher sentada em um trono, segurando um cetro e com um escudo aos seus pés. Ela é o símbolo máximo da fertilidade e é considerada mãe de toda a natureza. Está conectada com o número 3, que traz o conceito de crescimento, síntese e harmonia, após a tensão advinda da dualidade. O número 3 expressa o nascimento de algo novo que une dois princípios. Assim, a Imperatriz fulgura no Tarô como os poderes das forças criativas que dão vida ao plano físico.

Ela está conectada às antigas Deusas da natureza e da Terra como Rhea, Deméter, Ceres e a sumeriana Ishtar. Todas essas divindades foram cultuadas no alvorecer das culturas matrifocais, quando os Deuses masculinos ainda não tinham tomado para si o mundo e o poder. Diversas divindades femininas sobreviveram como deidades centrais mesmo após o domínio do patriarcado e tiveram cultos que se mostraram proeminentes durante milênios. Um dos mais importantes cultos de mistérios do passado era o de Elêusis, celebrado em honra à Deméter e Perséfone, onde dramas rituais que desvendavam os segredos da vida, morte e renascimento eram apresentados aos iniciados. As Deusas Deméter e Perséfone regiam vida e morte, o Mundo Superior e o Mundo Inferior, a luz e a escuridão. Podemos encontrar um paralelo entre essas duas divindades, cujo culto se manteve inseparável, como os arcanos da Sacerdotisa e da Imperatriz, que representam respectivamente o lado escuro e luminoso da criação. Os mistérios da Sacerdotisa estão voltados para dentro, o da Imperatriz para fora. Elas são como a mãe e a filha Deméter e Perséfone ou as irmãs gêmeas Néftis e Ísis, distintas, mas inseparáveis, pois a luz não existe sem escuridão e vice-versa.

Ela é a luz que nasce da escuridão nos leva invariavelmente ao conceito da criação e é por isso que a Imperatriz representa tudo aquilo que desabrocha em direção à luz segura e continua. Enquanto a Sacerdotisa expressa a contemplação interior para o despertar espiritual, a Imperatriz simboliza o despertar espiritual por meio da ação no mundo físico. Na jornada do Tarô ela nos apresenta o desafio de perceber que o mundo material é um reflexo do espiritual.

A Imperatriz é a conscientização de que somos parte da natureza e de que estamos ligados à vida natural. Representa a apreciação de todos os prazeres da natureza e nos mostra que se não tivermos a Grande Mãe dentro de nós não poderemos gerar nada e não seremos capazes de dar frutos. É o poder gerador, que é paciente e sabe esperar com tranquilidade, até o momento em que as coisas estejam maduras, prontas para serem manifestadas.

Assim, a Imperatriz é aquela que reflete a experiência da maternidade, não só restritamente aos processos físicos do nascimento, mas a experiência interior da Deusa. É a própria manifestação da Deusa que nos mostra o quanto é importante estarmos ligados aos fluxos e refluxos da natureza, sem os quais não estaremos ligados ao sentimento natural e nos colocaremos num plano intelectual e fantasioso.

A Imperatriz é também aquela que nos dá a segurança. Com ela nos sentimos como uma criança ligada à mãe pelo sentimento de segurança e proteção. Ela é nossa segurança interna e o sentimento de proteção existente em cada um de nós. A presença radiante, cheia de pureza e amor divino, capaz de aliviar nossos corações das mágoas e rancores do dia a dia, a emoção pura.

Em um sentido mais físico, Imperatriz é a própria manifestação da extroversão e da luta feminina, da mulher tentando ser o que ela foi coibida a ser. É a mulher apaixonada que se entrega de corpo, alma, mente e coração às suas emoções, sejam quais forem. É aquela que não permite que a mulher continue sendo tratada como um objeto, perdendo sua personalidade e essência feminina. É ela que impede que a mulher abandone seus projetos de vida devido a casamentos, filhos, chantagens e jogos sem escrúpulos, ensinando que amor não escraviza, mas, sim, liberta. Ela mostra que tudo pode ter o seu tempo: casa, marido, filhos, e ainda nos ensina que, para isso, nossos sonhos não precisam ser deixados para trás em função das expectativas e anseios de outros.

A Imperatriz é aquela que dá a mulher a chance de resgatar seu verdadeiro lado feminino. Ela dá forma aos conceitos. Representa o elemento Terra, responsável pela germinação e procriação, mostrando-nos que a vida é bela e que o amor deve ser celebrado. É ela que nos ajuda a colocar em ordem nossa vida, para que possamos chegar à concretização de nossos sonhos mais almejados. É a Terra com quem o rei deveria se casar ritualmente, sem a qual seu reinado estava fadado ao insucesso. É o trono do Faraó (representando a própria Terra), sem o qual ele não reinava, o mesmo solo presenciou os massacres de nossos ancestrais contra os antigos povos dessa e de outras terras e que nos ensina que, para reinarmos e chegarmos ao objetivo final da jornada do Louco, precisamos fazer nossas pazes com a Terra.

CORRESPONDÊNCIAS PARA O USO NA MAGIA

USO MÁGICO: a Imperatriz está relacionada aos processos de fertilidade em nossa vida. Ligada também aos nossos sentimentos e paixões, quando sentimentos possuem mais peso que os pensamentos. Por todos esses motivos, ela é ideal de ser usada nos rituais de magia, cujo objetivo está em despertar sua beleza interior e mostrá-la ao mundo. A Imperatriz também atrai felicidade, a completitude do ser, e favorece a exploração da porção feminina de nossa psique. É uma carta favorável para trabalhar os conflitos maternos não resolvidos, aliviar a tristeza do coração, sair de períodos ilusórios, despertar a sensação de juventude, revitalizar, acender a centelha da criatividade pessoal e encontrar ou receber amor abundante. Use a carta da Imperatriz em rituais para engravidar e tornar-se fértil em todos os sentidos da vida.

COMO SIGNIFICADOR ELE REPRESENTA: uma mãe, uma mulher bem-sucedida, uma empresária ou artista, alguém que busca o amor verdadeiro, alguém que quer se libertar das amarras de um casamento malsucedido ou uma pessoa que quer sair de algum processo que a aprisiona.

ELEMENTO: Terra

PLANETA: Vênus e Terra

NÚMERO MÁGICO: 6

ERVA: rosas, baunilha, fava-de-tonca, basílico

INCENSO: verbena, vetiver, murta

PEDRA: quartzo-rosa, rodocrosita, quartzo-verde, esmeralda

COR: verde ou rosa

PALAVRA-CHAVE: FERTILIDADE

RITUAL PARA ATIVAR A ENERGIA DA CARTA DA IMPERATRIZ

Você vai precisar de:
- A carta da Imperatriz
- Um pano verde-escuro
- 1 vela rosa e uma verde
- Pétalas de rosas vermelhas
- Conchas
- Óleo de verbena

Procedimento:

Em um espaço sagrado, escreva a palavra "amor" na vela rosa e a palavra "fertilidade" na vela verde. Coloque a carta da Imperatriz no meio das duas velas. Circule as velas e as cartas com as pétalas de rosas vermelhas.

Segure o arcano por alguns instantes e medite sobre todos os símbolos que aparecem nele. Acenda as velas e recoloque a carta sobre o altar. Diga as seguintes palavras:

Fértil Imperatriz

Veículo de libertação que vem do alto,

Conectora da vontade humana e divina.

Poder da redenção e revelação.

Buscamos orientação em nosso destino.

Que possamos nos maravilhar com a oportunidade de participar conscientemente do milagre da vida.

Nós ouvimos seu chamado e sua verdadeira voz através do mistério em direção à regeneração de toda existência.

Que assim seja!

Balance as conchas que estão sobre o altar em suas mãos. Enquanto ouve o som produzido pelo balançar das conchas, circule o altar por 3 vezes. Quando for circular pela última vez, pare em cada ponto cardeal e invoque a presença da Imperatriz. Veja-a em cada quadrante como uma face do elemento governado por aquele ponto cardeal. No Leste, visualize-a envolta por nuvens e névoas. Ao Sul, iluminada pelo sol ou circundada por labaredas de fogo. No Oeste, veja-a saindo do mar ou flutuando sobre as águas. No Norte, caminhando sobre um campo de plantação. Obviamente esses são apenas alguns exemplos. Deixe sua imaginação trabalhar e crie as imagens que parecerem apropriadas para o momento. Viaje através dos mundos para explorar cada uma das faces da Imperatriz que você evocou.

Pegue óleo de verbena e passe uma gota dele em cada um dos seus chacras. Sinta-se purificado e medite sobre as coisas que você deseja fertilizar em sua vida. Peça a ajuda e a energia da Imperatriz para dar nascimento a todos os seus desejos.

CRIANDO ENERGIA

A força da Imperatriz nos compele a criar. Ela rege os ciclos do nascimento, fertilização e crescimento de todos os processos da vida.

Criar energia é algo necessário para a maioria dos atos mágicos, como fazer um trabalho de cura ou a emissão de desejos de paz e harmonia para um lar em conflito, por exemplo. A energia do arcano da Imperatriz é ideal de ser invocada no processo de criação de energia, dada à sua natureza de expansão e crescimento.

Existem muitas formas diferentes de criar energia para ser canalizada para um objetivo. Dançar, cantar, tocar chocalho, tencionar os músculos ou correr ao redor do altar enquanto pensamos em nosso desejo como se ele estivesse acontecendo naquele momento, talvez sejam as técnicas mágicas mais usadas.

Coloque a carta da Imperatriz sobre o seu altar e, enquanto foca na imagem da carta, cante uma rima. Comece lentamente e aumente o ritmo paulatinamente, até que a canção atinja o ápice e você possa liberá-la.

Se desejar, dance ao redor do altar enquanto canta, aumentando o ritmo da dança conforme a melodia acelera também. Você pode desejar se ver tomando a própria forma da Imperatriz, coroada de estrelas e com o Bastão nas mãos. Dance abandonadamente. Quando o ápice chegar, é hora de liberar o poder.

Faça movimentos como se estivesse com o Bastão da Imperatriz em mãos indicando a elevação de energia para o cosmos ou caia no chão de uma só vez, espalmando as mãos no solo e projetando a energia, visualizando-a como raízes que chegam até o seu desejo. Imagine que este é o campo fértil da Imperatriz, onde tudo cresce e é colhido.

PONTOS DE PODER NA NATUREZA

A Imperatriz é a grande mãe da natureza. Seu arcano nos mostra uma figura feminina em plena conexão com toda a Terra.

Uma das formas de se conectar com a energia da carta da Imperatriz é explorar os locais da natureza e seus pontos de poder. Escolha um lugar espaçoso na natureza. Sente-se e feche os olhos, sinta o seu corpo espiritual e a terra ao seu redor. Com os olhos de sua mente, visualize-se como se você fosse a Imperatriz.

Peça para ser conduzido até o ponto de poder mais próximo. Fique atento para identificar este ponto. A identificação pode ser através de um ponto de luz que o conduzirá ao local, um brilho intenso no lugar, etc. Visite, então, este lugar fisicamente.

Chegando ao local, sente e repita o exercício, esta é a parte autoconfirmadora, pois você pode receber a informação de outro lugar que possivelmente irá melhor lhe servir.

De olhos fechados perceba o que este lugar tem de diferente para lhe comunicar. Absorva a energia que vem do local e sinta-se totalmente fortalecido pelo poder que vibra ao seu redor.

O IMPERADOR

EU CRIO, CONSTRUO E TORNO SÓLIDO

Plano Físico:
PODER

Plano Mental:
FIRMEZA

Plano Emocional:
REALIZAÇÃO

Plano Espiritual:
EXATIDÃO

A CARTA DO IMPERADOR quase sempre aparece simbolizada por um homem de meia idade, sentado, ornando um cetro em suas mãos que simboliza o seu poder. Em alguns Tarôs ele é representando com seu trono e pernas formando o número 4, indicando que o seu poder se estende por toda a Terra, sobre os quatro cantos do mundo e os quatro elementos da natureza.

O Imperador é a imagem da experiência psicológica da paternidade. Ele é o pai que incorpora nossos ideais espirituais. O nosso código de ética e a autossuficiência com a qual conseguimos sobreviver nesse mundo. É a autoridade e a ambição que nos impulsiona a conseguir aquilo que queremos e a disciplina e a antevisão que precisamos para completar a Jornada do Louco. O Imperador expressa o princípio masculino em cada um de nós, que difere do protecionismo e amor incondicional encontrado na carta Imperatriz. Ele é o espírito, a mente, o raciocínio. É o pai dentro de nós, o autorrespeito, o aspecto de nossa personalidade que pode fazer uma escolha ou estabelecer um princípio, para depois aceitar os desafios. É aquele que nos indica que, para aprender a lidar com o pai interior, precisamos conhecer nossas potencialidades, nossa capacidade de realização e de concretização.

Este arcano representa a parte da jornada do Louco onde é necessário procurar pelos princípios morais e éticos que guiam a vida. É o Imperador que nos ensina que, sem princípios, tornamo-nos meros joguetes da vida, guiados pelo instinto, sem rumo, colocando nossos erros e fracassos sob a responsabilidade de outras pessoas. Ele é aquele que nos indica que precisamos saber, perceber e compreender a força interior que carregamos dentro de nós e que vai nos guiar a reencontrar o verdadeiro masculino e tudo aquilo que o homem se dissociou através dos tempos.

É o arcano que ensina a ser forte, a confiar em nossa própria força sem que nos submetamos a fragilidades, sustos ou covardia. Representa o homem que enfrentou vários inimigos e se tornou próspero em todas as áreas de sua vida. É a figura paterna, o pai real que prepara seu filho a viver e a ultrapassar os perigos quando estiver ausente. Ele nos ensina que para que possamos viver este impulso, precisamos nos livrar das sombras projetadas pelo nosso lado paterno ou mesmo materno. O Imperador ensina o indivíduo a livra-se dos valores errôneos introjetados pela figura paterna e pela sociedade patrilinear, para que possamos ser nós mesmos e não mais a criancinha do jardim de infância da mamãe e do papai. É aquele que diz: "Vai, agora é hora de você se virar sozinho". E assim ele nos ensina que não devemos sair por aí projetando a figura paterna que nos rodeia, pois se isso acontecer, jamais seremos nós mesmos, mas, sim, uma máquina programada para repetir erros ou acertos já vividos por outros. Uma verdadeira Iniciação nos Mistérios não aceita isso, pois o intuito dela é que o indivíduo seja único, pleno e encontre sua totalidade.

O Louco precisa se desprender daquilo que o amarra ao passado e impede a sua plenitude espiritual. O Imperador é aquele que nos ensina a romper esses limites e barreiras. O seu olhar fixo e atento nos traz sinais de que ele carrega consigo a centelha da sabedoria, que sabe que tudo é cíclico. Isso torna possível a ele prever eventos baseados em estatísticas e prognósticos, que ele usa com sabedoria para manter a paz em seu reino e a ordem sobre o mundo.

No caminho do Louco, o Imperador é a figura do Logos que expressa a força do masculino que organiza o reino das ideias e os manifesta sobre o mundo, criando caminhos possíveis para que a comunicação se estabeleça. O Imperador pode ser visto como um grande arquiteto. No mundo material, ele é a clássica figura do empresário bem-sucedido liderando seus funcionários. Representa a figura de liderança, seja o chefe, diretor, gerente, seja o capataz, que jamais se deixa levar pelas emoções e que não desvia um milímetro do que foi previamente estabelecido, acordado ou estrategiado. Porém, em sua face mais amável e benigna, ele pode se apresentar como aquele que coloca o bem comum acima dos interesses individuais e pessoais, jamais contrariando seu alto senso de justiça ou ferindo sua ética e moral.

Essa natureza dupla pode ser vista no emblema mais característico deste arcano: a águia, ave de rapina que pode ser violenta, determinada, destemida e que possui bico afiado e mortal e garras firmes, capazes de capturar presas até mesmo maiores que ela. No entanto, essa mesma águia obstinada, insensível e letal pode ser a mãe ou o pai amoroso, que leva alimentos para seus filhos no ninho e que deles cuida até que estejam prontos para alçar seus próprios voos. Todas essas características se encontram na figura do Imperador, que está conectado com o signo de Áries e por isso expressa a figura de um rei guerreiro de energia construtiva, positiva, que usa seu impulso para conquistar seus objetivos.

O Imperador representa o homem responsável que faz importantes decisões. O guerreiro dentro de cada um de nós e aquele que nos auxilia a conquistar a liberdade da história e ciclos viciosos de dominação que outros colocam ao nosso redor. Ele é a guerra que estabelece a paz baseado na justiça real.

CORRESPONDÊNCIAS PARA O USO NA MAGIA

USO MÁGICO: use a carta do Imperador para obter ganhos materiais e proeminência em todos os sentidos e também em rituais para fomentar a busca da renovação e atrair momentos satisfatórios para mudanças e recomeços. O arcano é excelente para invocar a força positiva e alcançar todas as realizações pessoais de forma que seus desejos sejam bem concretizados. O Imperador pode ser usado para impulsionar realizações certas e bem-sucedidas, desenvolver habilidades para lideranças, conquistar um modo mais independente de vida, alcançar a harmonia em projetos nos quais existam conflitos e para atrair vitória em qualquer situação.

COMO SIGNIFICADOR ELE REPRESENTA: um homem de autoridade, riqueza e poder, um pai ou figura paterna, um político do sexo masculino, as forças armadas ou o poder judiciário, um patrão, governos ou corporações.

ELEMENTO: Fogo e Terra

PLANETA: Marte

SIGNO: Áries

NÚMERO MÁGICO: 9

ERVA: canela, alho, dente-de-leão, madressilva

INCENSO: pimenta, cravo, sangue-de-dragão, tabaco

PEDRA: granada, rubi, jaspe-sanguíneo

COR: vermelho

PALAVRA-CHAVE: PODER

RITUAL PARA ATIVAR A ENERGIA DA CARTA DO IMPERADOR

Você vai precisar de:
- A carta do Imperador
- Pano vermelho
- Óleo de basílico
- 2 velas vermelhas
- Tabaco

Procedimento:

Sobre o seu altar, faça um círculo com o tabaco. Coloque as duas velas vermelhas no interior do círculo formado e bem no meio delas disponha o arcano do Imperador.

Em cada um dos pontos cardeais faça o símbolo do planeta Marte. Então, volte-se ao altar e diga:

Imperador do Mundo,

Enquanto aspiramos nos tornar verdadeiramente humanos e escolhemos o amor ao invés do poder, ajude-nos a transformar nossas compulsões e violência.

Honrando sua disposição de renunciar às liberdades pessoais, buscamos sua orientação para suavizar nossas opiniões, aliviando nossos movimentos e ajustando nossa fala.

Pois a verdadeira autoridade deve vir de cima.

Que possamos ser preenchidos com a Vontade Divina à medida que aprendemos a arte de ser, enquanto batemos na porta da transformação.

Que a natureza humana se transforme no que é verdadeiramente humano, ao mesmo tempo em que se mira na imagem e semelhança divina

Que assim seja!

Coloque uma gota do óleo de basílico no seu Chacra do Plexo Solar e medite sobre todas as lutas que já travou em sua vida. Traga à sua mente todos os seus inimigos e oponentes e, com o olho da mente, visualize-os correndo de gigantes e suas armas sendo estraçalhadas. Torne-se um desses gigantes e sinta-se forte, grande e poderoso. Ninguém ficará contra você agora.

PROJETANDO ENERGIA

A energia gerada pela Imperatriz é projetada pelo Imperador. No arcano da Imperatriz aprendemos a criar energia, agora vamos projetá-la. Em linhas gerais, para projetar a energia você precisa senti-la usando a arte da visualização e liberá-la na hora que suas emoções chegarem ao ápice. Parece fácil, mas não é e pode ser necessário várias tentativas para que a energia seja elevada de forma eficaz e você se torne competente nesta habilidade quando estiver trabalhando magicamente.

Uma boa forma de projetar energia pode ser como no exemplo a seguir:

Pegue a carta do Imperador e visualize-a por alguns instantes. Faça um pedido e então veja a carta ganhando energia, tornando-se uma esfera prateada. Deixe essa luz ir se espalhando pelo ambiente em que você se encontra.

Neste momento, projete sua energia. Lentamente, com a carta em suas mãos, comece a circular no sentido horário pelo local, aumentando o ritmo cada vez mais. Visualize a energia subindo aos céus, criando uma forma cônica.

Quando a energia atingir o ponto máximo, visualize uma cena relacionada com o que você quer alcançar e projete essa imagem no meio do cone. Veja o cone subir aos céus levando junto a imagem projetada, como se fosse um grande redemoinho. Deixe a imagem aos poucos esmaecer.

FORÇA DE VONTADE

A força de vontade está profundamente ligada ao arcano do Imperador, visto que ele carrega consigo o poder realizador. Todas as vezes que você realiza algo, está sintonizado com a energia desta carta. Para construir a força de vontade em sua mente, comece a ultrapassar os seus limites. Se você se sentir faminto, não coma até sentir que sua fome passou. Se se sentir cansado, vá caminhar por alguns minutos, etc. Esse tipo de ação também é capaz de colocá-lo em sintonia com o Imperador que existe dentro de você.

EXERCÍCIO PARA FORTALECER O PODER DE SEU NOME

Nosso nome é uma grande fonte de poder. Usá-lo como um mantra aumenta o nosso poder pessoal.

Reduza a luz do ambiente, acenda uma vela, um incenso e coloque uma música relaxante. Coloque a carta do Imperador à sua frente e deixe os símbolos dela inundarem a sua mente. Deixe os seus pensamentos divagarem até que você não pense em mais nada. Entoe mentalmente o seu nome, diminuindo em cada entonação uma letra dele, fazendo assim uma escala decrescente, como por exemplo:

JULIA

ULIA

LIA

IA

A

Deixe as palavras ecoarem em sua mente de maneira poderosa, não pense só nas palavras, sinta-as como um som mântrico. Repita várias vezes, deixe as sensações que fluírem através deste mantra manifestarem-se em sua consciência.

Para finalizar, agradeça por essa conexão com seu poder pessoal com a ajuda do Imperador.

O HIEROFANTE

CRIO AS LEIS E A ORDEM DO MUNDO

Plano Físico:
DEVER

Plano Mental:
ENSINO

Plano Emocional:
RIGIDEZ

Plano Espiritual:
ENSINAMENTO

A CARTA DO HIEROFANTE é geralmente representada por um Sacerdote sentado entre duas colunas. Dois homens, representando a dualidade da vida, estão ajoelhados à sua frente. Em sua mão ele segura um cajado, símbolo do poder espiritual.

O Hierofante representa a parte do ser humano que se eleva às questões do espírito, para compreender o que a Divindade deseja. Ele simboliza o mestre espiritual dentro e fora de cada um de nós, o intermediário entre a consciência terrena e o conhecimento intuitivo das Leis que regem tudo.

Enquanto o mundo da Sacerdotisa é escuro e misterioso e não pode ser compreendido pelo intelecto, o mundo do Hierofante pode ser elucidado e interpretado pela mente humana.

A Palavra Pontífice, outra expressão usada para designar um Sacerdote, significa literalmente "o construtor de pontes", uma vez que o papel do Hierofante é o de servir como guia espiritual, estabelecendo uma relação entre Deuses e homens, o interprete que esclarece a natureza das leis que devemos seguir para entrar em sintonia com o Divino.

As leis do Imperador caracterizam a influência do Pai sobre a Terra e dizem respeito à conduta digna e a firmeza de caráter do homem dentro do mundo. As leis do Hierofante se referem à boa conduta do homem aos olhos dos Deuses. Representa o poder espiritual sobre a Terra e é ele que guarda as chaves de acesso aos outros reinos. Ele é o professor que leva o aluno através das estradas do conhecimento, preparando-os adequadamente para as responsabilidades relativas aos ensinamentos transmitidos. É aquele que nos leva de encontro ao Eu, que é o mecanismo que rege toda nossa psique, e nos ensina a contatá-lo, entendê-lo, integrá-lo ao que há de mais primitivo dentro de cada um de nós. Esta carta ainda nos mostra que, para nos comunicarmos com os Deuses, precisamos ter amor por nós mesmos e por tudo aquilo que está ao nosso redor.

Este arcano nos ensina como integrar Intuição, Sensação, Pensamento e Sentimento. É ele que nos leva a observação destas funções para que o equilíbrio se estabeleça, trazendo para o nível consciente aquilo que até agora permanecia no plano do inconsciente.

Agora é a hora de começar o processo que levará o Louco até sua verdadeira Iniciação. O Hierofante representa o conhecimento, a sabedoria, o acúmulo inicial destes conhecimentos que são importantes para nos conhecermos e compreendermos o que reside em nosso interior. Ele nos ensina a trabalhar com as diferentes manifestações de nosso Eu.

CORRESPONDÊNCIAS PARA O USO NA MAGIA

USO MÁGICO: use a carta do Hierofante para acessar o mestre espiritual interior ou quando você sentir necessidade de começar a estabelecer o contato com o seu Eu mais interno para promover o *religare*. Este arcano poder ser usado em rituais para adquirir conhecimentos sobre os mistérios da vida e da morte e também pode ser empregado em ritos para ser bem-sucedido em atividades escolares, exames e para ganhar o respeito e admiração dos outros.

COMO SIGNIFICADOR ELE REPRESENTA: um mestre ou mentor, membro de um clero, alguém relacionado a cerimônias ou hierarquia, instituições educacionais ou religiosas, ordem cerimonial.

ELEMENTO: Ar e Fogo

PLANETA: Júpiter

SIGNO: Touro

NÚMERO MÁGICO: 6 e 3

ERVA: bardana, cardamomo, tussilagem

INCENSO: cedro, cipreste, magnólia, tomilho

PEDRA: malaquita, ágata-musgo, quartzo-verde, jade-verde

COR: verde

PALAVRA-CHAVE: ENSINAMENTO

RITUAL PARA ATIVAR A ENERGIA DA CARTA DO HIEROFANTE

Você vai precisar de:
- A carta do Hierofante
- Pano azul-marinho
- Duas velas verdes
- Um incenso de cedro
- Um quartzo-verde
- Papel
- Caneta

Procedimento:

Grave o seu nome ao longo das duas velas verdes e, então, deixe-as bem visíveis para você durante um dia todo. Onde quer que for, carregue-as junto a você. No dia seguinte, coloque as duas velas sobre o seu altar, acenda o incenso de cedro e coloque o arcano do Hierofante ao meio delas e, então, diga:

> Hierofante dos céus,
> Conforme nos esforçamos em nossa escalada sagrada com gratidão e respirando entre a Terra e o firmamento, oferecemos nossa obediência e fé, esperança e amor, humildemente em oração.
> Que o Divino se expresse por meio de nós, acima e abaixo, dentro e fora, para realizar o propósito da unidade com todas as coisas.
> Que assim seja!

No papel, faça o símbolo do signo de Touro. Visualize uma forte luz branca emanando do seu altar e se concentrando no papel. Coloque o papel sobre a carta do Hierofante e sobre ela o quartzo-verde. Feche seus olhos por alguns instantes e visualize a figura de Sacerdote vindo em sua direção. Ele toca em suas mãos e vocês viajam através dos mundos. Guarde o papel e a pedra como um talismã e use-o sempre que precisar de um conselho espiritual sábio, precisar encontrar a direção certa ou alcançar algum ensinamento.

CONSCIÊNCIA DA ENERGIA

Assim como a Sacerdotisa, o Hierofante também é uma expressão do nosso Eu Divino.

Num certo sentido, seu Eu Divino pode ser pensado como energia pura e consciente. Ele pode ser simbolizado como uma luz fluindo através do corpo, como um belo som (incluindo música), como um gosto delicioso ou como um perfume encantador, dependendo da preferência individual e sensibilidade de cada um. Uma boa prática para trabalhar seu Eu Divino é focar sua atenção no arcano do Hierofante por alguns instantes e refletir sobre o seu significado. Então, imagine-se cercado por luz enquanto sente o fluxo de energia pelo seu corpo. Com prática, essa luz se tornará consciência, não somente imaginação, e será o seu sinal de contato com o Eu Divino.

EXPANDINDO A IDENTIDADE

O grau de unidade que você experimenta consigo mesmo é a medida de contato com seu Eu Divino. Uma vez que o contato é feito, você pode apreciá-lo para seu próprio deleite ou focalizar naquilo que gostaria de ver manifestado através de seu Eu Divino. Frequentes contatos com seu inconsciente é um meio importante de treinar seu Eu e comandar sua vida.

Coloque a carta do Hierofante à sua frente e peça para entrar em contato com o seu Eu mais profundo. Expanda sua percepção e peça um conselho. Esteja atento às suas emoções, pensamentos e sensações. É provável que você se sinta movido a fazer algo, falar com alguém, ler um livro, etc.

Seja o que o seu Eu Divino lhe indicar, esse será o caminho ideal para ampliar seu contato com ele e até mesmo receber uma orientação capaz de expandir seus horizontes e elevar sua consciência.

OS ENAMORADOS

MANIFESTO O PODER DO AMOR

Plano Físico:
DESEJO

Plano Mental:
ESCOLHA

Plano Emocional:
AMOR

Plano Espiritual:
LIVRE-ARBÍTRIO

A CARTA DOS ENAMORADOS aparece na maioria dos Tarôs como um jovem entre duas mulheres, uma geralmente vestida de uma maneira recatada e com pudor e a outra de forma mais espontânea. Ambas parecem tentar guiar o jovem para fora de uma estrada. A escolha de qualquer uma delas representa o aniquilamento da outra. Acima das figuras é comum ver Eros, o Deus do amor, apontando sua flecha para o jovem. Esse arcano também surge em alguns baralhos simplesmente como um casal em uma cena de amor, representando o despertar dos sentidos para o prazer e a vida.

Esta carta, nomeada também algumas vezes como os Amantes, representa o primeiro grande desafio da vida para o desenvolvimento pessoal: a escolha do amor. O problema não se restringe na escolha entre duas mulheres ou dois homens. Simboliza os nossos valores, já que esses nos remetem ao tipo de pessoas que queremos nos tornar. Ensina-nos que nossas escolhas estão vinculadas aos nossos desejos e não a nossa pessoa. É o dilema do livre-arbítrio *versus* instintos.

As consequências das escolhas amorosas são inúmeras, pois afetam todos os níveis de nossa vida. O fato de desejarmos uma ou outra coisa ou pessoa força o indivíduo a desenvolver seus próprios valores e a aprimorar seus próprios conhecimentos por meio de conflitos que resultam da escolha.

Os Enamorados é aquela parte de nós governada pela ânsia incontida do desejo e da satisfação e que não consegue ver que todas as escolhas conduzem a consequência e que somos inevitavelmente responsáveis por elas.

A carta nos fala do amor em todas as suas manifestações e a verdadeira entrega do ser. Mostra-nos que nem tudo está perdido, que dentro dos nossos corações ainda reside a chama do amor. Podendo se encontrar mais forte ou mais fraca em alguns momentos, mas que como uma brasa, pode ser reavivada a qualquer ocasião, bastando a nós, dispormo-nos a nutrir e a cuidar desta faísca.

É o arcano que nos mostra que o amor nutre e consola e que é hora de dizer um basta às manipulações, disputas, jogos e olharmos para dentro de nós, sem defesas, medos, preconceitos ou armaduras. É a carta que nos ensina que dentro de nós existe um coração pronto para amar e ser amado e está cheio de vida, que pode até mesmo se encontrar carente, clamando por socorro implorando pelas carícias mais carnais ou espirituais. Esta carta mostra também que é o momento de escolhermos para nos libertarmos. É hora da decisão. De decidirmos quem somos, de quem gostamos, por que gostamos e do que gostamos. Mas ela também nos faz aprender que a escolha traz a libertação que nos fará atingir a totalidade no amor. Todos nós temos algo que precisamos nos libertar quando o assunto é o AMOR, para verdadeiramente sermos felizes e conseguirmos levar um relacionamento sem medos e fracassos. As escolhas sempre trazem consigo um preço para serem pagas. Na vida sempre temos que fazer escolhas, e quaisquer que sejam elas, sempre existirá um preço a pagar. Você está disposto e preparado a pagar o correto preço para ser feliz, amar, ser amado e se sentir amado?

Este é o ensinamento mais valioso que este arcano nos traz!

CORRESPONDÊNCIAS PARA O USO NA MAGIA

USO MÁGICO: a carta dos Enamorados pode ser usada para favorecer um encontro amoroso, o começo de uma relação, encontrar o verdadeiro amor depois de muitas perseguições e obstáculos. Ela deve ser usada quando uma escolha precisa ser feita em qualquer plano da vida humana e para despertar a força de transformação necessária para superar os problemas que outros criaram com o intuito de perturbar qualquer união ou parceria. Use este arcano para atrair a pessoa amada, atrair mais amor para a vida, fazer a escolha correta acerca dos problemas de um relacionamento e para assegurar a fidelidade por parte da pessoa amada.

COMO SIGNIFICADOR ELE REPRESENTA: um casal, duas pessoas que se amam, sócios, parceiros.

ELEMENTO: Fogo e Ar

PLANETA: Vênus

SIGNO: Gêmeos

NÚMERO MÁGICO: 5 e 6

ERVA: aveleira, castanheira, tília, carvalho, nogueira

INCENSO: endro, bergamota, erva-doce, manjerona

PEDRA: ágata, alexandrita, howlita, safira, turmalina-melancia

COR: amarelo, marrom, rosa

PALAVRA-CHAVE: ESCOLHA

RITUAL PARA ATIVAR A ENERGIA DA CARTA DOS ENAMORADOS

Você vai precisa de:
- A carta dos Enamorados
- Uma vela rosa
- Uma vela azul
- Rosas cor-de-rosa
- O seu perfume predileto
- Uma maçã
- Incenso de rosas

Procedimento:

Tome um banho e vista-se de forma que se sinta atraente. Acenda o incenso e sinta o seu aroma. Coloque as velas no altar e entre elas a carta dos Enamorados, em frente ao arcano coloque a maçã. Coloque seu perfume do lado esquerdo do altar.

Feche os seus olhos e entre em Estado Alterado de Consciência através de cânticos, tambor, chocalho, respiração, etc.

Enquanto entra nesse estado alterado, reflita sobre o tema amor em sua vida e deixe que palavras, mesmo que desconexas, apareçam em sua mente. Reflita por alguns instantes nestas palavras, o que elas significam para você.

Depois de alguns instantes diga:

Enamorados, fonte do amor,
Vocês que são dois, mas essencialmente um!

Mostre-nos a não separação, pois na totalidade não há partes. Unidos com o divino não há necessidade de possuir, pois tudo o que é divino, a tudo possui.

Assim, por meio da contemplação, vem a Unidade, por meio da Unidade, vem a Totalidade e por meio da Totalidade, vem o amor.

Que assim seja!

Coma a maçã, pensando em quais qualidades você possui e o quanto essas qualidades influenciam suas escolhas, seus sucessos e fracassos amorosos. Seja sincero com você mesmo.

Pense agora sobre os seus poderes de sedução e como eles atuam em sua vida. Coloque as sementes de sua maçã no perfume. Passe-o algumas vezes na chama das velas e determine quais mudanças, referentes à sua área afetiva ou sobre sua capacidade de sedução você gostaria de efetuar. Passe um pouco do perfume em você, repetindo o seu pedido.

O COMPANHEIRO DIVINO

A carta dos Enamorados possibilita o acesso ao Companheiro Divino, o polo oposto do nosso Eu, a personificação da natureza inconsciente oposta, a imagem da alma contra a imagem sexual internalizada na psique de cada um de nós.

O Companheiro Divino expressa as energias que passamos a vida inteira procurando recuperar no outro. Abraçar esta contraparte de nós pode nos auxiliar a reconhecer e a aceitar melhor as influências e contribuições de uma natureza oposta à nossa. Uma vez que esta imagem é inconsciente, ela é sempre inconscientemente projetada na pessoa amada e é uma das principais razões para as atrações ou aversões apaixonadas em nossa vida real.

Onde está a parte de nós que deveria nos completar? Por que apesar de nossas constantes buscas, ela parece fugir de nós, resistir ao nosso chamado?

Por meio da conexão com nosso Companheiro Divino, podemos encontrar todas essas respostas. Através da meditação podemos fortalecer nossa relação com esta contraparte de nós, dando mais um passo em direção à Totalidade da alma como auxílio do Tarô. Este exercício nos ensina a aprofundar nosso amor com as pessoas com quem partilhamos nossas próprias vidas, que são sempre diferentes de nós, mas que, em muitos aspectos, complementam o nosso ser.

ENCONTRANDO O COMPANHEIRO DIVINO

Coloque a carta dos Enamorados sobre o seu altar e em frente a ela acenda uma vela rosa. Olhe a chama da vela por alguns minutos. Relaxe todo o seu corpo. Invoque então o Companheiro Divino:

Poderoso(a) guerreiro(a) do amor,

Incorporação da compaixão que emerge do espaço mais profundo, doando a si mesmo na imensidão do tempo e na bondade da eternidade.

Flua suavemente, contudo, poderosamente, em sua presença amorosa,

Flutuando entre estrelas incontáveis para que eu possa contemplar o seu abraço de renovação.

Que eu o sinta profundamente na visão revelada,

Na brisa fresca do amanhecer.

Eu abro um portal através do profundo desconhecido

Para que brilhes em mim gentilmente,

Suave em sua presença e radiância plena.

Que meus sentidos se abram para você,

Para que minha alma conheça a revelação da promessa, na beleza que espera.

Chame mentalmente pelo seu Companheiro Divino, diga que deseja conhecê-lo, que quer se comunicar com ele.

Depois de algum tempo, perceba que você começa a sentir uma energia concentrada no interior da região das suas costas, que se estende por todo o seu corpo. Aos poucos, essa energia vai tomando forma e começa a se desprender do seu corpo, como se estivesse saindo de dentro de você. Perceba que esta energia se assemelha a você em altura e extensão. Você ainda não pode vê-la, mas consegue sentir isso.

Continue chamando mentalmente por seu Companheiro Divino. Agora a energia atrás de você torna-se ainda mais forte. Isso prossegue até ela se desprender totalmente de seu corpo.

Quando sentir que isso aconteceu, vire-se ao contrário. Você está agora cara a cara com o seu Companheiro Divino, que esteve sempre adormecido dentro de você.

Ele é oposto a você fisicamente ou emocionalmente. Para alguns, ele pode ser do gênero oposto da pessoa que faz a invocação e para outros ele será do mesmo gênero.

Dê as boas-vindas ao seu Companheiro Divino. Beije-o e agradeça por ter atendido o seu chamado. Toque-o, sinta a sua pele, pergunte o seu nome. Questione se ele deseja lhe dizer algo.

Você aguarda este encontro há muito tempo, talvez há muitas vidas. Aproveite ao máximo este momento.

Cultivem a intimidade, compartilhem a presença um do outro, apresentem suas crenças, sentimentos e verdades. Perceba que seu Companheiro Divino acolhe tudo isso com naturalidade, sem julgamentos, reservas ou preconceitos.

Agora não há mais separação, o que foi separado é agora reencontrado num novo tempo, numa nova vida. Deixe esta experiência transformá-lo.

Neste espaço sagrado, faça amor com seu Companheiro Divino. Permita-se experienciar este momento. Não sinta vergonha ou temor, Todos os atos de amor e prazer são rituais da Deusa.

Você e seu Companheiro agora retornam ao seu estado primal, estão cheios de desejos. Façam amor intensamente. Nesse Espaço Sagrado não há vergonha. Deixe que esta experiência renove o seu ser, a sua alma, sua essência. Abra-se para o amor, para a paixão, para a totalidade. Vocês agora estão abertos para a energia do êxtase.

Quando tiverem terminado esse ato de amor e prazer, respire profundamente. Agradeça uma vez mais ao seu Companheiro Divino. Olhem profundamente um no olho do outro. É hora de dizer "até logo", mas não por muito tempo. Saiba que seu Companheiro Divino estará sempre disposto a se encontrar com você para que possam experimentar novamente esta sensação única de completitude, para que aprendam um com o outro e relembrem aquilo que foi esquecido.

Vire de costas para o seu Companheiro Divino. Ele, então, encosta-se na parte de trás do seu corpo e, aos poucos, vai entrando novamente dentro de você, até voltar totalmente ao seu interior. Sinta-se pleno de energia, em totalidade. Você deu um passo importante em sua evolução.

Quando se sentir pronto, retorne pelo mesmo caminho. Conclua sua meditação e volte à sua consciência normal.

A energia que você despertou com a experiência deste arcano é preciosa. Use-a bem e sabiamente.

O CARRO

EU TE GUIO EM SEGURANÇA NESTE CAMINHO

Plano Físico:
VITÓRIA

Plano Mental:
CAPACIDADE

Plano Emocional:
TALENTO

Plano Espiritual:
AVANÇO

ESTE ARCANO É REPRESENTADO por um guerreiro poderoso conduzindo um carro de guerra. O Carro está sendo puxado por duas esfinges. Cada uma parece querer guiar o carro para um lado, mas o guerreiro conduz o carro com segurança.

O Carro representa a imagem dos instintos agressivos guiados pela vontade do consciente. As esfinges que guiam o Carro em direções diferentes representam os conflito dentro de nós mesmos. Essas forças devem ser trabalhadas com poder e firmeza, mas não devem ser reprimidas ou anuladas, pois se o forem perderemos toda a potência e força para sobrevivermos aos obstáculos da vida. Assim, o Carro, representa algumas vezes a agressividade natural e o instinto de competição do ser humano, pois não tem o espírito arquetípico do Pai para lhe oferecer um código de ética ou uma visão adequada à situação. Porém, sua vontade de ferro e sua coragem imensurável são dimensões necessárias para a personalidade, suficiente para a sobrevivência neste mundo altamente competitivo e difícil. Após ter invocado o conflito como resultados das escolhas do amor, o Louco deve agora se deparar com a segunda grande lição da vida: a manipulação e utilização dos instintos violentos e turbulentos.

Enquanto a carta dos Enamorados traz o desligamento do ser do seu cordão umbilical familiar, o arcano do Carro representa o Eu mais fortalecido, alguém mais preparado para vida, mesmo com tantos conflitos ainda a serem resolvidos. Os dois cavalos representam nossas funções psicológicas em potencial, trabalhando de forma mais integrada. O Carro representa o ser que conseguiu atingir o equilíbrio e chegou a emoções mais equilibradas, mas que ainda tem um longo caminho a percorrer.

É o ser que medita a respeito de si mesmo, de sua capacidade e de seus anseios e que se joga no mundo, indo em busca de novos horizontes, projetos, ideais e aventuras que gerarão desafios e lições a serem aprendidas. Representa o indivíduo que luta pelos seus sonhos e por tudo aquilo que projetou para sua vida. É o ser em busca de crescimento, sucesso, fama, reconhecimento e estabilidade.

O Carro é arcano ligado à concentração e direção de energia. Em tempos antigos, a carruagem era o único meio efetivo e rápido de levar as pessoas de um lugar para outro. Assim, o Carro representa o poder de autodefesa e a capacidade de superar obstáculos e de reunir forças opostas e colocá-las a nosso favor.

O Carro é o caminho, a estrada, as inúmeras possibilidades que são colocadas em nossa vida por algum motivo específico que poderemos não saber no momento, mas que se tornarão claras num futuro bem breve.

CORRESPONDÊNCIAS PARA O USO NA MAGIA

USO MÁGICO: carta que deve ser usada por aqueles que têm um potencial para ser administrado, que buscam sucesso certo, direção correta ou para conflitos que precisam ser resolvidos. Use a carta do Carro em rituais e feitiços para assegurar a segurança dos seus limites, invocar grande proteção, salvaguardar uma pessoa ou situação, para proteção antes de embarcar em uma missão perigosa ou viagem, para segurança de uma mãe, crianças e família. Invoque o poder desta carta sempre que um momento desafiador ou de grande mudança ocorrer em sua vida.

COMO SIGNIFICADOR ELE REPRESENTA: um mensageiro, uma pessoa envolvida em transportes ou viagens, um militar.

ELEMENTO: Fogo

PLANETA: Marte

SIGNO: Câncer

NÚMERO MÁGICO: 7 e 9

ERVA: boldo, mimosa, abeto, margarida

INCENSO: camomila, gardênia, gerânio, melissa, mirra

PEDRA: calcita, opala, selenita, zircônia

COR: prata, azul, verde-mar, branco

PALAVRA-CHAVE: CONQUISTA

RITUAL PARA ATIVAR A ENERGIA DA CARTA DO CARRO

Você vai precisar de:
- A carta do Carro
- Duas velas prateadas
- Tecido branco para cobrir o altar

Procedimento:

Cubra o altar com o tecido branco, acenda as duas velas pratas e coloque a carta do Carro no meio delas. Coloque sua mão de poder sobre a carta e diga:

Animado por minha força e autodomínio,

Sozinho e com medo, renuncio a tudo o que me impede de colocar em movimento as forças do mundo acima, criando espaço para o divino operar, para triunfar sobre o instinto e a emoção autoprotetora, para resistir às tentações do autoengrandecimento, para conter nossas ilusões de autoimportância.

Busco profundamente sua orientação e exemplo, ó Carro divino.

Lembre-me da verdadeira humildade.

Enquanto caminho nesta estrada traiçoeira de integração da vida, ensine-me a renunciar a tudo o que é ilusório e manter meus votos sagrados, em harmonia com a Natureza, comigo mesmo e com o divino.

Que assim seja!

Visualize a energia de sua mão entrando na carta. Respire profundamente várias vezes e imagine um disco dourado sobre a sua cabeça. Visualize sua cabeça se abrindo e este disco entrando dentro dela, percorrendo o seu corpo e saindo em jatos de luz dourada através de suas mãos, que se transformam em rédeas. Veja-se guiando o Carro e sinta-se como o guerreiro que fulgura no arcano por alguns instantes.

Deixe o poder da imagem se fixar dentro de você e sinta que agora tem poder de vencer qualquer batalha e sair vitorioso.

MUDANÇAS

O arcano do Carro traz movimento e mudança para nossa vida. Relaxe e feche os olhos. Veja, sinta e perceba seu corpo espiritual. Veja em que estado ele se encontra e torne-o na figura do guerreiro do arcano do Carro. Pense na mudança que deseja alcançar. Pense em algo na natureza que possua as qualidades desejadas para operar essa mudança. Comece a colorir o seu corpo espiritual com as qualidades específicas que deseja. Agradeça ao espírito do guerreiro do Carro que vive dentro de você e volte à sua consciência normal.

CONSCIÊNCIA DE SI MESMO

Com o arcano do Carro em suas mãos, relaxe o corpo e tome consciência dele da cabeça aos pés. Dirija sua consciência para a terra abaixo de você. À medida que vai descendo, cumprimente cada parte da terra. Estabeleça sua conexão a partir da base de sua coluna com o centro da terra. Com os pés bem plantados, deixe formar uma cauda mental a partir de você, alcançando a terra e enraizando-se. Use esta cauda para eliminar o excesso de tensão e então deixe que a energia da terra se eleve ao seu corpo, tornando-o mais sólido e presente. Aproxime a lâmina do Tarô à sua testa e deixe sua consciência ser preenchida pela energia desta carta. Este exercício o auxilia a renovar suas energias e voltar-se para o centro do seu ser.

USANDO A IMAGINAÇÃO

Crie uma imagem mental do que você quer criar na realidade. Pense nela com todos os detalhes, com todo entusiasmo e empolgação. Pegue a carta do Carro e veja-se entrando dentro dela. Diga ao guerreiro presente no arcano qual tarefa ele deve executar. Transmita a imagem mental para ele como se estivesse estabelecendo uma comunicação por telepatia. Veja-o partindo para executar o seu pedido.

A FORÇA

SEJA RESISTENTE E PROSSIGA

Plano Físico:
CORAGEM

Plano Mental:
CONVICÇÃO

Plano Emocional:
DOMÍNIO

Plano Espiritual:
VIRTUDE

ESTE ARCANO É REPRESENTADO por uma linda mulher abrindo a boca de um leão, como se estivesse domando-o. Apesar da aparente força do animal, ela parece controlá-lo sem dificuldade.

A Força está relacionada ao eterno problema da contenção da fera dentro de nós, ao mesmo tempo que tentamos preservar as características primitivas, o instinto vital e criativo.

O leão é um animal especial e representa um aspecto diferente de nossa psique se comparado aos cavalos do Carro, e sempre esteve relacionado à realeza. Mesmo quando em sua forma destrutiva, esse rei dos animais é a imagem do princípio infantil, egocêntrico e totalmente selvagem, desde o início da formação de uma personalidade. Dessa maneira, o leão não pode ser uma figura completamente má, porque possui uma pele mágica, à prova de qualquer arma, que lhe garante invencibilidade. Essa invencibilidade está ligada ao sentido da permanência interior que surge a partir do reconhecimento do próprio eu.

Entretanto, por mais promissora que possa parecer a pele do leão, não devemos nos esquecer que ele é um animal selvagem e que tem vícios próprios da natureza animal. E o aspecto evidente de uma pessoa mal conduzida é exatamente o impulso do EU PRIMEIRO, que irá destituir qualquer um ou qualquer coisa que se interponha em seu caminho, contanto que sua própria satisfação esteja garantida. A raiva é uma das manifestações deste impulso, mas não a raiva sadia que pode ser bem dirigida e que nos acomete sempre que não conseguimos o que queremos.

A Força é a energia primal que reside dentro de nós e que nos impulsiona a seguir adiante e ir em busca dos nossos ideais, nossos sonhos, nossas vontades. É a fera bela que reside dentro de nós e nos faz conhecer nosso lado mais primitivo, que também é belo e precisa ser integrado para que conheçamos verdadeiramente todas as partes do nosso ser. É a Força que nos ensina a deixar a fera que existe dentro de nós sair e fazer o que é preciso nos momentos que são necessários.

CORRESPONDÊNCIAS PARA O USO NA MAGIA

USO MÁGICO: a carta da Força é geralmente usada na magia quando necessitamos ser fortes para dar continuidade ao que foi conquistado ou quando conquistamos algo e precisamos de força para prosseguir. Invoque a energia da Força para despertar o seu lado mais primitivo, animalesco e instintivo para ajudar você a ser mais incisivo, agressivo ou direto. Use esta carta nos rituais que tenham o objetivo de buscar a força adormecida dentro de si e para conquistar garra, impulso, dinamismo e força de vontade. Quando for necessário dominar uma pessoa ou situação, controlar seus próprios impulsos conscientes ou inconscientes, invoque o poder desta carta em sua vida.

COMO SIGNIFICADOR ELE REPRESENTA: uma pessoa forte, alguém que precisa de força para superar momentos difíceis.

ELEMENTO: Fogo e Terra

PLANETA: Sol

SIGNO: Leão

NÚMERO MÁGICO: 1, 8, 4 e 5

ERVA: louro, junípero, girassol, hissopo

INCENSO: âmbar, canela, olíbano, açafrão

PEDRA: pedra do sol, topázio-amarelo, pirita, olho de tigre, danburita-amarela

COR: dourado, laranja, vermelho

PALAVRA-CHAVE: FORÇA

RITUAL PARA ATIVAR A ENERGIA DA CARTA DA FORÇA

Você vai precisar de:
- A carta da Força
- Velas laranjas
- Caneta
- Folha de papel em branco

Procedimento:

Use as velas laranjas para construir um grande sol sobre o seu altar. Coloque a carta da Força no meio do sol formado pelas velas. Acenda as velas e diga:

Virgem Gloriosa, Força de todas as Forças,

Pedimos orientação para descobrir a totalidade do ser expressa por meio de nosso incansável amor, esforços e luminosidade.

Ensine-nos a apreciar sua força virginal e o poder selvagem do leão que vive em nosso interior, conforme buscamos superar os desafios de nossa jornada, cheia de atritos, divisão e conflitos em nossa busca para realizar a unidade entre espírito, alma e matéria.

Transformando os inimigos em aliados, liberte-nos dos conflitos internos e externos conforme nos movemos.

Da dúvida à fé. Do prazer supérfluo à bem-aventurança

Do falso poder à verdadeira rendição.

Enquanto corajosamente reconhecemos nossas compulsões violentas que restringem a força vital e tentamos compelir outros, buscamos com esperança renovada controlar nossas mais primitivas emoções.

Abençoada fonte da vida, nós agradecemos pelos meios que nos oferece para manifestar a presença divina sobre a Terra.

Que assim seja!

Medite por alguns instantes sobre o seu lado mais primitivo e selvagem, aquele que muitas vezes traz a energia da força para mais perto de você.

Comece então a traçar imagens aleatórias com a caneta na folha de papel. Não pense no que estes símbolos traçados representam, simplesmente deixe fluir e vai perceber que, ao fazer isso, seus sentidos se aguçam. Você vai sentir melhor os aromas, vai ver melhor, ouvir melhor. Deixe seu animal interior falar mais alto, grite, urre, deixe o animal dentro de você se comunicar de alguma forma. Depois de algum tempo vivendo neste estado animal, comece a domar este ser que reside dentro de você, volte a assumir sua personalidade humana, sentindo, vendo e ouvindo como humano.

Anote suas experiências.

RELAXANDO

Em meio à loucura da vida, relaxar é uma parte essencial no processo de amansar a fera que vive dentro de nós.

Escolha um local confortável e respire profundamente por 3 vezes. Pegue a carta da Força e expire sobre ela todas as tensões que possa estar sentindo. Tome consciência do seu corpo começando pelos pés e subindo gradualmente até chegar ao topo da cabeça. Perceba como a gravidade exerce um grande efeito sobre você. Sinta como ela o puxa para baixo e que sem ela você flutuaria. Entregue-se à gravidade e deixe que ela retire todas as tensões do seu corpo. Continue soprando sobre a carta até que esteja completamente relaxado.

EXERCÍCIO DO CÍRCULO DE LUZ PARA PROTEÇÃO

O arcano da Força também tem a capacidade de despertar nossos instintos para nos proteger.

Feche os olhos, visualize um grandioso círculo de luz ao seu redor. Aos poucos imagine o círculo se expandir e formar um globo de luz que o protege. Imagine-se no interior deste globo como se fosse o personagem principal do arcano da Força. Mantenha a visualização e então diga:

Eu sou um poderoso círculo de luz e poder.

Aqui dentro eu sou invencível e inatingível.

Círculo de luz e poder,

Força que habita dentro de mim,

Proteja-me!

Este exercício é ideal para criar um campo ao nosso redor nos momentos em que necessitarmos de proteção. Pode ser utilizado para rebater energias negativas quando entramos em um ambiente carregado, proteger contra pessoas negativas, vampiros energéticos ou astrais, de assaltantes e de todo e qualquer perigo. Ao fazer esse exercício, o poder da Força estará com você e nenhum mal poderá alcançá-lo.

O EREMITA

ILUMINO SUA ESTRADA

Plano Físico:
CALMA

Plano Mental:
ESTUDOS

Plano Emocional:
SOLIDÃO

Plano Espiritual:
APROFUNDAMENTO

A CARTA DO EREMITA SURGE como um ancião que caminha sossegadamente com a certeza de estar indo a determinado lugar. Ele traz consigo uma luz que ilumina seu caminho. Em uma das mãos, apoia-se sobre um cajado.

O Eremita representa mais uma das lições que o Louco deve aprender, a lição do tempo e das limitações da vida. Nada pode ir além das limitações humanas e nada pode permanecer inalterado. Arcano que traz a lição que só a idade pode nos ensinar, a experiência e a paciência.

Exatamente por este motivo, o Eremita caminha só, porque deve aprender na solitude e no silêncio aquilo que o fará chegar a sua plenitude e entendimento de sua própria alma. O Eremita nos traz a experiência de que, por mais pessoas e amigos que tenhamos em nossa vida, estamos sempre sós na missão de nossa autodescoberta. Esta aceitação nos remete ao sentido do sacrifício da fantasia de que em alguma época, em algum lugar, alguém virá transformar nossa vida e trazer a realização de todos os nossos sonhos. Somente cada um de nós é capaz disso.

O Eremita nos fala da jornada introspectiva, ele é o nosso mestre interior, que nos leva de encontro à sombra que nos pertence para podermos compreender corretamente o nosso inconsciente. É aquele que nos ensina a reunir tudo o que é rejeitado pelo nosso ego e a integrar sombras e luz, bondade e maldade.

Este arcano nos leva ao repouso e ao recolhimento, pois tudo o que ele requer é a quietude interior. Ele é o desligamento do mundo interior que nos capacita a penetrar no nosso lado inconsciente que é rico de simbologias as quais precisamos decodificar.

No Eremita encontramos conforto, auxílio e apoio espiritual, pois ele é o nosso orientador, aquele que vai nos ensinar a percorrer o caminho do Tarô sem medos, receios e perigos. Ele é o senhor do tempo. Está além de todas as coisas. A sabedoria já lhe foi concedida com a idade e experiências que só o tempo pode lhe fornecer. O Eremita é o passado, mas que nos ajuda a enxergar o futuro, fornecendo-nos um vislumbre de como será a nossa própria idade avançada. Quem seremos, o que faremos, o que teremos e o que conquistaremos.

É ele que nos ensina a projetar o melhor sobre o nosso futuro, para que ele seja pleno de realizações e totalidade espiritual.

Esteja aberto para os ensinamentos do Eremita e saiba que suas lições o levarão ao encontro de sua própria essência.

CORRESPONDÊNCIAS PARA O USO NA MAGIA

USO MÁGICO: o arcano do Eremita pode ser usado quando precisamos de uma retirada física, mental ou emocional do mundo cotidiano. Esta carta traz as forças que precisamos para aceitar a solidão e não tentar estabelecer relações com as pessoas com as quais não estejamos em sintonia. Use esta carta para descobrir segredos escondidos, revelar a causa das coisas, desenvolver seu senso crítico e analítico, proteger-se contra boatos negativos, para alcançar uma boa reputação e auxílio de autoridades. Ela também pode ser usada em rituais para invocar encontros interessantes em viagens e desenvolver a habilidade de tomar a decisão certa perante importantes fatos que afetarão sua vida decisivamente.

COMO SIGNIFICADOR ELE REPRESENTA: um velho, alguém que procura conhecimento, uma pessoa que observa o passado, um guia, alguém que esteja isolado.

ELEMENTO: Ar e Terra

PLANETA: Marte e Saturno

SIGNO: Virgem

NÚMERO MÁGICO: 6, 9 e 8

ERVA: cipreste, jacinto, lírio, valeriana

INCENSO: patchuli, sândalo, raízes, madeira

PEDRA: magnetita, ônix, ágata, madeira petrificada

COR: marrom, cinza, branco

PALAVRA-CHAVE: RECOLHIMENTO

RITUAL PARA ATIVAR A ENERGIA DA CARTA DO EREMITA

Você vai precisar de:

- A carta do Eremita
- Uma ampulheta
- Um pano marrom
- Óleo de oliva
- Sal
- Uma vela branca

Procedimento:

Unja a vela branca com o óleo de oliva e coloque-a no ponto Norte do seu altar. Coloque o óleo de oliva ao Sul de seu altar e a ampulheta à Oeste. Medite alguns minutos sobre o significado da carta do Eremita e diga:

Sábio e bom pai espiritual,

Guie-nos para que possamos perceber a verdadeira paz, sintetizando conflitos em uma verdade superior e restaurando a humanidade no coração humano. Envolva-nos no manto da verdadeira fé.

À medida que usamos nossa sabedoria para acessar nossa luz interior para ver claramente, usamos nossos valores como o seu cajado, que nos mantêm firme na jornada. Ajude-nos a tolerar a dor de nossas incertezas caminhando com prudência.

Que haja fé na dúvida e aceitação na ação, à medida que aprendemos a criar luz a partir das trevas, que possamos perceber nossos verdadeiros corações, humanos e divinos, para o benefício de tudo.

Que assim seja!

Comece a girar a ampulheta e, a cada girada, olhe fixamente para areia que cai e medite sobre algum ponto importante de sua vida que tenha acontecido no passado. Faça isso para cada coisa importante vivida, virando a ampulheta a cada vez que você meditar sobre um outro fato acontecido.

Perceba que a ampulheta o hipnotiza e que nada nem ninguém consegue alterar o tempo que a areia leva para cair do outro lado.

A ampulheta segue o seu ritmo continuadamente e sem alterações, seguindo seu próprio tempo.

Visualize a figura do Eremita em sua mente e peça para que ele sempre esteja ao seu lado em todas as suas ações e que você seja capaz de compreender que tudo tem um tempo certo e que alterar o tempo dos acontecimentos de alguma coisa pode alterar toda a sua vida. O Tempo é o melhor professor, ele corrige e ensina.

Faça anotações sobre essas reflexões.

ENCONTRADO O SÁBIO

O Eremita é o sábio que vive no interior de cada um de nós. Comece uma aventura mental e gradualmente transforme as imagens que vê numa forma segura de contato com esse arquétipo que vive dentro de você. Em uma versão simples, imagine-se indo ao longo de um caminho até que encontra um homem muito sábio. Então, sente-se com esse ser e converse, toque-o, escute o que ele tem a lhe dizer como direção de vida.

Saiba de antemão que o que vai receber é apenas um conselho; qualquer decisão produzida virá de você. Se parecer que está recebendo ordens, significa que alguma parte de seu subconsciente está deturpando o contato.

Para finalizar, pegue o arcano do Eremita e agradeça pela jornada. Deixe a carta em um lugar visível, onde possa ser vista com frequência durante toda a próxima semana. Toda vez que contemplar a carta, lembre-se de sua jornada e medite sobre o conselho recebido.

AMPLIANDO O TEMPO

O Eremita é conhecido como o Senhor do Tempo do Tarô.

Lidar com o tempo em todas as suas formas é lidar com a energia do Eremita. Uma das características mais mágicas deste arcano é que ele pode ampliar sua noção acerca do tempo. E aqui nos deparamos com os dois domínios deste arcano: o Tempo e o Outromundo.

Para acelerar o tempo, primeiro você precisará acelerar sua velocidade no mundo dos espíritos.

Coloque a carta do Eremita sobre o seu altar e contemple-a por alguns minutos. Em seguida, sente-se com um tambor ou chocalho à sua frente. Coloque o relógio para despertar dentro de quatro minutos. Feche os olhos e comece a tocar o tambor ou chocalho metodicamente, uma batida por segundo. Visualize a entrada de uma caverna ou buraco na terra. Peça ao seu animal de poder que se apresente e lhe ajude a reduzir a velocidade do tempo. Triplique a batida ou chocalhadas para dar uma sensação de urgência. Viaje por entre os mundos.

Quando o alarme de seu despertador tocar, chegou a hora de retornar. Aumente o ritmo do som e volte da mesma maneira que foi. O quanto você experimentou nestes minutos? Seguramente o suficiente para mais de uma hora de descrições.

Anote essa experiência e realize este exercício sucessivas vezes. Com o tempo, traga esta experiência para o mundo real tentando ampliar o tempo e acelerando o seu próprio ritmo, como as batidas do tambor.

ALTERANDO O PRESENTE A PARTIR DO PASSADO

O Eremita é o guardião das memórias do passado e, por isso, pode lhe ajudar a mudar o seu presente a partir daquilo que já aconteceu na sua vida.

Coloque a carta do Eremita sobre o seu altar. Escolha um obstáculo ou dificuldade de sua vida atual. Entre em sintonia com os seus sentimentos em relação ao que acontece.

Peça ao Eremita que o ajude a recordar as origens de sua atual dificuldade no passado. Deixe que ele o leve até um lugar onde possa presenciar o incidente do passado que levaram as coisas a chegarem até onde estão hoje.

Interaja com as pessoas na cena. Deixe o Eremita agir como se estivesse dirigindo uma peça. Permita que ele reconstrua o acontecimento passado. Ao finalizar, agradeça ao Eremita pela transformação e ensinamentos aprendidos.

A RODA DA FORTUNA

IMPERMANÊNCIA É A ÚNICA CERTEZA

Plano Físico:
SORTE

Plano Mental:
SAGACIDADE

Plano Emocional:
ESPONTANEIDADE

Plano Espiritual:
DESTINO

A RODA DA FORTUNA é representada como uma grande roda onde vemos a figura de três animais – ou algo semelhante a animais – que parecem estar num ritmo de vai e vem: um que sobe, outro que desce e outro que permanece imóvel, no topo, sobre uma plataforma.

Este arcano representa a lei que permeia a vida de cada um de nós. A lei desconhecida e invisível que determina as súbitas mudanças e que altera os padrões preestabelecidos pela vida. Simboliza os altos e baixos da vida, representando que aquele que está por cima hoje, amanhã pode estar por baixo.

A Roda da Fortuna não está associada somente às mudanças da vida, mas também à vivência de partes de dentro de nós, aquela figura que costumeiramente projetamos no mundo visível para, assim, podermos culpar os outros ou as circunstâncias das mudanças repentinas que nos acometem. As viradas em nossa vida nos fazem compreender esta outra parte de nosso ser como sendo o movimento inteligente por trás de tudo – o destino que carregamos dentro de nós. A Roda da Fortuna representa o eterno ciclo da vida e o nosso Eu que escolhe a direção que deseja seguir. É o arcano que nos indica que não é o destino que vem ao nosso encontro, mas, sim, nós que vamos ao encontro dele.

Símbolo do homem que não deseja se transformar, mas é impulsionado pelo Eu que deseja esta mudança, a Roda da Fortuna representa as artimanhas que o Eu se utiliza para nos forçar a tomar atitudes que serão significativas para a nossa vida e ainda nos traz as modificações necessárias, agradáveis ou não. É ela que traz o iminente retorno da Lei Tríplice que é um fator importante em nossa vida, pois nos tira de posturas de acomodação. É a força que vem e nos impulsiona aos nossos processos de individuação. Ela gira e, através dela, são arrastados todos aqueles que estão direta ou indiretamente ligados a nós nos ensinando o verdadeiro significado da Grande Teia da Vida. Por um lado, a Roda da Fortuna nos ensina a agir eticamente e corretamente para que não somente nós não sejamos arrastados pelo giro da Roda, mas também aqueles que amamos.

A Roda foi a invenção que possibilitou a humanidade evoluir, mas volte sua atenção para os efeitos provocados por ela e veja que até as invenções estão sujeitas à Lei Tríplice.

Assim como a Roda, a evolução nos traz grandes possibilidades, mas também a necessidade de agir conscienciosamente e responsavelmente dentro da Lei de Causa e Efeito. Esta retribuição pode ser rápida ou lenta como também o movimento da Roda, que possui seu próprio ritmo divino e nada, nem ninguém consegue alterá-lo ou modificá-lo e que, uma vez em ação, só uma força superior ou alguém bem treinado pode controlá-la.

Não se esqueça: a vida é como um Carro e por isso perigosa. Nas mãos de uma pessoa despreparada ela pode ser um risco para nós e para outros ao nosso redor. A Roda da Fortuna nos ensinará lentamente a guiar as rodas que formam a condução de nossa vida.

CORRESPONDÊNCIAS PARA O USO NA MAGIA

USO MÁGICO: a Roda da Fortuna deve ser empregada para trazer as mudanças repentinas em nossa vida e grandes viradas de sorte em nosso caminho. Também pode ser usada em rituais para desenvolver generosidade, compaixão e caridade em face à adversidade. Invoque a energia deste arcano para obter sucesso, abundância, novos negócios e possibilidade de viagens, bem como para ganhar o aplauso dos outros e proteger os investimentos, especialmente suas propriedades. A carta da Roda da Fortuna deve sempre ser usada com cautela na Magia do Tarô, pois muitas vezes seus desdobramentos podem ser imprevisíveis. Cuidado ao usar a energia da Roda da Fortuna se você não estiver sendo totalmente honesto em uma situação, pois ela atrai o olhar atento dos Senhores do Carma em nossa vida.

COMO SIGNIFICADOR ELE REPRESENTA: uma empresa em um momento instável, uma propriedade com problemas judicias, alguém que foi tirado do seu posto profissional sem justa causa.

ELEMENTO: Fogo e Terra

PLANETA: Júpiter

NÚMERO MÁGICO: 3

ERVA: carvalho, cinco-em-rama, figueira, cravo-da-índia

INCENSO: almíscar, pinheiro, estoraque, alfazema

PEDRA: lápis-lazúli, ametista, azurita, sodalita

COR: azul-marinho, roxo, violeta, púrpura

PALAVRA-CHAVE: IMPERMANÊNCIA

RITUAL PARA ATIVAR A ENERGIA DA CARTA DA RODA DA FORTUNA

Você vai precisar de:
- A carta da Roda da Fortuna
- Muitas moedas
- Três velas azul-marinho
- Uma roda de 8 raios feita por você com galhos e fitas multicoloridas
- Canela em pó

Procedimento:

Construa com os galhos uma roda de 8 raios pensando nas grandes viradas de sorte em sua vida. Enquanto faz a roda e a enfeita, medite sobre o que deseja. Pense bem, pois as viradas de sorte só virão em temas de sua vida com o qual tenha sido honesto por toda sua existência (caso contrário, grandes viradas de azar podem ocorrer). Arrisque, faça pedidos grandes, os sonhos mais altos que você tiver.

Sobre o seu altar, acenda as velas em forma de triângulo, coloque a roda de galhos feita por você no meio e a carta da Roda da Fortuna sobre ela. Coloque as moedas sobre tudo isso.

Então diga:

Esfinge unificada e integrada, conectora da consciência humana e animal, ajude-nos a transformar o círculo fechado de nossa vaidade habitual e sombras internas na espiral aberta do instinto divino como uma abertura espontânea para o que é sagrado.

Sabendo que devemos ser mais fortes que a vida para sobreviver, ensine-nos a aceitar nossa luta pela existência à medida que aprendemos a sobreviver por meio da cooperação. Ajude-nos a honrar sem medo a sabedoria da serpente, enquanto valorizamos a inocência da pomba. Usando nossa vontade humana desperta dentro do que envolve nosso destino, pedimos por sabedoria para enfrentar a impermanência que a tudo permeia para sairmos mais fortalecidos de cada desafio da vida.

Que assim seja!

Em seguida espalhe a canela em pó sobre o altar enquanto medita sobre o que deseja e sua responsabilidade sobre tudo isso.

No dia seguinte, coloque a roda de 8 raios e as moedas sob o seu travesseiro. Anote todos os seus sonhos nesta semana e interprete seu significado.

FISCALIZAÇÃO DO SEU CORPO ENERGÉTICO

Para conquistarmos tudo na vida precisamos estar em pleno equilíbrio. Contemple a carta da Roda da Fortuna por alguns instantes, relaxe e feche os olhos. Explore seu corpo espiritual do começo ao fim. Observe o que você vê, principalmente pontos onde parece que a energia está ausente. Traga a carta para essas regiões. Ao tocar as diferentes partes do corpo com o arcano, direcione energia para estas áreas, vendo-as iluminar. Perceba se há algum local retraído ou contraído no seu corpo espiritual. Caso isso aconteça, expanda estas áreas. Veja a imagem da Roda da Fortuna bem à sua frente e rode a roda. Deixe um facho de luz sair do centro da roda e ser direcionado para as partes do corpo que precisam ser expandidas.

Você também pode banhar toda a sua aura com essa luz. Faça isso particularmente depois de alguma reunião, contato com pessoas que lhe deixam constrangido ou depois de confrontos emocionais.

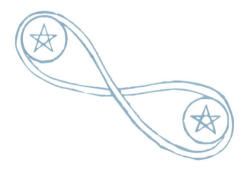

GIRANDO A RODA DA FORTUNA A SEU FAVOR

Quando sentir que precisa girar a sorte a seu favor, a carta da Roda da Fortuna pode lhe ajudar movendo as energias e tornando-as mais favoráveis para você.

Recorte 7 pedaços de papéis pequenos. Cada um desses papéis será usado para nomear as pessoas envolvidas na questão que estiver trabalhando. Um dos papéis, obviamente, deve ser usado para representar você mesmo.

Coloque a carta da Roda da Fortuna sobre o seu altar e, sobre cada uma das figuras que aparecem no arcano, disponha um dos papéis tentando estabelecer uma relação entre os personagens e pessoas reais de sua vida que possam estar relacionadas com a questão que você deseja resolver.

A Esfinge, fulgurando triunfante no topo da Roda, representa você. A serpente e o asno simbolizam seus opositores. Os quatro seres alados no canto da carta poderiam representar pessoas, Deusas, Deuses ou seres espirituais que podem lhe proteger ou auxiliar a resolver a questão. Seja criativo e use toda a energia transformadora deste arcano a seu favor.

A JUSTIÇA

HARMONIA E VERDADE É A LEI

Plano Físico:
DISCERNIMENTO

Plano Mental:
LÓGICA

Plano Emocional:
DISCIPLINA

Plano Espiritual:
EQUIDADE

NESTA CARTA PODEMOS VER um personagem cuja aparência nos lembra, em muitos aspectos, a clássica estátua da Justiça, só que sem a venda. A figura está sentada em um trono com uma espada na mão direita e uma balança com pratos na mão esquerda. A espada aponta para cima. A balança parece estar em perfeito equilíbrio.

A Justiça é a imagem do julgamento reflexivo e da racionalização. Para os gregos, essa faculdade era divina, porque diferenciava o homem do animal. Dessa forma, a Justiça não tem por base o sentimento pessoal, mas a avaliação impessoal objetiva de todos os fatores contidos numa situação. Seu julgamento se estrutura nos princípios éticos que servem de parâmetros rígidos para a sua escolha. Sua característica é ensinar as artes da civilização, que também reflete à capacidade da mente em conter a natureza indomável em questão e transformá-la em planejamento objetivo por meio da clareza.

É o arcano que representa o desejo de lutar por princípios, em vez de paixões, a capacidade da mente em fazer escolhas refletidas, mantendo instintos sob controle. É a carta da introspeção e dos assuntos interiores. Aquele que nos ensina a investigar o passado. É nele que está a chave para os acontecimentos presentes. A Justiça nos remete ao significado do que somos verdadeiramente hoje, já que somos produto do nosso passado. Ela nos leva através do entendimento do passado, a compreensão pretérita que implica uma análise imparcial das motivações inconscientes, que nos levaram a tomar determinadas atitudes. Através do entendimento do passado poderemos moldar um presente mais harmônico e passamos a assumir a responsabilidade pelo que nos tornamos.

Este arcano vem nos mostrar que, depois de um período de reflexão de nosso passado, é hora de pensarmos no nosso futuro, pois somos nós que o construímos e o modificamos. A Justiça nos ensina o verdadeiro significado do livre-arbítrio: a capacidade de fazermos o que é importante para a nossa vida de forma consciente e, consequentemente, equilibrada. É ela quem nos mostra as inúmeras possibilidades de nos centrarmos para ficarmos bem e não nos perdermos na estrada do Louco.

CORRESPONDÊNCIAS PARA O USO NA MAGIA

USO MÁGICO: use a carta da Justiça para entender as duras lições da vida, desenvolver a honestidade e resolver as situações do cotidiano que nos tiram de nosso centro. Invoque a força deste arcano em rituais para assegurar sucesso em processos legais, para colocar os débitos cármicos em dia, equilibrar as situações conturbadas e agilizar causas judiciais.

COMO SIGNIFICADOR ELE REPRESENTA: uma pessoa que precisa tomar uma decisão, alguém envolvido em processos ou problemas legais, um árbitro, sistemas legais e organizações judiciais.

ELEMENTO: Fogo e Ar

PLANETA: Júpiter

SIGNO: Libra

NÚMERO MÁGICO: 7 e 6

ERVA: rosas, cerejeira, hamamélis, macieira

INCENSO: morango, manjericão, maracujá, violeta, cereja

PEDRA: ametrina, água-marinha, berilo, crisoprásio, diamante

COR: rosa, verde, lavanda, salmão

PALAVRA-CHAVE: EQUILÍBRIO

RITUAL PARA ATIVAR A ENERGIA DA CARTA DA JUSTIÇA

Você vai precisar de:

- A carta da Justiça
- Envelope
- Uma caneta vermelha
- Uma vela branca e uma preta
- Papel e caneta
- Uma pena

Procedimento:

Medite alguns instantes sobre uma questão na qual você queira justiça na sua vida. Na vela branca escreva todas as coisas positivas relacionadas a questão que envolve você e outros. Na vela preta escreva os aspectos negativos da questão. Medite sobre a dualidade da vida e a dualidade da questão específica.

Acenda as duas velas e diga:

Justiça, ensina-nos a encontrar o equilíbrio entre o Universal e o Individual à medida que descobrimos a verdadeira liberdade humana baseada na Consciência.

Ajude-nos a saber a diferença entre julgar e avaliar, pois o amor nunca acusa e sabe a tudo perdoar.

Ajude-nos a manifestar a equidade entre paz e justiça, enquanto cooperamos por meio de nossos esforços.

Que possamos perceber seu raio de luz e manifestação em nosso conhecimento crescente em direção ao que é sagrado.

Que assim seja!

Medite por alguns instantes. Escreva no papel uma carta direcionada ao arcano da Justiça explicando os "por quês" da questão, como se você estivesse fazendo uma petição a um Juiz. Seja detalhista e saiba que a Justiça vai analisar seu caso, por isso você precisa ser convincente, mas honesto.

Coloque a carta no envelope e nele grave o símbolo do signo de Libra. Coloque a carta da Justiça sobre o envelope e sobre ela a pena. Faça uma meditação visualizando a Justiça vindo em sua direção e você entregando esta carta para ela.

Guarde a carta por uma lunação (28 dias), depois disso, queime-a e sopre suas cinzas ao vento.

MEDITANDO SOBRE A JUSTIÇA

Themis é a Deusa da Lei Divina, da Ordem e da Justiça. Considerada filha de Gaia e Urano, ela era a voz divina, temática, que instruía os humanos nas leis essenciais daquilo que era certo e errado. Seu símbolo, a balança, representa o equilíbrio e a capacidade de decidir de forma equânime.

A carta da Justiça está diretamente ligada à Themis. Sintonize-se com a Deusa para receber uma mensagem.

Coloque a carta da Justiça sobre o seu altar e sente-se silenciosamente. Respire fundo algumas vezes e relaxe. Concentre-se na imagem do arcano. A figura da Justiça é a personificação do Oráculo de Delfos e seu conhecimento do passado e do futuro é vasto. Faça a ela uma pergunta, a mais urgente e importante que você tem. Medite sobre cada um dos símbolos encontrados na carta. Com Themis, sabemos que estamos protegidos e seguros e que nossa experiência de ser humano é simbiótica com as naturezas e seus ciclos.

Fique em meditação por 5 a 10 minutos. Após a meditação, responda as seguintes questões:

- Que resposta a Justiça deu a você?
- Quais etapas você pode seguir para cumprir a resposta dela?
- Você tem sido justo?
- Como alcançar a realização pessoal sem deixar seu senso de justiça de lado?
- O que é justo?
- O que é injusto?
- Como você pode contribuir com o mundo para que ele se torne um lugar com mais justiça e igualdade?

MEDITANDO SOBRE VERDADES MAIS ELEVADAS

O Arcano da Justiça representa a verdade, o equilíbrio, a ordem, a harmonia, a lei, a moralidade e a justiça. Em seus aspectos mais elevados, ela representa não os conceitos humanos sobre todas essas coisas, mas os divinos. Os humanos fizeram suas leis para regular sua falibilidade inata e desencorajar as atividades consideradas criminosas e imorais. As leis divinas não são falíveis ou dependentes dos códigos morais e éticos humanos. Elas são absolutas e falam das relações energéticas universais, como a Lei do Equilíbrio, do Carma, da Atração e da Ordem Cósmica. Assim, este arcano nos ensina a manter o equilíbrio para que haja igualdade entre os opostos.

Coloque a carta da Justiça sobre o seu altar, acenda uma vela e um incenso e se abra para ouvir sua própria sabedoria divina em busca da verdade sobre um assunto ou para proferir um veredito justo sobre uma pessoa ou situação que o incomoda neste momento. Quando sua voz interior pode ser ouvida no silêncio da contemplação, é a voz divina que está falando com você. Ouça o que ela tem a lhe dizer.

O ENFORCADO

PELO SACRIFÍCIO TRAGO A ILUMINAÇÃO

Plano Físico:
RENÚNCIA

Plano Mental:
DESINTERESSE

Plano Emocional:
ABNEGAÇÃO

Plano Espiritual:
DEVOÇÃO

ESTE ARCANO NOS MOSTRA um homem pendurado pelos pés. Suas mãos parecem estar amarradas para trás. Com a sua perna, forma o número da matéria, o 4, e de um saco entre os seus braços caem moedas em direção ao chão.

O Enforcado é a imagem do sacrifício voluntário em benefício de um bem maior. Este sacrifício pode ser visível ou uma atitude interior, porém é feito conscientemente com total aceitação do sacrifício que poderá ser requerido.

No Arcano da Roda da Fortuna, o Louco se defronta com as súbitas mudanças de sorte. Nós, assim como o Louco, podemos reagir a "tais mudanças" de várias formas. Algumas pessoas não conseguem se adaptar e se agarram ao passado perdido. Outras, tornam-se amargas, desiludidas, culpam a vida, a sociedade e os Deuses pelos seus fracassos. Assim, o Enforcado, é o símbolo daquilo que, dentro de nós, consegue antever e compreender que tais mudanças talvez sejam necessárias para o desenvolvimento de algum desígnio que ainda não se manifestou. Desta forma, este arcano representa uma atitude de submissão voluntária ao eixo misterioso por trás do qual se realizam as voltas da Roda da Fortuna e o julgamento da Justiça.

Esta é a carta que nos leva de encontro a aceitação da espera na escuridão. O homem está suspenso e torturado pelo medo de que seu sacrifício seja em vão. Sob muitos aspectos, significa que tem de abrir mão do controle para uma vida melhor surgir – uma espécie de espírito visionário dentro de cada um de nós, que consegue abandonar tudo o que já conseguiu anteriormente para uma consciência maior das coisas. Como consequência, no princípio ficamos muito vulneráveis, pois se estamos preparados para tal sacrifício em confiança, então nos abrimos demais para a vida e ela pode nos machucar.

Este arcano expressa o momento de nossa vida no qual sofremos ou vivemos um sacrifício imposto ou autoimposto. Enforcado é o indivíduo que se acomodou e cristalizou padrões emocionais e mentais, atuando mecanicamente de forma que as energias se estagnassem, gerando um conflito interno ou externo. Representa o ser que deu pouca atenção ao conflito e quando se deu conta a confusão já estava formada, sem condições de ser remediada, tornando-se então a "vítima" da situação. O Enforcado nos mostra que todos somos passíveis de passar por um ciclo de autopiedade, pois é uma das formas que temos de chamar nossa própria atenção e a dos outros sobre nós mesmos.

O sacrifício do Enforcado em um certo ponto pode ser até psicológico e imaginário, mas ele se torna real quando nos concentramos em nossa tristeza sem sairmos em busca de uma solução efetiva.

A carta nos fala do poder da inação, do recolhimento através do qual poderemos curar nossas feridas moídas e remoídas desde a Roda da Fortuna. Ele é o arcano que nos permite sentir nossa tristeza e entender porque tudo acabou como está. O Enforcado é o desígnio da Justiça e as consequências do juízo. Pode ser a nossa punição ou salvação. É a resignação através do qual poderemos continuar a caminhar pelo caminho do Louco.

CORRESPONDÊNCIAS PARA O USO NA MAGIA

USO MÁGICO: o Enforcado é usado nos rituais mágicos quando é hora de enfrentar os momentos de tensão com paz de espírito e clareza mental. Ele ajuda a pôr fim em um relacionamento estagnado e auxilia na mudança dos velhos padrões de comportamento. Use esta carta para tomar a decisão sábia quando estiver frente a muitas escolhas, para ter uma nova perspectiva das coisas e para obter a habilidade de fazer sacrifícios necessários quando for preciso.

COMO SIGNIFICADOR ELE REPRESENTA: uma pessoa que sente que sua vida estagnou, alguém que voluntariamente abandonou seu trabalho para se devotar à meditação e à reflexão, um paciente hospitalizado, uma mártir.

ELEMENTO: Água

PLANETA: Netuno

NÚMERO MÁGICO: 7

ERVA: vitória-régia, pistia, lírio-do-vale

INCENSO: bétula, lótus, menta

PEDRA: ametista, azurita

COR: roxo, branco

PALAVRA-CHAVE: SACRIFÍCIO

RITUAL PARA ATIVAR A ENERGIA DA CARTA DO ENFORCADO

Você vai precisar de:

- A carta do Enforcado
- Uma vela vermelha e uma púrpura
- Um Cálice com água e sal
- Óleo essencial de vetiver
- Um caderno e uma caneta

Procedimento:

Unja as velas com o óleo e coloque a vela vermelha à esquerda e a púrpura à direita do seu altar. No centro, coloque a carta do Enforcado. Olhe para a carta e veja todos os detalhes.

Invoque:

Enforcado, Ser Verdadeiramente Espiritual, pedimos sua orientação.

Mostre-nos a porta da fé autêntica, permitindo que o nosso vício pelos apegos terrenos seja virado de cabeça para baixo.

Que esta mudança de percepção nos ajude a irradiar a transformação em todas as direções, pois este trabalho não é simplesmente transcendente.

Nosso caminho é ficar suspenso entre a terra e os céus enquanto, em liberdade, escolhemos nos entregar para o mistério de forma que aconteça a verdadeira mudança.

Que assim seja!

Olhe cada detalhe do arcano e medite sobre cada símbolo num contexto geral. Reflita sobre a sua vida e todas as vezes que você experienciou sacrifícios em sua trajetória.

Medite sobre os temas marcados abaixo. Você deve enunciar em voz alta cada um deles e escrever suas conclusões o mais extensivamente possível no caderno:

- Autossacrifício
- Outros se sacrificando por você
- Você se sacrificando pelos outros
- Outros se sacrificando por outros

Agora escreva sobre o que cada símbolo da carta representa para cada um dos temas vividos. Não se preocupe se o significado parece bobo ou não, diga o que sente. Por exemplo: você percebe que a carta do Enforcado mostra uma pequena pedra jogada no chão enquanto medita sobre os temas VOCÊ SE SACRIFICANDO PELOS OUTROS e escreve: "Esta pedra, ao lado da árvore, é a pedra que foi jogada em mim quando minha intenção era apenas ajudar". Enfim, sinta-se livre para escrever o que sentir. Seja honesto, verdadeiro e não tenha vergonha de relatar suas experiências e registrá-las

Depois que tiver escrito todas as suas reflexões sobre cada tema, releia e reflita agora sobre o que lê. Você vai perceber que há uma diferença entre escrever o que sente e ler o que escreveu. Leia atentamente refletindo sobre cada tema gravado. Ao final, pegue o Cálice com água e deixe todos os sentimentos ambíguos que foram trazidos através destas reflexões fluírem para o líquido na taça. Respingue algumas gotas sobre você e sinta-se renovado.

Durante a semana, releia com frequência aquilo que registrou em seu caderno e reflita sobre o que escreveu.

EXERCÍCIO PARA REVIVER A ALEGRIA

Às vezes a carta do Enforcado nos faz ver o mundo de cabeça para baixo, possibilitando-nos a ter uma percepção diferente sobre determinados temas e assuntos.

Segure o arcano do Enforcado em suas mãos por alguns instantes. Feche os olhos. Relaxe. Recorde uma ocasião durante a qual tenha tido aquilo a que se pode chamar de um "ataque de riso" irresistível.

Prepare-se para revivê-lo. Respire lenta e profundamente. Quando concluir a terceira expiração, tente recordar em pormenor do momento em que se deixou dominar por um episódio de riso. Veja-se como se estivesse observando a si mesmo do exterior e de cabeça para baixo, tal como se estivesse a ver outra pessoa rindo.

Sem se esforçar, permita que todos os pormenores dessa cena divertida lhe inundem a memória, tal como se estivesse viajando através do tempo e o seu objetivo fosse chegar àquele momento. Escute as suas gargalhadas. Tente escutá-las com a máxima precisão possível, enquanto o riso vai penetrando seu ser, fazendo-o estremecer a partir de dentro, até sair pela sua boca.

Sinta-se tão feliz como nunca se sentiu por ver o mundo de cabeça para baixo. Prolongue este momento até onde a sua concentração o permitir.

CORTANDO OS CARMAS

O arcano do Enforcado está tradicionalmente conectado com os Carmas. Assim sendo, ele pode ser usado para promover a libertação de todos os ciclos repetitivos de nossa vida, que invariavelmente estão conectados com nossos carmas.

Contemplando a carta do Enforcado, imagine que a corda em seus pés se transforma em uma teia e que os fios dessa teia são seus carmas acumulados amarrados aos seus próprios pés. Eles não deixam você se mover, andar, e restringem seu poder de ação. Todas as pessoas e coisas em sua vida são um fio dessa teia. Seu trabalho agora é cortar os fios prejudiciais, fortalecendo sua conexão com fios bons e poderosos e a fonte divina de energia por trás de toda a teia.

Faça esse corte intuitivamente, até que restem somente fios que o conecte às pessoas e coisas positivas e evolutivas da vida.

A MORTE

DESTRUO O VELHO PARA RESTAURAR

Plano Físico:
PERDA

Plano Mental:
ABERTURA

Plano Emocional:
APEGO

Plano Espiritual:
TRANSFORMAÇÃO

O ARCANO DA MORTE nos é apresentado através da clássica figura de uma caveira. Os Tarôs a representam em algumas versões trazendo em suas mãos uma foice e, em outras, bradando a bandeira da morte. Em ambos os casos isso simboliza o poder com o qual ela extermina todos aqueles que já cumpriram seu papel no grande palco da vida. A Morte não reconhece e não perdoa reis, nobres, seja quem for. Ela simplesmente executa sua função e missão que é levá-los de volta em seu devido tempo.

A Morte simboliza a finalização definitiva de um ciclo. Sempre que mudamos, uma nova atitude ou novas circunstâncias ocorrem, morre a postura antiga que jamais voltará a sua forma original. Dessa maneira, a Morte é o símbolo daquilo que experimentamos com todos os finais. Além disso, seu esqueleto indica o luto, a dor que sempre acompanha um término, tão necessário para começarmos um novo ciclo. Na carta do Enforcado encontramos a experiência da submissão voluntária às leis invisíveis e da decisão de abrir mão de algo na esperança de que uma nova fase possa surgir.

Agora a Morte representa aquele estágio intermediário onde somos colocados face a face com a total irrevogabilidade de nossa perda, antes de termos a sensação de que algo novo está para acontecer.

A Morte não significa necessariamente a finalização ruim. Essa experiência inevitável pode estar relacionada a fatos completamente agradáveis como um casamento ou nascimento de uma criança, porque tais fatos não apenas é o indício de algo novo, como também a morte de uma forma antiga de vida e a perda deve ser reconhecida.

Esta carta está associada a extirpação da causa primeira da dor, aquele nó mágico que impede o nosso desenvolvimento. Ela nos indica que é o momento de dizer adeus a todos os processos que se tornaram por demais dolorosos em nossa vida e que a única solução para uma qualidade de vida melhor é a exterminação sem dor nem dó de tais processos. Em certo sentido, está conectada ao desapego, porque muitas vezes este nó está associado também à incapacidade de liberar o que é velho para podermos vislumbrar um novo espaço e renovação. A Morte nos ensina que, depois do momento traumático da dor, virá o renascimento e a abertura de novas possibilidades.

CORRESPONDÊNCIAS PARA O USO NA MAGIA

USO MÁGICO: a carta da Morte ajuda a nos desprendermos de alguma coisa que nos limita e nos impede de prosseguir. Ela traz a transformação necessária, o fim para o recomeço, a morte do velho para a chegada do novo, possibilitando a libertação dos processos dolorosos de nossa vida. Use este arcano em seus rituais para banir o mal, transformar as energias, aprender a lidar com as perdas e transformar qualquer situação.

COMO SIGNIFICADOR ELE REPRESENTA: uma pessoa que precisa de transformação, uma pessoa doente, alguém que nos limita ou que se sente limitado por algo, um ancestral, um espírito.

ELEMENTO: Terra

PLANETA: Plutão

SIGNO: Escorpião

NÚMERO MÁGICO: 9 e 8

ERVA: abrunheiro, romã, palmeira, urtiga, papoula, cardo

INCENSO: urze, madressilva, hera, alquemila, cominho, gengibre

PEDRA: cornalina, jaspe-sanguíneo, kunzita, labradorita

COR: vermelho-escarlate, vinho, preto

PALAVRA-CHAVE: TRANSFORMAÇÃO

RITUAL PARA ATIVAR A ENERGIA DA CARTA DA MORTE

Você vai precisar de:
- A carta da Morte
- Óleo de cipreste
- Incenso de cipreste
- Uma vela preta
- Terra
- Um pequeno caixão
- Papel
- Caneta

Procedimento:

Unja a vela com óleo de cipreste, acenda o incenso, espalhe terra pelo altar. Coloque a carta da Morte sobre a terra. Escreva no papel todas as coisas que o limitam e coisas que precisam ser exterminadas em sua vida, aquilo que precisa morrer definitivamente. Seja cauteloso ao escrever e evite o nome de pessoas. Coloque o papel dentro do caixão. Medite alguns instantes sobre o significado destas perdas na sua vida e no que isso vai resultar, quais os desdobramentos dos futuros acontecimentos transformados agora por este ato mágico. Diga então:

> Nobre Morte,
>
> Que nosso desmembramento ajude em nossa lembrança, substituindo a auto-obsessão pela vontade dos Deuses. Que possamos entender os processos de viver, morrer e renascer.
>
> Ajude-nos a compreender os processos de morte interna que trazem a libertação do eu cristalizado e da compulsão desmedida. Enquanto nos lembramos do que é vertical, não devemos esquecer do horizontal.
>
> Que a luz celeste desça dos céus trazendo o fermento para a Terra, para que o mundo seja verdadeiramente curado e a sabedoria cármica possa ser acessada e por nós relembrada.
>
> Que assim seja!

Pingue 13 gotas da essência de cipreste dentro do caixão. A cada pingada, verbalize o que você quer que morra ou seja transformado. Feche o caixão e jogue alguns punhados de terra sobre ele, verbalizando mais uma vez que é necessário morrer. Acenda a vela sobre o caixão.

Medite mais alguns instantes vendo a figura central da carta da Morte vindo em sua direção e levando o caixão embora. Quando isso acontecer agradeça a ajuda prestada e veja-a partindo de volta ao seu mundo.

Finalize o ritual fazendo uma limpeza energética em sua casa com os quatro elementos. Deixe todos itens sobre o altar e durante 7 dias reserve alguns minutos para contemplar esse espaço e fazer a mesma meditação: a figura da Morte levando o caixão embora.

No último dia de sua meditação, vá para um lugar bem distante de sua casa e enterre o caixão. Acenda mais uma vela preta e agradeça a Morte pela ajuda prestada.

POSTURA DA MORTE

Quando contemplamos nossa própria morte podemos dar mais valor à vida. Faça esta meditação para se conectar com a energia da carta da Morte e ampliar sua visão sobre sua existência.

Prepare o seu altar com a carta da Morte no centro. Medite por alguns instantes sobre o simbolismo do arcano.

Sente-se em seguida de frente para um espelho a uma distância de aproximadamente um metro e meio. Se puder, pendure o espelho em lugar não muito distante do seu rosto, onde consiga ver bem o seu reflexo sobre sua superfície.

Olhe para os centros de suas pupilas e busque esvaziar sua mente. Cruze os seus braços no peito, na posição do Deus morto[4].

---

4. A posição do Deus morto é um gesto ritual tradicional da Wicca. Os braços são cruzados sobre o peito (braço direito sobre esquerdo), como nas imagens clássicas do Deus Osíris ou das múmias egípcias.

Respire profundamente algumas vezes e mantenha seus olhos abertos.

Encare o espelho e perceba que as cores ao seu redor começam a mudar e todas as imagens se distorcem. Porém, este efeito geralmente desaparece se você tentar focalizar nas distorções.

Este método o induzirá um estado alterado de consciência que pode incluir visões e profecias.

Repita este exercício 3 vezes por semana e faça o seguinte registro: O que você sentiu? O que viu? Qual sua visão sobre a morte? Você está preparado para ela? Que contatos teve com a morte até hoje? O que tem feito para contatá-la?

Descreva outros detalhes que julgar relevantes.

EXPERIMENTANDO A PRÓPRIA MORTE

Encontre um lugar tranquilo onde não seja incomodado. Sente-se em uma cadeira e feche os olhos. Deixe a imagem da carta da Morte surgir em sua mente. Preste atenção a todos os detalhes que você conseguir observar no arcano.

Respire fundo algumas vezes e relaxe seu corpo. Pense por que você começou a fazer este exercício e lembre-se do que deseja obter com ele. Agora pense no momento em que você vai dormir todas as noites. Sem nenhum sonho, sem nenhuma consciência.

Suas pernas perdem toda a energia. O mesmo vale para suas mãos. Seu torso. Seu corpo inteiro. Seu cérebro para de funcionar. Você sente o nada. Permita-se estar conscientemente mergulhado neste nada.

Imagine se esse nada durasse para sempre e que você não fosse acordar nunca mais. Deixe sua mente sentir a permanência deste evento. Sinta o quão triste é não poder experimentar a vida novamente. Você não vai sorrir. Você não vai comer. Você não vai experimentar absolutamente nada mais que pertenceu a esta vida.

Observe esse sentimento e deixe-o crescer dentro de você. Pense na vida que tem agora. Sinta como é incrível poder respirar. Sinta a riqueza desta vida. Seja grato por ter nascido nesta existência. Perceba que cada parte do seu corpo está viva novamente.

Agora pergunte a si mesmo: "O que eu faria se tivesse um tempo limitado para viver?". "Se eu tivesse mais um ano de vida, o que eu faria?", "Se eu tivesse só mais um mês de vida, como eu agiria?". "E se eu tivesse apenas mais um dia de vida, quais atitudes tomaria?"

Enquanto você responde às perguntas, perceba como as prioridades mudam à medida que o tempo diminui.

Veja o que você faria de forma consistente, apesar do período de tempo ser reduzido. Abrace o que imaginou e fixe sua determinação em realmente fazer isso. Agora, gaste o último momento para sentir a permanência da morte novamente. Saiba que o fim é inevitável. No entanto, não tenha medo.

Lentamente, conte de 3 a 1 e abra os olhos devagar. Parabéns! Você acabou de experimentar uma profunda conexão com a carta da Morte com sucesso!

A TEMPERANÇA

REPRESENTO A DOR DA ESPERA

Plano Físico:
MODERAÇÃO

Plano Mental:
ADAPTABILIDADE

Plano Emocional:
ACEITAÇÃO

Plano Espiritual:
HARMONIA

NO ARCANO DA TEMPERANÇA vemos um ser alado com dois jarros, que parece derramar o conteúdo de um vaso no outro com paciência e tranquilidade.

A Temperança representa uma das lições que o Louco deve aprender: alcançar o equilíbrio do coração. Este arcano representa justiça boa e misericordiosa, muito embora não seja piegas ou sentimental. Está ligada aos sentimentos, que é diferente de emoção, que por sua vez é uma escolha refletida do afeto. A função do sentimento é uma constante variação entre os opostos, uma cuidadosa percepção das necessidades de uma situação específica, com o objetivo de harmonia e relacionamentos no final. Por isso o ser alado derrama sem cessar a água do seu jarro, porque o sentimento precisa fluir constantemente para renovar de acordo com as necessidades de cada momento. Enquanto as lições aprendidas com a Justiça são rígidas, estáticas e universais, o objetivo da Temperança requer um ajuste contínuo e fluído, às vezes positivo ou negativo.

Assim, tanto ela pode servir de forma amorosa como despejar sua vingança. Sua finalidade principal serve aos propósitos do âmago feminino, mais que o masculino, e qualquer que sejam as reações mutantes do fluxo e até mesmo a raiva e o conflito, a meta será sempre a cooperação, a harmonia e um relacionamento melhor.

A palavra Temperança significa controle, moderação, abstenção. Por outro lado, temperar significa misturar, combinar. Exatamente por isso este é o arcano da arte da combinação mágica, alquímica, espiritual.

Este arcano é o estágio final do aprendizado do ego que começou a trabalhar no arcano do Carro. Ele nos traz o início dos processos da relação espontânea e criativa que desenvolvemos com o mundo e a necessidade da combinação da sabedoria adquirida pelos arcanos da Justiça e da Morte e ainda nos fala da relação do indivíduo consigo mesmo e com o mundo ao seu redor. As águas da Temperança representam as nossas emoções que fluem de dentro para fora e vice-versa. Ela é quem vai nos ensinar a nos relacionarmos com o mundo outra vez, só que agora sem perder a perspectiva de nós mesmos.

CORRESPONDÊNCIAS PARA O USO NA MAGIA

USO MÁGICO: a carta da Temperança pode ser invocada para trazer um momento de reflexão para maior equilíbrio. Volte-se a ela para meditar quando for hora de aguardar o momento certo de agir em tomadas de grandes decisões. Use este arcano em seus rituais para trazer cura física e emocional, para compreender o passado e viver um futuro mais pleno e para poder influenciá-lo da maneira correta.

COMO SIGNIFICADOR ELE REPRESENTA: um curador, um líder, uma pessoa disciplinada, uma pessoa resolvida, um conservacionista, alguém com espírito protetor.

ELEMENTO: Água e Fogo

PLANETA: Júpiter

SIGNO: Sagitário

NÚMERO MÁGICO: 9 e 3

ERVA: faia, olmo, azevinho, tília, sorveira

INCENSO: alecrim, verbena, zimbro

PEDRA: safira, quartzo-azul, sugilita, diamante de Herkimer

COR: azul-royal, índigo, púrpura, transparente, branco

PALAVRA-CHAVE: ESPERA

RITUAL PARA ATIVAR A ENERGIA DA CARTA DA TEMPERANÇA

Você vai precisar de:

- A carta da Temperança
- Pano branco
- Uma vela branca
- Dois copos com água

Procedimento:

Acenda a vela branca. Próximo a ela coloque a carta da Temperança. Respire profundamente algumas vezes e então medite alguns instantes em tudo o que você vivenciou e aprendeu acerca do Tarô até agora. Invoque a presença da Temperança dizendo:

Ó ser alado da Temperança

Da liberdade de nossa vontade humana pedimos sua ajuda para descobrir a verdadeira relação entre nossa humanidade e divindade.

Com nossas almas comovidas às lágrimas, somos inspirados a encontrar o equilíbrio entre descansar e criar, ser e fazer, a eternidade e o presente.

Com humildade e confiança, pedimos orientação para que seja criada uma ponte entre nós e o divino.

Que assim seja!

Comece a passar a água de um copo para outro. Perceba o barulho do fluir da água. O que esse som lhe inspira?

Continue passando a água de um copo para outro e olhe o arcano da Temperança. Quais aspectos da sua vida você gostaria que tivesse a paz da carta, o sonho lúdico do amor e felicidade eternos?

A cada passada da água de um copo para outro nomeie as áreas de sua vida que você precisa de paz.

Guarde a água para ser respingada na sua casa ou no seu local de trabalho quando precisar de paz e equilíbrio.

RESPIRANDO

A carta da Temperança pode ser interpretada como uma ajuda espiritual que vem ao nosso auxílio nos momentos de maior necessidade para mudar o curso de um acontecimento e nos dar suporte para completar uma prova ou uma jornada.

Veja o ser alado do arcano da Temperança balançando as asas acima de você. Visualizando o arcano, pense em uma qualidade ou uma ideia que gostaria de mudar. Então, imagine este pensamento no ar que respira e inspire este pensamento para dentro do seu corpo. Lembre-se de respirar lenta e profundamente. Comece com 7 segundos para cada inspirada. Repita o exercício durante a semana e aumente o tempo de um em um segundo nos dias que se seguem, até aumentar sua inspiração para 14 segundos ou o máximo que puder.

VISÕES NA FUMAÇA

A Temperança pode fornecer insights poderosos que podem nos auxiliar em qualquer momento de nossa vida.

Coloque o arcano sobre o seu Altar e queime ervas proféticas sobre um carvão em brasa. Deixe a fumaça subir e se concentre nela. Interprete os símbolos que aparecerem na fumaça ou em sua mente durante a visão. Registre os resultados do exercício.

USANDO O PÊNDULO

Coloque a carta da Temperança sobre uma superfície plana e deixe um pêndulo circular algumas vezes sobre o arcano. Então, comece a fazer perguntas. Conforme o pêndulo for respondendo visualize a cena daquilo que você estiver perguntando em sua imaginação. Deixe as cenas começarem a interagir em sua mente. Este exercício pode se tornar um portal para desenvolver o seu poder de clarividência.

VISÕES COM PINGOS D'ÁGUA

A carta da Temperança pode ser considerada uma espécie de mensageiro divino. Exatamente por essa razão, sua energia pode ser muito útil para trabalhos de mensagens oraculares e proféticas.

Coloque uma vasilha escura com água sobre a carta da Temperança e respingue água em sua superfície. Interprete intuitivamente os símbolos formados pelos pingos na água.

O DIABO

MEU PODER A TUDO PERMEIA

Plano Físico:
MATERIALIDADE

Plano Mental:
PERSUASÃO

Plano Emocional:
SEXUALIDADE

Plano Espiritual:
INSTINTOS

NESTA CARTA DO TARÔ vemos uma figura humana com asas de morcego e garras de animais. Ele aparece sobre uma pequena superfície elevada, dando proeminência e o tornando a figura principal visível na carta. Seus seios femininos, em contraponto com um órgão genital masculino, indicam tratar-se de uma figura hermafrodita. Em uma de suas mãos carrega uma tocha e aos seus pés vemos um casal de personagens com patas, cauda e cabeça de animais, embora a sua expressão facial seja quase inteiramente humana. Ambos usam uma espécie de coroa com um par de chifres e suas expressões parecem alegres, embora estejam "amarrados" por meio de uma corda à figura do Diabo.

O Diabo representa a servidão aos instintos da natureza. Uma vez que foi adorado em grutas e cavernas que causavam medo, sua imagem nos sugere que tanto podemos temer como nos encantar, ou seja, impulsos sexuais e animais, que consideramos maus, justamente devido a sua natureza instintiva e compulsiva.

Entretanto, a presença deste arcano entre os Arcanos Maiores do Tarô indica que as tentações foram relegadas aos confins de nosso inconsciente, representando tudo aquilo que tememos, odiamos e desprezamos em nós mesmos e que, na realidade, escraviza-nos por meio destes temores e desgostos. A questão da vergonha do próprio corpo e dos impulsos sexuais, especialmente aqueles que a psicanálise tanto se empenha em trazer à luz nestes últimos 100 anos, fantasias, taras, complexos de inferioridade por causa da aparência, etc., é o ponto que a carta do Diabo personifica. Até mesmo a pessoa mais liberal sexualmente pode sentir uma secreta vergonha devido aos seus instintos. O arcano do Diabo implica em bloqueios e inibições, quase sempre de ordem sexual, que surgem de nossa falta de conhecimento e compreensão.

Este arcano vem trazendo novamente à tona tudo o que há de bom e que o cristianismo e o patriarcado tentaram sufocar no ser humano. Aqui estão inclusos não só nossas fantasias sexuais, mas a capacidade de pensar, rir, amar e ter prazer de todas as formas. O Diabo representa a Sombra coletiva, onde estão impressas todas as repressões do ser humano encerradas no inconsciente e que ainda não teve chance de se manifestar. Ele vem nos ensinar que é hora de compreendermos, aceitarmos e trabalharmos o nosso lado instintivo e primitivo, pois assim poderemos acumular um poder enorme, podendo dominar, então, nossos pontos mais fracos.

Por outro lado, este arcano fala de nossa escravidão pelo mundo material. Aqui estamos nos referindo a tudo, dinheiro, propriedades, sexualidade desequilibrada em função dos preconceitos, falsas noções de pecado, poder, nossas emoções, as emoções dos outros, nossas ações, aparência, etc.

O Diabo nos traz a importância de nos sintonizarmos com o nosso próprio corpo, conhecendo suas necessidades e entendendo sua linguagem expressadas através do desejo físico e sexuais. Ele nos mostra que quando compreendermos a linguagem do nosso corpo nos tornaremos mais sensuais e sexualmente mais fortes e exuberantes.

Também nos remete a todas as ligações materiais, como a familiar, já que em um sentido menor, muitas vezes nossos familiares também nos aprisionam e nos tolhem. Não podemos esquecer que o que somos hoje é um reflexo dos valores e conceitos que nossa família nos ensinou ontem. Sendo assim, muitas vezes nossa família pode exercer um papel muito semelhante ao da Igreja em outros tempos, pois as famílias de hoje são os filhos da Igreja de ontem. Esta carta nos leva a fazer uma avaliação sobre estes conceitos e romper com aquilo que nos aprisiona e nos limita.

O Diabo é um arcano cheio de vida, pois está ligado à nossa relação com o mundo de acordo com os nossos instintos e sexualidade, lembrando que foi através dela que todos um dia viemos a vida.

CORRESPONDÊNCIAS PARA O USO NA MAGIA

USO MÁGICO: o Diabo nos ajuda a reavaliar nossos conceitos sexuais e materiais. Ele revela tudo o que nos mantém presos à uma situação ou pessoa e nos auxilia a buscar pela nossa liberdade em todas as manifestações. Use a carta do Diabo em seus rituais para alcançar a liberação de energias negativas, neutralizar as tendências autodestrutivas, libertar-se de uma situação incômoda, conseguir expressar livremente seus desejos e impulsos sexuais. O Diabo também confere poder, fama e dinheiro.

COMO SIGNIFICADOR ELE REPRESENTA: uma pessoa extremamente destrutiva, alguém que precisa se libertar de preconceitos, alguém que precisa reavaliar seus conceitos acerca da sexualidade.

ELEMENTO: Fogo e Terra

PLANETA: Saturno

SIGNO: Capricórnio

NÚMERO MÁGICO: 8

ERVA: mimosa, sabugueiro, salgueiro, teixo

INCENSO: arruda, patchuli, sal grosso, canela

PEDRA: olho de gato, ônix, turmalina-negra, obsidiana, quartzo-fumê, esmeralda

COR: preto, verde-escuro, musgo, vermelho, safira

PALAVRA-CHAVE: INSTINTOS

RITUAL PARA ATIVAR A ENERGIA DA CARTA DO DIABO

Você vai precisar de:

- A carta do Diabo
- Uma vela preta
- Uma vela vermelha
- Essência de patchuli
- Pétalas de rosas vermelhas
- Um Cálice de vinho
- Uma maçã bem vermelha

Procedimento:

Acenda a vela preta e a vermelha e coloque a carta do Diabo no meio delas. Fique nu e de olhos fechados passe a maçã por todo o seu corpo. Sinta a maçã percorrendo o seu corpo e sinta o prazer que isso lhe traz. Deixe este ato ser demorado, de forma que você possa sentir todas as sensações possíveis com a maçã e o prazer desta prática. Então, diga:

Damos graças ao dom eterno do livre-arbítrio.

Com humilde reconhecimento de nossas complexas ilusões, pedimos orientação como veículos da Verdadeira Vontade.

Reconhecendo nossa dolorosa propensão em direção à autoescravidão, através da criação de seres e imagens artificiais, nós realmente pedimos por ajuda para silenciar os tormentos de nossa mais profunda natureza.

Que a nossa inspiração para a vida não se torne intoxicação pelo ego.

Ao encontrarmos nosso caminho através das provações, somos gratos, pois sabemos que sem tentação não há superação.

Ó amado senhor das profundezas de nossa alma, que sua luz brilhe através de nossa presença humana para o benefício de todos.

Que assim seja!

Coloque a maçã no altar junto ao vinho. Misture a essência de patchuli com as pétalas de rosas vermelhas. Passe a essência com as rosas por todo o seu corpo. Sinta o aroma da essência despertar seus instintos.

Coma a maçã e tome o vinho, celebrando você e sua sexualidade.

Faça uma reflexão sobre todas os seus desejos sexuais que ainda não foram realizados. Reflita por alguns instantes nos porquês destes desejos ainda não terem sido concretizados. Faça uma análise e conclua se estas fantasias ainda podem ser realizadas e se são viáveis. Caso sim, faça um compromisso entre você e o arcano do Diabo de que vai realizar isso num prazo de até 1 mês.

Ao tomar o vinho e comer a maçã, deixe sua sexualidade ser aflorada. Agora você vai dar início ao seu processo de libertação sexual. Remeta suas lembranças aos primeiros comentários sobre masturbação que ouviu e as repreensões que um dia lhe limitou sobre essa prática. Deixe sua mente divagar e lembre de outros comentários sobre sexo e sexualidade que você ouviu ao longo da sua vida. A cada comentário de repreensão sexual vindo à sua mente, diga uma frase afirmativa do tipo "Sim eu posso fazer isso e isso é bom".

Adapte esta afirmação para as diferentes imagens e frases sobre sexo e sexualidade que surgirem.

Passe a sua mão pelo seu corpo e sinta prazer nessa prática. Deixe a sua mente divagar e comece a explorar o autoprazer, imaginando que você faz amor consigo mesmo. Se não conseguir, force a sua mente com imagens vividas com cenas que instiguem o seu desejo. Faça isso até sua libido ser elevada e você sentir desejo de autoexplorar seu corpo ainda mais, tendo sempre em mente que fazer amor consigo mesmo é um ato sagrado. Continue até alcançar o clímax.

Permaneça em silêncio por alguns instantes e deixe seu corpo falar com você. Analise seus pensamentos e ideias acerca da sexualidade após este ritual. Se você não sentir nada ou se sentir incomodado, repita quantas vezes for necessário até fazer as pazes com a sua sexualidade e ela se tornar fonte de poder para você e não motivo de vergonha ou repulsa.

Cure todas as suas feridas sexuais com esse ritual e o grande poder do arcano do Diabo.

CORTANDO OS CORDÕES ETÉRICOS

O arcano do Diabo não só representa nossas fantasias e desejos sexuais. Ele também está conectado a tudo o que nos aprisiona e limita o nosso poder pessoal em diferentes níveis ou nos vampiriza energeticamente.

Há uma teoria de que tudo aquilo que tenhamos entrado em contato, por qualquer um dos nossos sentidos, estará para sempre unido a nós por um "cordão" de substância etérica estabelecido entre o objeto/pessoa e nosso corpo etérico.

Cordão etérico é um termo usado para nos referirmos à ideia de que tudo está ligado a tudo. O conceito dos cordões etéricos nos mostra a natureza por trás das relações que estabelecemos, seja com as pessoas, seja com os objetos. Uma linha de energia é criada entre sua pessoa e tudo aquilo que você vê, toca ou pensa.

Toda vez que você contata um objeto ou qualquer pessoa no mundo, está lançando um cordão etérico entre si mesmo e aquilo que foi contatado. Quando o contato é feito entre duas pessoas, um longo cordão pegajoso se estabelece entre elas. Futuros contatos estabelecem outros cordões e eles começam a se desenvolver em uma conexão forte e resistente.

A comunicação telepática, por exemplo, acontece devido à viagem da energia vital e formas de pensamento através dos cordões etéricos. Este envio telepático de formas de pensamento e energia vital pode acontecer entre duas pessoas que possuem um forte cordão etérico de conexão estabelecido entre si.

Assim como acontece com o cordão umbilical, que une a criança à sua mãe, os cordões etéricos são os meios através dos quais trocamos empatia, amor, energia e informação. Isto geralmente acontece em um nível inconsciente para a maioria das pessoas. Trata-se de uma conexão normal entre amigos e amantes. Muitos desses cordões são finos e se desfazem facilmente, mas também podem se tornar conexões negativas e até mesmo vampíricas.

Conforme seu conhecimento sobre esse assunto cresce, torna-se mais fácil manusear esses cordões através do olho da mente (por meio de meditações). Para a maioria das pessoas, trabalhar com os cordões etéricos não é muito importante, pois o inconsciente acaba por si só a tomar conta deles. Para curadores, psíquicos e aqueles que trabalham com energia, torna-se vital manter seus cordões etéricos em ordem e cortar as conexões que não são mais necessárias.

Algumas vezes um paciente continua a puxar energia do curador depois que a sessão termina; um namorado pode continuar sugando a energia do outro após o término de uma relação, dificultando o estabelecimento de novas relações para ele e para o seu ex-parceiro; um cordão etérico estabelecido entre um profissional e um antigo trabalho pode impedir o fluir de novas oportunidades, etc. Resumindo, podemos dizer que o mantenimento da maioria dos cordões etéricos estabelecido com pessoas, objetos e situações traumáticas do passado são nocivos, pois criam um bloqueio de energia, impedindo o livre fluir do novo.

Este é um dos motivos pelos quais ocasionalmente é necessário realizar um ritual de corte ou liberação dos cordões etéricos que não servem mais para nossa evolução, enviando uma última rajada de amor incondicional para as pessoas ou situações com as quais o cordão foi estabelecido. Isso deve ser feito quando nos sentimos cansados, vampirizados, vivemos situações indesejadas que se repetem ciclicamente impedindo a evolução ou nos mantendo presos a medos, circunstâncias ou problemas.

Existem diversas maneiras de desconectar estas cordas. Ao fazer isso é melhor estar certo de suas intenções, assim não se corre o risco de cortar cordões que trabalham a seu favor.

Para realizar essa prática você vai precisar dos arcanos tanto da Temperança como do Diabo sobre o seu altar. Se desejar, crie um espaço sagrado[5].

Peça ao arcano da Temperança que lhe mostre todas os cordões conectados a você por pessoas que estão a serviço do bem em seu mais

---

5. Veja como lançar um Círculo Mágico no capítulo 9.

alto nível. Você pode ter a impressão de estar no centro de uma grande teia ou em um casulo com muitos fios vindo de diferentes chacras, irradiando-se para fora de si mesmo em todas as direções. Pode ter a sensação de ser rodeado por uma multidão de pessoas. Ou pode ver, sentir ou simplesmente imaginar isto, não importa. O que verdadeiramente importa é sua intenção.

Estas são as cordas que o beneficiam, logo você não precisa cortá-las. Agradeça a todas as pessoas que estão conectadas a você e envie luz e amor através dos cordões para elas. Agradeça por saber que é amado e apoiado e deixe a visão se dispersar.

Visualize-se completamente iluminado e peça ao arcano do Diabo que lhe mostre todas os cordões que o conecta as pessoas ou coisas que se alimentam de sua energia, mas que não são benéficas a você. A maioria serão pessoas que desejam algo e que acreditam que isso possa ser dado a elas por você. Libere um pouco de sua luz através dos cordões etéricos, como um presente de despedida e amor incondicional, que mostrará a elas o caminho a ser tomado para alcançarem seu desejo sem precisarem vampirizá-lo. Deixe sua mente se voltar para o pensamento de que o Eu Divino dessas pessoas escolherá sabiamente a forma como o amor que você envia irá se manifestar na vida delas. Essencialmente, isso significa que o Eu Divino do recipiente irá usar a energia da forma como achar melhor. Você não precisa saber de que maneira isto se manifestará.

Conforme a luz segue através das cordas, imagine que ela queima os cordões etéricos negativos como um fusível iluminado, assim, ele será eliminado. Respire luz para repor a energia que foi despendida. Agradeça aos Deuses pela abundância que permite a você ser generoso e conclua o ritual.

Às vezes acontece de você perceber que algumas das pessoas visualizadas podem sentir, inconscientemente, a ligação energética entre vocês sendo desfeita. Elas podem, inclusive, tentar contatá-lo nos dias que se seguem. Outros podem tentar novamente reconectar o cordão etérico desfeito de diversas maneiras.

Um ou dois dias depois repita esta prática. Doe amor a todos os que o apoiam, como feito anteriormente, e peça para ver as cordas que conectam você a tudo aquilo que não sirva para o seu bem. Haverá menos cordas do que anteriormente, o melhor seria que não houvesse nenhuma. As cordas que foram reconectadas serão de todas as pessoas que agem em sua vida como vampiros energéticos persistentes e que tentarão reconectar tais cordões etéricos tantas quantas forem as vezes que você os cortar. Seja persistente repetindo a prática até que não haja mais ligação nenhuma entre você e as pessoas e/ou coisas que sugam sua energia.

A TORRE

EU TE ENSINO A VENCER AS ADVERSIDADES

Plano Físico:
CRISE

Plano Mental:
TEMERIDADE

Plano Emocional:
MEDO

Plano Espiritual:
HUMILDADE

NESTE ARCANO VEMOS UMA TORRE sendo destruída por um raio, ao mesmo tempo em que pessoas são arremessadas para fora dela e caem em direção ao chão, numa cena de terror e catástrofe.

A Torre retrata a queda dos antigos padrões. Se notarmos, ela é a única estrutura construída pelos homens que tem proeminência dentre todos os arcanos. Exatamente por isso, a Torre representa tanto as estruturas internas, quanto externas do homem, que construímos para servirem de defesa contra a vida e como esconderijo para os aspectos negativos e menos agradáveis de nossa personalidade. De um modo geral, a Torre é a imagem da faixada socialmente aceitável que adaptamos para esconder nossa fera interior. Assim, utilizamo-nos de nossas profissões, nossas condições favoráveis, nossas filiações a instituições respeitáveis e ótimas companhias, nossos sorrisos afáveis e maneiras diplomáticas, nossa aparência bem cuidada, a nossa rígida moral familiar. Tudo isso para tentar esconder os segredos vergonhosos que estão ocultos na carta do Diabo.

Na realidade, a Torre é a estrutura dos falsos valores, ou daqueles já superados, daquela postura diante da vida que não se origina do ser como um todo, mas que vestimos como a roupa de um determinado personagem de uma peça, apenas para impressionar a plateia. Da mesma forma, a Torre também representa as estruturas que construímos no mundo externo para completar nosso Eu incompleto. Assim, quando o Louco se depara com o Diabo, no coração do labirinto interior, ele se modifica com o encontro. Fica mais humilde, mais completo, mais ideal e mais realista.

A Torre representa as energias inconscientes que estão represadas e que nos aprisionam e impedem o crescimento. O raio simboliza a energia psíquica que atingiu o nível máximo de tensão e precisa se livrar daquilo que a aprisiona para evoluir.

CORRESPONDÊNCIAS PARA O USO NA MAGIA

USO MÁGICO: use esta carta para chamar poderosas energias a fim de colocar as forças em movimento para promover um efeito positivo em sua vida. Ela também pode ser usada para banir processos de mudança e transformação que você sinta não estar preparado para abraçar. O arcano da Torre pode ser usado na magia com a finalidade de eliminar as fundações frágeis e, assim, estabelecer novos projetos com bases mais sólidas, protegendo os aspectos financeiros. A Torre também é positiva para vencer os inimigos e garantir sucesso nas guerras e batalhas.

COMO SIGNIFICADOR ELE REPRESENTA: uma empresa com as estruturas abaladas, algo que está para falir, alguma coisa de difícil realização.

ELEMENTO: Fogo e Terra

PLANETA: Marte

NÚMERO MÁGICO: 9

ERVA: genciana, lúpulo, giesta, damiana

INCENSO: galanga, assafétida, coentro, absinto, almíscar

PEDRA: quartzo-vermelho, rodonita, jaspe-sanguíneo

COR: vermelho, carmim, âmbar, preto

PALAVRA-CHAVE: DESTRUIÇÃO

RITUAL PARA ATIVAR A ENERGIA DA CARTA DA TORRE

Você vai precisar de:

- A carta da Torre
- Velas vermelhas
- Pedaços de ferro
- Óleo de almíscar

Procedimento:

Coloque a carta da Torre sobre o altar e disponha as velas e os pedaços de ferro sobre ele. Unja tudo com o óleo de almíscar e diga:

> Enquanto contemplamos a Torre neste grande trabalho de crescimento e purificação, que possamos ver profundamente a ânsia de exaltação própria pela qual nosso desejo e ignorância nos separam do que é sagrado.
>
> Nós escolhemos o crescimento e, com humildade, pedimos força para viver a experiência de nossa natureza humana à luz da verdade divina.
>
> Neste casamento entre Céu e Terra, Espírito e Natureza, Alma e Sabedoria, tornamo-nos a manifestação do Conhecimento mais elevado. Sob esta luz, cada aspecto de nosso Eu deve ser trazido de volta ao amor.
>
> Ensine-nos os segredos da verdade de nosso interior, por meio dos quais nossa concentração se torna purificação, meditação se transforma em iluminação, contemplação em união divina.
>
> Em nossos esforços para cultivar e manter nossa jornada, que cada terrível raio destruidor de nossos sonhos, abale as estruturas de nossas frágeis edificações, libertando-nos da dor da separação entre nós e todas as formas de vida.
>
> Assim, a vontade divina será identificada.

Sente-se e centre-se. Comece a se ver dentro de uma grande Torre. Ande pelos diferentes cômodos da Torre e em cada parede veja brilhando o nome de algum antigo hábito seu e conceitos que foram transformados através do caminho do Tarô até agora. Veja estas paredes sendo derrubadas e demolidas. Sinta que os seus conceitos anteriores são definitivamente exterminados. Veja a Torre sendo destruída e você saindo de suas estruturas em queda, indo em direção a um novo horizonte, belo e pleno.

Anote as suas impressões.

EXERCÍCIO DE SENSAÇÃO

A carta da Torre amplia nossa capacidade de perceber e sentir, despertando nossos instintos para ficarem em alerta e assim nos salvarem nos momentos de maior necessidade.

Visualize a carta da Torre e pense o quanto seria importante ter seus sentidos bem desenvolvidos para sair da catástrofe estampada no arcano. Então, feche os olhos e perceba o que o cerca usando o tato. Escute os sons ao seu redor. Perceba os diferentes aromas ao seu redor. Sinta os 3 sentidos ao mesmo tempo: tato, audição e olfato.

Repita o processo ao menos uma vez por dia durante uma semana.

VISÕES NA CHAMA

O poderoso raio que cai dos céus e é retratado na carta da Torre tem a capacidade de abrir nossa mente para novas visões, quebrando nossas estruturas e ampliando nossa capacidade de compreensão e entendimento.

Coloque a carta da Torre sobre o seu altar e sobre ela acenda uma vela. Olhe fixamente para a chama da vela sem piscar e mantenha sua atenção focada nela. Quando sua vista cansar, feche os olhos e descanse a visão por alguns segundos. Então, reinicie o processo.

Fique atento para as visões e símbolos que começarem a aparecer na chama da vela ou em sua mente. Eles lhe trarão informações preciosas sobre tudo aquilo que está cristalizado em você e que precisa ser mudado e reconstruído.

A ESTRELA

EM MINHAS ÁGUAS RENOVE SUA FÉ

Plano Físico:
ESPERANÇA

Plano Mental:
OTIMISMO

Plano Emocional:
BONDADE

Plano Espiritual:
CONTEMPLAÇÃO

NO ARCANO DA ESTRELA vemos a figura de uma linda mulher nua despejando água de dois jarros, nutrindo ou formando um rio. Acima de sua cabeça vemos um céu estrelado e uma estrela maior, brilhando, anunciando a chegada de um novo tempo.

O arcano da Estrela é a parte do ser que, apesar das frustrações e dos desapontamentos, ainda tem forças para se agarrar ao sentido da vida e do futuro, podendo superar a todos os obstáculos, barreiras e impedimentos. Está relacionada a esperança que guia e dissipa a escuridão da vida.

A mulher com o jarro representa a intuição que deve ser utilizada para fazermos uma análise acurada dos males que nos afligem. É a carta da fé, a confiança de que um dia melhor sempre vem depois de uma tempestade, na certeza irracional e inexplicável de que em breve uma nova luz brilhará. É a carta que nos liga a algo profundo dentro de nós, aquilo que muitas vezes chamamos de força para viver. Estrela é o período de repouso e de tranquilidade, já que aquilo que nos prejudicava foi extraído na carta da Torre e agora não temos mais com o que nos preocupar. A Torre representa a libertação brusca dos males da vida; a Estrela é o inconsciente que pode fluir normalmente, sem barreiras.

A nudez da mulher na carta da Estrela representa a ausência de couraças, a pessoa que não precisa mais de aprovações para ser feliz, sinalizando que não dependemos de nada nem de ninguém. As águas que fluem representam o acesso livre ao inconsciente, a livre expressão das emoções e sentimentos.

Este é o arcano da integração consigo mesmo, sem precisar de artifícios para entrar em contato com o seu Eu mais profundo. A Estrela sempre está associada à paz, à serenidade, à tranquilidade. Ela é a que encontraremos após atravessarmos períodos difíceis, a recuperação espiritual e o repouso que necessitamos quando temos uma visão abrangente daquilo que passamos e de como fazemos nossos planos para o futuro.

CORRESPONDÊNCIAS PARA O USO NA MAGIA

USO MÁGICO: use a Estrela em rituais para trazer cura e esperança, promover a integração ativa entre o consciente e o inconsciente, confiar em si mesmo, ter fé e esperança para solucionar as situações. Este arcano pode ser usado também para auxiliar a reencontrar a paz, a harmonia, a tranquilidade, sair de estados depressivos, ajudar na purificação, criar a autoestima e aumentar amor próprio.

COMO SIGNIFICADOR ELE REPRESENTA: uma pessoa esperançosa, alguém que está saindo de um período difícil.

ELEMENTO: Água e Terra

PLANETA: Urano

SIGNO: Aquário

NÚMERO MÁGICO: 4

ERVA: acácia, álamo, abeto, oliveira

INCENSO: palo-santo, sweet grass, sálvia, benjoim

PEDRA: angelita, lignita, safira-azul, mica, coral-negro

COR: branco, azul-claro, cinza

PALAVRA-CHAVE: ESPERANÇA

RITUAL PARA ATIVAR A ENERGIA DA CARTA DA ESTRELA

Você vai precisar de:
- A carta da Estrela
- Uma vela branca
- Uma vela azul
- Seu perfume predileto
- Incenso de lavanda
- Pano azul para cobrir o altar
- Lantejoulas prateadas
- O símbolo de aquário
- Um pedaço pequeno de pano prateado
- A flor que você mais gosta

Procedimento:

Cubra o seu altar com o pano. Coloque uma vela à esquerda e outra à direita do seu altar. Espalhe as lantejoulas sobre o altar, representando pequenas estrelas. Coloque a carta no meio das velas e acenda o incenso. Pingue algumas gotas de perfume em suas mãos e então toque os quatro cantos do seu altar dizendo:

Sagrada Mãe de toda Vida, ajude-nos a compreender bem a essência da água que flui em crescimento e esperança. À medida que as dualidades se fundem no arco-íris da paz, que a unidade de criação, evolução e salvação seja realizada através da ação contemplativa que dá confiança.

Conforme esta esperança dirige nossa evolução espiritual, que possamos nos emocionar e nos maravilhar ao descobrir uma maneira de sairmos dos ciclos repetitivos. Pois a verdade espiritual é uma espiral que leva à Porta dos Mistérios.

Estrela da vida, reconhecendo nosso dever para com o futuro, ajude-nos a transformar a esperança da luz das estrelas nas águas da vida. Pois em verdade, o agente de crescimento e da germinação é o mais forte de todos os poderes.

Guie-nos pela Porta Secreta do conhecimento e da sabedoria.
Que assim seja!

Marque o símbolo do signo de Aquário num pedaço de papel e medite sobre o que ele representa. Escreva várias palavras que, para você, simbolizam a carta da Estrela, contornando o símbolo do signo no papel. Reflita sobre elas.

Faça um saquinho com o pedaço de pano prateado, coloque a flor e o papel com o símbolo de Aquário dentro dele e feche-o. Borde-o com as lantejoulas do altar, meditando sobre o significado das palavras escritas no papel. Respingue gostas do seu perfume nele e faça uma meditação invocando a presença da Estrela e peça que ela abençoe seu saquinho. Verifique intuitivamente se o arcano deseja mais algum símbolo nele. Pendure em algum lugar de sua casa e todas as vezes que precisar de apoio para algo toque o saquinho e sinta o seu aroma.

ÁGUA MAGNETIZADA

A Estrela é o arcano que projeta em nós qualidades que podem dar nascimento às nossas esperanças.

Imagine uma qualidade ou ideia na água do seu banho ou aquela que você for beber. Idealize que o pensamento começa a fazer parte de você cada vez que toma a água ou que a água toca sua pele.

Coloque um copo com água sobre a carta da Estrela se for bebê-la. Se estiver fazendo este exercício com a água do banho, visualize a carta da Estrela sobre si mesmo e mentalize que a água que toca sua pele é derramada sobre você a partir dos cântaros que estão nas mãos da figura central do arcano.

EXERCÍCIO PARA FACILITAR A VISUALIZAÇÃO

A visualização é um portal por meio do qual podemos sonhar, projetar dias melhores e esperançar. Tudo isso nos coloca em sintonia com os temas regidos pela carta da Estrela.

Coloque a carta da Estrela sob o seu travesseiro e, então, deitado, um pouco antes de adormecer, visualize um objeto em sua mente que expressa um desejo seu. Examine-o por todos os ângulos, bem detalhadamente. Se por acaso a imagem se dissipar volte a visualizá-la e recomece onde parou. Faça isto até que o sono chegue. Isso o ajudará a trabalhar magicamente no mundo onírico sobre um objetivo pessoal. Se não conseguir dormir devido à visualização pare depois de meia hora.

EXERCÍCIO PARA FACILITAR A PROJEÇÃO MENTAL

Todos nós já ouvimos a expressão "estar com a mente nas estrelas" quando parece que estamos sonhando e que a nossa atenção está em um lugar distante. Use esse exercício para projetar sua imaginação para longe, de forma que possa sonhar acordado.

Deite em sua cama e olhe fixamente para o teto. Acalme sua mente e ritme a sua respiração. Com os olhos abertos visualize em sua tela mental uma casa, um prédio ou qualquer outro local que você conheça bem.

Imagine-se passando pela porta de entrada do local e procure sentir a sensação do chão em seus pés, a forma das portas, o cheiro característico do ambiente. Ande lentamente por todos os cômodos e tente recriar o local em sua mente de forma clara e concreta.

A LUA

A ILUSÃO É OUTRA FACE DA VERDADE

Plano Físico:
SEGREDO

Plano Mental:
CONFUSÃO

Plano Emocional:
ILUSÃO

Plano Espiritual:
IMAGINAÇÃO

NESTA FIGURA DO TARÔ podemos ver três zonas ou planos claramente diferenciados: Superior, Intermediário e Inferior. Começando no Plano Superior – o mais importante – vemos uma Lua crescente azul. A Lua é caracterizada pelo rosto de uma mulher encontrada dentro de um círculo semelhante ao de uma grande estrela composta por raios. No meio da carta, vemos dois animais, talvez cães ou lobos, que parecem uivar para a Lua com as mandíbulas abertas e as línguas de fora. Na parte de trás e nas laterais, erguem-se duas torres. Finalmente, na parte inferior da carta, podemos ver uma espécie de lagoa azul onde surge um crustáceo, talvez um caranguejo, com as patas totalmente estendidas.

A Lua representa as profundezas fluidas do inconsciente. Já nos deparamos anteriormente com este reino misterioso muitas vezes através dos arcanos do Tarô. Este arcano representa uma progressão no aprofundamento da compreensão e experimentação do mundo inconsciente. Representa a experiência do imenso oceano do inconsciente coletivo, do qual não somente o indivíduo, mas toda a vida veio à tona. Esta carta é muito mais do que uma configuração das profundezas pessoais. Ela encarna o princípio da vida propriamente dito e suas três fases refletem o poder multifacetado sobre Céu, Terra e Trevas. Esse é um mundo caótico sem fronteiras, onde o indivíduo em sua viagem pessoal na busca da identidade representa uma pequenina parte apenas.

O encontro com a Lua é o confronto com um mundo transpessoal, onde os limites individuais estão diluídos e todo o sentimento ou ego de direção ficam perdidos. É como se tivéssemos de esperar, submersos nas águas desse mundo, até que nossos potenciais possam emergir e que, por sua vez, vão se transformar em nosso futuro.

O arcano da Lua representa tudo o que indivíduo ainda tem que passar para atingir o Sol, que representa a consciência expandida de si mesmo.

As águas onde o casal se encontra representam o útero da Deusa. Os animais uivando simbolizam o instinto sexual, que possibilita que o ventre da Deusa se abra para o poder gerador. Exatamente por isso, conhecer a Lua significa penetrar no mundo escuro e oceânico do inconsciente. Aquele que aceitar estes mundos sem temor conseguirá chegar ao ápice psicológico e obterá maior autocompreensão. A partir daí, vai gerar uma nova vida para si mesmo. O arcano 18 representa o renascimento. A carta da Lua antecede a do Sol, significando que, para o Louco atingir a verdadeira Iniciação, primeiro ele deve conhecer profundamente a Deusa e seus mistérios.

A Lua simboliza nosso último mergulho ao inconsciente, o nosso encontro com as emoções que ainda não aceitamos conscientemente. Consequentemente, ela traz mais um momento de confronto com a Sombra, com os nossos poderes intuitivos, imaginativos e sensitivos e nos abre para a experiência com o sagrado, despertando nossa intuição, subconsciente e dons extrassensoriais.

CORRESPONDÊNCIAS PARA O USO NA MAGIA

USO MÁGICO: invoque o poder deste arcano para despertar o inconsciente, estabelecer contato direto com as emoções jamais assumidas, entrar em um período de interiorização, pedir a revelação das coisas ocultas e controlar os devaneio e fantasias. O arcano da Lua também é excelente para ser usado em rituais e feitiços para descobrir segredos, destruir ilusões, encontrar coisas e objetos perdidos, resolver situações mal entendidas. É o encontro com o espiritual para desenvolver os dons psíquicos e extrassensoriais.

COMO SIGNIFICADOR ELE REPRESENTA: uma pessoa não confiável, um Sacerdote ou Sacerdotisa, alguém que esconde algo.

ELEMENTO: Água

PLANETA: Netuno e Júpiter

SIGNO: Peixes

NÚMERO MÁGICO: 7 e 3

ERVA: avenca, endívia, potentilla, sassafrás

INCENSO: gardênia, betônia, íris, jasmim

PEDRA: larimar, alexandrita, ágata-azul, estaurolita, madrepérola, coral

COR: roxo, lilás, azul, verde-água

PALAVRA-CHAVE: ILUSÃO

RITUAL PARA ATIVAR A ENERGIA DA CARTA DA LUA

Você vai precisar de:
- A carta da Lua
- Duas velas pretas
- Óleo de lavanda
- Ramos de artemísia
- Uma pedra da lua
- Uma moeda prateada

Procedimento:

Coloque uma vela de cada lado do altar e a carta da Lua no meio. Disponha a pedra da lua no meio do altar e sobre ela os ramos de artemísia, cobrindo-os com a moeda. Pingue algumas gotas do óleo essencial de lavanda. Respire profundamente algumas vezes, acenda as velas e diga:

> Brilhante Lua,
> Aprendendo a usar nosso intelecto a serviço da vida,
> Aprendendo a remar além das águas estagnadas,
> Aprendendo a tolerar dissonância e paradoxo,
> Ajude-nos a avançar – refletindo a luz da sabedoria criativa.
> Reconhecendo nossa tendência de destruir a vida por meio da divisão, imobilização, numeração e encaixotamento,
> auxilie-nos a não recuar na dúvida ou na certeza e a não adorar a humanidade como o árbitro final da verdade.
> Permita-nos ver o sol espiritual onde, através da consciência e da humildade o intelecto não é mais eclipsado pela autoridade sobre a rebelião, pelo objetivo acima do subjetivo ou por meio do consciente sendo considerado superior ao inconsciente.
> Que estejamos unidos com sabedoria espontânea para o benefício de todas as coisas.
> Que assim seja!

Contemple o arcano da Lua. Note que o rosto retratado na imagem da lua na carta transforma-se no rosto da própria Deusa. Ela se comunica com você. Esteja atento para as informações que você vai receber acerca de como despertar seus dons psíquicos e extrassensoriais. Ela irá dar várias dicas sobre como despertar este poder adormecido em você.

Volte à sua consciência normal e passe o óleo de lavanda na moeda. Traga a moeda até o seu Chacra Frontal e perceba ele se abrindo.

Agradeça a Deusa pela inspiração compartilhada.

EXERCÍCIO PARA FORTALECER A ENERGIA LUNAR:

A energia da Lua amplia nossa intuição e conexão com o nosso lado mais receptivo do ser, quando é preciso unir razão e emoção.

Contemplando a carta da Lua, faça uma respiração alternada: com os olhos fechados inspire o ar através da narina esquerda (lunar), ao mesmo tempo que fecha a direita com o polegar direito, mentalizando que você está inspirando uma poderosa luz prateada. Exale através de sua narina direita, enquanto fecha a narina esquerda e visualiza que a luz prateada permanece no interior do seu ser. Tempo de duração máximo para este exercício: 3 minutos.

A MÃO PSÍQUICA

Todos os dons psíquicos estão sob a regência da Lua. Este exercício tem como objetivo despertar a sua natureza psíquica e ampliar seus dons paranormais. Ao fazer esse exercício, tenha sempre a carta da Lua por perto ou sobre o altar para que seja possível ampliar ainda mais essa capacidade, evocando todo o simbolismo deste arcano para as suas práticas.

Sente em um lugar confortável e coloque suas mãos sobre uma superfície. Olhe fixamente para a sua mão e imagine que sua mão espiritual está saindo do seu corpo. Mova a mão espiritual, sem mover a mão física. Tente tocar a parede, o teto, o chão com sua mão espiritual sem mover a mão física. Faça isso até estar convencido que sua mão espiritual está realmente tocando tais coisas. Repita o exercício quantas vezes for necessário até obter sucesso.

PSICOMETRIA

Uma das artes mais comuns entre os Bruxos é a psicometria. Há uma relação psíquica entre os objetos e seus portadores. A psicometria é a arte de detectar estas impressões psíquicas e, através disso, relatar a história passada e presente do objeto, do ambiente em que ele se encontra ou dos seus portadores.

O hábito contínuo da psicometria desenvolve a clarividência e a clariaudiência, fazendo om que o Bruxo se torne capaz de fazer previsões futuras. Esta arte, assim como todas as outras potencialidades psíquicas, estão sob a regência da Lua.

Exercício de Psicometria 1:

Quando for trabalhar com este método você usará uma vela e um pedaço de cristal que foi armazenado no congelador durante um tempo.

Sente-se em um quarto semiescuro com uma mesa à sua frente. Coloque o cristal em um pedaço de pano branco e a vela em outro (o pano branco é usado porque refletirá energia ao invés de absorvê-la).

Coloque suas mãos em qualquer lado do objeto, longe o bastante para que você não o toque. Descanse seus braços na mesa e fique em uma posição confortável, porque você terá que manter o foco agora. Respire profundamente, inalando e exalando. Continue respirando até relaxar e entrar em estado alterado de consciência. Enfoque sua atenção nas palmas de suas mãos e deslize-as completamente em volta do pano. Sinta e imprima em sua mente o que as palmas de suas mãos sentem ou não sentem. Permaneça enfocado nisto por um bom tempo. Quanto mais você conseguir manter este estado, melhor será o próximo estágio. Agora aproxime um pouco mais as suas mãos. As palmas de suas mãos sentem o mesmo? Não faça qualquer mudança em sua mente. Continue movendo suas mãos um pouco mais próximas, note as sensações que você sente. Faça isto até que só sinta a temperatura ou quando se sentir cansado. Não é possível dar qualquer descrição detalhada do que você vai experimentar quando estiver puxando a energia. A mudança é sutil, sendo assim, é importante se manter alerta. Mas garanto que você saberá e entenderá o que está sentindo. Consciência vem com prática e paciência. Habilidades psíquicas não são diferentes de qualquer outro processo de aprendizagem, levam tempo.

Depois que você sentir que conseguiu definir o campo vibracional do objeto, pratique ao redor de utensílios de pessoas conhecidas. Isto desenvolverá suas habilidades e você ganhará perspicácia e terá experiência com uma variedade de emanações psíquicas presentes em objetos diferentes.

Levará muito tempo até que você consiga distinguir os pensamentos e dados psíquicos que os envolvem. Isto também vem com a prática. E vai levar muito tempo também para distinguir entre o calor da chama ou frio da pedra e as vibrações emitidas. Aprendizado leva tempo. Seja paciente com você e siga as instruções.

Registre os resultados do exercício.

Exercício de Psicometria 2:

Encha uma tigela com água morna. Feche seus olhos e coloque suas mãos espalmadas sobre a água tentando sentir o campo de calor. Vá aproximando suas mãos vagarosamente em direção à água até sentir concretamente o campo de calor.

Registre os resultados do exercício.

Exercício de Psicometria 3:

Segure um objeto por alguns minutos em suas mãos. Leve-o em direção ao Chacra Frontal e sintonize-se com a aura do objeto. Se quiser, utilize a técnica da transmutação.

Em poucos minutos, cenas deverão começar a aparecer em sua mente. Descreva-as sem tentar entender o que elas dizem e associe-as às suas sensações. Chegará um momento em que você não verá e nem sentirá mais nada, isso indica que as impressões psíquicas cessaram.

Registre os resultados do exercício.

O SOL

TRAGO CORES PARA CELEBRAR A VIDA

Plano Físico:
SUCESSO

Plano Mental:
CLAREZA

Plano Emocional:
FRATERNIDADE

Plano Espiritual:
ILUMINAÇÃO

EXISTEM DUAS REPRESENTAÇÕES clássicas para a carta do Sol. Em algumas vemos duas crianças brincando inocentemente uma com a outra em plena luz do dia. Os dois pequeninos estão descalços sobre um chão amarelo ligeiramente acidentado. Atrás deles, vemos uma pequena parede. Embora pareçam duas crianças, a cobertura de seus sexos pode ser um sinal de que se trata de um menino e de uma menina, pois é preciso cobrir o que os torna únicos e diferentes um do outro. Na outra representação clássica, vemos um menino montado em um lindo cavalo branco. Em ambos os casos, vemos acima dos dois personagens a figura central de um grande Sol com rosto humano, cujo olhar parece calmo e tranquilo. Seu centro é uma esfera amarela com diversos raios de diferentes formas e cores.

O Sol representa a imagem da ânsia pela conscientização presente na vida de todos. Consequentemente, é o complemento natural da Lua. Durante muitos séculos e através da ascensão e queda de muitas civilizações e culturas, o desejo do saber e a vontade de romper as amarras da ignorância levaram a humanidade a alturas perigosas, contudo majestosas. O Sol representa então o espírito da sede de conhecimento, da inquietação intelectual, aliadas a uma visão do futuro que abrange um ideal de perfeição. E assim, o Louco se encontra com o Sol para obter a esperança e a lucidez da luz do dia, após uma longa noite de espera e reflexões no ventre da Lua. Ao longo das muitas perdas e julgamentos a que foi submetido, o Louco consegue manter sua integridade e preservar seu objetivo. O Sol surge para dissipar suas dúvidas, todo medo e angústia e com seus raios lança luz sobre as sombras da Lua, que representam o medo infantil da noite, quando nos sentimos diminuídos e sem importância diante da vastidão de conhecimento, ameaçados pela força gigantesca que surgem não apenas da luta individual, mas de todos nós. O Sol é a restauração da nobreza humana e a determinação de que podemos recuperar a fé em nós mesmos, justamente porque essa fé é o grande objetivo da viagem de todos os homens e, consequentemente, do Louco.

Depois de ter mergulhado profundamente no seu inconsciente, o Louco se encontra em uma fase mais forte e cheia de luz, ele é o arcano que representa o indivíduo que sente necessidade de interagir com o outro, criando coisas belas e relações produtivas.

O Sol representa luz, saúde e alegria. Simboliza o crescimento e o desenvolvimento harmonioso de todos os aspectos da vida.

CORRESPONDÊNCIAS PARA O USO NA MAGIA

USO MÁGICO: use o arcano do Sol em rituais e encantamento para alcançar a realização de todos os desejos, para o começo de um relacionamento amoroso ser gratificante e conseguir enxergar a beleza da vida. A carta também pode ser usada na magia para atrair otimismo, felicidade, alegria, maneiras inovadoras de enxergar e entender o mundo e também é positiva de ser usada para atrair saúde, ter um parto tranquilo, para abençoar a casa com abundância, obter segurança material e realizar viagens seguras.

COMO SIGNIFICADOR ELE REPRESENTA: uma criança, uma celebridade, um artista ou uma pessoa criativa.

ELEMENTO: Sol

PLANETA: Sol

NÚMERO MÁGICO: 1

ERVA: calêndula, girassol, âmbar, peônia, tília, chuva-de-ouro, visco

INCENSO: copal, louro, açafrão, olíbano

PEDRA: calcita-amarela, calcita-laranja, crisoberilo, peridoto, pirita, pedra do sol

COR: laranja, amarelo, dourado, vermelho

PALAVRA-CHAVE: FELICIDADE

RITUAL PARA ATIVAR A ENERGIA DA CARTA DO SOL

Você vai precisar de:
- A carta do Sol
- Vela laranja
- Frutas
- Incenso de olíbano
- O símbolo do elemento Fogo inscrito em um pedaço de papel

Procedimento:

Coloque a vela laranja sobre o altar. Coloque o símbolo do elemento Fogo no meio do altar e sobre ele a carta do Sol.

Disponha as frutas sobre o altar. Eleve os braços aos céus e diga:

Sol da meia-noite, sagrada estrela luminosa,

Abandonando todo o medo, buscamos e seguimos você sem reservas. Guie-nos até o ponto médio, o Alfa e o Ômega, convergindo ao centro, o coração de todos os corações.

Nosso desejo profundo é reconhecer diretamente a intimidade na inocência, coração com coração, essência com essência, em cooperação com o Todo.

Que a profunda união da sabedoria transcendental e inteligência criativa manifeste-se em nossa certeza intuitiva, pois através de simpatia essencial, conheceremos as coisas como realmente são.

Somos crianças tomando banho em sua luz virginal: o sol da noite, a lua do dia, as estrelas eternas.

Ajude-nos a ver com os olhos da verdade e à luz da Sabedoria.

Contemple o fogo da vela agradecendo por todo aprendizado que obteve até agora com o Tarô. Fique vigilando em frente ao altar durante toda a noite meditando sobre o simbolismo deste arcano. Contemple o nascimento do sol acendendo incensos de olíbano em oferenda aos Deuses solares.

EXERCÍCIO SOLAR

Concentrar a força solar dentro de nós é vital para termos vigor, alegria e energia de realização. A força do sol nos torna mais dinâmicos e assertivos em todos os processos de nossa vida.

Contemple a carta do Sol por alguns minutos. Relaxe e centre-se. Imagine a seguir um grandioso Sol que brilha acima de sua cabeça. Veja e sinta sua energia radiante.

Visualize então seis raios que se destacam dos demais e que são direcionados para você para seis partes diferentes do seu corpo:

- O 1º raio entra pelo seu Chacra Coronário e se dirige para o Chacra do 3º olho.
- O 2º raio penetra o Chacra Laríngeo.
- O 3º raio penetra o seu Chacra Cardíaco.
- O 4º raio entra pelo Chacra do Plexo Solar.

Estenda suas mãos e deixe os dois raios restantes penetrarem no centro delas, um raio em cada mão. Quando isto ocorrer, sinta o fluxo da energia solar percorrer todo o seu corpo. Cruze as mãos sobre o peito (posição do Deus) e diga:

Que o poder regenerador do Sol renove minhas energias.

Mantenha-se nessa posição por alguns minutos concentrando a energia solar dentro de você.

SOLARIZAÇÃO

O arcano do Sol possui profunda relação com o desenvolvimento das novas ideias que se tornam claras e objetivas.

Enquanto caminha tendo a carta do Sol como sua companheira de jornada, foque-se em uma qualidade ou ideia. Imagine este pensamento penetrando sua pele e entrando em seu corpo por meio da luz solar.

O JULGAMENTO

DESPERTE PARA A VERDADE SUPERIOR

Plano Físico:
DESPERTAR

Plano Mental:
DECISÃO

Plano Emocional:
RENOVAÇÃO

Plano Espiritual:
RENASCIMENTO

NO ARCANO DO JULGAMENTO vemos pessoas em posição de oração. Elas são observadas do Céu por um anjo segurando uma longa trombeta. Ele parece ser alguma espécie de mensageiro divino, pois surge repousando sobre uma nuvem de cor azul da qual emergem diversos raios.

Este é o arcano que desperta os homens para o mundo espiritual. O Julgamento reflete a somatória de experiências passadas que, como fragmentos, juntam-se para compor o todo. Representa as consequências das experiências e a necessidade de compreendê-las e aceitá-las. Esta somatória não se reflete meramente numa função intelectual, mas também no amadurecimento do subconsciente.

Esta carta é o chamado para que o adormecido desperte para as várias ações e decisões que realizamos para juntarmos todos os frutos e procedermos a colheita. O artista consegue experimentar este processo quando, após muitas horas, semanas, meses e até anos de trabalho a fio, na tentativa de formular, pesquisar e colocar em prática alguma técnica, consegue dar forma a uma ideia ou a um projeto. Subitamente algo surge do nada e faz nascer uma nova obra. O Julgamento é a carta do insight que dá sentido ao mosaico que finalmente se encaixa. É o arcano que dá sentido a algo que permanecia vago durante muito tempo e também à vida, como síntese de um processo e com uma nova proposta de desenvolvimento. Assim, toda a alegoria deste arcano significa a realidade do processo de nascimento que se aproxima com o arcano do Mundo, após tantas reflexões, ponderações e desafios vividos nos arcanos anteriores. Traz uma personalidade mais completa, que surge de forma não racional, a partir das experiências do passado, entrelaçada pelo insight e com a sensação de que os fatos e as circunstâncias aparentemente causais, estão, na verdade, secretamente ligados uns aos outros.

A representação desta lâmina nos chama para uma vida mais significativa, depois dos aprendizados vividos pelos arcanos que já atravessamos e conhecemos. Seguramente, nossos pensamentos, ideias e convicções mudaram muito e foram substituídos por outros padrões mais condizentes com nossa nova consciência e religião. Isso só foi possível após nos reconciliarmos com o nosso passado, por isso, agora estamos em paz. Temos a impressão de que o mundo mudou, mas na realidade quem mudou fomos nós.

É a carta da última sentença, da definição. Em certo sentido, poderíamos chamá-la de o "Chamado", pois agora mais do que nunca, os Deuses nos chamam e o nosso coração nos dá a certeza de que só assim nos libertaremos para ajudar o mundo ao nosso redor depois de nos ajudarmos. Este arcano é chamado de Julgamento, porque agora é a hora da definição dos Deuses, que nos dirão se devemos ou não prosseguir em nossa caminhada rumo à Iniciação de nossa alma, que vai nos levar ao total autoconhecimento e completitude. É o Arcano da transformação alquímica da vida, já que agora cada coisa contida nela, torna-se o seu oposto: morte em vida, ódio em amor, fracasso em sucesso e, assim, sucessivamente.

CORRESPONDÊNCIAS PARA O USO NA MAGIA

USO MÁGICO: use este arcano quando precisar ver o mundo através de um novo prisma e entender um chamado divino para a mudança interna ou externa. O Julgamento também deve ser usado nos rituais de magia para transformar a vida completamente, libertar da negatividade física e dos hábitos e formas obsoletas de pensar. Invoque a energia desta carta quando quiser descobrir novas formas de conquistar a riqueza espiritual, emocional e material.

COMO SIGNIFICADOR ELE REPRESENTA: uma situação que precisa ser definida, um problema pendente, uma pessoa limitada que precisa expandir seus pensamentos e perspectivas.

ELEMENTO: Ar e Fogo

PLANETA: Plutão

NÚMERO MÁGICO: 9

ERVA: cevada, cogumelos, jacinto, raiz de unicórnio, cava-cava, abrunheiro

INCENSO: bardana, breu, copal-branco, franquincenso

PEDRA: obsidiana floco de neve, howlita branca, hiperstênio

COR: preto, vermelho, azul-escuro, branco

PALAVRA-CHAVE: DESPERTAR

RITUAL PARA ATIVAR A ENERGIA DA CARTA DO JULGAMENTO

Você vai precisar de:
- A carta do Julgamento
- Uma vela para cada quadrante em suas respectivas cores (verde para o Norte, amarelo para o Leste, vermelho para o Sul e azul para o Oeste)
- Incenso de olíbano
- Um tabuleiro de xadrez

Procedimento:

Passe todas as velas na fumaça do incenso refletindo sobre as mudanças de perspectivas trazidas através do caminho do Tarô. Você acha que tem dado o melhor de si? Tem feito tudo o que estava ao seu alcance para obter os melhores resultados? Tem sido sincero com você e com as pessoas ao seu redor? O que você poderia fazer para dar mais de si e evoluir ainda mais? Você tem tido a disciplina necessária para alcançar todos os seus objetivos?

Faça um julgamento sincero e diga a si mesmo se tem dado o seu melhor. Reflita sobre todas as coisas aprendidas e vividas até agora e seja extremamente sincero na resposta.

Disponha as velas no altar de acordo com o seu quadrante e, no meio delas, coloque o tabuleiro de xadrez. Coloque a carta no meio do tabuleiro e diga:

> Atraído pela gravidade quente de um amor que liberta. Elevado pela gravidade celestial aos poderes superiores, despertado pelo som mágico e glorioso, que todas as forças da Vontade se unam para permitir o ato mágico do renascimento e a redenção da humanidade.
>
> Com medo, humildade e coragem, reconhecemos tudo o que foi esquecido em nossa inconsciência. Reconhecendo nossa humanidade mais sombria, vemos nossos infindáveis erros, falhas e desonestidade, e pedimos, do fundo do nosso ser, compaixão pela falta de nossa percepção mais ampla por aqui, que verdadeiramente é relevante.

Colocamos sob os seus cuidados todos os nossos atos do passado com a profunda esperança de que memória divina verdadeiramente esquece atos imperdoáveis e atitudes vis.

A possibilidade de ablução nos enche de maravilhamento, pois é através da reversão mágica e alquímica do tempo, que podemos escrever um novo capítulo no Livro da Vida.

Com um livre e consciente consentimento de nossos corações, neste movimento, em direção à ascensão divina, oferecemos ao fogo da absolvição universal nossos esforços revelados por nossa vida.

Que assim seja!

Pense em tudo o que precisa ser alcançado a nível espiritual ainda em sua vida e faça um pedido sincero para esta jornada pessoal. Pegue uma das peças do Jogo de Xadrez e dê o primeiro lance. Agora o jogo está lançado, os Deuses jogarão com você e darão sua sentença final.

SENTINDO SEU SER ESPIRITUAL

O arcano do Julgamento está relacionado com o Outromundo. É uma carta positiva para ser empregada quando desejamos explorar os diferentes planos da existência para obter respostas às indagações da nossa alma.

Contemple a carta do Julgamento, feche os olhos e relaxe. Preste atenção nas diferentes partes do seu corpo. Faça isso rapidamente até que tenha observado todo o seu corpo. Comece a expandir esta percepção como se sua pele fosse elástica e você estivesse sendo preenchido de ar, até perceber que está uns 6 metros maior do que o seu corpo original. Sinta como é perceber este ser maior e o quanto sua percepção se expande durante o exercício.

TORNANDO-SE TRANSPARENTE

Segure a carta do Julgamento e visualize-se entrando nela. Imagine-se ficando transparente como o vidro ou a névoa. Perceba que as pessoas que olham através de você não o percebem e nem conseguem vê-lo. Com a sua vontade você pode transformar esta aparência geral ou pode tornar-se visível para uma pessoa em particular, com quem deseja fazer contato. Você também pode tornar-se invisível apenas para uma pessoa que o está importunando.

Inverta o exercício quando estiver novamente pronto para ser percebido, vendo-se nitidamente, tornando-se brilhante e físico.

A eficácia desta prática baseia-se na necessidade, já que a forte intenção é a base do exercício.

O MUNDO

CONTEMPLE A REALIZAÇÃO DESTA JORNADA

Plano Físico:
REALIZAÇÃO

Plano Mental:
SATISFAÇÃO

Plano Emocional:
ÊXTASE

Plano Espiritual:
TOTALIDADE

NESTA CARTA DE TARÔ vamos nos deparar com a figura de uma mulher aparentando estar em perfeita harmonia com a cena demonstrada. Ela aparece no centro de uma coroa oval de louros, circundada por quatro seres sagrados representando os elementos da natureza em cada canto da carta: um homem/anjo, uma águia, um touro e um leão. Ela parece dançar enquanto um pé está no chão e o outro se mantém dobrado para trás, no ar, e tem traços femininos, como cabelos longos e seios, mas ao mesmo tempo masculinos, pois vemos uma expressão facial mais máscula, quadris estreitos e pernas musculosas. Pelo exposto, podemos dizer que estamos diante da figura de um ser andrógino, ou seja, um ser que representa a perfeição e a totalidade. Um Bastão está em cada uma de suas mãos. A guirlanda tem forma elíptica, uma reminiscência das mandorlas medievais que eram usadas para emoldurar as imagens religiosas. Os seres sagrados ao redor da carta são originados a partir dos símbolos babilônicos para os quatro signos fixos do zodíaco: o Touro e o Leão representam os signos que levam esses mesmos nomes. Já a águia representa o Escorpião e o homem/anjo simboliza o Aquário. Logo, eles são símbolos representando os quatro elementos da natureza, pois, na astrologia ocidental, os quatro signos estão associados aos elementos Terra, Fogo, Água e Ar, respectivamente.

A carta do Mundo representa a experiência de estarmos inteiros e completos. É o Arcano da Iniciação, a visão mística que ocorre tempos depois de nossas reflexões, ponderações e relações com o sagrado.

É o arcano que traz o potencial de integração em cada um de nós e a realização em razão das nossas várias experiências na viagem do Tarô Iniciático. Esta é a viagem que conduz o indivíduo à totalização do próprio ser.

Aqui encontram-se equilibradas todas as energias com as quais nos deparamos através de nossa viagem: o cuidado maternal e a ética paternal, intuição e razão, mente e sentimento, relacionamentos e solidão, conflito e harmonia, espírito e matéria. Isto não representa que estes opostos permanecerão eternamente em harmonia dentro de nós, mas que, através desta batalha, que é eterna, conseguiremos aperfeiçoar nossa personalidade e passar por muitos caminhos do Tarô em diversas situações de nossa vida. Porém o Mundo traz a segurança de que hoje a harmonia reside dentro de nós e que será muito mais fácil lidar com os opostos nas situações futuras que se colocarão em nosso caminho.

O Mundo é a imagem da complementação, da integração total, o objetivo ideal que é algo muito mais importante do que qualquer coisa que possamos obter em nossa vida. Esta carta é a expressão de que os elementos conflitantes de nossa própria personalidade se aquietaram de maneira que possamos sentir o equilíbrio e a paz em nosso interior, dando espaço para a resolução interna.

Este é o arcano da unidade, o Louco agora se reconciliou com o sagrado feminino, com a Deusa e com o feminino existente em si mesmo. Porém ele continua o mesmo, só que agora em unidade com o Universo. O Louco sabe que para adquirir a sua plenitude não necessita mais de jogos, nem máscaras e é por isso que a figura central do Tarô se apresenta nua.

Agora o Louco, sem máscaras, sem jogos, sem dissimulações, despojado de seus preconceitos e inseguranças está pronto para cumprir sua missão, que é encontrar a unidade com o sagrado e se unir à dança da vida e da Criação junto à Deusa.

CORRESPONDÊNCIAS PARA O USO NA MAGIA

USO MÁGICO: use a carta do Mundo no Tarô para receber os méritos pelos trabalhos realizados e prestados e para a vida lhe coroar com a retribuição justa pelos seus esforços. Este arcano também pode ser usado para alcançar satisfação, sucesso, realização e conquistar honrarias, reconhecimento, sucesso material, bênçãos para a família e entes queridos, criar oportunidades de viagens e negócios, obter proteção em viagens e estabelecer harmonia no local de trabalho.

COMO SIGNIFICADOR ELE REPRESENTA: uma pessoa realizada, um dançarino, uma pessoa de sucesso e visibilidade.

ELEMENTO: os quatro elementos

PLANETA: todos os planetas

NÚMERO MÁGICO: 4

ERVA: carvalho, oleandro, prímula, tulipa, bistorta, artemísia, marroio

INCENSO: madeira, raízes, mastique

PEDRA: andaluzita, diopsídio, diamante, quartzo-branco

COR: arco-íris, branco, prata, verde

PALAVRA-CHAVE: REALIZAÇÃO

RITUAL PARA ATIVAR A ENERGIA DA CARTA DO MUNDO

Você vai precisar de:
- A carta do Mundo
- Toalha branca
- Duas velas brancas
- Um prato com frutas diversas e grãos
- Um papel com o seu nome
- Incenso de lavanda

Procedimento:

Coloque o papel com seu nome no prato e sobre eles as frutas e os grãos. Coloque uma vela de cada lado do altar e ao meio delas a carta do Mundo. Invoque a energia do arcano dizendo:

Perante a presença do mundo renunciamos a todas as nossas ideias, esforços e compreensão!

Esvaziados e purificados, somos agora iluminados como receptáculos para a revelação do ser puro e oferecemos todas as partes de nós na participação ativa nos esforços criativos da criação.

Ó dançarina graciosa, procuramos viver no ritmo e sob a verdade.

Proteja-nos de nossa embriaguez com bem-aventurança.

Guia-nos da água doce ao vinho consagrado.

Sabedoria alegre, à medida que aprendemos a nos mover em harmonia com a Totalidade, que as metamorfoses mágicas e criativas transformem todos os atos em verdade, beleza e bondade.

Que assim seja!

Feche os olhos e medite sobre todos os aprendizados adquiridos através da Jornada do Tarô. Pense em todos os seus conceitos que foram alterados e tudo o que aprendeu com cada arcano.

Agradeça a todos os arcanos, um por um, começando pelo Louco, seguindo até a carta do Mundo.

Conforme agradece, veja os arcanos se aproximando de você e fazendo um grande círculo ao seu redor, cantando juntos uma canção.

Cada arcano se aproxima de você e faz uma pergunta; responda a eles. Depois disso, cada um deles pergunta para você o que deseja, qual sonho gostaria de ver realizado, etc. Você pode pedir uma coisa diferente para cada arcano. Não esqueça de fazer um pedido de acordo com a natureza da carta.

Faça isso com todos os arcanos. Veja-os abençoando as frutas e os grãos. Pergunte se algum dos arcanos tem algo a mais para lhe revelar, ensinar, dizer, compartilhar.

Agradeça e se despeça dos arcanos, sabendo que quando precisar de seu auxílio eles estarão prontos para lhe ajudar.

Coma as frutas e guarde os grãos como um amuleto de proteção.

CRIANDO UMA CAIXA DA MANIFESTAÇÃO DO MUNDO

O arcano do Mundo expande a nossa essência enquanto seres espirituais. A guirlanda ao redor do personagem principal desta carta pode ser compreendida como a expansão da aura daquele que alcançou a totalidade e que foi coroado pelos Deuses. Por isso esta carta tudo pode realizar.

Crie uma Caixa da Manifestação com a energia do arcano do Mundo para realizar todos os seus desejos. Para isso, você vai usar uma pequena caixa que se tornará um ponto focal para manifestar tudo o que desejar.

Etapa 1. Limpe a caixa

Escolha a caixa e limpe-a energicamente. Você pode usar qualquer método de sua preferência para fazer essa limpeza, ou simplesmente visualizar luz branca descendo dos céus e limpando a caixa.

Etapa 2. Decore a caixa

Agora é hora de decorar a caixa colocando sobre a tampa a imagem da carta do Mundo. Você pode desenhar a carta, pirogravar ou simplesmente imprimir a imagem do arcano e colar sobre a tampa. Use sua criatividade e imaginação neste processo.

Etapa 3. Inclua outros elementos no interior da caixa

Você pode incluir pedra, ervas e outros símbolos no interior da caixa para torná-la ainda mais poderosa.

Etapa 4. Escreva suas intenções

Anote até três objetivos que deseja alcançar. Escreva-os no tempo presente, por exemplo:

- Agora faço R$ 50.000/ano como escritor.
- Encontro o amor perfeito com facilidade e alegria.
- Viajo de férias para Nova Iorque.

Coloque os papéis dentro da caixa. Alternativamente, você também pode colocar no interior da caixa fotos, recortes de jornais e revistas ou objetos que representam o seu desejo.

Etapa 5. Carregue a Caixa da Manifestação com a sua energia

Coloque as mãos sobre a caixa e envie energia para ela, focando sua intenção.

Etapa 6. Abençoe

Para finalizar, diga palavras como:

Abençoo esta Caixa da Manifestação do Mundo com a energia universal. Que tudo o que estiver contido em seu interior se manifeste da melhor forma e que isso seja correto e para o bem de todos os envolvidos. Assim seja!

Toda vez que tiver um desejo ou preocupação, anote isso em um pedaço de papel e coloque dentro da sua caixa e envie energia para ela. Você também pode incluir em sua caixa nomes de pessoas que estejam precisando de bênçãos. Eventualmente, cheque a caixa e elimine os papéis cujos objetivos já foram concluídos.

Quando isso acontecer, remova o papel original e inclua um bilhete de agradecimento em seu lugar. Logo, você terá uma caixa cheia de agradecimentos. Quando ela encher, remova os bilhetes de agradecimento, queime os papéis e comece novamente.

Use as cinzas dos papéis queimados para passar em sua carteira de dinheiro, espalhar em sua mesa de trabalho e compartilhe com pessoas que estão precisando de bênçãos de manifestação e realização em suas vidas.

CAPÍTULO 6

A MAGIA DOS ARCANOS MENORES

COMO VIMOS NO INÍCIO desta obra, o Tarô é dividido basicamente em 78 cartas. Destas, 22 são as que chamamos de Arcanos Maiores, enquanto as outras 56 cartas restantes são denominadas de Arcanos Menores. Ambos, Arcanos Maiores e Menores, são usados nos rituais de magia. Enquanto os Arcanos Maiores estabelecem conexões mais espirituais e elevadas, sendo usados para representar realidades universais e cósmicas, os Arcanos Menores destinam-se a representar o cotidiano.

Vimos também, que a palavra *arcano* significa "mistério", e é nesse contexto que a divisão dos arcanos se insere. Os Arcanos Menores, por exemplo, falam a respeito de mistérios secundários da vida e como a humanidade vive as experiências diárias como um mecanismo para aprender, crescer e evoluir. Assim, os Arcanos Maiores estão intimamente ligados aos arquétipos do Universo, sendo, portanto, algo mais amplo. Então, cabe aos Arcanos Menores, por sua vez, simbolizar as situações diárias que vivemos e que se apresentam perante nós, enquanto buscamos uma conexão com o Divino.

Os Arcanos Menores possuem uma divisão específica de quatro naipes, como aqueles das cartas do baralho comum. Cada naipe é composto de quatorze cartas, sendo dez numeradas e outras quatro representando personagens da realeza: Valete, Cavaleiro, Rainha e Rei.

É interessante notar que a própria palavra "naipe" vem do termo *naib*, que significa algo como "representante" ou simplesmente "mensageiro". Desta forma, os naipes dão o tom para cada uma das cartas, sejam elas numeradas ou da realeza, estabelecendo o campo de ação ao qual o arcano em questão está submetido.

Partindo dessa premissa, todos os conceitos, temas e pessoas podem ser representados pelos Arcanos Menores. Estes, por sua vez, representam os aspectos da consciência humana, ou simplesmente as experiências da vida.

Visto isso, podemos concluir um dos aspectos mais importante do Tarô: cada um dos naipes simboliza uma determinada área da vida em que possamos crescer e evoluir na busca individual e no caminho da evolução pessoal.

COMPREENDENDO OS NAIPES

É importante, em primeiro lugar, destacar que cada naipe de Arcanos Menores está diretamente associado com um dos quatro elementos. Devemos levar isso em conta, pois esse é o aspecto que determina três importantes níveis de cada carta: sua esfera, sua influência e seu significado.

Todos os quatro naipes estão diretamente ligados aos quatro elementos da natureza, mas também podem estar relacionados a diversos outros atributos que sejam quaternários, como, por exemplo, as quatro estações do ano ou as quatro fases da Lua.

Com base nisso, as cartas que são numeradas de 1 à 10, cada uma delas fala não somente a respeito de determinadas situações como também pode representar períodos do ano ou do mês.

Para a Magia do Tarô, isso significa, em um aspecto mais amplo, que elas podem ser usadas em um ritual ou feitiço para simbolizar um tempo (época, dias, meses) ou período em que queremos que algo se desenvolva.

Cada número simboliza a forma como o naipe expressa essa situação ou tempo específico, ou simplesmente como um fato do dia a dia pode ser afetado.

As chamadas "cartas de corte", falam a respeito dos mais diversos aspectos das personalidades humanas, ou mesmo os tipos físicos que existem. Por elas podemos representar em um ritual ou feitiço qualquer pessoa no mundo. Há cartas para representar pessoas das mais diferentes idades ou posições, com cores de cabelos e olhos específicos, por exemplo.

A simbologia do Tarô é detalhista.

Para simplificar o que podemos dizer, em resumo, é o seguinte:

> **Espadas:** representa o elemento Ar. Simboliza conflitos e disputas (plano mental).
>
> **Bastos:** representa o elemento Fogo. Expressa tanto o trabalho quanto às atividades da sociedade (plano social).
>
> **Copas:** representa o elemento Água. Indica amor e emoções (plano emocional).
>
> **Ouros:** representa o elemento Terra. Ligado às riquezas e abundância (plano material).

Quando fazemos Magia com o Tarô, os elementos representam o plano de ação da magia. Dessa forma, por exemplo, cartas de Ouros são usadas em rituais para alcançar as riquezas e bens materiais em geral, representam a quantidade e a qualidade do dinheiro que queremos atrair. As cartas de Espadas são usadas para representar problemas, disputas e vencer obstáculos ou solucioná-los. O naipe de Bastos é empregado nos rituais que devem atuar sobre o nosso trabalho ou influenciar as atividades sociais. As cartas de Copas são usadas em rituais para amor e que visam influenciar as emoções em diferentes níveis.

USO MÁGICO DO NAIPE DE ESPADAS

O naipe de Espadas expressa ação, poder e força. Sendo assim, esse naipe é usado na Magia do Tarô para atrair esses atributos em nossa vida. Em um ritual, ele pode ser usado para representar as nossas ansiedades e medos. De um modo geral, as cartas deste arcano são usadas para representar uma perda que é irreparável, acidentes, tragédias, uma decisão tomada de maneira equivocada ou decepções que devem ser neutralizadas ou bloqueadas.

As Espadas, em si, são usadas nos rituais para representar as lembranças dolorosas que partem o coração, em especial, mágoas e rancores de tempos passados que precisam ser banidos.

Todas as conotações de ordem mais negativa como conflitos, dores e agressões podem ser representadas em um ritual por cartas desse naipe. Esses conflitos podem ser, por exemplo, uma confusão ou até mesmo preocupação mental. Da mesma forma, doenças, cirurgias ou fatalidades se expressam nas práticas rituais por meio deste arcano.

Mas essas cartas não são usadas apenas para simbolizar aspectos tensos e negativos. Elas representam tanto as nossas faculdades intelectuais quanto racionais. Por isso existem aspectos positivos relacionados com este naipe, como, por exemplo, força, autoridade, coragem e ambição que podem ser invocados como uso dessas cartas em um ritual ou feitiço. Esse naipe é usado para representar a reflexão bem precisa do que está em nossos pensamentos. Suas cartas também são usadas na magia para inspirar em nós um desejo imenso pela busca da verdade.

Por estar diretamente associado com a mente e com a verdade, trata-se de um naipe que pode representar aquelas partes de nós um tanto dúbias. Nem sempre a verdade é fácil de ser encontrada, e quando é, ela pode ser bem dolorosa. Nesse aspecto, inclusive, os arcanos de Espadas podem ser usados para representar nos rituais uma comunicação falha, problemas com a justiça ou mesmo um conflito qualquer (seja ele, interno ou externo).

As cartas do naipe espadas podem ser usadas ainda para apontar a nossa capacidade de raciocínio, com todas as considerações, indagações, análises e investigações que a nossa mente é capaz de gerar. Isso engloba o campo das leis, como, por exemplo, contratos, acordos, etc.

USO MÁGICO DO NAIPE DE BASTOS

Na Magia com o Tarô o naipe de Bastos é usado para invocar oportunidades em nossa vida profissional. Também pode ser usado para representar nos rituais o meio social no qual vivemos. Em linhas gerais as cartas de Bastos são usadas para atrair uma maior expansão energética sobre nossos intentos e despertar a verdadeira motivação para seguirmos adiante em nossos objetivos. Bastos também evoca sexualidade e motivação para sermos mais ambiciosos.

Trata-se de um naipe que pode ser usado para representar diversas coisas como as paixões, desejos, ambições, criatividade, autodesenvolvimento e uma percepção melhor das coisas da vida. Cada carta pode ser usada para expressar os aspectos positivos ou negativos de nossa vida, o que significa que os diferentes arcanos desse naipe podem ser usados para banir ou invocar esses poderes para junto de nós quando despertamos a força dele por meio de um ritual.

Nessa questão, os aspectos negativos do naipe de Bastos se referem à inquietude, raiva, violência, orgulho ou até mesmo algum rompimento. Já o lado positivo desse naipe está intimamente ligado ao poder de realizar e de transformar algo. Não é à toa que esse naipe é associado comumente com carreiras, empreendimentos e trabalho em geral, o que pode indicar questões associadas à organização e à criação em muitos sentidos

USO MÁGICO DO NAIPE DE COPAS

O coração, o amor e as alegrias são os componentes principais desse naipe. Ou seja, tudo o que tem a ver com as nossas mais íntimas emoções, nossos desejos, em especial aqueles aspectos onde encontramos harmonia e felicidade emocional, pode ser representado nos rituais da Magia com o Tarô por meio deste naipe, que é um conjunto de cartas que também pode simbolizar os inícios, a fertilidade ou até mesmo abundância.

As cartas de Copas, portanto, devem ser usadas nos rituais que desejam atuar sobre o campo dos sentimentos e do amor. Ao mesmo tempo, também são usadas nos rituais para representar nossas mágoas, decepções, mau humor e outros hábitos e sentimentos nocivos, como tristeza ou inveja a serem banidos

Além disso, este naipe celebra a profundidade, a memória e, mais precisamente, o registro de nossa existência como as expressões artísticas de um modo geral. Sendo assim, as cartas de Copas podem ser usadas para representar esses temas na hora de fazer Magia com o Tarô.

No sentido espiritual, os arcanos de Copas estimulam a clarividência e despertam a percepção extrassensorial do ser.

USO MÁGICO DO NAIPE DE OUROS

Aqui temos a representação dos ganhos materiais, pois este naipe está ligado ao elemento Terra. Sendo assim, suas cartas são usadas na Magia com o Tarô para trazer ganhos justos, heranças, prosperidade e sucessos materiais em geral. Sua força mágica também pode ser invocada para atrair à nossa vida pessoas confiáveis e com coração generoso, que podem se tornar aliadas em nossos projetos.

Em geral, cartas do naipe de Ouros são sempre usadas para trazer realizações materiais e dinheiro. Mas elas também podem ser empregadas nos rituais para representar os nossos corpos, o nosso nível de vitalidade e a nossa conexão com a Terra e toda natureza de forma geral.

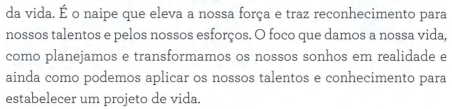

Ouros também atraí a elevação do status social, traz aquele cargo tão sonhado ou faz com que finalmente seja possível nos tornarmos donos do nosso próprio negócio. Este naipe eleva os valores pessoais e proporciona um senso claro de autovalorização, fazendo com que tenhamos acesso ao sentimento de segurança e de relaxamento que nos possibilitam desfrutar das belezas da vida. É o naipe que eleva a nossa força e traz reconhecimento para nossos talentos e pelos nossos esforços. O foco que damos a nossa vida, como planejamos e transformamos os nossos sonhos em realidade e ainda como podemos aplicar os nossos talentos e conhecimento para estabelecer um projeto de vida.

É um naipe que, digamos assim, é sempre usado nos rituais que têm como objetivo à ascensão de vida e o desenvolver da prosperidade e da riqueza em todos os aspectos possíveis.

As cartas que expressam os aspectos negativos deste naipe falam sobre as perdas materiais, baixo amor-próprio, pessimismo, compulsividade, obsessões e inflexibilidade podem ser usados para representar aquilo que deve ser banido e neutralizado para que seja possível progredir e prosperar.

A MAGIA DAS CARTAS NUMÉRICAS

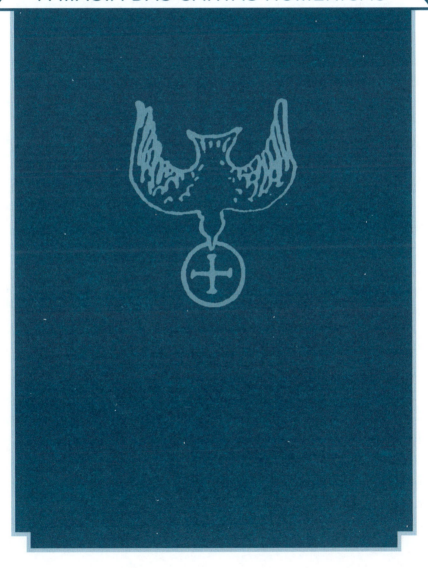

COMO VOCÊ JÁ DEVE TER PERCEBIDO, os Arcanos Maiores são usados na Magia do Tarô para invocar as ideias mais "universais", enquanto que os Menores são mais "detalhistas" em seu escopo, abrangendo os aspectos mais particulares dos nossos pensamentos sentimentos e emoções.

Os Arcanos Menores sempre podem apontar os caminhos que podemos traçar para alcançarmos sucesso em algum empreendimento ou objetivo específico. Além disso, eles podem representar pessoas que sejam importantes para o nosso sucesso, como veremos mais adiante na parte onde será abordado o uso mágico das cartas da corte nos rituais com o Tarô.

Isso significa que, na Magia com o Tarô, o baralho completo deve ser usado nos rituais, onde escolheremos as cartas mais apropriadas e que estejam mais alinhadas com as intenções que desejamos ver alcançadas através do feitiço ou ritual que realizamos empregando os arcanos.

As cartas chamadas de "numéricas" possuem uma sequência prefixada de significados. Conhecendo o que cada número significa, torna-se muito mais fácil determinar o campo de ação de cada carta numérica de um naipe. Para saber para o que cada carta serve na hora de fazer magia, basta unir o significado do número da carta ao do naipe.

O começo ou simplesmente a criação de algo é iniciado com o chamado Ás, que vai progredindo em sua caminhada através dos números subsequentes, até chegar a uma conclusão que se realiza no número 10. O Ás de Bastos, por exemplo, pode ser empregado em rituais destinados ao início de um empreendimento. Ás de Copas, quando você fizer um feitiço para proteger ou trazer sorte ao começo de uma relação ou namoro, etc. Lembrando que, durante os rituais, enquanto nos arcanos positivos você vai pedir que a força daquela carta seja ativada ou vai colocá-lo sobre o altar em uma posição que invoque sua força benéfica, quando a predominância de um arcano for negativa você vai pedir que o poder daquela carta seja bloqueado, diminuído ou banido, ou vai colocá-la sobre o altar em uma posição que representa o que deve ser afastado de sua vida.

Vamos conhecer o significado de cada carta numerada e para qual objetivo elas devem ser empregadas nos rituais mágicos:

ÀS: trazer a força criadora e abençoar o começo de algo. Seu planeta regente é o Sol.

DOIS: atrair harmonia, cooperação e interação nos processos. Seu planeta regente é a Lua.

TRÊS: impulsionar o crescimento, a preparação, a germinação, a construção e o entusiasmo sobre um tema da vida. Seu planeta regente é Júpiter.

QUATRO: materializar, estabilizar e promover a fundação sólida dos objetivos. Seu planeta regente é Urano.

CINCO: simbolizar os conflitos e invocar a capacidade de destruir os antigos moldes. Seu planeta regente é Mercúrio.

SEIS: restabelecer aquilo que foi perdido, atrair a verdade e trazer o reconhecimento dos esforços. Seu planeta regente é Vênus.

SETE: representar os obstáculos, as dificuldades e os impulsos que precisam ser superados. Seu planeta regente é Netuno.

OITO: alcançar a estrutura, a concretização e o poder espiritual. Seu planeta regente é Saturno.

NOVE: é o ponto mais alto do naipe. Usado para regenerar ou simplesmente anunciar algo que virá nas cartas de número Dez. Seu planeta regente é Marte.

DEZ: representar o que deve ser concluído, seja positivo ou negativo. Seu planeta regente é Plutão.

Essa breve listagem dos números serve para uma consulta rápida na hora de usar os Arcanos Menores em sua magia. Deseja restabelecer uma relação afetiva? Use o 6 de Copas. Quer concretizar um projeto material? Empregue o 4 de Ouros em sua magia. Quer colocar um ponto final em um conflito no local de trabalho? Peça que a influência do arcano 5 de Espadas seja neutralizada (você pode colocar a carta 2 de Espadas sobre ela) enquanto visualiza harmonia e equilíbrio no ambiente. Esses são apenas alguns exemplos simples e imediatos para poder entender como o significado do número é associado ao simbolismo do naipe para você desenvolver o seu próprio raciocínio mágico acerca de como essas correspondências funcionam. Com o tempo, saber qual carta usar para cada situação e se sua energia deve ser atraída ou banida se tornará um processo praticamente automático.

Enquanto isso não acontece e você não se sente totalmente confiante em qual carta escolher para usar nos seus rituais de Magia com Tarô, consulte a seguir o significado detalhado de cada carta numerada e seu emprego nos feitiços e encantamentos com os arcanos.

ÁS DE ESPADAS · ÁS DE BASTOS · ÁS DE COPAS · ÁS DE OUROS

ÁS – O INÍCIO

Nos rituais com o Tarô, o "Ás" sempre vai simbolizar aquilo que é primordial, a faísca criativa, a origem de uma certa situação. Como um símbolo da unidade, cada Ás está ligado a um dos elementos, representando a raiz de cada naipe e por isso é ideal de ser usado na hora de atrair a força dos elementos para a sua cerimônia ou encantamento.

Por ser o primeiro nos números, ele atrai a centelha, o princípio de uma ação, o impulso preliminar. Deve ser usado magicamente para invocar o vanguardismo das ideias, a força da liderança, a engenhosidade do que é original.

Dividindo o "antes" e o "depois" de um ciclo, o "Ás" atrai para nossa vida uma energia simples e poderosa, manifestando a plena liberdade de criar e decidir a trilha que será seguida, conduzindo os próximos passos para concretizar a realidade.

Por outro lado, ele pode representar em um ritual a intensidade dos começos, intolerância, irritabilidade, autoritarismo, teimosia e imprudência existente na ânsia de conquistar os objetivos de forma assertiva e sem percalços pelo caminho.

ÁS DE ESPADAS

Vitórias ❖ Conquistas ❖ Lutas

PLANETA: Mercúrio, Vênus, Urano

COR: amarelo, azul-claro, branco

AROMA: alecrim

PALAVRA-CHAVE: PODER

USO MÁGICO: obter vitória; favorecer um recomeço; alcançar uma conquista; promover mudanças positivas no estilo de vida e no modo de pensar; superar obstáculos; vencer inimigos.

O Ás de Espadas abre caminho para o "novo", atrai esclarecimento e iluminação divina e deve ser usado quando desejamos um processo criativo favorável e para possibilitar uma jornada espiritual exitosa.

Este arcano inspira a revelação da verdade, o triunfo perante a adversidade, o sucesso das ideias e projetos, o predomínio da inteligência sobre a ignorância.

ÁS DE BASTOS

Começo ✦ Ação ✦ Oportunidades

PLANETA: Marte, Sol, Júpiter

COR: vermelho, laranja, dourado

AROMA: sálvia

PALAVRA-CHAVE: PODER

USO MÁGICO: atrair força; promover o vigor; despertar a inspiração; elevar o entusiasmo; renovar; atrair abundância, produtividade e novidades favoráveis em negócios e projetos.

Carta que atrai o progresso e favorece as iniciativas bem-sucedidas. Por ser ligada ao princípio do fogo, use-a nos rituais de magia que tenham como função estimular a chama das paixões, superar as adversidades, trazer a possibilidade de alcançar as metas e fazer surgir oportunidades positivas, inclusive no trabalho.

ÁS DE COPAS

Amor ✤ Satisfação ✤ Profundidade

PLANETA: Vênus, Plutão, Netuno

COR: azul, rosa-claro, prata, salmão

AROMA: equinácea

PALAVRA-CHAVE: AMOR

USO MÁGICO: despertar de um novo relacionamento amoroso; promover fecundidade; abençoar um matrimônio; união; despertar amor; criar ou favorecer alianças; conceber algo em amplo sentido; engravidar; gestar; proporcionar abundância

Sublime, profunda e abundante, esta carta encarna a plenitude das inúmeras facetas do amor. Sendo assim, ela é apropriada para ser usada nos rituais para despertar afeto, devoção, acolhimento, romance, dedicação, satisfação, emoção e felicidade. Este arcano atrai para nossa vida o poder do amor com o começo de uma nova relação afetiva, que pode ser promissora, privilegiada e altruísta, cujas facetas podem se manifestar interna ou externamente.

ÁS DE OUROS

Prosperidade ❖ Realização ❖ Abundância

PLANETA: Vênus, Mercúrio, Saturno
COR: verde, marrom, preto
AROMA: astrágalo
PALAVRA-CHAVE: REALIZAÇÃO
USO MÁGICO: iniciar um período de progresso financeiro; atrair oportunidades favoráveis de ordem pessoal e profissional; obter recursos inesperados; proporcionar viagens de negócios bem-sucedidas; trabalhar questões matérias; atrair sorte e prosperidade; trazer oportunidades financeiras.

Associado aos campos físico e material, este arcano se refere aos interesses mundanos, em diversos sentidos. Usado na Magia com o Tarô para representar a essência prática e terrena de uma realização. Use em rituais para alcançar a capacidade de promover o equilíbrio entre os mundos espiritual e material, integrando-os de forma harmoniosa para revelar um amplo leque de oportunidades na vida, incluindo as conquistas financeiras.

DOIS – DUALIDADE

As cartas dos Arcanos Menores numeradas com o "dois" são usadas nos rituais para invocar o poder das polaridades, o equilíbrio das forças complementares e a harmonia entre as energias opostas que se equiparam conforme a variação dos aspectos da nossa vida.

São sempre cartas que trazem à energia feminina a vibração da Lua e dá à água, trazendo acolhimento, sensibilidade, intuição, cuidado, atenção, emotividade, proteção, passividade, diplomacia, adaptabilidade, empatia para suas práticas mágicas com o Tarô.

Em outras palavras, a natureza dual do "dois" é excelente para ser invocada quando os feitiços e encantamentos estiverem centrados em lidar com uma oposição, a relação de divisão representada pela necessidade de um equilíbrio que oscila constantemente entre o confronto e a concordância.

As cartas de número dois podem ser, ainda, usadas para representar algum tipo de dependência, inconstância e a atração da prudência necessária a ser desenvolvida frente a essas situações.

2 DE ESPADAS

Bloqueio ❖ Decisão ❖ Negação

PLANETA: Lua

COR: branco, prata

AROMA: cânfora

PALAVRA-CHAVE: EQUILÍBRIO

USO MÁGICO: silenciar aqueles que caluniam; revelar os verdadeiros pensamentos e sentimentos de si mesmo ou do outro; conectar-se honestamente com outras pessoas para que a verdade seja falada; dar coragem para enfrentar a verdade; ver os sinais de alerta em uma situação antes que seja tarde demais; perceber todas as pessoas e situações como elas realmente são; ter estabilidade e coragem para lidar com situações difíceis; libertar-se de hábitos e padrões prejudiciais; encontrar força para lutar contra o vício; preparar-se adequadamente para qualquer situação ou evento na vida; aprender a ser organizado.

Esta carta traz profunda paz interior mediante a harmonia entre corpo, mente, espírito e coração. Sua energia também pode ser invocada para trazer um momento propício para aventurar-se em mares até então desconhecidos. Use este arcano em rituais destinados a despertar a confiança na intuição e para manter a mente aberta para novas ideias na hora da tomada de decisões, bem como seguir o fluxo em busca da realização dos seus objetivos primordiais e superar fases negativas.

2 DE BASTOS

Pioneirismo ❖ Progressão ❖ Escolha

PLANETA: Marte

COR: carmim, magenta, vermelho

AROMA: peônia

PALAVRA-CHAVE: ESCOLHA

USO MÁGICO: inspirar ousadia e força à sua personalidade; despertar a capacidade de ser um líder, abrindo seu próprio caminho; inspirar outros a segui-lo; falar o que pensa e enfrentar seus medos; encarar a vida de maneira direta e corajosa; alcançar energia da autoridade, bem como a vitalidade física e mental e o impulso; eliminar a preguiça e a timidez; oferecer qualidade de originalidade; ser espontâneo sem ser impulsivo; ativar o poder da força expansiva e irrestrita; fomentar poder, foco e determinação para realizar qualquer coisa.

A energia da ação, da conquista e do trabalho estão representadas neste arcano, que demonstra a relação de poder entre o esforço construtivo e o destrutivo, ou seja, o conflito entre as forças opostas, visto que a balança pode pender mais para um lado ou para o outro. Em seus inúmeros sentidos, a carta denota a indecisão frente a duas oportunidades.

2 DE COPAS

União ❖ Parceria ❖ Conexão

PLANETA: Mercúrio

COR: amarelo, azul-claro

AROMA: gerânio

PALAVRA-CHAVE: ALIANÇA

USO MÁGICO: trazer amizade; iniciar um romance; fortalecer uma amizade ou relacionamento romântico; permitir que um povo trabalhe em conjunto harmoniosamente; atrair ajuda de outras pessoas; encorajar o compartilhamento; estabelecer familiaridade e parentesco onde apenas diferenças podem ser vistas; superar o preconceito; curar um relacionamento; trazer perdão; criar paz em um relacionamento; trazer debates para uma resolução harmoniosa; causar uma boa primeira impressão; ser calorosamente aceito; causar a semente inicial da empatia que pode se desenvolver em amizade ou romance com a pessoa que você deseja; ter sucesso em entrevistas; dominar as próprias emoções; desenvolver o relacionamento com o divino.

Dar e receber amor é a função central deste arcano nos rituais de magia, pois ele atrai a disposição para vivenciar um relacionamento afetivo intenso e profundo. A simbologia da carta está diretamente relacionada à aliança, ao pleno comprometimento de duas partes que se unem, seja em um casamento ou em uma sociedade. Exatamente por isso, ela deve ser usada nos rituais para favorecer qualquer tipo de parceria ou união. O uso mágico deste arcano tem a capacidade de proporcionar relações auspiciosas, que prometem felicidade e harmonia.

2 DE OUROS

Pioneirismo ❖ Progressão ❖ Escolha

PLANETA: Júpiter

COR: azul-royal e púrpura

AROMA: aloés

PALAVRA-CHAVE: MUDANÇAS

USO MÁGICO: trazer equilíbrio quando a vida parece caótica; lidar com situações exigentes ou opressoras com facilidade; encorajar a cooperação do grupo; realizar muitas tarefas ao mesmo tempo com facilidade; superar os obstáculos da vida e se adaptar facilmente a qualquer situação; descobrir novas soluções para problemas; trazer grande facilidade em momentos de estresse; abrir caminho para novas oportunidades; ver as possibilidades ilimitadas em qualquer situação e cumprir essas possibilidades; enfrentar qualquer desafio que a vida traga; ver as circunstâncias preocupantes de uma perspectiva mais leve e encontrar humor nelas; atrair grande positividade; incentivar a saúde física e mental; ser querido pelas pessoas que você conhece; atrair fama; atrair promoções de emprego; encontrar trabalho quando estiver desempregado; conseguir alcançar uma carreira mais prazerosa e gratificante; trazer grande fortuna para qualquer empreendimento; cumprir seus desejos de uma forma que traga harmonia para a vida.

A versatilidade permeia as mudanças que o "Dois de Ouros" desperta, trazendo consigo resultados benéficos, inclusive em relação à estabilidade, à segurança e à alegria de experienciar uma vida bela, em um amplo espectro de significação. Sendo a "mudança" o tema principal dessa figura, use este arcano em seus rituais para atrair oportunidades e aprender a confiar na voz interior para manter a determinação na conquista dos seus objetivos.

3 DE ESPADAS · 3 DE BASTOS · 3 DE COPAS · 3 DE OUROS

TRÊS – O CRESCIMENTO

As cartas dos arcanos numerados com o "três" atraem a expressão por excelência, com vasto potencial de comunicação, criatividade, socialização, síntese, expansão, popularidade e aprendizagem, características essas que se traduzem nos projetos bem-sucedidos, nas ideias arrojadas, nas oportunidades que trazem resultados positivos e no regozijo do "novo".

Use essas cartas para alcançar êxito e articulação entre polos de uma mesma questão. Invoque a energia dos Arcanos Menores de número três para conquistar espírito jovial e otimista, viabilizar algo, propiciar crescimento constante em prol da transcendência e alcançar um ponto pacífico entre "ser" e "fazer".

Cartas deste número favorecem a filosofia, a inclinação sociopolítica, a sagacidade de ir além do conhecido e da busca pela verdade, a importância da conciliação, do entendimento e da paz, além de despertar a real habilidade em lidar com assuntos sociais e comerciais em geral.

3 DE ESPADAS

Separação ❖ Traição ❖ Dor

PLANETA: Júpiter

COR: roxo e púrpura

AROMA: sândalo

PALAVRA-CHAVE: TRISTEZA

USO MÁGICO: curar um coração partido; aliviar a dor emocional; seguir em frente mesmo em meio às decepções; manter a paz e a força quando confrontado com notícias difíceis; sentir consolo quando seus sentimentos estão feridos; encontrar paz e conforto quando se sentir perdido ou sozinho; revitalizar e reequilibrar sua mente e corpo; experimentar a alegria que afasta a tristeza; trazer o fim de um período difícil; encontrar alívio para a ansiedade e a depressão.

As restrições e os conflitos na convivência são representados neste arcano. Assim, use esta carta em seus rituais de Magia com o Tarô para simbolizar o isolamento, a tristeza, o desapontamento, a dor da perda, o desconforto da hostilidade entre familiares e as discordâncias que precisam ser banidas e neutralizadas para evitar as tensões, mais confrontos, discussões e desentendimentos que possam estar presentes em sua vida neste momento

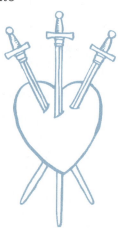

3 DE BASTOS

Exploração ❖ Progresso ❖ Chance

PLANETA: Sol

COR: dourado

AROMA: angélica

PALAVRA-CHAVE: CRIAÇÃO

USO MÁGICO: para explorar novas possibilidades em sua vida; obter um plano para o sucesso; conquistar territórios desconhecidos; ir além da sua zona de conforto com sucesso; ter uma visão do futuro; entender a direção que você deseja seguir em relação a qualquer coisa em sua vida; ter uma visão panorâmica de sua vida e ver o quadro geral; ser um visionário; planejar para o futuro; descobrir o seu propósito de vida; encontrar o seu caminho para sair das dificuldades; resolver problemas difíceis ou complexos; ser admirado e respeitado como um líder; tomar decisões sábias; encontrar uma saída para uma crise quando toda a esperança parece perdida; descobrir o caminho e o propósito da sua vida.

Use esta carta para atrair força mental, a energia criativa e o poder pessoal para criar, inovar, transformar. Por meio da integração entre a tríade "mente, corpo e espírito", esta carta favorece o potencial para concretizar todos os seus objetivos. Chame pelo poder deste arcano em seus rituais para promover a expressão inventiva e para colocar os esforços em movimento durante uma jornada em busca da harmonia e do equilíbrio.

3 DE COPAS

Celebração ❖ Amizade ❖ Solução

PLANETA: Mercúrio

COR: amarelo, marrom

AROMA: melissa

PALAVRA-CHAVE: PRAZER

USO MÁGICO: trazer riqueza para negócios por meio de parcerias; experimentar uma grande fortuna na carreira por meio do apoio de seus superiores; encorajar a generosidade de outros; encorajar a confiança; fazer conexões que podem lhe trazer grande sucesso; aprender com grande gênio; atrair um aprendizado que permite que você domine uma habilidade escolhida; trazer amizade; fazer um grupo aceitar você; trazer harmonia com os vizinhos; estabelecer um grupo unido por uma causa comum; atrair aqueles que podem apoiar o seu trabalho e levá-lo a um nível mais alto de sucesso; descobrir novos métodos que trazem sucesso.

Este arcano possibilita desenvolver em nós a percepção do amor "recebido, percebido e apreciado". Use esta carta em seus rituais para celebrar os prazeres sociais e despertar sua consciência para a riqueza da vida. Ela também desenvolve a comunicação honesta e aberta como um caminho para atrair – e cativar – as pessoas ideais que podem lhe auxiliar naquilo que você precisa.

Na Magia do Tarô, esta carta pode ser ainda usada para despertar nossa frequência para atrair um amor especial ou para praticar o amor próprio. Além disso, o "Três de Copas" fortalece os laços familiares e permite um mergulho na profundidade das emoções.

3 DE OUROS

Ajuda ❖ Colaboração ❖ Equipe

PLANETA: Marte

COR: vermelho

AROMA: funcho

PALAVRA-CHAVE: OPORTUNIDADES

USO MÁGICO: criar um trabalho em equipe eficaz, para trazer unidade a um grupo; obter habilidades organizacionais; ajudar na gestão do tempo; oferecer uma grande previsão para se preparar efetivamente para o futuro; ajudar a planejar o sucesso; ver os problemas antes que eles ocorram e corrigi-los; realizar qualquer tarefa, independentemente de quão difícil; cumprir metas; atender às demandas que são feitas de nós; parecer competente e eficaz para nossos superiores; cumprir qualquer tarefa que nos seja dada e superar as expectativas; trazer grande poder intelectual; alcançar o poder da lógica; aumentar a concentração; dominar uma estratégia; planejar o caminho de nossa vida; planejar o avanço na carreira; descobrir métodos que trazem grande aumento financeiro; ganhar controle sobre nossas emoções; descobrir a solução para qualquer problema.

Simbolizando o caminho a ser trilhado para a conclusão próspera de determinada situação, a principal função deste arcano na Magia com o Tarô é despertar o sentido de comprometimento, responsabilidade, força de vontade e determinação para assegurar o êxito perante as adversidades, promovendo, assim, o progresso constante e contínuo. Esta carta atrai autoconfiança, o aprendizado trazido pelas transformações graduais e a dedicação para alcançar os objetivos, empenhando suas habilidades e talentos ao máximo para construir uma trajetória exitosa.

QUATRO – A ESTRUTURA

O número "quatro" é uma alegoria da edificação, visto que remete aos conceitos de base, fundamento, consolidação, estabilidade e solidez, assim como também se relaciona às noções de família, lar, terra, firmeza, enfim, a fundação em que se edifica.

Assim, as cartas numeradas dos Arcanos Maiores de número quatro podem ser empregadas em rituais cujo objetivo principal seja estabelecer regras, equilibrar forças, alcançar a retidão, buscar pela regularidade, desenvolver métodos, abraçar a ordem, criar o senso de empenho, constância e perseverança.

Os arcanos deste número podem ser vistos como uma espécie de Imperador, o "pai terrestre", aquele que provê, sustenta, salvaguarda, constrói e arquiteta, estando presente em inúmeras expressões relacionadas ao mundo material como a cruz, o quadrado, os quatro elementos, as quatro estações, entre outras.

Use estas cartas numeradas para encontrar um trabalho regular e contínuo, acumular forças em uma área de atuação delimitada, enfatizar sua capacidade de empreender grandes esforços para a concretização de seus projetos.

Na Magia com o Tarô, elas podem ainda serem usadas para representar a rigidez, a severidade e a crueldade que precisam ser banidas para abrir espaço ao novo.

4 DE ESPADAS

Pausa ❖ Reavaliação ❖ Repouso

PLANETA: Júpiter

COR: púrpura e azul-marinho

AROMA: mirra

PALAVRA-CHAVE: SERENIDADE

USO MÁGICO: recuperar-se após períodos de trabalho ou esforço intenso; trazer facilidade para sua vida; trazer períodos de paz e descanso; ouvir a voz do seu guia interior; ver a situação de uma perspectiva mais elevada e obter compreensão; refletir sobre seus verdadeiros pensamentos e desejos; reavaliar o caminho de sua vida; planejar o futuro com paciência e sabedoria; encontrar alívio das tentações; descobrir verdades ocultas por meio da contemplação; encontrar sabedoria divina e receber revelações espirituais.

Use esta carta para colocar fim nos conflitos e trazer serenidade, concórdia, paz e também proteção contra toda sorte de hostilidades. A energia deste arcano deve ser utilizada nos rituais com o Tarô para despertar a capacidade de ponderar e refletir, de forma introspectiva, na busca do poder pessoal.

Este arcano pode ser usado em feitiços e encantamentos para trazer um período repleto de harmonia, equidade e constância, abençoando com criatividade e sagacidade para encontrar alternativas viáveis na resolução de problemas e disputas em geral.

4 DE BASTOS

Comemoração ❖ Felicidade ❖ Prosperidade

PLANETA: Vênus

COR: verde

AROMA: lobélia

PALAVRA-CHAVE: CELEBRAÇÃO

USO MÁGICO: trazer grande sucesso; reverter o azar; promover uma grande cura; ser celebrado e homenageado em seu campo escolhido; conseguir uma promoção de emprego; escapar de situações opressivas; trazer liberdade e superar aquelas coisas ou pessoas que o impedem de seus desejos; atrair boa fortuna; recuperar o amor pela vida; trazer emoção para uma vida monótona; fazer sua personalidade e sua vida irradiarem beleza; promover harmonia em meio à discórdia.

Esta carta tem a capacidade de atrair as energias necessárias para consolidar e concluir algo positivamente. Favorece a celebração da vitória do que já foi conquistado à medida que abraçamos as oportunidades em potencial que se descortinam adiante.

Com a ajuda deste arcano é possível invocar a chegada de um novo futuro, repleto de riqueza e bons frutos.

4 DE COPAS

Nostalgia ❖ Amargura ❖ Introspecção

PLANETA: Lua

COR: branco

AROMA: ipê branco

PALAVRA-CHAVE: NOSTALGIA

USO MÁGICO: superar o medo; liberar uma situação de estagnação para trazer evolução; controlar as emoções; trazer harmonia para a mente e as emoções; proteger contra todas as forças que procuram nos prejudicar; encontrar o conhecimento; superar as adversidades; trazer cura mental e emocional; proteger-se contra forças e energias negativas; encontrar motivação; trazer alegria de volta à nossa vida após um período de desgaste; experimentar gratidão; ter coragem de se abrir para outra pessoa mental e emocionalmente; encontrar a força do otimismo dentro de si; conectar-se com o mundo quando estiver oprimido pela solidão; libertar-se da solidão; descobrir beleza na vida.

Associado à profundidade e à intensidade do que tange ao mundo emocional, o "Quatro de Copas" pode ser usado para colocar um fim harmonioso de um relacionamento que você não quer mais. Por outro lado, este arcano pode ser usado para representar alguns aspectos emocionais que precisam ser banidos como: o apego desmedido ao que já passou, a inconstância, o mau humor, a estagnação e a involução devido à tendência de viver no passado em meio a emoções confusas.

4 DE OUROS

Ganância ❖ Manipulação ❖ Avareza

PLANETA: Sol

COR: dourado, laranja

AROMA: confrei

PALAVRA-CHAVE: AMBIÇÃO

USO MÁGICO: trazer estrutura e ordem para sua vida; promover obediência e respeito quando estiver em posição de liderança; ser disciplinado; romper com padrões de pensamento antigos e prejudiciais; inspirar-se com novas ideias que levem a uma maior harmonia e liberdade em sua vida; descobrir novas fontes de lucro financeiro; aprender algo; ser compreendido pelos outros; trazer sucesso aos seus projetos; estabelecer uma base sólida na vida a partir da qual seja possível crescer; proteger a propriedade de roubo e vandalismo; fazer seu dinheiro se prolongar; guardar dinheiro; manter sua qualidade de vida atual e evitar que ela diminua; atrair estabilidade financeira; favorecer conquistas materiais; obter poder e riqueza; compreender o lado positivo e negativo da ambição; lidar com a ganância; edificar projetos sustentáveis e perenes.

Diretamente ligada à materialidade, esta carta pode ser usada nos rituais que tenham como objetivo o reconhecimento de sua força pessoal, o equilíbrio dos mundos material e espiritual, a segurança financeira e manutenção do status social. Este arcano faz com que a presença de espírito, a consciência e a convicção do "Eu interior" manifestem-se de forma auspiciosa, com a faceta positiva da ambição se sobressaindo em relação à negativa. Invoque a energia deste arcano quando desejar que a rigidez e a assertividade no pensamento e na exteriorização das suas ideias possa superar a avareza e a cobiça.

5 DE ESPADAS · 5 DE BASTOS · 5 DE COPAS · 5 DE OUROS

CINCO – AS TENSÕES

Os Arcanos Menores do "cinco" simbolizam a quintessência da vida, a expansão, a excelência, a inteligência expressando a relação do ser humano com os cinco elementos (Água, Terra, Ar, Fogo e Espírito), bem como o aprendizado advindo das experiências vivenciadas.

São figuras centrais que representam o coração, que crescem em duas direções continuamente, reproduzindo a si mesmas até o infinito. Estando no meio, elas tanto separam quanto reúnem os outros algarismos no eixo, compreendendo a todos com perfeição. Contudo, não se conformam como "unidade humana" e, portanto, mobilizam-nos para agir e progredir.

Nos rituais da Magia com o Tarô elas vão invariavelmente representar o dinamismo, a mutabilidade e a vivacidade de vibrações que são acompanhados por conflito, instabilidade e incerteza. Simbolizam aqueles aspectos da vida sujeitos às diversas flutuações e que oscilam desde o deleite da alegria até o profundo pesar e vice-versa.

Invoque a energia destas cartas para trazer compreensão, individualidade, independência, liberdade, determinação, fibra, tenacidade, bravura, vigor e espírito aventureiro. Elas ainda podem ser usadas nos feitiços realizados para retificar os equívocos, eliminar os prejuízos e trazer à luz tudo aquilo que pode estar turvando sua visão, ainda que seja pelo conflito.

5 DE ESPADAS

Limitação ❖ Disputa ❖ Violência

PLANETA: Vênus

COR: verde

AROMA: benjoim

PALAVRA-CHAVE: DERROTA

USO MÁGICO: ajudar os outros com suas verdadeiras necessidades; agir com compaixão; superar o egoísmo; trazer harmonia para um ambiente hostil; receber ajuda e generosidade de outras pessoas; ser protegido por outros; criar um espírito de trabalho em equipe e cooperação; proteger-se daqueles que procuram prejudicá-lo; manter a integridade; agir com sabedoria divina para fazer a escolha certa em qualquer situação; experimentar a bondade proporcionada por outras pessoas; descobrir amizade e ajuda; encorajar gentileza e humildade em você e nos outros; representar o insucesso, frustração, fracasso, perda; banir um período de negatividade; simbolizar transtornos e adversidade.

Este arcano serve para representar nossas visões deturpadas da realidade, que podem nos induzir ao revés, infortúnios e derrotas na consecução dos planos futuros. Na Magia com o Tarô, use esta carta para simbolizar o fracasso e as perdas que precisam ser banidas. O Cinco de Espadas pode ainda ser utilizado para marcar o impacto do medo, da ansiedade e do descontrole. Em seu lado positivo, pode ser empregado nos encantamentos e feitiços para sinalizar a derrota dos inimigos.

5 DE BASTOS

Discórdia ❖ Rivalidade ❖ Oposição

PLANETA: Saturno

COR: cinza, preto

AROMA: opium

PALAVRA-CHAVE: OBSTRUÇÃO

USO MÁGICO: trazer compreensão mútua durante desacordos; encontrar soluções criativas e originais para problemas sociais; manter todos em acordo uns com os outros; promover paz em meio às discussões; sabedoria para encerrar debates; força para superar aqueles que o desafiam de forma pacífica; incentivar a ordem harmoniosa e o trabalho em equipe; superar contratempos; alcançar a paz e a paciência para lidar com aborrecimentos; ter sabedoria para lidar com uma pessoa opressora ou exigente; lidar com os desafios; equilibrar forças opostas aos objetivos.

Esta carta pode ser empregada nos rituais para simbolizar os processos de estagnação, inquietação, resistência, frustração, tristeza, angústia, bloqueios de energia de realização frente às provações, restrições, opressões ou, ainda, os pesados fardos que carregamos em nossa vida e que geram a falta de autoconfiança em nosso poder criativo, levando-nos diretamente à insegurança na hora de decisões assertivas.

O "Cinco de Bastos" pode ser usado também para banir as energias para que seja possível remover do caminho os obstáculos que estão impedindo o progresso, uma vez que a carta simboliza o perigo de sucumbir às privações, de se render diante dos obstáculos e se resignar perante tais atribulações.

5 DE COPAS

Tristeza ❖ Perda ❖ Arrependimento

PLANETA: Marte

COR: vermelho, carmesim

AROMA: manjerona

PALAVRA-CHAVE: DECEPÇÃO

USO MÁGICO: restaurar a esperança, não importa quantas vezes falhemos; superar contratempos; manter uma atitude positiva diante da perda; descobrir a sabedoria de nossas falhas e corrigir nosso comportamento para que possamos alcançar o sucesso; liberar sentimentos de arrependimento e começar de novo; fluir como água pelos altos e baixos da vida sem ser afetado por eles; adaptar a toda e qualquer mudança na vida; descobrir fontes de riqueza; descobrir a alegria dentro de nós; trazer prosperidade aos nossos empreendimentos; ter um sentimento de profunda satisfação e plenitude, apesar das situações externas difíceis; superar todas as situações difíceis da vida com graça; representar as mágoas, insatisfação, medo, decepção, rancor, desapontamento, infelicidade, frustração e fragilidades.

Este arcano traz consigo um espectro de desilusão devido à deterioração nos relacionamentos. Sendo assim, em seus feitiços e rituais, use esta carta para representar as decepções afetivas, o desencanto de um amor perdido, à dor da traição ou às frustrações de promessas que não foram cumpridas.

A fragilidade para lidar com seus sentimentos, a falta de amor próprio e a dificuldade no convívio social também podem ser simbolizados por esta carta, que denota emoções intensas, em especial a raiva e a tristeza, que podem levar ao descaminho do excesso, ou seja, ao ato de se entregar ao que é prejudicial, insalubre, vicioso.

5 DE OUROS

Dificuldades ❈ Privação ❈ Obscuridade

PLANETA: Mercúrio

COR: marrom, amarelo

AROMA: arruda-caprária

PALAVRA-CHAVE: PRIVAÇÕES

USO MÁGICO: proteger-se de dificuldades financeiras; mostrar uma saída para problemas provindos de finanças; ajudar a encontrar um emprego; ser apreciado em uma entrevista de trabalho; restaurar a força e o vigor quando se sentir esgotado e cansado; abrir a porta para a graça divina, a fim de escapar de tempos de desespero; ser querido pelos superiores; atrair amizade; obter sabedoria para alcançar o sucesso em meio às adversidades; descobrir as verdadeiras causas por trás de todas as lutas e carências na vida; trazer um estado de compreensão e iluminação em relação a qualquer assunto ou área da vida que estiver apresentando obstruções ou dificuldades; lidar com a perda de capital, crises financeiras, pobreza, privações, solidão e desprovimento.

Em face da essência do naipe, este arcano revela problemas ligados ao mundo material, principalmente no que tange às dificuldades de ordem financeira, que podem ser ocasionadas por ruídos na comunicação que, por sua vez, levam à desconfiança, à frustração, à preocupação excessiva e à insegurança.

Em outras palavras, o "Cinco de Ouros" simboliza as privações e restrições relacionadas ao descontrole financeiro e à apreensão diante de um futuro incerto. Contudo, é crucial perseverar para que tais adversidades sejam superadas com brevidade.

6 DE ESPADAS — 6 DE BASTOS — 6 DE COPAS — 6 DE OUROS

SEIS – EQUILÍBRIO

O número "seis" está imbuído de um simbolismo ligado a temas como fraternidade, laços familiares, equilíbrio, júbilo e abnegação. Em outras palavras, é a expressão do "amor", da sensibilidade, da comunhão, do amparo, da empatia, da conciliação, da plenitude que envolve a maternidade e da convergência que nutre o enlace entre o corpo e o espírito.

Sendo assim, as cartas dos Arcanos Menores numeradas em seis são capazes de atrair uma vibração genuína, harmônica, agradável, uma alegoria da "perfeição" à medida que baliza a estética e a sexualidade por meio da proporcionalidade entre as formas ou ainda entre as partes de um todo. Elas atraem a síntese, a soma, a união em si próprio, a aliança, a saúde e, igualmente, a capacidade de tomar decisões acertadas.

Estabelecem um encontro entre o Céu e a Terra que dá origem à melodia da vida, a consonância, a equiparação dos opostos, pois o seis é considerado o "número da alma", trazendo a força necessária para tomar atitudes práticas e assumir as responsabilidades perante os compromissos. Os arcanos com esse número também têm virtude de invocar amabilidade, regozijo, felicidade, benevolência, confiabilidade, tolerância, verdade, fidelidade, justiça, compreensão, acolhimento, paz e altruísmo em nossa vida.

6 DE ESPADAS

Viagem ❖ Novos rumos ❖ Recomeço

PLANETA: Mercúrio

COR: amarelo

AROMA: alfavaca

PALAVRA-CHAVE: SUPERAÇÃO

USO MÁGICO: revitalizar e restaurar a alegria; trazer inspiração; transformar os pensamentos para permitir uma nova visão positiva da vida; superar a depressão; restaurar sua alegria e desejo pela vida; ser altamente funcional; curar e recuperar mental e emocionalmente um evento traumático; restaurar a esperança quando se sentir bloqueado e sem esperança; recuperar a força e a vitalidade quando a vida o desgasta; encontrar uma maneira de sair do caos; fazer suas viagens correrem bem; manter-se organizado durante um período de transição na vida; abrir o caminho para novas possibilidades e opções quando você se sentir bloqueado ou perdido na vida; ver e compreender qualquer situação em sua vida para tomar boas decisões; superar o bloqueio dos escritores ou quaisquer outros bloqueios à sua criatividade; tomar decisões financeiras sábias e se organizar financeiramente; atrair acuidade e habilidade analítica; superar os problemas; obter diferentes pontos de vista; atrair racionalização e a força da mentalidade crítica no alcance de metas.

Trazendo consigo a capacidade de analisar situações de forma acurada, considerando as diferentes perspectivas, este arcano denota o equilíbrio e a superação de desafios, incluindo os conflitos internos e externos.

O "Seis de Espadas" está relacionado ao pensamento crítico inerente ao "saber científico", mediante a observação criteriosa dos acontecimentos para uma tomada de decisão assertiva visando a sobrepujar adversidades.

6 DE BASTOS

Triunfo ❋ Fama ❋ Glória

PLANETA: Júpiter

COR: azul-royal, púrpura

AROMA: musk

PALAVRA-CHAVE: VITÓRIA

USO MÁGICO: obter grande sucesso em qualquer empreendimento; superar toda oposição; trazer reconhecimento e respeito de outras pessoas; ser recompensado por seu trabalho e receber grande aclamação; atrair confiança; conceder grande otimismo; trazer total segurança e proteção; promover paz e calma; projetar grande assistência para aqueles que sofrem de problemas de saúde; proporcionar clareza quando estiver confuso; superar a ansiedade social; aumentar a autoestima; favorecer o êxito, o poder, a força, a glória e a criatividade renovada; garantir sucesso, boas notícias, vitória, notoriedade.

Esta carta deve ser usada nos rituais que tenham como objetivo atrair prosperidade, expansão, boa sorte e realização. Invoque a energia deste arcano para atrair o júbilo do renascimento após o fim de um período opressivo, para que seja possível dar lugar à conquista de seus objetivos com mais facilidade.

O arcano também pode ser usado para expressar gratidão aos Deuses pelos frutos do trabalho árduo bem desempenhado. Também pode ser usada para revigorar sua energia, quebrar um paradigma, ajudar a fechar um ciclo, obter triunfo, superar as adversidades e alcançar algo que parece impossível ou fora do seu alcance neste momento.

6 DE COPAS

Restauração ❖ Compartilhamento ❖ Reconciliação

PLANETA: Sol

COR: dourado

AROMA: louro

PALAVRA-CHAVE: RENOVAÇÃO

USO MÁGICO: atrair boa vontade de outras pessoas, como presentes e favores; sentir-se perfeitamente contente e cheio de alegria; superar todas as preocupações; encorajar a fertilidade; perceber sua unidade com a luz universal que fornece todas as suas necessidades; restaurar a motivação e a força de vontade; experimentar a bem-aventurança divina; descobrir fontes ocultas de grande riqueza; revelar dons e talentos dentro de nós; desenvolver fortes habilidades psíquicas; obter o conhecimento para corrigir todo e qualquer desequilíbrio em nossa vida; sentir-se equilibrado e saudável em todos os níveis de ser físico e mental; tornar-se um mestre na manifestação; receber orientação sobre como resolver todos os problemas e realizar todos os desejos em sua vida; capacitar e fortalecer sua magia; banir toda má sorte e energias negativas; trazer a percepção dos segredos universais e físicos; promover restauração, reconquista, êxito, equilíbrio emocional, segurança afetiva, renovação, regozijo e cooperação; promover relacionamentos harmônicos, contentamento e revigoração.

Momento favorável para abrir sua mente e seu coração e deixar a alegria entrar. Como uma carta que propaga a energia revigorante do amor, o "Seis de Copas" anuncia a purificação, o renascimento, a renovação.

Para assegurar a prevalência do amor, é imprescindível ter a presença de espírito, a sabedoria e a tranquilidade para ponderar e decidir com propriedade, de forma assertiva, buscando encontrar soluções criativas e inovadoras para sobrepujar obstáculos, o que inclui lidar com os medos mais profundos do nosso âmago.

6 DE OUROS

Generosidade ❈ Perdas e ganhos ❈ Trocas

PLANETA: Lua

COR: branco, tons lácteos, creme

AROMA: ambargris

PALAVRA-CHAVE: COMPARTILHAR

USO MÁGICO: promover apoio público para um projeto; receber o favor de quem está no poder; ser apoiado e protegido por outros; adquirir os recursos necessários para atingir seus objetivos; aprender as informações necessárias para cumprir seus desejos; ganhar um mentor; descobrir informações ocultas; atrair admiradores; ganhar destaque em seu meio; ser um líder; conquistar a amizade e a confiança de seus superiores; trazer grande conquista material; receber perdão; transmitir uma imagem confiável; convencer os outros através da eloquência; influenciar os julgamentos a serem decididos em seu favor; favorecer prosperidade, benevolência, benesses, privilégios, boa sorte, ampla rede de contatos para viabilizar projetos e aferição de lucros.

Este arcano atrai transições exitosas, promovendo brilho e reconhecimento da força interior. Também pode ser usado nos rituais de magia para inspirar uma fase mais harmônica, plena, singular e bem-sucedida. Invoque a energia do "Seis de Ouros" para bons resultados quando for fazer alguma solicitação a alguém, para a materialização dos seus desejos e objetivos e também para obter resultados práticos e sucesso em todos os empreendimentos.

7 DE ESPADAS — 7 DE BASTOS — 7 DE COPAS — 7 DE OUROS

SETE – APRENDIZADO

No Tarô, os misteriosos arcanos do número "sete" simbolizam a dedicação aos estudos ocultos, à reflexão, à ponderação, à meditação, à transcendência, à sensibilidade apurada, à busca do conhecimento esotérico. Estão associados com o enigmático ciclo lunar dividido em fases de sete dias ou ainda as sete cores do arco-íris, os sete dias da semana, as sete notas musicais, enfim, expressam a singularidade em números considerados como mágicos, sagrados, profundos, intrincados, esfíngicos, pictóricos, subjetivos, herméticos.

Nesse sentido, na Magia com o Tarô são empregados em rituais para obter o esclarecimento sobre qualidades de difícil compreensão, que nem sempre são percebidas facilmente por outras pessoas, despertando a intuição reveladora, a inspiração da inteligência suprema, a iluminação metafísica, a sapiência cabalística, a elevação do poder espiritual e a miríade de possibilidades de desenvolvimento de sua psique.

As cartas numeradas em sete devem ser utilizadas em feitiços com o objetivo de alcançar a completude, evolução, plenitude e entender a filosofia por trás do Universo em constante metamorfose, mediante a harmonização do poder adquirido entre os mundos material e espiritual. São cartas ideais para proporcionar a transmutação, pois contêm em si as facetas do bem e do mal, em suas respectivas peculiaridades.

7 DE ESPADAS

Decepção ❖ Trapaça ❖ Desonestidade

PLANETA: Lua

COR: prata

AROMA: bergamota

PALAVRA-CHAVE: OPOSIÇÃO

USO MÁGICO: ter força para lidar com todas as responsabilidades e obrigações em sua vida; enfrentar a vida diretamente com coragem e confiança; ajudar a resolver situações difíceis em sua vida ou na vida de outras pessoas; superar a procrastinação; ter coragem para trabalhar com os outros; superar tendências para ser um solitário; vencer a ansiedade social; enxergar a verdade; descobrir traidores antes que eles possam causar danos; ver os outros como eles realmente são, além do glamour e da fachada ilusória que se escondem atrás; conhecer a si mesmo como realmente é e perceber o quanto é capaz; descobrir seu potencial oculto; descobrir aqueles que nos roubam; ganhar sabedoria para saber quem fala a verdade e quem fala mentiras; ter a coragem de dizer a verdade e confessar nossos segredos para fazer as pazes com os outros; adquirir resistência; lidar com as oposições, instabilidades, receios, mudanças na vida pessoal ou profissional; solucionar problemas de uma fase que demanda prudência.

Use esta carta em rituais que tenham como objetivo afastar o infortúnio, a frustração e as adversidades. Este arcano deve ser usando quando sentir que algum descontentamento esteja turvando a sua visão e confundindo a perspectiva de determinadas situações. Desta forma, esta carta pode ser usada para simbolizar o que precisa ser neutralizado para que seja possível superar um revés passageiro que tenha bloqueado suas metas e a realização dos seus sonhos.

Quando estiver passando por uma fase de vulnerabilidade, inconsistência, desarmonia, no qual tenha se tornado seu maior inimigo, levando-o ao isolamento, à abnegação, à resignação, use esta carta para representar tudo o que precisa ser anulado nesse sentido. E, ainda, use-a para significar a incapacidade de compreender e expressar os sentimentos, as preocupações e anseios do "eu" interior e os grandes obstáculos que devemos sobrepujar, visando a concluir com êxito um ciclo aparentemente desencorajador.

7 DE BASTOS

Desafio ❖ Determinação ❖ Luta

PLANETA: Marte

COR: vermelho, preto

AROMA: coriandro

PALAVRA-CHAVE: DESAFIOS

USO MÁGICO: buscar o que você realmente deseja; afirmar-se poderosamente em qualquer situação; superar as oposições aos seus planos; descobrir um caminho para a verdadeira riqueza; superar a pobreza e as dificuldades econômicas; suportar grande estresse e pressão na vida; enfrentar aqueles que o desafiam ou criticam; superar qualquer tentativa de impedi-lo de alcançar seus objetivos; ter certeza sobre alguma questão; superar a dúvida; manter a honra quando for desafiado; manter a integridade de uma organização ou grupo quando forças externas procuram enfraquecê-lo; restaurar vitalidade quando esgotada; revigorar as energias; superar a depressão e os sentimentos de desesperança; desenvolver a obstinação, a coragem, a perseverança frente aos desafios; estabelecer estratégia e tenacidade para superar as oposições, divergências, conflitos e contratempos.

Tal como a beleza da flor de lótus que emerge de águas estagnadas, este arcano pode ser invocado para nos fazer renascer com forças revigoradas. Suas cartas podem ser usadas onde precisamos de energia para enfrentar uma situação impactante, superar os momentos de adversidade e quando é preciso despertar, sobrelevar, dominar a escuridão para que possamos vislumbrar o caminho exitoso a ser trilhado.

Quando invocamos a energia desta carta, somos capazes de perceber as oportunidades que residem nas situações negativas e delicadas, que nos desafiam a sair da nossa zona de conforto para ousar e perseverar com força e determinação, mesmo em terrenos inóspitos.

Esta carta nos dá a capacidade de fazer o que deve ser feito, independentemente de opiniões alheias que desacreditam no nosso potencial em conquistar metas futuras. Utilize esta carta na Magia com o Tarô naqueles momentos em que você confiar plenamente no seu poder interior para planejar as coisas de forma estratégica, objetivando superar quaisquer percalços que surgirem no caminho.

7 DE COPAS

Ilusão ❖ Decisão ❖ Opções

PLANETA: Vênus

COR: verde

AROMA: valeriana

PALAVRA-CHAVE: ILUSÃO

USO MÁGICO: desenvolver sabedoria; tomar a decisão certa quando confrontado com muitas escolhas; dizer a verdade; fazer um parceiro permanecer fiel; escapar da tentação; ver através das ilusões; estar focado e comprometido com a tarefa certa no momento certo; sentir-se satisfeito com a prática da moderação; ser disciplinado; tornar-se organizado; trazer paz ao casamento; desenvolver a clarividência; atingir uma compreensão profunda e adquirir o conhecimento desejado; despertar o sexto sentido e permitir a percepção sobrenatural; compreender as experiências místicas e interpretar sonhos; amenizar o radicalismo; representar o hedonismo; simbolizar uma utopia, engodo, inquietação, esperança vã, dissimulação, egocentrismo, individualismo, luxúria, lascívia e desilusão.

Este é um arcano ilusório, que remete aos excessos, ao exagero, à entrega desmedida às paixões e, portanto, à decepção. Ele deve ser usado nos rituais para simbolizar uma pessoa que evoca o hedonismo, que vive aos extremos, a ferro e fogo, alguém que se desiludi facilmente, uma pessoa que compromete sua própria reputação, alguém que tem ciúmes de forma descomedida e que não consegue traçar metas reais e dá asas à imaginação fértil diante de cenários que exigem seriedade.

Esta carta deve ser empregada nos ritos que visam colocar fim a um ciclo vicioso, enraizado no mundo material e no desejo de conquistar sonhos utópicos quando o indivíduo busca a satisfação de suas necessidades de ordem física, sem se dedicar a encontrar o poder do seu "eu" interior.

7 DE OUROS

Avaliação ❖ Frutificação ❖ Colheita

PLANETA: Saturno

COR: cinza, preto

AROMA: assafétida

PALAVRA-CHAVE: FRACASSO

USO MÁGICO: trazer sucesso para todos os seus projetos; alcançar sucesso em sua carreira; avaliar o seu progresso em relação aos seus objetivos e fazer os ajustes necessários; ver os erros antes que eles aconteçam e corrigir o seu caminho; ter sabedoria ao investir; obter uma visão profunda de qualquer aspecto da sua vida; desenvolver uma habilidade; encontrar soluções criativas para os problemas; entender como plantar sementes que renderão maior colheita em sua vida; entender como a magia pode moldar sua realidade; trazer harmonia e equilíbrio para a sua mente e emoções; trazer períodos frutíferos de meditação e reflexão; abrir o terceiro olho e desenvolver a percepção espiritual; permanecer focado e dedicado a uma tarefa para alcançar o sucesso; banir o medo do fracasso, estagnação, desinteresse, letargia, desmotivação, procrastinação; representar a perda de oportunidades e privações.

Adversidade, obstáculos, desafios inesperados que parecem ser intransponíveis são representados nesta carta, que revela a hesitação em concretizar suas metas, o receio de errar. Use este arcano quando for necessário perseverar, ter fé e manter-se em movimento para superar a inércia e, finalmente, triunfar.

OITO – MUDANÇA

Arraigado nas ligações terrenas, o "oito" indica materialismo e também conexão entre o mundo material e espiritual, associando-se com conceitos relacionados ao carma dos atos passados, à ação e reação, às escolhas e consequências e à lei do "eterno retorno". Dessa forma, preza pela equidade, justiça, disciplina e harmonia em prol das realizações exitosas.

Nos rituais, use as cartas de número oito para se conectar com a força da mudança e a incessante fluidez do Universo, cujas ações se projetam e transbordam em nossa vida, à medida que buscamos materializar com parcimônia sonhos e objetivos, colhendo os frutos advindos das sementes escolhidas. Com uma vibração amena e ao mesmo tempo forte, os arcanos de número oito trazem consigo o progresso, a conquista e o aprimoramento mediante a determinação, a constância e a persistência, mesmo diante de cenários adversos.

É o número da concretização, da perenidade, da senioridade, do fluxo temporal, da proporção, da longinquidade. Por isso, ele pode ser usado nos feitiços que se relacionem com a morte, a deterioração e a decadência. Sua força se revela na resiliência, na perseverança, na capacidade analítica, na compreensão dos caminhos a trilhar, na obstinação, na capacidade de edificar e na ambição de conquistar.

O oito expressa o "homem superior", o juízo divino, sendo considerado pelos gregos como um ícone do tempo inexorável, do destino indefectível.

8 DE ESPADAS

Espera ❖ Isolamento ❖ Autossabotagem

PLANETA: Júpiter

COR: azul-marinho

AROMA: cravo

PALAVRA-CHAVE: FRUSTRAÇÃO

USO MÁGICO: ajudar a superar todos os obstáculos da vida; encontrar liberdade quando você se sente restringido pelas circunstâncias; ver novos caminhos e opções que você pode seguir para alcançar seus desejos; libertar-se de situações opressivas; trazer clareza à sua vida, compreensão da situação e sabedoria; tomar decisões sábias que conduzam à liberdade e ao sucesso na vida; receber orientação divina; superar a sensação de estar sobrecarregado; ter coragem para agir com poder e decisão; superar a mentalidade de vítima; trazer o conhecimento necessário para atingir seus objetivos na vida; sentir-se no comando de sua vida e ser capaz de realizar qualquer coisa; trazer o foco mental; alcançar grande confiança em todas as situações; planejar o sucesso; lidar com hesitações, desapontamentos, privações, conflitos, intromissão; resolver uma dúvida ou indecisão; obter taciturnidade, resignação; solucionar problemas relacionados à adversidade e à ganância.

Use esta carta para representar o receio na tomada de decisão devido às sucessivas atribulações e à interferência negativa – de pessoas ou de acontecimentos – em sua vida.

Na Magia com o Tarô, este arcano deve ser empregado para banir a indecisão, a hesitação, o medo de errar e, consequentemente, problemas advindos da estagnação.

8 DE BASTOS

Rapidez ❖ Notícias ❖ Oportunidades

PLANETA: Mercúrio

COR: marrom, amarelo

AROMA: caiena

PALAVRA-CHAVE: ORGANIZAÇÃO

USO MÁGICO: trazer iluminação espiritual e mental; estar acima das preocupações materiais e do peso do mundo; tomar decisões sábias com rapidez; executar planos com sucesso; superar todas as hesitações e timidez; acelerar uma decisão; fazer com que uma decisão seja tomada em seu favor; descobrir as informações necessárias; encerrar uma disputa com sucesso; seguir em frente e superar o passado; trazer um projeto ou empreendimento à uma conclusão bem-sucedida; terminar um relacionamento de forma harmoniosa; fazer com que aqueles no poder revelem informações que o ajudem a ter sucesso; superar obstáculos; desenvolver planejamento estratégico e tomadas de decisão assertivas; lidar com ações que demandam cautela; obter perspectivas distintas; alcançar a comunicação aberta e direta.

Use esta carta para despertar a fluidez de comunicação e a ponderação sob diferentes pontos de vista. Este arcano deve ser utilizado nos rituais que tenham como objetivo revelar uma ocasião propícia para observar o cenário de forma sensata e planejar os próximos passos para conquistar nossos sonhos e objetivos, além de ter a virtude de esclarecer equívocos que porventura tenham causado dissabores em nossa vida.

Invoque a força deste arcano para superar quaisquer hesitações e libertar-se das amarras que o limitam e restringem seu desenvolvimento pleno.

8 DE COPAS

Isolamento ❖ Afastamento ❖ Virar a página

PLANETA: Saturno

COR: branco

AROMA: violeta

PALAVRA-CHAVE: ESTAGNAÇÃO

USO MÁGICO: encontrar a coragem; sair de territórios familiares que já não lhe satisfazem em busca do novo; descobrir nossos verdadeiros desejos; encontrar o que preenche nossa alma; descobrir o propósito da nossa vida; ver além da superfície externa rasa de nossa vida e descobrir a verdade espiritual; encontrar a força para deixar um relacionamento moribundo ou um emprego sem futuro; descobrir o que drena nossa energia e obstrui nossa vida; recuperar a energia quando se sentir esgotado; encontrar propósito e significado quando a vida parece monótona e sem sentido; restaurar a energia quando se sentir esgotado pelas pressões e demandas da vida; lidar com o vitimismo, empecilhos, letargia, estagnação, apatia, objeção, receio, rejeição, insucesso, melancolia, retrocesso, involução, bloqueio psicológico e desistências.

A inércia, a desmotivação, a autocomiseração e o desinteresse podem ser atribuídos a este arcano nos rituais. Usado na Magia com o Tarô para simbolizar a estagnação emocional ocasionada pelas adversidades, privações, mentiras, delongamentos e decepções de toda sorte. Tudo o que pode resultar em desistência, renúncia, desequilíbrio, bloqueios psicológicos e emocionais e resignação, seja por receio de lutar e se frustrar, seja pelo temor relacionado ao ato de expressar nossos sentimentos, inclusive o amor, geralmente tomam forma nos rituais ao empregar esta carta.

8 DE OUROS

Trabalho ❖ Repetição ❖ Empenho

PLANETA: Sol

COR: amarelo, laranja

AROMA: neroli

PALAVRA-CHAVE: INSTRUÇÃO

USO MÁGICO: dedicar-se a uma tarefa; trabalhar com grande foco e persistência; acabar com a procrastinação; superar as distrações; fazer um progresso consistente com um projeto; obter conhecimento necessário ao cumprimento de seus objetivos; tornar-se um especialista em seu campo escolhido; aprender uma nova habilidade; ganhar sabedoria e paciência para planejar o sucesso a longo prazo; revelar ideias e oportunidades ocultas que levam à riqueza; superar a preguiça; aumentar a força de vontade; aprender a fórmula para o sucesso e a realização; desenvolver habilidades organizacionais e de gerenciamento de tempo; tomar decisões sábias; descobrir soluções para os problemas; aumentar o sucesso nos negócios; desenvolver uma reputação de excelência; alcançar prudência, harmonia, habilidades artesanais, equilíbrio, diplomacia, aprendizado, esclarecimento e ganhos financeiros.

Use este arcano nos feitiços e rituais para alcançar a transcendência, evolução gradativa, transformação interior e exterior mediante aprendizado e para encontrar oportunidades nos desafios vividos.

Esta carta atrai sinergia, afinação, concordância, intuição e constância. Também desenvolve o senso de cautela para ponderar as atitudes com sabedoria, de modo que seja possível planejar e edificar um futuro melhor, obtendo, assim, a tão esperada satisfação nos setores materiais da vida, incluindo o trabalho.

9 DE ESPADAS 9 DE BASTOS 9 DE COPAS 9 DE OUROS

NOVE – INTENSIDADE

O "nove" é considerado por diversas culturas como um "número mestre" por sinalizar o começo do próximo ciclo. Sendo assim, os Arcanos Menores com este número invocam a força de seu naipe em toda a sua intensidade. Para os naipes benéficos, garante sorte, prosperidade e alegria. Para os arcanos mais tensos, representa aspectos da vida que requer cuidado e atenção.

De um modo geral, em sua face positiva, os arcanos numerados em nove são usados na Magia do Tarô para representar os processos criativos, a nutrição, o legado da centelha de vida, o rejuvenescimento, a revitalização, enfim, um ícone da perfeição da humanidade, da harmonia entre os planos existenciais, da sabedoria e da abundante energia que move o Universo. Também são representantes da alta iconografia do espírito, tal como o equilíbrio e a sinergia entre os três corpos, que por sua vez agem em consonância em uma mesma direção, em busca da excelência, da primazia.

Em seu aspecto mais denso, as cartas de número nove atraem solidão, decepção, fanatismo, fracasso, medo, tristeza e tudo o que interfere nos processos de desenvolvimento pessoal e profissional em diversos níveis. Também simboliza o sacrifício, o primitivismo, a ânsia pela soberania, o embate entre indivíduos visando dominar, sobrepujar, exercer força sobre os outros, impor sua vontade, refletindo, assim, os ímpetos passionais, nossos instintos animalescos, nossos desejos viscerais.

9 DE ESPADAS

Culpa ❖ Sobrecarga ❖ Problemas

PLANETA: Marte

COR: vermelho

AROMA: tabaco

PALAVRA-CHAVE: CRUELDADE

USO MÁGICO: superar a preocupação e o medo sobre uma situação; encontrar soluções para as situações difíceis; transformar o medo e a ansiedade em confiança e autoconfiança, afim de superar quaisquer problemas; ter uma visão sobre a causa de problemas na vida; perdoar a nós mesmos e aos outros; trazer o alívio do arrependimento; libertar o passado; superar pensamentos obsessivos; ajudar a superar a insônia; trazer liberdade do desespero, consolo quando deprimido e paz de espírito; recuperar um estado de alegria; ajudar na reintegração com a vida, após um período de desligamento devido à ansiedade ou depressão; aplacar a cólera; eliminar a autopunição, a desordem, o abandono; lidar com desapontamento, rejeição; afastar a miséria, a depressão ou uma perda irreparável; banir o pessimismo e privações; resolver qualquer tipo de escândalo.

Hostilidade é a palavra de ordem deste arcano, que representa o que é cruel, beligerante, agressivo, martirizante, impetuoso e, portanto, traz consigo uma densa carga de violência, confronto, rivalidade, alvoroço, desamparo, depressão.

Sendo assim, esta carta deve ser usada para representar o "mal" que se pode fazer a outrem e, igualmente, a si mesmo, a qual queremos banir ou neutralizar. Se você estiver passando por uma fase desafortunada, repleta de toda sorte de infortúnios, escândalos, violências, trazendo à tona o banquete de consequências das próprias ações como intrigas, acusações, miséria, derrota e isolamento, use este arcano sobre o seu altar na posição que representa as coisas negativas que você quer bloquear e exterminar de sua vida.

9 DE BASTOS

Defesa ❋ Persistência ❋ Resistência

PLANETA: Lua

COR: branco, prata

AROMA: bálsamo

PALAVRA-CHAVE: DEFESA

USO MÁGICO: superar contratempos; triunfar sobre a oposição; quebrar obstáculos; levantar-se novamente, não importa quantas vezes tenha caído; trazer determinação firme e grande força interior; obter determinação e força de vontade; explorar a força interior ilimitada do âmago do seu ser; aumentar a força física, mental e/ou espiritual; realizar tarefas que acha que são demais para lidar com facilidade; descobrir o conhecimento oculto que leva a um grande poder e sucesso em sua vida espiritual e física; alcançar grande coragem; superar o medo e o pessimismo; obter o poder de proteger os outros; trazer a liberação de todas as dificuldades; superar as provações; resguardar-se; lidar com a melancolia, a nostalgia; vencer adversários dissimulados; superar a indisposição; atrair segurança e estabilidade.

O "Nove de Bastos" invoca a revelação do "eu" interior e a admissão das vontades mais desconcertantes do ser, trazendo à tona nossas facetas mais obscuras.

Use esta carta quando precisar chamar pelo reconhecimento e o fortalecimento do seu potencial por meio da superação de adversidades, dos desafios, das desventuras que o colocam à toda prova e quando for chegado o momento de defender aquilo que conquistou.

Na Magia do Tarô, esta carta deve ser usada para afastar as lembranças de um passado que não volta, superar as feridas dolorosas abertas para criar um movimento que gera energia, traz disciplina e promove integração.

9 DE COPAS

Prazer ❖ Entusiasmo ❖ Diversão

PLANETA: Júpiter

COR: azul-royal, púrpura

AROMA: almíscar

PALAVRA-CHAVE: FELICIDADE

USO MÁGICO: alcançar tudo aquilo que desejamos alcançar; cumprir com sucesso uma meta; manifestar nossos desejos; obter satisfação, luxo; descobrir a beleza em nossa vida; despertar a sensualidade; transformar situações difíceis em benéficas; alcançar harmonia e equilíbrio espiritual; descobrir a verdade que restaura o equilíbrio; desenvolver uma intuição aguçada; restaurar o que parece perdido; obter poder em sua expressão mais elevada; desenvolver relacionamentos produtivos; alcançar realização, amor, boa fortuna e satisfação diante da conquista de desejos de ordem material e emocional.

Use este arcano para atrair compaixão, amor, empatia, contentamento e felicidade, sentimentos inerentes ao nosso íntimo, bem como tudo aquilo que nos traz paz e harmonia nas relações com amigos e familiares.

Esta carta também deve ser usada para atrair um período de rejuvenescimento e revigoração, colocando um ponto final na dor, na mágoa, nos ressentimentos ligados aos acontecimentos passados, para encontrar o esperado equilíbrio, ter maior clareza para descobrir quais são os reais desejos do seu âmago e, enfim, empenhar esforços para conquistá-los.

9 DE OUROS

Realização ❋ Satisfação ❋ Felicidade

PLANETA: Vênus

COR: verde, azul

AROMA: canela

PALAVRA-CHAVE: SORTE

USO MÁGICO: encontrar nosso lugar na sociedade; controlar nossos impulsos; ser disciplinado; ganhar o favor de quem está no poder; ser confiável com grandes responsabilidades; ser visto como leal e útil para uma empresa ou organização; avançar com sucesso e com ajuda dos que estão no poder; trabalhar em harmonia com os outros; suportar períodos de estresse e trabalho árduo com graça e facilidade; contribuir com valor para a sociedade ou para uma organização; descobrir ser recompensado pelo seu trabalho; provar sua capacidade de lidar com qualquer coisa quando estiver sendo testado por superiores e considerado para uma promoção; ser visto como um ser culto e refinado; projetar graça e elegância ao seu trabalho ou personalidade; obter sorte; conseguir dinheiro adquirido subitamente; alcançar alta produtividade; lidar com temas relacionados a heranças; favorecer conquistas materiais fortuitas; alcançar conforto e bem-estar.

Em seus rituais, use este arcano para se alinhar com a energia da engenhosidade, alcançar seus sonhos e objetivos, promover o crescimento, a satisfação e, por fim, encontrar a realização material que traz consigo o equilíbrio emocional.

A essência desta carta atrai sempre as melhorias que estão por vir, representando o cultivo, a geração, a fortuna e a fecundidade.

10 DE ESPADAS   10 DE BASTOS   10 DE COPAS   10 DE OUROS

DEZ – CONCLUSÃO

As cartas numeradas em "dez" são usadas para invocar a colheita daquilo que é cultivado, seja para o bem, seja para o mal. Os Arcanos Menores deste número indicam a conclusão de um ciclo para o início de outro, variando sua natureza positiva ou negativa conforme os naipes que expressam a colheita das sementes que plantamos.

Este número não expressa nem o começo e nem o fim, pois é como se fosse um ponto de ruptura que representa a renovação de um processo. Em geral, sinaliza uma transição entre algo que finaliza e outra coisa que inicia.

Ele expressa a ordem divina e por isso vai desencadear tudo o que é preciso para que o equilíbrio possa se restabelecer. Nem sempre o desdobramento provocado pelo número dez é harmonioso e gentil, mas é sempre necessário no processo de reorganização do caos.

Em muitas tradições espirituais o número dez é a potência que contém todo o conhecimento de reconexão com o divino e que nos mostra o caminho de volta àquilo que é mais sagrado.

Quando chamamos a energia do dez na Magia do Tarô praticamente tudo pode acontecer, seja bom ou ruim. Portanto, esteja sempre preparado para surpresas quando trabalhar com esta energia em seus rituais e feitiços com os arcanos.

Invoque sua energia para representar plenitude, integralidade, saturação e condensação de energia e de força inerentes aos respectivos elementos.

10 DE ESPADAS

Fim ❖ Tristeza ❖ Deslealdade

PLANETA: Sol

COR: laranja, vermelho

AROMA: cítrico

PALAVRA-CHAVE: RUÍNA

USO MÁGICO: transformar estados de depressão em alegria; trazer revelações e conhecimentos que podem ajudar a escapar de situações desesperadoras; alcançar a vitória sobre situações difíceis na vida; desenvolver habilidades espirituais ou intelectuais; superar a dúvida; alcançar a autocapacitação; superar as visões negativas acerca de si; atrair orientação divina por meio de sonhos ou meditação; encontrar estabilidade e capacitar-se quando se sentir pressionado pelos eventos de vida; lidar com o medo, a decepção, a má sorte, imprevistos, desastres, decepção, ruína, desolamento e perdas expressivas.

O "Dez de Espadas" indica revés, frustração, desengano, infortúnio, ou seja, carrega consigo uma negatividade destrutiva, a energia caótica que aniquila os anseios ligados à felicidade, trazendo à baila toda sorte de receios: de morrer, de adoecer, de ser vítima de calúnia, de enlouquecer. Enfim, a ideia fixa do "medo" em si denota um ciclo vicioso, insano, nocivo invocado por este arcano.

A inversão de polaridade é característica da carta, uma vez que o armistício dá lugar ao conflito, a ordem se converte em caos, o saudável se torna doente, os que se unem igualmente se separam. Em suma, o "Dez de Espadas" representa o desmantelamento daquilo que é belo, feliz, harmonioso. Obviamente, é um arcano a ser usado com cautela e sempre numa posição de banimento e neutralização em seus rituais de Magia com o Tarô.

10 DE BASTOS

Peso ❖ Opressão ❖ Fracasso

PLANETA: Saturno

COR: preto, cinza

AROMA: raízes

PALAVRA-CHAVE: OPRESSÃO

USO MÁGICO: restaurar o equilíbrio à vida de alguém; proporcionar estabilidade em meio a situações instáveis; restaurar a harmonia quando a vida parecer arruinada; falar honesta e abertamente e ser ouvido com cordialidade e compreensão; receber ajuda de outras pessoas quando se sente sobrecarregado ou desesperado; ter forças para lidar com as tarefas diárias; superar o escapismo e enfrentar a vida diretamente; avaliar a situação de vida de uma pessoa e fazer ajustes onde existem fardos e lutas desnecessárias; encontrar uma maneira fácil de progredir; restaurar a estabilidade mental e emocional após um período de luta; recuperar a força física e o vigor após um esforço exaustivo; lidar com temas como autocomiseração, temor, fracasso, autoimolação, desgosto, insatisfação; representar pressões ligadas às responsabilidades e ao excesso de trabalho, a autocobrança e frustrações.

Uma carta que reflete nossa própria responsabilidade em relação àquilo que nos aflige, a "mea-culpa". O "Dez de Bastos" demonstra a cobrança e a repressão que impomos a nós mesmos, oprimindo assim os desejos do âmago e as nossas reais vontades devido ao receio de ser humilhado, rejeitado, ridicularizado.

Nesse sentido, a energia coibida busca dar vazão por meio de expressões negativas, traduzindo-se em cobrança excessiva em relação a si próprio e aos outros, inibição, recalque, restrição, derrota, limitação e fracasso. Portanto, esse é o momento de neutralizar as atitudes e pensamentos negativos, prejudiciais, para, então, virar o jogo e seguir em direção a um caminho positivo, abandonando aquilo que limita, que restringe seu desenvolvimento.

10 DE COPAS

Alegria ❖ Harmonia ❖ Final feliz

PLANETA: Marte

COR: carmim, magenta

AROMA: basílico

PALAVRA-CHAVE: TOTALIDADE

USO MÁGICO: experimentar um estado de perfeita alegria e paz; criar harmonia em uma família ou no relacionamento; manifestar amor incondicional que cura relacionamentos; manifestar boa fortuna; experimentar um estado de completo bem-estar; eliminar o estresse e a desarmonia; facilitar um processo; experimentar o apoio e ajuda da família; colocar fim em situações ou relacionamentos caóticos; restaurar o equilíbrio da mente e das emoções; superar todos os sentimentos negativos; silenciar pensamentos negativos; tomar decisões sábias que levam na vida e nos relacionamentos; alcançar a plenitude, realização, felicidade, êxito, positividade; obter boa sorte, estabilidade, harmonia familiar; desenvolver parcerias bem-sucedidas; favorecer a maturidade nos relacionamentos; ter uma colheita produtiva.

Dotado de uma aura de harmonia, união e autoconfiança, trata-se de um arcano de abundância, que na Magia com o Tarô traz resolutividade, fluidez, satisfação, amor, fartura, boas vibrações em todos os aspectos da vida para fazê-la fluir plena, livre, madura, ilimitada.

Esta carta atrai as soluções para os problemas, a renovação das alianças exitosas, felicidade da família e cumplicidade entre amigos, capacidade de "dar e receber" amor, bem como compartilhar a nossa satisfação em relação ao que é positivo, saudável e gratificante na vida.

10 DE OUROS

Riqueza ❖ Plenitude ❖ Opulência

PLANETA: Mercúrio

COR: amarelo, marrom

AROMA: melaleuca

PALAVRA-CHAVE: ALEGRIA

USO MÁGICO: atrair riqueza; aliviar problemas financeiros; alcançar prosperidade ao seu negócio; trazer liberdade financeira; conquistar segurança; proporcionar crescimento financeiro sólido e consistente e tornar seus empreendimentos prósperos; abrir as portas para grandes oportunidades; receber orientação sobre o curso de ação mais lucrativo; tomar decisões financeiras sábias; alcançar estabilidade na vida; criar um legado duradouro; ter uma vida familiar harmoniosa e abundante; ser recompensado por seus esforços; estabelecer-se em uma carreira; obter crescimento consistente em sua profissão; aumentar sua renda; conectar-se com a energia da prosperidade; conseguir acúmulo de bens materiais; atrair fortuna, parcerias frutíferas e enriquecimento.

Sem limites para nossas realizações, o "Dez de Ouros" deve ser usado nos rituais para atrair a virtude interior, a grandeza da alma, a concretização dos sonhos e objetivos e para que possamos demonstrar abertamente nosso verdadeiro valor.

Invoque a energia deste arcano para atrair conquista material por intermédio das parcerias bem-sucedidas, sucesso, estabilidade, segurança financeira e equilíbrio no ambiente familiar.

A MAGIA DAS CARTAS DA CORTE

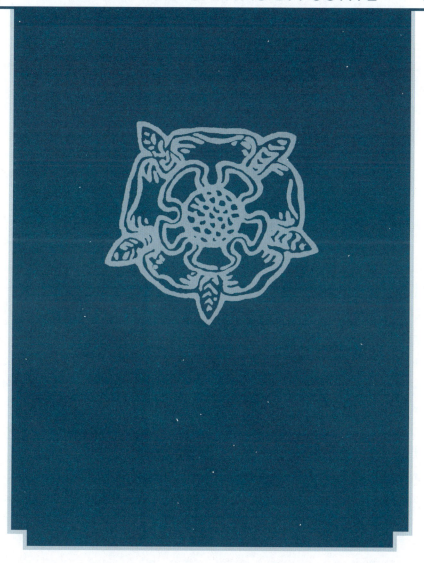

DE MODO GERAL, AS CHAMADAS "cartas da corte" conhecidas também por "cartas da realeza", representam para quem o ritual de Magia com o Tarô é feito ou a quem ele se destina. Assim sendo, elas caracterizam as pessoas que serão influenciadas pelo ritual. Isso acontece, porque cada uma das cartas da corte expressa os perfis humanos, que é claro, podem ser representados também por Arcanos Maiores em determinadas situações, mas tradicionalmente são as cartas da realeza que desempenham essa função.

Além disso, as cartas da corte também se conectam às diferentes emoções e circunstâncias que podem influenciar determinadas situações que são trabalhadas magicamente com o Tarô, de forma direta ou indireta:

VALETE: conectadas com o elemento Terra, essas cartas são usadas para trazer jovialidade, energia primitiva, imaturidade de um princípio, singularidade do que é "novo" e o pontapé inicial para um aprendizado, cujas lições são encerradas por seus respectivos naipes. Nos rituais são usadas para representar um jovem, uma criança e uma mulher solteira.

CAVALEIRO: arcano que deve ser usado na hora de ressaltar a racionalidade ou mesmo a frieza na diligência em prol do desenvolvimento intelectual e da conquista dos objetivos. São cartas que simbolizam a essência do elemento Ar. Usadas para retratar um homem solteiro. Quando estiver em busca da força de um naipe específico, coloque o Cavaleiro daquele conjunto de cartas sobre o seu altar e invoque sua energia.

RAINHA: arcanos vinculados à fluidez do elemento Água de modo geral. Usados para trazer a energia do acolhimento e a benevolência, características da emotiva energia feminina. Nos rituais, são empregadas para representar uma mãe ou uma mulher casada ou divorciada. Quando quiser invocar a plenitude sobre o elemento, invoque a energia da Rainha, cujo naipe corresponde a ela.

REI: cartas associadas à força do elemento Fogo. Exatamente por isso, são usadas nos rituais para invocar a força da dominância, a energia masculina, a autocracia de acordo com a natureza de cada naipe e seus respectivos elementos. Na Magia do Tarô são colocadas sobre o altar para representar um homem casado ou divorciado. Podem ser ainda usadas para invocar a autoridade suprema sobre o elemento do naipe pelo qual ela se expressa.

Uma coisa importante que se deve ter em mente quando estiver trabalhando com as Cartas da Corte na Magia com o Tarô, é que cada personagem representa um elemento, mas que ao ser associado a um naipe específico a energia daquele elemento será mesclada com a do naipe do arcano em questão. Isso significa que o Rei de Copas recebe a energia do elemento Fogo (Rei) e do elemento Água (Copas), por exemplo. Essas combinações vão resultar em Reis com aspectos e personalidades diferentes, graças ao tom que cada elemento dá e confere à natureza básica do personagem da carta. Isto, em termos simbólicos, expressa as características diversas dos temperamentos humanos. Motivo pela qual as cartas da corte representam as múltiplas personalidades que encontramos na própria vida.

As mesclas possíveis entre os personagens da corte e os naipes apoia positivamente ou trabalha contra o arcano em questão, porque os elementos se harmonizam ou desarmonizam, são complementares ou estão em conflito entre si:

COMBINAÇÕES HARMÔNICAS	COMBINAÇÕES DESARMÔNICAS
Fogo + Fogo (Rei de Bastos)	Terra + Ar (Valete de Espadas)
Fogo + Ar (Rei de Espadas)	Ar + Terra (Cavaleiro de Ouros)
Ar + Fogo (Cavaleiro de Bastos)	Água + Fogo (Rainha de Bastos)
Ar + Ar (Cavaleiro de Espadas)	Fogo + Água (Rei de Copas)
Terra + Terra (Valete de Ouros)	Ar + Água (Cavaleiro de Copas)
Terra + Água (Valete de Copas)	Água + Ar (Rainha de Espadas)
Água + Terra (Rainha de Ouros)	Fogo + Terra (Rei de Ouros)
Água + Água (Rainha de Copas)	Terra + Fogo (Valete de Bastos)

Como mencionado, as Cartas da Corte são as mais comumente usadas como "Significadores", ou seja, cartas que representam a pessoa que está fazendo o ritual ou a quem se dedica o rito que está sendo feito.

Nesse sentido, a "carta significadora" é escolhida em conformidade com as características psicossociais da pessoa a quem o ritual se destina. Isso pode ser feito de duas maneiras: intuitivamente, por meio da observação criteriosa de cada personagem retratado no arcano, escolhendo aquele que mais se parece com a pessoa ou, então, analisando as tradicionais correspondências, astrológicas ou físicas, estabelecidas para as respectivas cartas da corte.

AS CARTAS E O TIPO FÍSICO

As indicações basilares a seguir demonstram como a relação entre os naipes e os tipos físicos dos personagens das cartas da corte podem ser usados nos rituais de Magia com o Tarô. Levando em conta a gama de possibilidades de gêneros considerados na atualidade, tenha em mente que independentemente das correspondências tradicionais estabelecidas, as diferentes cartas podem representar um espectro amplo de indivíduos. Se as analogias tradicionais não fizerem sentido para você em função disso, leve em consideração as palavras destacadas em azul para pensar e usar o Tarô de forma mais inclusiva na hora em que for representar uma pessoa em seus rituais com um arcano:

AS FIGURAS

REI – trata-se de um homem mais maduro, alguém que detém poder. Alguém que ensina. Externa sua experiência.

RAINHA – representa uma mulher já madura, experiente, uma pessoa relevante. Alguém que apoia. Dá suporte à experiência.

VALETE – uma figura que representa a energia, a juventude, podendo ser uma criança ou mulher. Alguém inexperiente. Sem experiência.

CAVALEIRO – denota a força e a energia de um homem adulto e arrojado. Alguém que aprende. Vive as experiências.

Os naipes expressam o tom de cabelo da pessoa em questão a ser representada, tornando a correspondência ainda mais minuciosa e detalhada:

ESPADAS	cabelos pretos
BASTOS	cabelos vermelhos
COPAS	cabelos loiros
OUROS	cabelos castanho

Tomando como base tais referências, chegamos à significação de cada carta da corte de acordo com o tipo físico de cada personagem, de modo a propiciar a adequada representação de uma pessoa nos rituais com o Tarô[6].

Vamos conhecer agora mais amplamente o significado de cada uma dessas cartas de forma a aprofundar ainda mais seus conhecimentos e ampliar seus paradigmas na hora de fazer magia com as cartas.

---

6. Há também uma correspondência zodiacal entre as cartas dos Arcanos Menores e os signos que pode ser encontrada no Capítulo 9. Essa correspondência astrológica entre os Arcanos Menores e o Zodíaco é extremamente sofisticada e minuciosa, pois é possível estabelecer qual carta representa uma pessoa pelo seu próprio decanato, por exemplo. Essa precisão simbólica vale a pena de ser usada e valorizada nos rituais, pois torna sua magia ainda mais personalizada por meio de cartas significadoras específicas.

VALETES

Antigamente, nas cortes europeias, os jovens Valetes eram serviçais – mensageiros, assistentes, acompanhantes, zelavam pelas armas e montarias dos Cavaleiros, etc. Estavam próximos aos nobres e, portanto, com acesso a informações privilegiadas sobre intrigas, segredos familiares, amores proibidos. Por esse motivo, na Magia com o Tarô use os Valetes quando seu trabalho mágico tiver a função de trazer à tona revelações confidenciais. Podem também ser usados para representar aspectos negativos de nossa personalidade que precisam ser banidos: leviandade, inconsequência, dificuldade para amadurecer, insegurança e também para colocar fim nos projetos falidos ou processos de espionagem que você esteja sofrendo de alguma forma.

De modo geral, os Valetes podem ser empregados para simbolizar novos acontecimentos, inexperiências, imaturidade, os passos iniciais de uma jornada e garotos e jovens no início da vida.

Aludem, ainda, meninos e adolescentes nos rituais que tenham o objetivo de interferir em assuntos profissionais, podendo ser usados para simbolizar os aprendizes, ajudantes e estagiários. Representam juventude, projeção, algo que está para começar, a aurora de um novo dia, o berço de uma determinada situação, etc.

VALETE DE ESPADAS

Destreza ❖ Ideias ❖ Pensamento rápido

O Mensageiro

COMO SIGNIFICADOR REPRESENTA: uma criança ou uma mulher jovem de cabelos pretos.

ESTAÇÃO: primavera

COR: azul, branco, amarelo, verde

AROMA: campestre

PALAVRA-CHAVE: MENSAGEIRO

USO MÁGICO: fomentar notícias renovadoras; atrair virtude; promover a diligência; favorecer a presteza, inspirar sensatez; alcançar a metamorfose.

Um inteligente e esperto emissário entre Deuses e homens, o "Valete de Espadas" conecta-se com o que é mítico, viaja pelos planos e conduz as almas para o Outromundo, podendo ser usados assim em rituais e feitiços que invoquem poder de cura e que são cruciais para o recomeço, a continuação da vida, o início da nossa transcendência, à medida que passamos a caminhar por entre nossas próprias trevas para encontrar a luz.

VALETE DE BASTOS

Entusiasmo ✤ Astúcia ✤ Individualismo

O Impulsivo

COMO SIGNIFICADOR REPRESENTA: uma criança ou mulher jovem de cabelos vermelhos.

ESTAÇÃO: verão

COR: laranja, vermelho, dourado

AROMA: ládano

PALAVRA-CHAVE: IMPULSIVO

USO MÁGICO: vencer o receio de iniciar projetos; favorecer o ímpeto; despertar a avidez; lidar com notícias impactantes; obter respostas rápidas; desenvolver o instinto selvagem.

Ligado aos instintos primitivos de sobrevivência, o astuto "Valete de Bastos" pode representar nos rituais de Magia com o Tarô pessoas que conseguem se adaptar a diferentes terrenos, representando os espíritos livres, individualistas, espertos, brilhantes, imbuídos de memória e talentos expressivos.

Use esta carta para simbolizar alguém impulsivo, entusiasmado, ambicioso e até mesmo agressivo, insaciável, irracional, que age de forma impensada ao sentir quaisquer ameaças.

VALETE DE COPAS

Sensibilidade ❖ Perdão ❖ Ingenuidade

O Inocente

COMO SIGNIFICADOR REPRESENTA: uma criança ou uma mulher jovem de cabelos loiros.

ESTAÇÃO: outono

COR: marrom, laranja, verde

AROMA: madeira

PALAVRA-CHAVE: INOCENTE

USO MÁGICO: abrir-se para um novo relacionamento afetivo; atrair união; alcançar o amor genuíno; abrir as portas da vida para um casamento; favorecer qualquer tipo de nascimento; desenvolver a sensibilidade.

Arcano que reflete sabedoria, inspiração, conhecimento, presságio e aspectos consagrados da água, que envolvem o poder de cura, o ciclo de construção, destruição e fertilização, tal como a pureza do amor verdadeiro, genuíno, virtuoso.

O "Valete de Copas" é uma carta que pode ser usada para alcançar liberdade das emoções, superação dos ciúmes, confiança no poder do "eu" interior, iluminação dos sonhos, luta pelos ideais. Use-a em um feitiço para representar uma pessoa dotada de cortesia, amabilidade, romantismo, suavidade, presteza, inocência e brilho, alguém que se dedica plenamente para apoiar aqueles que ama.

VALETE DE OUROS

Objetividade ❋ Praticidade ❋ Empenho

O Promissor

COMO SIGNIFICADOR REPRESENTA: uma criança ou uma mulher jovem de cabelos marrons.

ESTAÇÃO: inverno

COR: preto, marrom, laranja

AROMA: sândalo

PALAVRA-CHAVE: PROMISSOR

USO MÁGICO: abrir-se para uma novidade; desenvolver a dedicação; despertar a si mesmo para praticidade; iniciar projetos; obter notícias favoráveis sobre finanças e/ou carreira.

Arcano relacionado à criação, à renovação, à vida, que ilumina nossos pensamentos, fazendo com que uma ideia se concretize no mundo material.

Use-o nos rituais com o Tarô para representar alguém perseverante, independente, prático, uma pessoa imbuída de força, vigor e poder.

CAVALEIROS

Em conformidade com os matizes que são revelados pelos arcanos, as cartas dos "Cavaleiros" simbolizam a energia ativa que impulsiona nosso crescimento, o movimento em direção ao progresso, as atividades que promovem nossa evolução, as viagens que descortinam novos horizontes.

No geral são cartas usadas nos rituais para representar homens jovens, na faixa dos 21 a 35 anos, até no máximo 40 anos, podendo desempenhar o papel de irmão, amigo, tio, primo ou cunhado.

Você também pode invocar as energias destas cartas para despertar seu coração para o campo afetivo, encontrar um amor ou um pretendente. Já no âmbito profissional, use estes arcanos para representar uma pessoa de nível técnico, que ocupe um cargo de confiança, que seja encarregada em uma função de destaque.

Os cavaleiros também podem ser usados para simbolizar novos ares, o arrojo das atividades, a dinâmica do movimento, uma curva ascendente em termos de mudanças consideráveis rumo ao novo.

As cartas dos Cavaleiros também podem ser usadas para dar novo ânimo de forma que seja possível dissolver os bloqueios criativos, a estagnação, aquilo que nos detém ou ainda algo que progride de forma desordenada.

CAVALEIRO DE ESPADAS

Análise ❖ Crítica ❖ Jornada

O Guerreiro

COMO SIGNIFICADOR REPRESENTA: um homem jovem de cabelos pretos.

SIGNO: Gêmeos

COR: amarelo

AROMA: cálamo

PALAVRA-CHAVE: GUERREIRO

USO MÁGICO: atrair intuição; buscar por inovação; desenvolver a criatividade; superar as dificuldades; despertar acontecimentos relevantes em sua vida; estar sintonizado com o espírito da vanguarda.

Insaciável, livre, desprendido, o Cavaleiro de Espadas denota alguém que gosta de estar na dianteira, desbravar o desconhecido, dar início a projetos e experienciar novas aventuras, objetivando conduzir seu poder criativo e intuitivo em busca da real compreensão, da revelação, do entendimento.

Simboliza uma pessoa inventiva, arrojada, revolucionária, inovadora, alguém que está na vanguarda das grandes mudanças que impactam não apenas a si próprio, como também aqueles que o rodeiam.

CAVALEIRO DE BASTOS

Aventura ❖ Inquietude ❖ Impetuosidade

O Empreendedor

COMO SIGNIFICADOR REPRESENTA: um homem jovem de cabelos vermelhos.

SIGNO: Sagitário

COR: azul-marinho

AROMA: cedro

PALAVRA-CHAVE: EMPREENDEDOR

USO MÁGICO: promover mudanças positivas (inclusive de residência); favorecer a busca espiritual; criar possibilidades de viagens; atrair oportunidades na carreira.

Um arcano que remete ao pioneirismo, o Cavaleiros de Bastos pode ser usado para representar um indivíduo intuitivo, criativo, persuasivo, impulsivo, alguém que costuma ser ao mesmo tempo justo e ambicioso.

Nos rituais de Magia com o Tarô este arcano é empregado para simbolizar alguém que tem a capacidade de observar os detalhes dos cenários em que estamos inseridos, buscando orientação e inspiração para os próximos passos na sua jornada pessoal e espiritual.

CAVALEIRO DE COPAS

Paixão ✤ Idealização ✤ Sedução

O Amante

COMO SIGNIFICADOR REPRESENTA: um homem jovem de cabelos loiros.

SIGNO: Peixes

COR: roxo

AROMA: violeta

PALAVRA-CHAVE: AMANTE

USO MÁGICO: atrair um romance; trabalhar os desejos íntimos; empreender uma jornada em busca do equilíbrio emocional; satisfazer os desejos; promover a chegada de um novo amor; abrir-se para oportunidades afetivas.

Um arcano ligado à transmutação emocional, ao poder que conduz os nossos anseios e sentimentos mais profundos. Use esta carta nos rituais com o Tarô para representar alguém que requer o domínio sobre necessidades e medos de ordem emocional, bem como o reconhecimento dos desejos mais íntimos (inclusive os sexuais). Também pode simbolizar uma pessoa dotada de sutileza e astúcia, contudo, é um amante facilmente influenciável, que guarda segredos sobre si próprio.

Ela pode ser empregada nos feitiços que tenham a função de promover a aceitação, busca pelo equilíbrio dos sentimentos e para impedir que nossos impulsos nos escravizem.

CAVALEIRO DE OUROS

Inflexibilidade ❖ Persistência ❖ Dedicação

O Competente

COMO SIGNIFICADOR REPRESENTA: um homem jovem de cabelos castanhos.

SIGNO: Virgem

COR: marrom

AROMA: lótus

PALAVRA-CHAVE: COMPETENTE

USO MÁGICO: ponderar sobre o momento favorável para suas ações; criar oportunidade financeira (inclusive para riqueza); iniciar um novo emprego; aventurar-se em um novo empreendimento; movimentar a vida financeira; conquistar a independência financeira no início da vida adulta.

A carta do Cavaleiros de Ouros é excelente para ser empregada em rituais para abrir oportunidades na carreira e no campo financeiro, pois tem suas energias voltadas para o mundo material.

Também pode ser utilizada para representar nos rituais uma pessoa dotada de competência, cautela, confiabilidade, inovação e curiosidade, cujas energias estão focadas nas possibilidades dos resultados produtivos, abandonando o que é obsoleto. E pode ser empregada nos feitiços para representar indivíduos que tentam comprovar seu potencial e sua eficiência profissional.

RAINHAS

Espelhando figuras femininas maduras e que têm poder de influenciar a família ou o ambiente profissional, as "Rainhas" têm diferentes características em conformidade com o naipe em que estão inseridas.

Ainda que não expressem a idade das pessoas em si, tais cartas são usadas na Magia com o Tarô para representar a autoridade de mulheres adultas, incluindo as idosas, que desempenham papéis hierárquicos de relevância: mãe, esposa, irmã, amiga, gestora, sócia ou professora, podendo caracterizar aquelas que são sexualmente ativas ou mesmo as amadurecidas.

Nos rituais ligados à família, as cartas podem apontar a mãe, a esposa, a avó, a tia, a irmã primogênita, desde que se mostrem em posições de poder, ou seja, aquelas mulheres que tomam decisões, que são o apoio, o sustentáculo familiar. Já nas práticas mágicas ligadas à carreira profissional, as Rainhas são arcanos empregados para representar a executiva, a chefe, a supervisora, enquanto nos meios acadêmicos denotam a diretora, a instrutora, a professora.

Uma Rainha pode retratar, ainda, uma figura masculina que é fortemente influenciada por uma mulher, seja ela sua mãe, esposa, conselheira, chefe ou sócia.

Use as cartas da Rainhas para invocar uma fase de crescimento, construção, formação, enfim, a energia virtuosa que nos possibilita uma colheita produtiva, centralizando assim os valores relacionados à criatividade, à benevolência, à solidariedade e à fortificação dos laços familiares.

Estes arcanos também podem ser usados para simbolizar figuras femininas que abusam do poder ou mesmo às adversárias que parecem ser invencíveis.

RAINHA DE ESPADAS

Astúcia ❖ Sensatez ❖ Inteligência

A Independente

COMO SIGNIFICADOR REPRESENTA: uma mulher madura de cabelos pretos.

SIGNO: Libra

COR: rosa

AROMA: lótus

PALAVRA-CHAVE: INDEPENDENTE

USO MÁGICO: favorecer a percepção; conquistar a liberdade; desenvolver senso de individualidade; despertar a capacidade de observação; adquirir fluidez na comunicação; abrir-se para a impetuosidade; tornar-se líder; romper com ideias estreitas e padrões obsoletos.

A Rainha de Espadas simboliza uma mulher com perfil inovador, singular, perceptivo e uma pessoa que perpassa aquilo que é superficial, que transcende o senso comum, que promove a contracultura. Em outras palavras, estas cartas são usadas na Magia com o Tarô para representar alguém que tem a presença de espírito para observar a dura realidade em vias de fato e, portanto, arrisca-se para desconstruir padrões e confrontar hábitos cotidianos em prol da libertação, da igualdade, de um mundo melhor.

RAINHA DE BASTOS

Confiança ❖ Poder pessoal ❖ Otimismo

A Otimista

COMO SIGNIFICADOR REPRESENTA: uma mulher madura de cabelos vermelhos.

SIGNO: Áries

COR: vermelho

AROMA: flor-do-campo

PALAVRA-CHAVE: OTIMISTA

USO MÁGICO: conquistar metas; desenvolver a honestidade; alcançar a plenitude; amadurecer emocionalmente; provocar o autoconhecimento; estabelecer uma relação de integridade e confiabilidade.

A plenitude do espírito, a altivez e a generosidade estão representadas na Rainha de Bastos. Este arcano pode ser usado para representar uma pessoa que consegue refletir o entendimento da sua missão a ser cumprida nesse plano existencial e o caminho a trilhar em busca da conquista de seus objetivos.

Use esta carta nos rituais de Magia com o Tarô para simbolizar uma figura dotada de benevolência, compaixão, determinação e emoções à flor da pele, alguém que anseia por mudanças, que aprecia a verdade, que irradia confiança.

RAINHA DE COPAS

Compaixão ❋ Auxílio ❋ Amabilidade

A Amorosa

COMO SIGNIFICADOR REPRESENTA: uma mulher madura de cabelos loiros.

SIGNO: Câncer

COR: prata

AROMA: cipó dos sonhos

PALAVRA-CHAVE: AMOROSA

USO MÁGICO: desenvolver o altruísmo; anular a interferência de outras pessoas; conquistar metas; idealizar algo; revelar aquilo que sente em seu íntimo; desenvolver a compaixão; doar-se e entregar-se para uma relação amorosa.

Imbuída de compaixão, altruísmo, maturidade emocional e equilíbrio, a Rainha de Copas é usada para simbolizar uma pessoa sonhadora, sentimental e romântica. Invoque este arcano para iniciar uma fase que requer total entrega em busca da plenitude no amor, para trazer um momento de abertura e para nos permitir expressar nossos reais sentimentos, sem receios, sem limitações.

RAINHA DE OUROS

Segurança ❖ Confiança ❖ Talento

A Ambiciosa

COMO SIGNIFICADOR REPRESENTA: uma mulher madura de cabelos castanhos.

SIGNO: Capricórnio

COR: preto, branco e cinza

AROMA: petiveria

PALAVRA-CHAVE: AMBICIOSA

USO MÁGICO: conquistar algo; ser mais ambicioso; adquirir estabilidade e êxito profissional; tornar-se autossuficiente; obter acúmulo de bens materiais.

A Rainha de Ouros retrata uma mulher audaciosa, vencedora, autônoma, organizada, receptiva e responsável, alguém que conhece seu próprio potencial, que conquista seus objetivos com base no mérito pessoal, que se orgulha dos seus próprios feitos, enfim, uma pessoa preparada para os próximos desafios. Contudo, a racionalidade pode deixar de lado as experiências metafísicas, privando-se assim do equilíbrio entre os mundos material e espiritual.

REI DE ESPADAS REI DE BASTOS REI DE COPAS REI DE OUROS

REIS

Considerando diferentes nuances e atributos de acordo com os naipes e o contexto que está sendo trabalhado magicamente, as cartas dos Reis expressam figuras masculinas em posições de poder, cuja hierarquia lhes confere predominância no âmbito familiar ou profissional, seja uma autoridade governamental, seja jurídica, militar ou civil, seja até mesmo de ordem moral.

Sendo adulto ou idoso, ou seja, um homem maduro, resoluto, esses arcanos podem representar em um feitiço o pai, marido, conselheiro, diretor, chefe, empresário, gestor, sócio ou um professor, por exemplo, tal como um amigo que exerce influência sobre nossas decisões, de modo racional.

Podem, ainda, ser usadas para representar mulheres proativas e que desempenham papéis considerados como sendo específicos dos homens pela sociedade. Assim, como acontece com todas as outras cartas masculinas da corte, um Rei nem sempre denota uma figura masculina, mas, sim, a força, a energia, a altivez, a liderança exercida com determinação por pessoas poderosas de qualquer gênero.

As cartas do Rei também podem representar nos rituais de Magia com o Tarô alguém que age como um benfeitor, um guru, um mentor, um conselheiro, um chefe ou ainda um pai ou marido que seja generoso e afetuoso. Podem também ser usadas para representar um inimigo forte, uma autoridade masculina que promove intensa oposição na conquista dos objetivos de quem está realizando o ritual.

Estas cartas podem representar pessoas que nos guiam em prol da estabilidade e da riqueza, demonstrando, assim, uma fase que representa alicerces sólidos, ordenação e disciplina.

Já em seus aspectos negativos, os Reis também podem ser empregados nos feitiços e rituais para simbolizar autocratas, pessoas egocêntricas que exercem poder de modo tirânico, comandando por meio da intimidação, da intransigência, do domínio. Nesse sentido, pode ser desde um pai taxativo até um marido ciumento e possessivo, um líder governamental que seja desonesto ou mesmo um professor injusto e intimidante.

REI DE ESPADAS

Articulação ❖ Assertividade ❖ Habilidade mental

O Estrategista

COMO SIGNIFICADOR REPRESENTA: um homem maduro de cabelos pretos.

SIGNO: Aquário

COR: azul-claro e branco

AROMA: lírio-branco

PALAVRA-CHAVE: INDEPENDENTE

USO MÁGICO: alcançar a sabedoria; desenvolver talentos; chegar a um entendimento; tornar-se mais flexível; despertar sua ambição pessoal; trazer oportunidades de mudanças profissionais e pessoais.

Decidido, corajoso e ponderado, este arcano é usado na Magia com o Tarô para representar alguém que observa os cenários de forma criteriosa, visando a tomar decisões assertivas, sem se deixar influenciar por opiniões alheias que não agregam, visto que está plenamente ciente de suas metas e do que fazer para alcançá-las.

Indicando a força que mescla o intelecto, a engenhosidade e a inspiração, o Rei de Espadas é geralmente empregado nos rituais para designar uma pessoa que nos orienta, que nos guia por um caminho produtivo, seja um mentor, seja um conselheiro, seja um professor.

REI DE BASTOS

Autoridade ❖ Liderança ❖ Autoconfiança

O Entusiasta

COMO SIGNIFICADOR REPRESENTA: um homem maduro de cabelos vermelhos.

SIGNO: Leão

COR: laranja

AROMA: açafrão

PALAVRA-CHAVE: OTIMISTA

USO MÁGICO: atrair mudanças produtivas no lar ou no trabalho; renovar a imagem pessoal; crescer profissionalmente.

Obstinação, clareza e dinamismo na busca por seus objetivos. Esta carta simboliza o reconhecimento do poder que reside no "eu" interior, a purificação do fogo, a evolução do espírito. Ela pode ser usada para invocar todos esses aspectos.

Nesse sentido, o Rei de Bastos é usado nos rituais onde se deseja representar uma pessoa destemida e ao mesmo tempo geniosa, envaidecida e benevolente, alguém que se orgulha de seus feitos e anseia por mudanças súbitas.

REI DE COPAS

Generosidade ❖ Sabedoria ❖ Segurança

O Romântico

COMO SIGNIFICADOR REPRESENTA: um homem maduro de cabelos loiros.

SIGNO: Escorpião

COR: vermelho

AROMA: patchuli

PALAVRA-CHAVE: ROMÂNTICO

USO MÁGICO: conectar-se com os sentimentos; acalmar as atribulações em um relacionamento; alcançar o equilíbrio emocional e a harmonização ao lidar com os sentimentos.

Agregando forças como o entusiasmo emotivo, o Rei de Copas denota graciosidade, elegância e amabilidade ao incorporar temas relacionados à paixão, que pode ser fugaz, e a romances utópicos, inerentes àqueles que vivem divagando, devaneando, sonhando.

Sendo assim, use esta carta para representar alguém de natureza tranquila, mas que às vezes tem forte tendência emotiva e exprime o desequilíbrio de ordem emocional pelos conflitos internos.

REI DE OUROS

Empreendedorismo ❖ Materialização ❖ Suporte

O Provedor

COMO SIGNIFICADOR REPRESENTA: um homem maduro de cabelos castanhos.

SIGNO: Touro

COR: verde

AROMA: vetiver

PALAVRA-CHAVE: PROVEDOR

USO MÁGICO: atrair provisão financeira; obter fartura; abrir-se para as oportunidades; conseguir uma promoção no trabalho.

Comprometimento, responsabilidade, paciência, tranquilidade, quiçá dependência e materialismo são características básicas do Rei de Ouros, que personifica a figura paterna, aquele que provê.

Use este arcano quando precisar trabalhar os valores sociais, às finanças e ainda à medicina. Nos rituais de Magia com Tarô, esta carta é usada para representar alguém que lida com as preocupações cotidianas, que trabalha com afinco para suprir as necessidades de outras pessoas, que compreende a importância de cada aspecto inerente às questões emocionais, materiais e espirituais.

RITUAL PARA ATIVAR A ENERGIA DOS ARCANOS MENORES

Assim como rituais podem ser realizados para ativar a energia de cada Arcano Maior, o mesmo pode ser feito para se conectar com o poder dos Arcanos Menores.

Criar um ritual para estabelecer conexão com os Arcanos Menores não é tarefa difícil ou complicada. Basta empregar as cores, aromas e palavras-chaves descritas para cada arcano, estabelecendo um conjunto de ações coordenadas e focando sua intenção forte por meio da visualização criativa.

Uma visão geral para a criação de um ritual espontâneo incluiria os seguintes passos:

1) Defina sua intenção e identifique qual arcano usar.

Cada Arcano Menor pode ser usado para trabalhar uma área da vida humana. Então, defina seu objetivo e identifique qual a melhor carta que pode trazer para você aquilo que deseja.

2) Estabeleça os materiais a serem usados.

Todo arcano possui uma infinidade de correspondências como cores e aromas. Itens como velas e uma toalha nas cores associadas com a carta podem ser usados para potencializar a conexão com o arcano. Essências e ervas podem ser usadas em forma de óleos, plantas ou incensos. Basicamente, uma superfície coberta com um tecido na cor relacionada ao arcano, com a carta no meio de duas velas ungidas com um óleo no aroma associado à lâmina são suficientes para fornecer uma base de trabalho mágico inicial satisfatória.

3) Faça uma invocação formal e declare o propósito do trabalho.

Acenda as velas e invoque a energia do arcano declarando o propósito do seu trabalho mágico. Esta invocação é um chamado à energia ou às inteligências que estão por trás dos arcanos. Esta invocação define a conexão entre você e a inteligência de cada carta e ela pode ser simples ou complexa, espontânea ou tradicional de acordo com seus conhecimentos ou preferências. O importante é estar com a mente e o coração abertos nesta hora e que você esteja completamente presente no processo. Palavras como as que se seguem podem ser usadas em qualquer ocasião para declarar a intenção de um ritual com o Tarô:

> Peço que a presença divina que anima este arcano me ensine o que preciso saber para que eu possa alcançar (dizer aqui o seu desejo).
>
> Como acima, é abaixo; como dentro, é fora. A divina luz conecta tudo o que há. Que assim seja!

4) Medite sobre seus propósitos e visualize a realização do seu desejo.

Nesta etapa, medite por alguns instantes e visualize seu desejo se realizando. Você pode nessa parte da cerimônia realizar uma Jornada Interior para se conectar mais profundamente com o arcano.

5) Finalize a cerimônia e agradeça.

Finalize agradecendo à inteligência da carta por lhe fornecer a orientação necessária e unir forças com você na realização de suas intenções e desejos. Isso não precisa ser muito prolixo ou decorado e pode ser facilmente resumido em uma ou duas frases, talvez acompanhada com o toque de um sino para significar que o ritual está encerrado.

Se sentir que é necessário, ao final do ritual você também pode fazer uma breve meditação para aterrar.

Para isso, sente-se no chão com os pés e mãos bem plantados no solo e feche os olhos. Imagine seus pés e mãos criando raízes no chão abaixo de você, cavando lentamente para baixo como se fossem as raízes de uma planta, conectando você com a terra. Mantenha essa visualização até se sentir parte da terra e deixe essas raízes agirem como uma planta, absorvendo as energias da terra e alimentando-as de volta para você. Quando se sentir revigorado e pronto, visualize as raízes diminuindo e retornando para suas mãos e pés. Sente-se confortavelmente. Você agora está renovado e aterrado e o Universo atenderá o seu desejo.

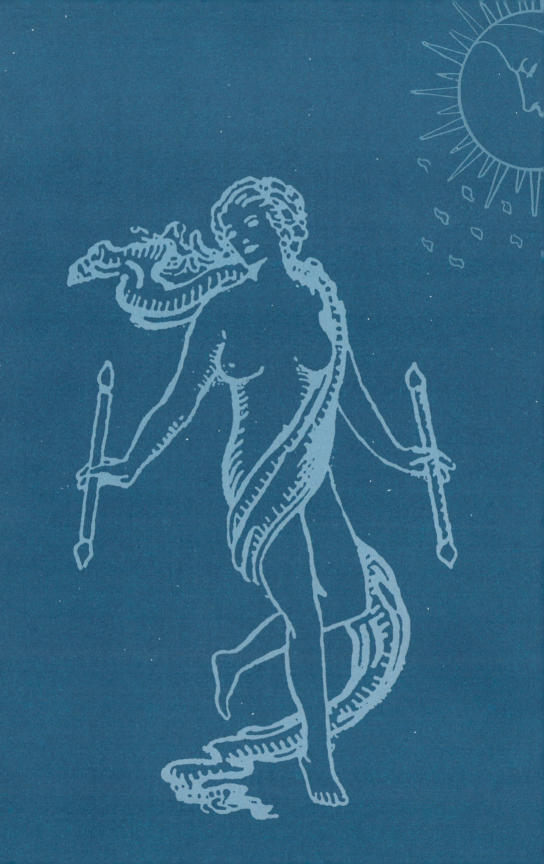

CAPÍTULO 7

CONSAGRANDO O TARÔ PARA FAZER MAGIA

A PRIMEIRA COISA QUE DEVE SER FEITA com seu conjunto de cartas para serem usadas na magia é consagrá-las.

 O Tarô que compramos em uma loja não têm valor sagrado nem poder; não são mais do que folhas impressas. Para que se tornem especiais devemos torná-las nossas, fazer delas um pedaço de nós, parte de nosso corpo e ligá-las intimamente ao nosso inconsciente. Devemos realizar com elas ações íntimas, tornando-as um objeto de poder, carregadas de afetividade. Esta ligação deve ser ritualizada a fim de transmitir as vibrações adequadas ao seu baralho para que ele se torne verdadeiramente um instrumento mágico.

 Realizar a consagração de um baralho de Tarô é uma operação pela qual se estabelece um vínculo entre nós e os arquétipos de cada arcano. Essa tradição é muito antiga e tem um objetivo que é magnetizar nossos baralhos. Consagrar um Tarô equivale a entrar em contato com a "egrégora", a forma de pensamento que rege o Tarô, ou, em outras palavras, a *Anima Mundi*, a Alma do Mundo, bem como com o inconsciente que emana de muitos pensamentos orientados para o mesmo fim, provenientes, por exemplo, dos grupos de pessoas que estão vivas ou que passaram pela vida e se conectaram também com o Tarô. Assim sendo, a consagração do seu baralho cria um elo com todas essas forças.

 Primeiro, recomenda-se a realização de uma purificação no baralho. Com ela removemos toda a energia psíquica que permaneceu acumulada nas cartas durante a sua criação e a consagração, na sequência, impregna a nossa energia psíquica, de modo que elas falem conosco a nossa língua, para que possamos nos comunicar corretamente a cada vez.

A purificação deve ser feita em um lugar calmo e, se possível, esteja sozinho. Você pode fazer a purificação sobre um altar montado como exemplificado anteriormente. Caso ainda não possua todos os artefatos, estenda em uma mesa uma toalha e comece a desfolhar as cartas uma a uma sobre a superfície. Faça isso voltado para o Norte, que é ponto magnético da Terra. Acenda uma vela e uma vareta de incenso; feche os olhos por um momento, faça algumas respirações profundas e então, em voz baixa, pronuncie algumas palavras que soem sagradas para você e que expressem suas intenções. Palavras como:

> Em sintonia com as forças dos elementos da natureza, peço que estas cartas sejam purificadas pela justiça e pela sabedoria, e que sejam usadas sempre para o bem e para a elevação espiritual maior.

Consagrar o baralho consiste em realizar um ritual onde as cartas se conectam com o seu dono. A maneira de consagrar pode variar para cada pessoa. Pode ir de uma cerimônia elaborada, levando em consideração a simbologia do seu caminho espiritual, até simplesmente colocar as mãos sobre as cartas e ligá-las ao propósito mágico. O que importa é que uma ponte seja estabelecida entre você e o baralho.

Quase sempre os quatro elementos da natureza são usados para estabelecer essa ligação. Mas isso não é especialmente necessário. O mais importante é sua intenção. Você pode ir desde uma exposição das cartas à luz da lua (durante toda a noite), deixando alguns minutos ao sol, ou simplesmente embaralhá-las e colocá-las embaixo do seu travesseiro para que seu baralho se impregne com a sua energia. As opções são muitas e você pode fazê-lo como quiser.

Há apenas duas coisas que deve considerar quando estiver consagrando suas cartas: quando você consagrar um Tarô, ele será para seu uso exclusivo. Você pode deixar alguém tocá-lo, um consulente pode tocar para cortar ou pode escolher as cartas numa leitura; mas você não deve emprestá-lo a outros, porque a energia de outras pessoas não é a mesma que a sua. Isso é especial, sobretudo na Magia com o Tarô. Segundo, não deixe que o baralho seja danificado ou maltratado no processo de consagração, não só porque isso dificulta sua leitura, mas porque eventualmente as cartas se estragam e você vai ter de descartá-las.

Antes de iniciar o ritual de consagração, gentilmente, acaricie o baralho de cartas e misture-as incansavelmente, sem danificá-las, durante vários minutos. Conforme as cartas escorregam por entre os seus dedos, faça isso sem ver ou pensar em qualquer outra coisa.

Então o Tarô se tornará algo musical, expressivo e receptivo, tão sensível quanto um pêndulo. É aconselhável passar cada carta, lenta e pacientemente, em cada parte do seu corpo para uni-las com a sua vibração e fluidos biológicos, para que ondas de energia entre você e o Tarô se formem. Sopre sobre cada lado das cartas. Se quiser, durma com cada uma delas embaixo do seu travesseiro. Cada noite coloque uma carta diferente, o que levará um total de 78 dias para completar esse link. Claro que tudo isso são apenas sugestões e você pode escolher reunir vários métodos para o propósito desta consagração.

Todos esses atos têm a intenção de agir sobre o inconsciente e criar uma ligação entre você e as cartas. Entenda que se você não sentir um grande amor por seu baralho de Tarô e se ele não for visto como um belo diamante ou um belo trabalho artístico, isso impedirá que crie uma ligação profunda com ele para fazer magia.

O dia mais apropriado para consagrar as cartas é a segunda-feira, já que é o dia governado pela Lua, o planeta que rege a intuição e a clarividência. Faça isso com a Lua em quarto crescente ou no plenilúnio (a Lua cheia).

Após purificar e consagrar o seu Tarô, embrulhe as cartas em um lenço preto ou qualquer outro pedaço de pano não sintético e não as toque por sete dias. Assim, você as manterá afastadas das energias nocivas, enquanto somente as energias positivas estarão sendo concentradas ali. Depois desses sete dias, é ideal que sempre que não usar as cartas, elas sejam envolvidas pôr um lenço de seda, para manter as energias sempre concentradas.

Pronto, seu Tarô está purificado e consagrado e agora pode ser usado para fazer magia.

ALGUMAS DICAS PARA TORNAR SEU BARALHO DE TARÔ AINDA MAIS MÁGICO

Depois de consagrado, é muito importante criar uma conexão e um forte vínculo com o baralho de Tarô que você vai usar em seus rituais de magia.

Veja a seguir algumas ideias que podem se tornar aliadas poderosas, capazes de estreitar o vínculo entre você e as cartas, de forma que seu Tarô se torne um grande aliado mágico em seus encantamentos e feitiços:

1) **Passe algum tempo com o seu baralho e mantenha-o com você.** Ele pode permanecer no seu bolso, na bolsa, na mesa do escritório ou ao lado de sua cama. Quanto mais tempo estiver em contato como seu Tarô, melhor. Uma regra geral que parece funcionar bem com a maioria das pessoas é manter seu baralho sempre junto a você por uma semana completa. Quanto mais ele estiver em contato com você, mais suas energias vão se mesclar.

2) **Durma com o seu Tarô.** Mantenha as cartas perto de você enquanto dorme. Você pode colocá-las ao lado da mesa da cabeceira, manter o baralho embaixo do travesseiro ou todas as noites pegar uma carta e colocá-la ao seu lado para que lá ela permaneça enquanto você dorme. Isto pode abrir espaço para se tornar o momento perfeito para incorporar um diário de Tarô na sua rotina. Anote em um caderno com qual carta você dormiu e escreva os sonhos que tiver durante essas experiências. Você pode se surpreender com os acontecimentos e resultados dessa rotina.

3) **Apresente-se a cada arcano.** Segure cada uma das cartas e examine-as em detalhes, procurando meditar sobre suas percepções iniciais acerca de cada uma das lâminas. Você pode passar uma hora fazendo isso ou tornar a experiência um evento de vários meses, passando algum tempo examinando uma carta por dia!

4) **Use-as!** A prática não apenas leva à perfeição, mas também apresenta a personalidade dos arcanos.

5) **Trate as cartas com respeito e reverência!** Embrulhe-as em seda, guarde-as com o seu cristal preferido, limpe-as energeticamente quando sentir que houve um acúmulo de energia e guarde-as em uma caixa especial. Se você tratar suas cartas com respeito, o vínculo entre você e elas se tornará mais forte!

6) **Fale com suas cartas!** Pode parecer estranho, mas funciona! Explique ao seu Tarô quais são suas intenções e funções. Se você vai usar um baralho estritamente para magia, conte isso para ele e peça que as cartas se tornem suas aliadas.

7) **Agradeça!** Depois de usar o Tarô para realizar rituais de magia, agradeça a ele! Novamente, isso pode parecer estranho, mas ajuda! Quando você faz um ritual e seu pedido se torna realidade, você não agradece aos Deuses? A egrégora existente por trás do Tarô pode ser agradecida também. Ela é a Alma Viva do Mundo.

Existem muitas maneiras diferentes de se conectar com suas cartas e você descobrirá muitas outras ao longo da sua jornada de conexão com o Tarô. Deixe sua intuição lhe guiar neste processo.

CAPÍTULO 8

UM ALTAR PARA O TARÔ

A PRIMEIRA CARTA DO TARÔ traz a figura do arcano do Mago. Ele está em frente a uma mesa onde são encontrados os quatro Instrumentos Clássicos da Magia: Espada, Bastão, Cálice e Pentáculo.

Esta carta nos fornece um ensinamento precioso para a prática da Magia com Tarô: assim como o Mago, precisamos de um espaço reservado para realizar nossos rituais.

Para realizar rituais você vai precisar de um altar que deve contar com artefatos de importantes simbolismos, onde as cartas e tudo do Tarô serão dispostos. Como você aprenderá mais adiante, pedras, ervas, velas, incensos são aliados poderosos em sua magia e serão colocados também sobre o altar em layouts específicos, assim como as cartas, representando esquemas que simbolizam o que você deseja alcançar.

A palavra "altar" vem do grego *Altum*, que significa "lugar elevado". Assim, o altar é simbolicamente considerado o centro espiritual do Universo, um espaço sagrado estabelecido que tem a função de se tornar um ponto focal de concentração de energia por onde nosso desejo possa ser canalizado durante os rituais.

Exatamente por este motivo, você deve ter um altar para a prática da Magia com o Tarô. Esse espaço também se tornará um local apropriado onde poderá realizar meditações com as cartas, jornadas interiores ou simplesmente ativar a energia de um arcano, cuja força você esteja precisando em um determinado momento.

Criar um altar não é algo difícil ou complicado. Se você já é familiarizado com a Wicca ou com outros sistemas mágicos, essa tarefa será fácil. Caso contrário, com um pouco de imaginação e seguindo as orientações aqui fornecidas, você terá condições suficientes para realizar tal feito.

Altares podem possuir variadas aparências e ser de diferentes tamanhos. No caso da Magia com o Tarô, o ideal é que a superfície reservada para ser seu altar seja ampla, pois as cartas serão dispostas sobre esse espaço. A não ser que esteja querendo trabalhar com Tarôs em miniatura, o que pode ser bastante prático nesses casos. Tenha sempre a certeza de que o espaço que está reservando para servir de altar tem capacidade de comportar pelo menos entre 5 e 10 cartas de uma vez e sem estarem sobrepostas sobre a superfície escolhida.

O altar vai ajudar a conferir um senso de sacralidade tanto ao seu ritual quanto ao espaço em que a cerimônia acontece, e vai fornecer um ambiente no qual poderá realizar seus rituais e fazer seus feitiços em uma base diária.

Não há regra específica de como o seu altar deve ser. Ele pode ser simples ou elaborado. Tudo vai depender de sua preferência ou até mesmo do espaço onde ele permanecerá. Você pode montar o seu altar sobre a estante, em um móvel no canto do seu quarto, ou preparar uma sala inteira ritual onde ele terá destaque especial. Procure montar seu altar sobre materiais naturais e orgânicos, como madeira, pedra ou vidro pois eles estão mais conectados com as energias da natureza e, por isso, possuem vida.

Para iniciar, cubra com um pano a superfície que você escolheu e que servirá como base para a seu altar. A cor do tecido fica à sua escolha, porém, as mais utilizadas são as neutras e que dão destaques às cartas. Entre as cores preferidas para este propósito estão o preto, branco, vermelho e violeta.

Há muita controvérsia sobre para qual ponto cardeal o altar deve estar voltado e as diferentes tradições mágicas geralmente divergem quanto a isso. Para aqueles que como eu praticam a Wicca, o altar fica sempre voltado para o Norte, o ponto cardeal mais importante para a Bruxaria. O Norte representa o elemento Terra, símbolo do oculto, da sabedoria, do conhecimento e da morada dos Deuses Antigos. Porém, não há uma regra específica quanto a isso e se a Wicca não for o seu caminho espiritual, você pode seguir o costume da sua Tradição e voltar o seu altar para o ponto cardeal que fizer mais sentido para você. Tenha em mente, no entanto, que como a Wicca é o meu caminho espiritual e, dado a universalidade do seu sistema que contempla a maior parte das Tradições Ocidentais de Mistérios, todas as referências aqui encontradas se pautam nesta forma de espiritualidade. Conforme for lendo este livro, talvez haja a necessidade de fazer algumas adaptações para que determinadas correspondências façam sentido para você. Sinta-se livre para fazer isso quando sentir que isso é necessário.

Porém, independentemente de qual seja seu caminho mágico e espiritual, uma visão que é compartilhada entre todas as Tradições é de que o altar é o ponto onde os quatro elementos da natureza vão se encontrar. Exatamente por isso, Fogo, Terra, Ar e Água devem estar sobre ele representados de alguma maneira.

A Terra pode ser representada por uma pedra, o Ar por um incenso, o Fogo pelas velas e a Água por uma pequena tigela com água. Quaisquer outros utensílios que para você represente os elementos podem ser utilizados igualmente.

Se você, como eu, pratica Wicca, talvez deseje alinhar o seu altar com os pontos cardeais colocando tudo aquilo que representa a Terra no Norte, o Ar no Leste, o Fogo no Sul e a Água no Oeste. Pode também incluir imagens ou representações da Deusa do lado esquerdo e do Deus do lado direito do altar, representando o poder das polaridades, ou então uma vela preta para representar a Deusa e uma branca para representar o Deus.

Os símbolos mais comuns da Deusa são: uma concha, pedra furada, pedra achatada, Runa Berkana, meia-lua, cisne, gato, cavalo, coruja, pedra da lua, *triskle*, taça, caldeirão, guirlanda de flores, símbolo das três fases da Lua, *ankh*, maçã, bracelete, colar com 40 ou 70 contas, imagens de antigas Deusas como Cerridwen, Afrodite, Sheela na Gig, Hécate, Brigit, uma vela preta, azul ou prateada colocada no lado esquerdo do altar.

Os símbolos mais comuns do Deus são: uma bolota, pedra pontuda, chifres, topázio, Runa *Sowelu*, sol, punhal, Bastão, serpente, cervo, touro, carneiro, guirlanda de folhagens, círculo encimado por uma meia-lua com as pontas apontando para cima, triângulo com a vértice para cima, estaca, imagens de antigos Deuses como Cernunnos, Dagda, Pã, Fauno, Dionísio, Eros, Zeus, uma vela branca, verde ou marrom à direita do altar.

Se você quiser dar um ar mais cerimonial e sofisticado ao seu altar, poderá usar os quatro Instrumentos Mágicos clássicos para representar os elementos da natureza.

O **Athame**, representando o elemento Ar e deve ser colocado sobre o altar no ponto Leste. Está associado à primavera e aos signos de Gêmeos, Libra e Aquário e deve ajustar-se, agradável e confortavelmente na sua mão, em primeiro lugar. Tradicionalmente, a lâmina de um Athame tem a mesma medida que vai do pulso de sua mão de poder (a mão com a qual você escreve) até o dedo médio. Quando for usar o Athame, volte-se para o Leste e invoque os Poderes do Ar. Peça a sua benção, assim como a benção dos elementais do Ar para usar o Instrumento Mágico que está sob o seu domínio. O Athame é usado para traçar o Círculo, exorcizar as forças negativas, direcionar as energias dos rituais, controlar os espíritos invocados e na consagração mágica do vinho, é por isso que o Athame é tido como símbolo da fertilidade da fecundação.

Considerado um reservatório de força e de energia, o Athame só deve ser desembainhado quando for ser usado. É um Instrumento sagrado e deve ser tratado com respeito e reverência, usado apenas para finalidades mágico-ritualísticas. A Tradição diz que o Athame de um Bruxo deve ser ganhado por pessoas que pertençam à Arte ou por uma pessoa ao qual temos especial afinidade e amizade. Se conseguir um Athame desta forma, ótimo. Caso contrário, você poderá optar por comprá-lo e consagrá-lo pelas suas próprias mãos. O Athame possui dois gumes, por isso representa o discernimento e o conhecimento que todo Bruxo deve possuir entre os poderes do bem e do mal.

O **Bastão**, representando o elemento Fogo e deve ser colocado sobre o altar no ponto cardeal Sul. Está associado ao verão e aos signos de Áries, Leão e Sagitário. Quando for usar o Bastão, volte-se ao ponto cardeal Sul e invoque os Poderes do Fogo, pedindo sua benção e permissão para usar o Instrumento Mágico que está sob sua proteção e domínio. O Bastão é um dos Instrumento Mágicos mais importantes da Bruxaria, pois com ele também podemos traçar os Círculos Mágicos, além de desenhar símbolos sagrados no chão, no ar e direcionar a energia. Bruxos que não gostam de usar frequentemente o Athame, usam um Bastão como substituto. Ele representa a força, a vontade e o poder mágico de quem o usa. É um símbolo mágico do Deus. Há bastões de vidro, cobre, prata e outros metais, mas o "material clássico" ainda é a madeira e assim ele assume a forma de Vareta Mágica. Várias madeiras têm diferentes usos e associações mágicas. Um Bastão simples pode ser feito com um tubo de cobre de 30 cm, com uma ponta de cristal encaixada ou colocada em uma das extremidades e fechado com um tampão, também de cobre, na outra extremidade. Outros Bruxos, no entanto, aderem ao uso de uma Vareta Mágica que tem valor equivalente ao Bastão. Se essa for sua preferência, você deve colher o galho de uma árvore e cortá-lo na medida que vai do cotovelo do seu braço (direito se você for destro e esquerdo se for canhoto) até o dedo médio da mesma mão, pois esta é a sua medida mágica. Além disso, é imprescindível escolher uma árvore que esteja em ressonância com a finalidade para qual a Vareta Mágica será usada, pois cada árvore possui poderes mágicos diferentes. As melhores madeiras para a confecção da Vareta são o carvalho, o freixo, a sorveira-brava, o espinheiro, o sabugueiro, a acácia, a aveleira e o loureiro, já que podem ser usadas para todas as finalidades e são excelentes para quem está começando a incursão no mundo da Wicca. A Tradição diz que o Bastão e a Vareta Mágica devem ser feitos pelo seu próprio dono. Sua função é ampliar a vontade, já que representa uma extensão de nossa mão, e também dar mais força ao desejo ou imaginação do Bruxo.

O **Cálice**, representando o elemento Água, deve ser colocado sobre o altar no ponto Oeste. Está associado ao outono e aos signos de Câncer, Escorpião e Peixes. Quando for usar o Cálice, volte-se ao ponto cardeal Oeste e invoque os Poderes da Água, pedindo sua benção e permissão para usar o Instrumento Mágico que está sob seu domínio. Ele é usado para representar o útero da Deusa e para consagrar a água, o vinho ou qualquer outra bebida ritual. Quando bebemos o conteúdo que foi ritualisticamente impregnado com energias divinas, é como se bebêssemos no Caldeirão da Sabedoria e Inspiração da Deusa. Para energizar o líquido do Cálice, o Athame deve ser mergulhado em seu líquido, em analogia ao ato da procriação e fecundação. Desta forma, o líquido é carregado com as forças do Deus e da Deusa. O Cálice pode ser de qualquer material e alguns Bruxos têm muitos tipos diferentes de Cálices para tipos diferentes de rituais. Ele é o recipiente de todas as nossas intenções, por isso, o que é invocado no ritual pelo Athame está contido na taça.

O **Pentáculo**, representando o elemento Terra, deve ser colocado sobre o altar no ponto Norte. Está associado ao inverno e aos signos de Touro, Virgem e Capricórnio. Quando for usar um Pentáculo, volte-se ao ponto cardeal Norte e invoque os Poderes da Terra, pedindo sua benção e permissão para usar o Instrumento Mágico que está sob seu domínio. O Pentáculo é usado para representar as energias telúricas e prender os espíritos pertencentes ao elemento Terra, trata-se de um disco chato de madeira, metal, argila ou outro material, com um pentagrama (estrela de 5 pontas) no meio. É o símbolo da ligação entre o macrocosmo (Mundo dos Deuses) e o microcosmo (mundo dos homens). É capaz de dominar e condensar as energias do Cosmos, um elo entre o Bruxo e a Terra. A Tradição diz que se o Pentáculo for de madeira ou de argila, deve ser feito pelas mãos do próprio Bruxo, se for de metal, deve possuir símbolos gravados pelo seu dono. O Pentáculo deve ser usado quando for realizar sortilégios que utilizem ervas, pedras, raízes, folhas e todas as coisas provenientes da terra. Para tal, consagre os elementos que irá usar através do Pentáculo invocando sua força e o seu poder mágico. Moedas podem ser consagradas rapidamente se forem deixadas repousando sobre o Pentáculo por alguns minutos. Depois, coloque-as na carteira ou utilize-as na confecção de talismãs para atrair prosperidade.

Desta forma, tendo os quatro Instrumentos Mágicos sobre o altar, você terá sua própria mesa do Mago, onde poderá fazer Magia com os arcanos.

Adicione ao seu altar um incensário, pois em todas as operações é indispensável a presença dos incensos, já que eles representam a ascensão de nossos pedidos e desejos ao mundo dos Deuses. Um sino, que pode ser tocado no início e ao final de cada ritual para chamar a atenção dos Deuses pode também ser adicionado ao altar.

Separe dois pequenos potes de porcelana. Num deles coloque água e no outro sal, que serão usados no lançamento do círculo para sacralizar o espaço onde o ritual será realizado e servem para afastar as energias negativas, fazendo com que nenhuma força contrária influencie o operador durante o ritual.

Um óleo mágico tendo como base o azeite de oliva, símbolo da sabedoria, pode ser usado para purificar, de maneira simples, tudo que será usado nos ritos mágicos com o Tarô. Uma receita simples, porém, poderosa, pode ser feita com quatro tipos de óleos, onde cada uma representa um elemento:

Você vai precisar de:
- 30 ml de azeite de oliva
- 15 gotas de óleo essencial de rosas
- 5 gotas de óleo essencial de basílico
- 5 gotas de óleo essencial de jasmim.

Nesta receita, o azeite representa o elemento Terra, as rosas representam a Água, o basílico o Fogo e o jasmim o Ar.

Existem muitas outras receitas de óleos mágicos disponíveis. No entanto, a fornecida aqui é perfeita para ser usada em qualquer ritual para múltiplas finalidades como limpar, purificar, abençoar ou carregar magicamente um objeto.

Antes de iniciar um ritual da Magia com o Tarô, pingue algumas gotas de óleo em suas mãos e esfregue-as, uma na outra, até que esquentem. Quando isso ocorrer, eleve as mãos aos céus e imagine uma forte luz branca entrando em suas mãos e percorrendo todo o seu corpo, iluminando o seu ser. Só então toque nas cartas. Você poderá ungir os Instrumentos Mágicos e todos os utensílios que serão utilizados no ritual com este óleo mágico para se tornarem ainda mais poderosos.

O meio do altar é o ponto de maior concentração de energia, por isso você poderá colocar uma vela vermelha que representa a Arte e a centelha divina da criação neste espaço, completando, assim, a trindade das cores sagradas da Bruxaria: preto, branco e vermelho.

Apesar de muitos Bruxos preferirem distribuir os elementos sobre o altar de acordo com o ponto cardeal regido por eles, isso não é mandatório. Pense que na Magia com o Tarô você precisará sempre de uma grande área livre para dispor as cartas sobre o altar e, exatamente por isso, poderá distribuir cada item como julgar mais apropriado e for mais prático para a sua operação mágica.

Abaixo compartilho um layout de altar que tem me servido extremamente bem em meus rituais de Magia com o Tarô, devido à sua praticidade:

Sobre o altar encontramos:

1 - Uma vela para representar o Deus, a energia ativa e masculina do Universo (esta vela é geralmente branca).

2 - Uma carta que é a representação do princípio ativo e masculino da vida (pode ser uma estátua, um quadro, um símbolo. Como estamos trabalhando com a Magia do Tarô, podemos usar uma carta que representa este princípio. A carta escolhida aqui para fazer este papel é o Mago).

3 - Uma vela para representar a Deusa, a energia receptiva e feminina do Universo (esta vela é geralmente preta).

4 - Uma representação da Deusa ou do princípio receptivo e feminino da vida (como no caso do Deus, pode ser uma estátua, um quadro, um símbolo. Na Magia do Tarô, podemos usar uma carta que representa esta força. A carta escolhida aqui para fazer este papel é a Sacerdotisa).

5 - O Athame (que é uma faca ritual usada para lançar o círculo mágico, direcionar as energias e consagrar, e que representa o elemento Ar e a polaridade masculina).
6 - O Cálice (que representa a Água e o feminino. Usado para conter vinho ou água que são usados durante os rituais).
7 - O turíbulo (usado para queimar incensos com a função de conferir uma atmosfera apropriada para os rituais. Incensos de varetas e um incensário comum podem substituir perfeitamente o turíbulo).
8 - O Bastão (usado para direcionar as energias, invocar e consagrar qualquer coisa que precisar ser usada em um ritual. Representa o elemento Fogo e possui as mesmas funções práticas do Athame).
9 - O Pentáculo (usado para estocar energia, servir de ponto focal e carregar de forma mágica qualquer coisa que for usada nos rituais).
10 - Pote de água e sal (usados para criar água abençoada que tem a função de limpar a energia do espaço onde o ritual é realizado ou purificar objetos e pessoas que participarão dos rituais).
11 - Um sino (usado para marcar o início e o fim das cerimônias e também para despertar as energias invocadas).
12 - Um obelisco de cristal (usado para servir como uma antena de transmissão da energia dos rituais. Em algumas ocasiões, e de forma opcional, um obelisco pode ser colocado sobre as cartas para veicular o poder invocado na magia. Assim, ele servirá como uma antena transmissora que comunicará seu desejo ao Universo).
13 - Um pêndulo (usado para elevar a energia criada nos rituais com as cartas. Após a finalização dos rituais, o pêndulo pode ser circulado sobre as cartas enquanto reforçamos nosso pedido. Esta é uma maneira alternativa de criar e elevar o Cone de Poder, já que nos rituais com o Tarô a mesa é o espaço ritual em si na maior parte das vezes).
14- Óleo sagrado para unção.

Como você deve ter notado, este layout de altar talvez seja um pouco diferente do esquema apresentado nas instruções encontradas em outras fontes ou com as quais você já esteja habituado. Isso acontece, porque, na Magia com o Tarô, ter uma área livre disponível no centro da mesa é importante para as cartas serem dispostas de acordo com o esquema de cada ritual. O importante de se ter em mente na hora de montar o seu altar para praticar rituais com os arcanos não se trata da localização de itens como os Instrumentos Mágicos sobre a mesa, mas a certeza de que todos os quatro elementos da natureza e as forças espirituais que você venera estejam ali representadas de alguma forma.

O fantástico da Magia do Tarô é que como há uma carta para cada coisa existente no mundo, você pode substituir boa parte de todos os artefatos comumente encontrados sobre o altar pelos próprios arcanos. Assim, as representações da Deusa e do Deus podem tomar a forma das cartas da Sacerdotisa e do Mago, da Imperatriz e do Imperador, etc. Os quatro elementos da natureza podem ser representados pelo Ás de cada naipe, que inclusive são os próprios símbolos dos Instrumentos Mágicos sagrados de cada elemento – e, assim, sucessivamente. Essa é uma forma prática e apropriada de montar seu altar para praticar a Magia com Tarô, sobretudo quando não há nada em mãos além das próprias cartas. Nesse tipo de magia o baralho é, de fato, a única coisa que você precisa para operar. Todos os outros utensílios adicionam poder e simbolismo ao seu ritual, mas não são estritamente necessários e podem ser substituídos por um arcano que representa aquele conceito.

Uma caixinha de madeira também poderá fazer parte integrante do altar, tornando-se assim a sua Caixa da Manifestação do Mundo, onde você poderá colocar ervas e pedras associadas com o planeta cuja energia deseja invocar. Para dar um toque especial, coloque a carta Mundo no fundo ou na tampa da caixa e, sempre que desejar, inclua pedidos escritos em pequenos pedaços de papéis, que deverão ficar lá por um ciclo de sete dias, após o qual deverão ser queimados.

Da mesma maneira, uma Caixa da Morte pode ser criada de forma semelhante. Porém, em vez da carta do Mundo, esta caixa guardará o arcano da Morte, que está associado ao fim dos ciclos, à transformação e à renovação. Pedras, ervas, símbolos de banimento, etc. podem ser adicionados no interior da caixa, que é usada para banir e transformar tudo aquilo que esteja bloqueando o seu caminho.

Se você tiver habilidades artísticas, em vez de incluir as cartas físicas no interior de cada caixa, poderá desenhá-las ou fazer uma decupagem do arcano nelas. Pode colocar símbolos também nas paredes internas e no interior da tampa da caixa, ou incluir nessas áreas outros arcanos adicionais apropriados que somem ainda mais poder ao objeto e confiram ainda maior simbolismo ao artefato.

Com o passar do tempo, você encontrará muitas outras coisas que poderão ser colocadas sobre o seu altar como espelhos mágicos, talismãs símbolos mágicos, rúnicos ou oghamicos e outros inúmeros elementos. Tudo aquilo que tiver uma considerável importância para você poderá fazer parte do seu altar.

Este altar se tornará o seu elo de comunicação com o mundo dos Deuses e com os poderosos arquétipos das lâminas do Tarô.

ALTAR: UM PALCO PARA A PRÁTICA DA MAGIA

Para tirar o máximo proveito do seu altar, você deve compreendê-lo de forma abrangente. Além de ser um espaço de contemplação, o altar é antes de tudo um set de trabalho. Isso significa que, na Magia com Tarô, o altar pode ser compreendido de forma simbólica, como um palco, onde as cartas são os personagens e os demais elementos que fazem parte dele como instrumentos, velas, ervas, pedras são a decoração.

Assim sendo, o altar torna-se uma expressão diminuta de nossa vida, onde os personagens – as cartas – dispõe-se e interagem com o cenário – os elementos do altar – simulando exatamente aquilo que desejamos manifestar na vida real. Isso é o que chamamos de Magia Imitativa.

Desde tempos imemoráveis todo ato mágico pode ser compreendido como uma forma de Magia Imitativa. Quando realizamos um ritual, usamos uma série de artefatos que são empregados no decorrer da cerimônia como se estivéssemos realizando um grande faz de contas.

Ao elevarmos o nosso Bastão para uma determinada direção e traçarmos um símbolo no ar que nos remete a um pensamento ou desejo que queremos manifestar no mundo, estamos simulando algo. Ao fazer isso, acreditamos que estamos elevando o poder necessário e interagindo com as forças do Universo para que elas, por sua vez, imitem a nossa ação sobre o plano físico. A Magia Imitativa se pauta em uma das leis herméticas mais conhecidas: "como acima, é abaixo". O ritual é então uma maneira de demonstrar ao Universo que aquilo que está sendo realizado "embaixo" é exatamente como desejamos que as forças cósmicas e universais "em cima" nos devolvam.

A Magia Imitativa está presente de forma profunda na mente e na natureza humana. Quando os homens desenhavam nas paredes das cavernas animais sendo atingidos por flechas e abatidos, estavam simulando aqui o que queriam alcançar. Quando dançavam de uma determinada forma, como se fossem as nuvens dos céus e então respingavam água sobre o solo, no ritual da Dança da Chuva, estavam demonstrando às forças espirituais aquilo que precisava acontecer sobre o espaço em que viviam.

Até hoje realizamos Magia Imitativa de forma instintiva quando, em um momento de perigo, ficamos imóveis e fechamos os nossos olhos, como se ao fazer isso nos tornássemos invisíveis e o perigo fosse incapaz de nos atingir.

Quando olhamos para o espelho antes de sairmos para uma entrevista e para fortalecer a nossa confiança dizemos coisas como: "hoje eu estou lindo", "tudo vai dar certo", "vou conseguir", estamos, da mesma maneira, realizando Magia Imitativa por meio de um ato de encenação. Isso acontece, porque a magia é inerente à humanidade e permeia o pensamento de todos nós, independentemente de credo ou etnia. No pensamento mágico, imitar alguma coisa ou representar a ação de uma força espiritual sobre algo ou alguém faz com que esta força aja da maneira como é imitada.

Os arcanos do Tarô representam arquétipos da humanidade e forças universais. Exatamente por isso, são instrumentos valiosos na hora de fazer magia. Nas cartas podemos encontrar o avô solitário, a mulher independente, o jovem otimista, o líder nato. Como uma criança brinca com os seus bonecos sobre uma superfície acreditando que aquele é o mundo real, assim aquele que opera a Magia do Tarô faz com as cartas. Ao realizar um ritual com os arcanos, quando ele pega a carta do Imperador e vê a figura do seu chefe que vai lhe conceder uma promoção, ou invoca a carta dos Enamorados para resolver um conflito afetivo, ele está criando o elo necessário para dirigir o poder que a Magia Imitativa é capaz de suscitar em cada um de nós, para que esta força atinja o efeito desejado.

Assim, as palavras, as imagens mentais e a força do desejo proferido criam a ligação entre nós e o objetivo que desejamos alcançar. Uma vez que esta ligação tenha sido estabelecida, os efeitos esperados acontecem por meio de um dos mais importantes princípios, o da Lei das Correspondências: "semelhante atrai semelhante.". A semelhança entre as partes usadas na magia, em nosso caso os arcanos do Tarô, estabelecem uma ligação.

Se as cartas são os personagens e os elementos encontrados sobre o altar o cenário, podemos dizer que cada pedaço desta área representa um ambiente. Há uma área ideal para lidar com assuntos afetivos, outra para questões sociais, familiares, pessoais e assim por diante. Como acima é abaixo, lembra?

Portanto, há muitas maneiras de você dispor os personagens (cartas) em um cenário (itens) e fazê-los interagir com os diferentes ambientes (a área livre do altar em si) que vão desde as disposições mais básicas até as mais sofisticadas.

O altar pode ser compreendido basicamente através dos seguintes esquemas de divisão:

1) Altar dividido em duas partes: leva em consideração o simbolismo das polaridades energéticas, masculino e feminino, ativo e receptivo à Deusa e ao Deus.

2) Altar dividido em quatro partes: tem como fundamento os quatro elementos da natureza relacionando cada canto do altar com um deles.

3) Altar dividido em oito partes: usa como ponto de referência a Roda do Ano da Wicca.

4) Altar dividido em doze partes: relaciona cada parte do altar com um signo do Zodíaco e, consequentemente, com os planetas.

Os diferentes simbolismos acerca da divisão do altar são maneiras de compreender como as energias sobre ele operam para que você decida qual esquema vai usar em seus feitiços.

Assim, será possível realizar rituais com o Tarô indo desde as disposições mais básicas até as mais elaboradas. Porém não se iluda achando que quanto mais sofisticado for o esquema de divisão, mais poderoso ele será. Na maioria das vezes, usar o esquema de divisão duplo do altar, com uma carta que representa você de um lado e a que simboliza o seu objetivo de outro, com uma vela como ponto de ligação entre ambos arcanos no meio, é suficiente para a maior parte das situações e feitiços. Conforme você for avançando na leitura deste livro terá mais e mais ferramentas à sua disposição para usar o Tarô na magia e isso desenvolverá o seu raciocínio mágico e o levará invariavelmente aos esquemas mais sofisticados. No entanto, a princípio, tente manter as coisas simples e obterá resultados mais satisfatórios.

Compreenda que os esquemas de divisões do altar são independentes entre si e expressam o simbolismo que sua mente usa como âncora na hora da realização de um ritual.

Sendo assim, quando for usar um ou outro esquema não fique querendo encontrar uma lógica que estabeleça uma relação unificada entre todos eles. Ela não existe. As variadas formas de divisão que podem ser usadas são apenas maneiras de limitar nosso horizonte psíquico dentro de um limite, para que a mente subconsciente funcione adequadamente, sem divagar. O mesmo é verdade para os esquemas de disposição das cartas para feitiços, que você vai encontrar tanto no capítulo 9 quanto no Compêndio e que são um sistema à parte em seu próprio mérito, onde os arcanos são dispostos em um padrão, que geralmente forma um design que reflete o tema para o qual o ritual é realizado.

Cada sistema de divisão ou método é autônomo e, ao usar aquele que elegemos para a ocasião, estamos simplesmente criando uma alegoria metafórica temporária, através da qual a mente simbólica pode ser acessada para operar.

As diferentes formas de divisão do altar aqui compartilhadas são fornecidas para que você possa desenvolver a habilidade de realizar rituais espontâneos e intuitivos, fora de um esquema específico rígido e fechado, fazendo suas próprias experimentações e criando seus próprios rituais enquanto explora a Magia do Tarô. Além disso, o conhecimento do simbolismo por trás das divisões é valioso quando você precisa trabalhar um tema demasiadamente pessoal e específico, cujo exemplo de ritual não foi abordado nesta obra devido à sua complexidade ou mesmo por falta de oportunidade.

ALTAR DIVIDIDO EM DUAS PARTES

Em linhas gerais, podemos afirmar que nossa maneira de entender e conceber o mundo é inicialmente binária e pressupõe que os opostos são exclusivos, mas que, por vezes, são complementares.

Nós mesmos podemos perceber a dualidade em nosso próprio corpo, temos dois pés, duas pernas, dois braços, duas orelhas, dois olhos e até mesmo alguns órgãos internos, como os rins e os pulmões, por exemplo, são duplos. Lembrando que, mesmo o nosso cérebro e o nosso coração (que são únicos), executam suas funções em duas partes e têm um lado direito e esquerdo. Tomando o nosso corpo como um modelo, podemos dizer que ele opera através de duas polaridades.

Os símbolos Yin e Yang do Taoísmo são extremamente conhecidos, representando os pares de opostos, fazem parte de uma unidade. Nos diversos tratados sobre o sistema das polaridades é estabelecido, por definição, que o lado direito é ativo e distribui a energia, enquanto o esquerdo é receptivo e, consequentemente, recebe toda a energia emanada.

Quando dividimos nosso altar em dois podemos dizer que a energia opera sobre ele da mesma maneira.

O lado esquerdo do seu altar representa as forças femininas e receptivas, pelo qual todas as energias são absorvidas. Portanto, é deste lado que colocaremos as cartas Significadoras, que representam as pessoas para quem a magia está sendo feita, ou que, em última análise, simbolizam quem está recebendo a energia emanada por meio do ritual.

Já o lado direito do altar representa as forças masculinas e projetivas, por onde todas as energias são emitidas. Portanto, é deste lado que colocaremos as cartas que representam o que queremos emanar por meio do ritual, aquelas que serão absorvidas simbolicamente pelos arcanos que se encontram do lado esquerdo do altar. Assim sendo, se dividirmos o altar em duas partes, a energia sobre ele operará da seguinte forma.

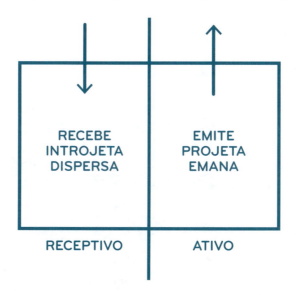

A lista a seguir amplia ainda mais a compreensão desta simbologia, demonstrando tudo o que um lado ou outro do altar representa por meio das correlações das polaridades:

LADO ESQUERDO	LADO DIREITO
Sentir	Pensamento
Espírito	Ego
Comunidade	Indivíduo
Otimismo	Pessimismo
Liberal	Conservador
Ser	Fazer
Passividade	Agressividade
Receber	Tomar

LADO ESQUERDO	LADO DIREITO
Amor	Medo
Preto	Branco
Nutrição	Proteção
Flexível	Rígido
Mole	Duro
Curva	Linha
Número 2	Número 1
Ovo	Lança
Óvulo	Sêmen
Mãe	Pai
Sombra	Luz
Noite	Dia
Lua	Sol
Água	Fogo
Negativo	Positivo
Frio	Calor
Úmido	Seco
Outono/Inverno	Verão/Primavera
Discreto	Óbvio
Indireto	Direto
Flexível	Sólido
Inativo	Ativo
Repouso	Movimento
Calma	Agitação
Devagar	Rápido

LADO ESQUERDO	LADO DIREITO
Atrás	Frente
Interno	Externo
Intuição	Lógica
Silêncio	Barulho
Morte	Vida
Contrair	Expandir
Gerar	Fertilizar
Contração	Expansão
Criar	Executar
Feminino	Masculino

Basicamente, na Magia do Tarô, ao dividirmos o altar em dois lados, no direito colocaremos um arcano que representa aquilo que queremos projetar por meio do feitiço. No lado esquerdo colocaremos uma carta Significadora, que represente quem está fazendo a magia ou para quem ela se destina.

Num exemplo hipotético de uma mulher que esteja querendo alcançar sucesso profissional, ou mesmo uma promoção no trabalho ao retornar para as suas funções, após um período de sua licença maternidade, poderíamos escolher as cartas da Imperatriz e do Carro para compor o encantamento.

A carta do Carro, que representa a conquista dos desejos e a vitória, seria colocada do lado direito do altar, o lado que projeta a força ou energia que queremos alcançar. Já a carta da Imperatriz, representando a pessoa que deseja obter o resultado, seria colocada à esquerda, o lado que é receptivo e que representa quem recebe a força mágica do poder invocado. Para arrematar, uma vela azul-marinho ou dourada entre as duas cartas simbolizando o sucesso poderia ser acesa para unir a força dos dois arcanos e estabelecer uma ligação entre eles. Este seria o feitiço mais simples feito com o Tarô. Obviamente, pedras, ervas, símbolos, etc.

apropriados e relacionados à intenção da magia poderiam ser acrescidos à mesa do altar, assim como fotos e objetos pessoais, por exemplo, para reforçar o desejo e conferir ao encantamento ainda mais poder. As possibilidades são ilimitadas. Use sua intuição nesse momento para tornar seu feitiço com o Tarô algo simbólico e único.

ALTAR DIVIDIDO EM QUATRO

Quando dividimos o altar em quatro partes estamos evocando a conexão com os quatro elementos da natureza mais antigos, reconhecidos desde a antiguidade como a divisão onde todas as coisas se manifestam: Terra, Ar, Fogo e Água.

Muitos filósofos e pensadores da antiguidade ponderaram acerca do que comporia o mundo e, naturalmente, diferentes filósofos de diferentes tempos forneceram repostas variadas para esta indagação.

Thales (636-546 AEC) propôs que a primeira substância ou elemento do Universo era a ÁGUA, Anaxímenes (570-502 AEC), propôs que era o AR, e Heráclito (540-480 AEC) o FOGO. Empédocles de Ácragas (492-432 AEC) sugeriu que poderia haver mais de um elemento, e à lista ÁGUA, AR e FOGO adicionou a TERRA. Aristóteles (384-322 AEC), aceitou a doutrina dos quatro elementos, combinados em diferentes proporções para formar diversas matérias da Terra.

Os trabalhos de Aristóteles foram descobertos pela Europa Ocidental há aproximadamente 1200 anos, em traduções latinas que vinham de traduções arábicas a partir de manuscritos gregos. Para os primeiros cristãos, os textos de Aristóteles equivaliam ao mesmo nível das escrituras bíblicas.

Este ponto de vista quaternário de compreensão do mundo foi deixado de lado com o avanço da ciência, mas o conceito de quatro elementos compondo o mundo ainda é aceito na Magia.

Assim, o pensamento mágico aceita que todos nós vivemos nestes quatro níveis, estamos sujeitos a eles e neles nos manifestamos.

Desde tempos imemoráveis, todas as operações mágicas se basearam nos quatro elementos da natureza e não há porque não a usar como uma referência na Magia com o Tarô. Estes elementos são muito mais do que os elementos físicos em si, são também forças e qualidades de energias no mundo astral.

O pensamento mágico advoga que, sem esses elementos naturais a vida jamais seria possível, já que ela é movida e sustentada por eles, bem como o Universo e tudo o que existe.

Estes quatro elementos da natureza estão relacionados aos quatro pontos cardeais:

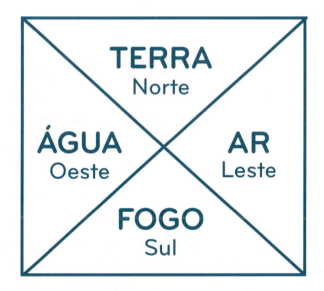

Essa correspondência é importante, pois será ela que estabelecerá em qual parte do altar colocaremos os arcanos a fim de ativar a força dos elementos para propósitos específicos.

Lembre-se de que o trabalho mágico com os quatro elementos é, efetivamente, muito importante no processo de compreensão de nossa própria natureza humana e como ela se expressa no mundo. Por isso dividir seu altar em quatro partes é ideal para trabalhar com a Magia do Tarô, temas da vida que precisam do equilíbrio das nossas ações e sentimentos para serem alcançados.

Os quatro elementos são forças e energias que constituem o Universo e tudo o que existe nele. Eles possuem formas e forças e cada elemento possui determinadas qualidades, naturezas e atributos.

Ao vivenciarmos os quatro elementos e invocarmos sua força em nossa vida, abrimo-nos para a possibilidade de melhorarmos a relação conosco mesmos e com o mundo à nossa volta.

NORTE: ELEMENTO TERRA (PLANO FÍSICO)

Cada coisa existente na natureza pode ser considerada uma parte do corpo da Deusa, que é a própria Terra. Assim, para muitas culturas, a vegetação sempre crescente eram os cabelos da Deusa e para muitos povos antigos as pedras representam os ossos da Grande Mãe.

Na Wicca, o elemento Terra é um dos mais importantes e talvez seja o mais usado nos rituais através de ervas, pedras, folhas e flores. A Terra está ligada ao ponto cardeal Norte e é considerada um elemento feminino e receptivo. Suas cores sagradas são o verde, o marrom e o preto e também está associada ao inverno e à meia-noite.

A Terra possui o poder de estabilizar, silenciar, crescer e fazer renascer. É o principal elemento utilizado quando precisamos atingir rapidamente objetivos materiais. Quando precisar dessas energias, coloque arcanos que representam o equilíbrio com esse elemento no quadrante Norte do seu altar. Se precisar de habilidade e astúcia para alcançar seus objetivos materiais, coloque nesta parte do altar a carta do Mago. Se deseja conquistar uma posição de destaque em seu trabalho, coloque neste quadrante a carta do Imperador. Quer abrir possibilidades em sua vida material? Coloque no quadrante Norte a carta do Ás de Ouros e assim por diante. Se você tiver estudado cada arcano nos capítulos anteriores com atenção, saberá exatamente qual carta colocar nesta parte do altar para ativar a energia da Terra em sua vida.

LESTE: ELEMENTO AR (PLANO MENTAL)

O Ar é considerado o sopro da Deusa. Este elemento é a "respiração da vida", sem ele nada poderia existir. Na Wicca, o elemento Ar está presente em nossos rituais através da fumaça dos incensos e aromas que se espalham pelo ambiente, mudando nossa consciência e despertando nossa memória para lembranças que nos ligam a lugares, pessoas, situações.

Ligado ao ponto cardeal Leste, o Ar é considerado um elemento masculino e ativo. Suas cores sagradas são o amarelo, o branco e o azul. É associado à primavera e ao amanhecer e possui o poder de expandir e despertar nossa consciência para as grandes verdades. É o principal elemento quando precisamos aumentar nossa criatividade, imaginação, memória e favorecer o intelecto. Quando precisar dessas energias, coloque um arcano que simbolize esses atributos sobre o canto Leste do seu altar e chame pela força do elemento Ar.

SUL: ELEMENTO FOGO (PLANO SOCIAL)

O Fogo é considerada o espírito da Deusa, que traz luz e brilho à Terra. Este elemento é a centelha divina que arde no interior de cada um de nós, fazendo com que continuemos vivos, agindo, conquistando. Na Wicca, o elemento Fogo está presente em nossos rituais através das velas, que trazem a presença do sagrado para o interior do Círculo, iluminando-o para que o caminho seja visível aos Deuses e ancestrais.

Ligado ao ponto cardeal Sul, o Fogo é considerado um elemento masculino e ativo. Suas cores sagradas são o vermelho, laranja e dourado. Está associado ao verão e ao meio-dia e possui o poder de nos trazer a energia da conquista necessária para alcançarmos nossos objetivos espirituais e materiais. É o principal elemento quando precisamos aumentar nossa força de vontade, garra, vigor, dinamismo e proteção. Posicionar cartas positivas e que simbolizam o alto astral no quadrante Sul do altar invocam todas essas energias para a sua vida.

OESTE: ELEMENTO ÁGUA (PLANO EMOCIONAL)

A Água é considerada o útero da Deusa, o elemento da geração responsável pelo início da vida na Terra. Está presente em 70% do corpo humano, ligando-nos aos fluxos e refluxos interiores e exteriores.

Na Wicca, o elemento Água está presente nos rituais através das conchas sobre o altar, poções, filtros. Está ligada ao ponto cardeal Oeste e é considerada um elemento feminino e passivo. Suas cores sagradas são o azul, o prateado e o verde-água e é associada ao outono e ao entardecer.

A água possui o poder de nos trazer a energia das emoções e o equilíbrio para chegarmos à totalidade de nosso ser. É o principal elemento quando precisamos aumentar nossa autoestima e fortalecer nosso lado emocional. É o símbolo universal do elemento feminino, do inconsciente e está sempre ligada à fertilidade, à maternidade e à geração. Centralize cartas que evoquem essas forças no quadrante Oeste do seu altar para invocar a energia desse elemento e sintonizá-lo com o plano emocional da sua vida.

O feitiço mais simples usando a divisão quaternária poderia consistir em uma carta representando você no centro do altar e os outros quatro ases representando a força pura dos elementos, ao redor, sendo: Ás de Ouros ao Norte; de Espadas ao Leste; de Bastos ao Sul; de Copas ao Oeste.

Uma invocação simples ao depositar as cartas sobre o altar poderia ser feita para cada arcano como:

Na carta Significadora representando você:

Este é o arcano que me representa. Por meio dele as forças dos elementos serão direcionadas a mim para que eu possa alcançar a harmonia e o equilíbrio.

Ao colocar o Ás de Ouros no Norte, coloque sua mão sobre a carta e diga:

Terra, elemento da manifestação e da sabedoria, compartilhe comigo sua força.

Lentamente, traga a sua mão até a carta Significadora ao centro do altar e veja uma linha verde ligando esta carta e o Ás de Ouros.

Ao colocar o Ás de Espadas no Leste:

Ar, força da comunicação e expansão mental, dê-me sua sabedoria.

Da mesma forma, traga sua mão até a carta do centro e veja uma linha amarela unindo as duas cartas.

Ao colocar o Ás de Bastos no Sul:

Fogo que traz fé e proteção, conceda-me sua luz que dissipa o medo e a ignorância.

Trace uma linha imaginária vermelha entre o Ás de Bastos e a carta Significadora, usando sua mão como guia.

Ao colocar o Ás de Copas no Oeste:

Água que flui e reflui, equilibre minhas emoções.

Assim como fez com todos os outros arcanos, lentamente deixe sua mão deslizar de uma carta até a outra e veja uma linha azul conectando os dois arcanos. Obviamente a Magia do Tarô com a divisão quaternária tendo como base os elementos não se limita ao uso dos Ases. Qualquer carta apropriada pode ser depositada sobre o quadrante para invocar a energia de cada elemento. Você pode, ainda, colocar sobre cada carta ou ao lado de cada uma o próprio elemento físico em si para reforçar sua conexão com as forças da natureza. Uma pedra para o Norte, um incenso para o Leste, uma vela para o Sul e um Cálice com água para o Oeste podem se tornar excelentes suportes e elementos adicionais para a sua magia.

ALTAR DIVIDIDO EM OITO

A divisão óctupla do altar faz conexão com a Roda do Ano, os Sabbats, os oito rituais onde os Bruxos celebram a Deusa e os Deuses antigos para agradecer pela abundância, fartura e pedir pelo manutenção da continuidade da harmonia dos ciclos da natureza.

O conceito da Roda do Ano da Wicca é muito mais do que o de um ciclo de celebrações de um calendário litúrgico que representa o eterno ciclo de nascimento, vida e morte do Deus Cornífero, que é o próprio Sol, como personificação de um calendário agrícola europeu de plantio, fertilização e colheita. Um esquema simbólico, capaz de mapear o espectro da experiência humana dividindo-a em oito qualidades, emoções e simbolismos, que se relacionam com a nossa vida física, mental, espiritual e emocional, que estabelecem o ritmo de nossa relação com todo o Universo. Ao mergulharmos no simbolismo da Roda do Ano, descortinamos as camadas da construção fundamental da nossa existência.

Nesse sentido, nosso altar pode ser dividido em oito partes, sendo cada uma delas relacionada com um Sabbat:

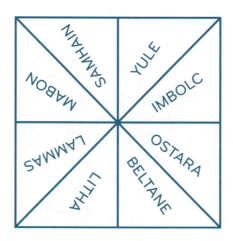

SAMHAIN
31 de outubro – Hemisfério Norte
01 de maio – Hemisfério Sul

Samhain (pronuncia-se *Sou-ein*) é o Sabbat de celebração aos ancestrais e o Ano Novo Wiccaniano. A atual festa do Halloween tem suas origens nesta antiga celebração celta, onde abóboras tomavam a forma de faces e eram iluminadas com velas em seu interior para afastar os maus espíritos.

É o momento onde o véu que separa o mundo dos homens do mundo dos Deuses está mais fino e elementais, espíritos e Deuses podem andar livremente em nosso mundo e nós no deles.

Na Magia do Tarô vamos ativar essa área do altar todas as vezes em que desejarmos transformações, a morte do velho e o início do novo, lidar com as perdas, voltar à sabedoria ancestral ou conhecer suas sombras.

YULE
Por volta de 20 de dezembro – Hemisfério Norte
Por volta de 20 de junho – Hemisfério Sul

É o Solstício de Verão, o Sabbat onde celebra-se a morte da luz e o renascimento do Deus Sol. Yule marca o período em que os dias irão se tornar paulatinamente mais longos que a noite, daí a ideia de que o Sol estaria renascendo. A Deusa é celebrada como a Mãe que dá nascimento à Criança da Promessa.

Na Magia do Tarô vamos ativar essa área do altar todas as vezes em que desejarmos renovar as esperanças, dar nascimento às novas ideias, dar força a um novo projeto, iniciar algo do zero.

IMBOLC
02 de fevereiro – Hemisfério Norte
01 de agosto – Hemisfério Sul

Imbolc é um Sabbat do fogo, da fecundidade e nutrição, ocasião onde as ovelhas iniciavam seu período de lactação, por isso, acreditava-se, esta era fase onde a Deusa se recuperava do nascimento do Deus e o alimentava. Também era o período onde os campos de plantação eram purificados pelo fogo e as sementes eram abençoadas para o plantio.

Na Magia do Tarô vamos ativar essa área do altar todas as vezes em que desejarmos purificação, iluminação, cura.

OSTARA
Por volta de 20 de março – Hemisfério Norte
Por volta de 20 de setembro – Hemisfério Sul

Ostara é o Equinócio da Primavera, momento de celebrar o retorno das flores como dádivas da Deusa aos seus filhos e reafirmação da promessa de um ciclo pleno e abundante nas futuras colheitas.

Celebra-se também a restauração do equilíbrio no mundo, já que nesta data dia e noite possuem o mesmo tempo de duração.

Na Magia do Tarô vamos ativar essa área do altar todas as vezes em que desejarmos equilíbrio, alegria, plantar um sonho e cura.

BELTANE
01 de maio – Hemisfério Norte
31 de outubro – Hemisfério Sul

Beltane é o Sabbat onde a fertilidade se encontra em sua plenitude. A luz do sol cresce mais a cada dia e funde-se à Terra, fecundando-a. Entre os povos celtas isso simbolizava a união da Deusa e do Deus, que fertilizava as sementes e os frutos da terra.

Na Magia do Tarô vamos ativar essa área do altar todas as vezes em que desejarmos amor, sexo, paixão, fertilidade e força de viver.

LITHA
Por volta de 20 de junho – Hemisfério Norte
Por volta de 20 de dezembro – Hemisfério Sul

Litha é o Solstício de Verão, onde o Sol se encontra no ápice de seu poder e força. Neste período celebra-se a luz, o calor e o amadurecimento das colheitas. Litha é o dia mais longo do ano e, sendo assim, a partir deste momento, o Deus começa sua partida ao Outromundo e a escuridão crescerá.

Na Magia do Tarô vamos ativar essa área do altar todas as vezes em que desejarmos alcançar os mais altos objetivos, realizar sonhos, conquistar notoriedade.

LAMMAS
01 agosto – Hemisfério Norte
02 de fevereiro – Hemisfério Sul

Ocasião da primeira colheita. Lammas é dedicado à maduração dos frutos e colheita das sementes e cereais, principalmente do trigo e do milho. Neste momento o Deus faz seu primeiro sacrifício, como o grão renascido, para nutrir o povo da Deusa. Lammas é o Sabbat do pão e que traz o tema da dádiva das colheitas e dos mistérios de renascimento presente em cada semente.

Na Magia do Tarô vamos ativar essa área do altar todas as vezes em que desejarmos colher algo que plantamos, conectarmos com a Terra, assegurarmos abundância, fartura e prosperidade.

MABON
Por volta de 20 de setembro – Hemisfério Norte
Por volta de 20 de março – Hemisfério Sul

Mabon é o Equinócio de Outono e mais uma vez a força da Deusa e do Deus encontram-se em equilíbrio, já que dia e noite possuirão novamente o mesmo tempo de duração. É a segunda colheita, associada às uvas e ao vinho. Mabon é a Ação de Graças Pagã, o momento de meditarmos sobre o que é importante deixar para trás em nossa vida.

Na Magia do Tarô vamos ativar essa área do altar todas as vezes em que desejarmos agradecer, rever nossas conquistas, preservar nossas energias, renascer, meditar.

A metodologia para trabalhar com o Tarô, incorporando a Roda do Ano como um caminho de gnose e um mapa da vida, não difere do procedimento apresentado anteriormente na divisão do altar em duas partes ou quatro. Os arcanos são colocados na área de cada Sabbat que representa o tema da vida humana que você deseja ativar e trabalhar. Da mesma forma, pedras, velas, ervas, símbolos, fotos, incensos podem ser acrescidos ao altar para dar um toque especial ao processo.

ALTAR DIVIDIDO EM DOZE

Dividir o altar em doze partes para trabalhar a Magia do Tarô evoca o simbolismo da Astrologia na hora de realizar os encantamentos e feitiços com os arcanos.

A Astrologia é uma ciência que esteve presentes em diversas civilizações da humanidade e se baseia no conceito de que existe uma ligação entre as estrelas e os eventos da Terra. A Tradição astrológica do Ocidente teve seu alvorecer na Babilônia, por volta de 2.000 anos AEC, para auxiliar os Reis a tomarem importantes decisões.

Baseada em diversas e diferentes tradições, indo desde a mitologia à alquimia, a astrologia atribui à cada corpo celeste e às constelações do céu um simbolismo e significado. Com base nesses princípios e simbologia, cada signo do Zodíaco está conectado à uma série de correspondências, como um planeta e um elemento que determinam seu campo de atuação na vida humana e a personalidade dos nativos nascidos no período regido por aquela constelação. O que chamamos de Zodíaco, trata-se de uma divisão imaginária da linha eclíptica dos céus em doze áreas, cada uma com trinta graus de distância entre si. Esta linha marca a caminhada aparente do Sol ao redor da Terra.

Essas doze áreas são interpretadas na astrologia como se fossem casas, cada uma abrigando uma constelação. Desta forma, de acordo com o local onde o Sol, ou mesmo a Lua, estiverem nessa aparente caminhada, estaremos no período do signo X ou Y.

São doze os signos do Zodíaco: Áries, Touro, Gêmeos, Câncer, Leão, Virgem, Libra, Escorpião, Sagitário, Capricórnio, Aquário e Peixes, divididos em quatro grupos relacionados aos elementos Fogo, Terra, Ar e Água. A natureza de cada elemento confere aos seus signos regentes características específicas:

Os signos de Fogo – Áries, Leão e Sagitário – são energéticos e vibrantes. Conferem entusiasmo, garra, força de vontade e rapidez para todas as ações.

Os signos de Terra – Touro, Virgem e Capricórnio – são estáveis, resolutos, sólidos. Conferem tomadas de decisões acertadas e atraem confiança e abundância em suas muitas manifestações.

Os signos de Ar – Gêmeos, Libra e Aquário – são reflexivos e comunicativos. Conferem inteligência, intelectualidade, clareza e imaginação.

Os signos de Água – Câncer, Escorpião e Peixes – são sensíveis e amáveis. Conferem os dons da emoção, do equilíbrio e da pureza.

Os signos também possuem qualidade específicas de acordo como se relacionam e projetam sua energia no ambiente ao seu redor:

Os signos cardeais – Áries, Câncer, Libra e Capricórnio – transmitem energia, promovem mudanças e trazem assertividade a todos os processos.

Os signos fixos – Touro, Leão, Escorpião e Aquário – ajudam a manter a energia e trazem constância a todos os processos.

Os signos mutáveis – Gêmeos, Virgem, Sagitário e Peixes – emitem energia, trazem mudanças, renovação e abrem a vida para o fluxo.

Como já mencionado, cada signo possui um planeta regente que confere um tom mais acentuado à sua energia. Até o desenvolvimento dos telescópios, a astrologia não contava com os planetas Urano, Netuno e Plutão em seu sistema. Somente os sete planetas antigos, aquelas estrelas que podiam ser vistas a olho nu e que desde tempos arcaicos foram objeto de indagação e admiração aos povos antigos, eram reconhecidos. Apesar de a astrologia ter incorporado os planetas Urano, Netuno e Plutão, as tradições mágicas ainda preferem se basear somente nos sete planetas mágicos antigos em seu sistema, pois são eles que causam mais impacto sobre a humanidade devido à sua proximidade com a Terra. Cada planeta rege não somente um signo, mas também um aspecto da vida, a saber:

O **Sol** é regente do signo de Leão e tem influência direta sobre o homem no que se refere à sua capacidade de realizar o impossível. Atrai sucesso, fama, boa fortuna e felicidade.

A **Lua** rege o signo de Câncer e atrai intuição, feminilidade, fertilidade e está ligada a todos os temas do mundo oculto e espiritual.

Marte, regente do signo de Áries e Plutão, é considerado o Senhor da Guerra e está relacionado com violência, agressividade, conquistas, proteção e vitória.

Mercúrio, que rege o signo de Gêmeos e Virgem, domina a área da saúde humana e seu poder também se estende aos negócios, comércios, ensino e comunicação.

Júpiter, regendo o signo de Sagitário e Peixes, influencia a justiça divina, as honrarias, bens materiais, a glória e a expansão de todas as coisas.

Vênus que é regente do signo de Touro e Libra, governa os temas do amor, beleza, autoestima, sociabilidade e harmonia.

Saturno, regente do signo de Capricórnio, é considerado o planeta mais antigo do sistema solar e, por isso, rege os grandes mistérios da vida, a verdade, morte e transformação.

Todas essas informações astrológicas são úteis na hora de criar seus rituais com os arcanos.

Ao dividirmos o altar em doze partes, criamos uma referência simbólica onde é possível abranger todas as áreas da vida humana e influenciá-las por meio do posicionamento das cartas nos setores que representam essas áreas específicas. Para isso, basta colocarmos o Zodíaco sobre o altar. Existem dois diagramas que têm sido usados ao longo da astrologia na interpretação dos mapas e que servem como ponto de referência para serem usados na hora de dividirmos nosso altar em doze partes para fazermos Magia com o Tarô: o quadrado e o redondo.

O diagrama do Zodíaco quadrado, chamado algumas vezes de diagrama envelope, era a forma como os mapas astrais eram feitos até o século 20. Com o passar do tempo, o mapa que faz uso do sistema circular de casas se tornou o mais comum no Ocidente, mas o quadrado ainda é prevalente até hoje na Índia.

O diagrama quadrado se baseia no sistema de casas de signos inteiros, o que significa que o ascendente designa a primeira casa que começa a zero grau do signo do Zodíaco em que o ascendente cair, independentemente do grau em que o ascendente esteja naquele signo. O próximo signo após o ascendente torna-se a 2ª casa, o signo depois dele será a 3ª casa e, assim, sucessivamente. Isto significa que cada casa é totalmente preenchida por um signo. Este sistema de divisão de casas foi usado na tradição grega de astrologia e é usado até hoje na astrologia indiana, bem como em algumas tradições antigas da astrologia medieval, considerado o sistema mais antigo de divisão de casas. Se seu altar é quadrado ou retangular, este sistema de divisão se torna bastante prático de ser usado.

Veja a divisão das casas com seus signos e planetas regentes.

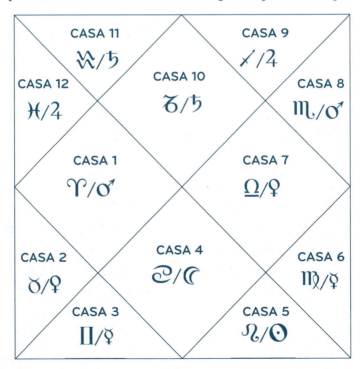

Já, na próxima ilustração, mostra-se o sistema circular de casas, ideal para ser usado em altares redondos. Observe as respectivas casas dispostas com os signos governantes e o planeta regente de cada um deles:

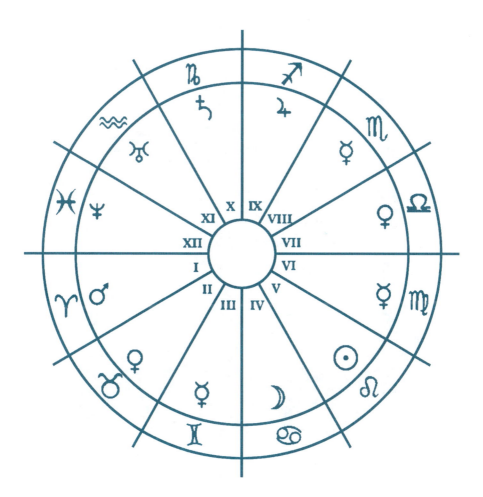

Caso for familiarizado com a Astrologia, não será difícil criar uma metodologia que faça sentido para você na hora de usar esta divisão de altar em seus rituais de Magia com o Tarô. Se a Astrologia for algo novo para você, a decodificação dos símbolos a seguir vai ajudar a identificar os planetas e signos na hora de trabalhar com esse sistema:

SIGNO		PLANETA REGENTE	
♈	Áries	♂	Marte
♉	Touro	♀	Vênus
♊	Gêmeos	☿	Mercúrio
♋	Câncer	☽	Lua
♌	Leão	☉	Sol
♍	Virgem	☿	Mercúrio
♎	Libra	♀	Vênus
♏	Escorpião	♇	Plutão
♐	Sagitário	♃	Júpiter
♑	Capricórnio	♄	Saturno
♒	Aquário	♅	Urano
♓	Peixes	♆	Netuno

Numa versão simples deste sistema de fazer Magia com o Tarô, uma vela representando seu signo, colocada sobre a área do altar que o representa, e uma carta de sucesso e sorte disposta sobre o campo do altar que simboliza a área que você esteja querendo ativar em sua vida é suficiente para começar a trabalhar com este esquema de divisão. O tema de cada casa é o mesmo tanto para o diagrama circular apresentado quanto para o formato envelope demonstrado a seguir:

UM ALTAR PARA O TARÔ 349

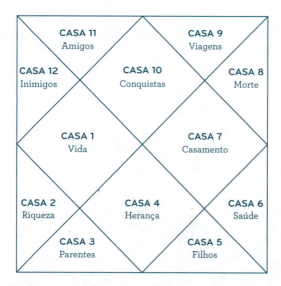

Quanto mais conhecer a astrologia, mais interessante e sofisticado se torna este método de divisão, pois você poderá usá-lo para criar um simulacro de um mapa perfeito dos céus para qualquer situação que desejar. Tendo em vista que os arcanos representam signos e planetas, não é difícil imaginar como as cartas poderiam ser usadas sobre um diagrama astrológico com o qual você escolher trabalhar.

As cartas dos signos podem ser coladas exatamente sobre as áreas do altar que as representam e sobre cada uma delas você poderá colocar as cartas dos planetas para criar uma conjunção ideal que representa aquilo que deseja alcançar. Dependendo de seus conhecimentos astrológicos, poderá criar esquemas que estabeleçam até mesmos aspectos entre as casas e os planetas representados pelas cartas. Pode até mesmo fazer uma maquete do seu próprio mapa astral, natal ou progredido, sobre o altar usando as cartas, e suavizar aspectos densos, intensificar as qualidades positivas de uma conjunção e até mesmo transformar algo que tenha tendência de acontecer adicionando ervas, pedras, símbolos ou mesmo cartas mais benéficas sobre cada parte do seu mapa que deseja alterar, criando uma energia mais harmônica no seu próprio pequeno céu representado sobre o altar para substituir microcosmicamente o céu desfavorável que se abate sobre você, atraindo assim as melhores e mais elevadas energias para alcançar o objetivo desejado. Não há limites para usar a sua imaginação aqui.

CAPÍTULO 9

FAZENDO MAGIA
COM O TARÔ

MAGIA TEM SIDO DEFINIDA ao longo de sua história como a arte de alterar os fatos conscientemente. O homem tem usado a magia desde tempos muito antigos. As primeiras práticas mágicas remontam a Era Paleolítica, quando os homens pintavam caracteres rupestres com cenas de caça nas paredes das cavernas para atingirem com sucesso o seu alvo: a presa.

A magia em si faz parte de todos os sistemas religiosos e ela será uma experiência pessoal e individual para cada pessoa que praticá-la. Cada pessoa sentirá a magia e seus efeitos de formas amplamente variadas.

É importante ter em mente que a magia trabalha de acordo com as leis físicas e naturais do Universo e da vida. Assim sendo, um dos princípios fundamentais da magia reside no fato de que receberemos exatamente o que realizarmos. A magia é, então, nada mais nada menos do que um sistema de causa e efeito. Ela intensifica e amplia o desejo e empenho que colocamos para manifestar algo ou projetar a nossa vontade em uma direção específica.

A primeira coisa que qualquer pessoa que deseja praticar magia precisa aprender para ser bem-sucedida é que ela não realiza milagres, muito menos produz efeitos que estejam além de qualquer explicação fundamentada nas leis da física. Por isso, esqueça todas as histórias fantásticas que você um dia ouviu sobre o uso de sortilégios e feitiços. Se você não se empenhar, focar e usar apropriadamente as forças que estarão em movimento durante a realização de qualquer ato mágico, seguramente fracassará em seu objetivo, assim como um doente que não segue à risca as orientações de seu médico não irá se curar simplesmente tomando um conjunto de medicamentos sem mudar suas atitudes e hábitos. Por isso, antes de qualquer coisa é necessário entender as forças da natureza que residem dentro e fora de você e canalizar isso em forma de ações cotidianas que podem colaborar na realização dos seus desejos.

É certo que a força usada na magia é um misto daquela encontrada na natureza e em nós mesmos. Forças mágicas podem ser potencialmente perigosas se forem usadas em excesso, por isso é importante compreendê-las.

A palavra "magia" vem da raiz *magi* que significa "saber, conhecer". Deduzimos então que magia é o conhecimento e a sabedoria sobre determinados poderes e forças sobrenaturais que operam no mundo. É o ato de transformar nossa realidade de acordo com a nossa vontade.

Sabemos que a magia é universal e está presente em todas as religiões, mesmo naquelas que não admitem fazer uso dela. Em poucas palavras, podemos dizer que magia é a habilidade de interagir com as forças cósmicas para transformar algo, trazendo as mudanças favoráveis desejadas. Quando um católico acende uma vela e faz um pedido, um cristão eleva as mãos aos céus e entoa hinos, um muçulmano se volta para Meca e ajoelha tocando sua testa no chão ou um Bruxo realiza um ritual, todos, em tese, têm a mesma intenção: chamar a atenção de poderes superiores para provocarem alguma mudança. Esta é a essência da Magia!

Símbolos, arquétipos e ações rituais coordenadas, que despertem o hemisfério direito de nosso cérebro, que propicia o estado de relaxamento, êxtase ou transe necessários para que a alcancemos um estado elevado de consciência é do que se vale a magia.

Todas as religiões possuem suas formas de alterar a consciência para que a comunicação com outros planos se estabeleça. Cânticos, mantras, toque de tambores, meditações, são apenas algumas das incontáveis técnicas utilizadas através da história para que os homens contatem o Divino.

PREPARAÇÃO PARA A MAGIA

O primeiro tipo de força com a qual devemos trabalhar em qualquer ritual mágico é a força pessoal. As ferramentas usadas para isso são o uso da meditação, concentração, visualização, exercícios de respiração e consciência. A magia precisa sempre de um propósito específico e claro. Por isso treinar a mente é tão importante. Se você não tiver um pensamento objetivo durante a realização de um feitiço com o Tarô, seu alvo poderá não ser atingido com sucesso.

Lembre-se de que todo ritual é um ato mágico, onde o Bruxo contata forças de outros mundos para provocar mudanças neste mundo. Não seria diferente com a Magia do Tarô. Ainda que cada pessoa tenha sua própria maneira de fazer magia e entrar em contato com os seus Deuses, alguns princípios como o Círculo Mágico, invocações aos elementos, saber elevar poder e abrir o Círculo são gerais e usados de forma semelhante pela maioria dos sistemas mágicos, reservadas as diferenças pontuais que identificam cada caminho. A seguir estão alguns desses princípios que devem ser colocados em ação e usados na medida do possível na hora de usar o Tarô para fazer sua magia.

CONCENTRAÇÃO

Concentrar significa focar sua atenção para aquilo que deseja. Repetir para si mesmo mentalmente quais são os seus propósitos é uma boa maneira de estabelecer sua concentração. Respire profundamente por três vezes. A cada respiração, permita que o seu corpo se sinta mais leve, sem tensões. Relaxe todos os seus músculos e respire profundamente por três vezes mais. Enquanto respira, perceba o ar entrando e saindo dos seus pulmões.

Olhe para o arcano ou arcanos que você está usando e repita para ele(s) mentalmente aquilo que deseja. Continue repetindo até perceber que está totalmente focado em seu desejo e que ambos, imagem e sua vontade, preenchem totalmente sua mente. Deixe este pensamento se fixar em sua mente cada vez mais. Sinta o quanto a realização do seu desejo é importante para você. Continue assim, até não conseguir pensar em mais nada além do seu objetivo.

Respire profundamente mais três vezes e siga para o passo seguinte.

VISUALIZAÇÃO

Em todo ato mágico uma prática importantíssima é a visualização. Visualizar é deixar que o olho da sua mente, ou seja, sua imaginação, crie cenas mentais relacionadas aos seus objetivos. É importante visualizar exatamente aquilo que você deseja em pormenores, sem deixar escapar qualquer detalhe.

Depois que a imagem e o seu desejo preencher completamente a sua mente, de olhos fechados, visualize-se tomando ações que possibilitem seu desejo ser realizado. Se desejar felicidade amorosa, veja-se em situações felizes. Imagine-se junto da pessoa amada caminhando por um parque, olhando as estrelas, viajando para um local onde sempre sonharam conhecer. Se quer uma promoção profissional, veja-se na posição desejada, sentado em sua cadeira no escritório e realizando reuniões profissionais de sucesso e sendo feliz em seu novo cargo. Seja criativo em suas visualizações. Quanto mais detalhes elas tiverem, melhor será.

CONSCIÊNCIA

Magia de nada funciona se não houver uma colaboração humana para que os resultados se manifestem. Consciência significa estabelecer claramente as atitudes e ações que você tomará para facilitar a realização do seu desejo.

Após realizar seu ritual, pense por alguns instantes nas coisas que pode fazer para facilitar a concretização do seu objetivo. Isso pode variar desde um novo corte de cabelo, comprar roupas novas, fazer um curso, retomar a faculdade ou, até mesmo, chegar à pessoa amada e declarar o seu amor.

Se desejar, estabeleça um plano estratégico de ação, pensando passo a passo o que deve ser feito. Após o ritual, use algumas cartas que você sinta que o colocam em sintonia com o seu desejo e, depois de contemplar o arcano, veja-se como o personagem central da carta. Use suas roupas, sente em seu trono, segure o objeto que ele estiver segurando em suas mãos e deixe o poder do arquétipo da carta entrar dentro de você e preencher todo o seu ser.

Lembre-se de que a magia não é algo sobrenatural. Muito pelo contrário, ela é natural a todos os seres. Todos nós podemos fazer magia e somos potencialmente mágicos. Toda pessoa é capaz de sentir as forças da natureza ao seu redor e interagir com elas. Quando fazemos magia, tornamo-nos uma ferramenta que deseja, foca e direciona as forças da natureza para um objetivo específico. Essas forças da natureza trabalham sob determinadas leis. A magia não é uma maneira de forçar a natureza a se submeter às suas vontades. Esta noção é completamente equivocada, pois ela não é sobrenatural. A magia é natural e opera de acordo com as leis da física. Ela é meramente um movimento de energias em harmonia que causa as mudanças que necessitamos.

Por isso, é importante saber que:

Tudo está interconectado. O que afeta uma pessoa afeta todas as outras e a você mesmo. Por isso, seja responsável ao fazer magia. Você quase sempre obterá aquilo que deseja, nem sempre da forma como gostaria.

Existem coisas que precisamos fazer pessoalmente. Não espere que a magia produza milagres. Se você não ajudar o seu desejo a se manifestar, ele não irá acontecer.

Existem coisas que não podem ser transformadas. A magia opera através das leis físicas e segue o caminho mais prático e fácil para se manifestar. Uma semente jamais germinará em um solo seco, um desejo jamais se manifestará em um terreno ou área da vida infértil. Não queira mudar o que não pode ser mudado. O máximo que você vai conseguir com isso é se frustrar.

A verdadeira magia é aquela que não só transforma o mundo ao nosso redor, mas que antes de tudo nos transforma internamente.

ÉTICA NA MAGIA DO TARÔ

Um sortilégio, feitiço ou encantamento de qualquer natureza é uma projeção mental enviada ao Universo com o objetivo de efetuar mudanças no campo físico.

Quando realizamos um ritual, trabalhamos com as forças da natureza para possibilitar estas mudanças. No momento em que interagimos com a energia da natureza, podemos mudar perceptivelmente nossa vida.

Assim, é natural que a magia seja capaz de atingir magicamente lugares ou indivíduos, independentemente da vontade da pessoa que está sendo atingida. Quando isso acontece, o feitiço ou encantamento influencia elas a agirem de determinada maneira, consciente ou inconscientemente.

Não há nada de errado no anseio de encontrar um amor com quem possamos compartilhar nossa vida, conquistas e felicidades; ou de querer um emprego desejado; ou mesmo de ansiar qualquer outra coisa. A magia é um meio eficaz e perfeito de conseguirmos chegar a qualquer objetivo com maior facilidade. No entanto, muitas vezes o uso da magia pode ser manipulativo e é aí que a ética precisa fazer a sua parte.

Usar magia para manipular terceiros tem sido considerado uma grande falta de ética e de respeito ao longo da história das tradições mágicas. Por isso, use sempre a Magia do Tarô com consciência. Se quer amor, em vez de focar sua energia em uma pessoa em particular, direcione sua magia para encontrar o parceiro(a) ideal. Se quer subir de cargo no trabalho, em vez de colocar alguém como um alvo que precisa sair da vaga para você entrar, foque na abertura de caminhos para que essa possibilidade se concretize sem prejudicar ninguém. Muitas vezes pode acontecer de não obter o amor da pessoa que você pensava ou desejava, mas alguém que o Universo considera mais adequado para a sua vida de forma a viver plenamente ao seu lado com saúde, sucesso, harmonia e prosperidade. Sua empresa pode crescer e uma nova vaga que se encaixa perfeitamente em seu perfil pode ser aberta. E assim sucessivamente.

Não há nada de errado em realizar um feitiço para que uma pessoa veja suas qualidades positivas e o perceba. Isso é completamente diferente de usar a magia para fazer alguém se apaixonar perdidamente por você, por exemplo. Querer manipular terceiros ou influenciar a vida de alguém sem o seu consentimento fere gravemente os princípios da magia.

Todas as operações têm como agente principal a vontade clara do Bruxo ou da pessoa que pratica a ação mágica. Os utensílios usados, como as cartas do Tarô, ervas, pedras e velas agem como intensificadores e condensadores do poder mental. Na realidade, são pontos de apoio para o desejo do operador se tornar realidade.

A palavra humana possui forças nunca imaginadas ou conhecidas e, quando pronunciada na hora, lugar, dia e sobre o feitiço correto, pode subverter a força da própria natureza. Quando um Bruxo pronuncia determinadas palavras está operando por meio do poder do verbo. Se não fossem as palavras, tudo feito na magia seria inútil, pois elas expressam à vontade e o desejo do Bruxo.

Além de serem a expressão das palavras, os feitiços e sortilégios são também uma projeção mental. Os pedidos e desejos são enviados para o Universo com o propósito de mudar o curso de alguma coisa. A energia segue o pensamento e o som. Sem limite de tempo ou espaço, os sortilégios surtem efeito atingindo a contra parte astral de tudo o que precisa ser influenciado para que nosso desejo aconteça.

Os sortilégios não devem ser usados para obter poder ou comando sobre outras pessoas. Nunca se esqueça da Lei Tríplice. Tudo aquilo que você fizer voltará três vezes a você, para o mal ou para o bem.

Fazer Magia com o Tarô se baseia na composição dos rituais levando em consideração os arcanos e analogias existentes entre os planetas, fases lunares, ervas, pedras, velas e elementos da natureza, como acontece classicamente na Tradição Ocidental de Mistérios. Todos estes elementos são veículos através dos quais a nossa força interior é desperta e liberada para produzir as mudanças que desejamos.

Antes de realizar um feitiço, analise a sua vida e se questione se o ritual precisa ser realmente feito. Veja se o problema não pode ser resolvido de outra forma, sem interferências mágicas. Para realizar um encantamento, primeiro mude sua conduta pessoal. Às vezes, a resolução de nossos problemas está diante de nossa "face" e, por estarmos fortemente envolvidos com ele, não conseguimos enxergar o melhor caminho a ser trilhado.

Caso considere que é necessário agir magicamente usando o Tarô para conseguir aquilo que quer, lembre-se de um velho ditado que diz: "Cuidado com o que pede em magia, você pode ter o azar de conseguir".

Para que qualquer ritual com o Tarô funcione com eficácia, seis fatores devem ser observados:

ARCANOS: cada arcano é um símbolo que liga você com as verdades universais. São usados como maquetes que representam pessoas, lugares, situações, objetos, circunstâncias. Escolha as cartas que melhor representam os personagens, cenários e acontecimentos. Coloque-as sobre o altar como se estivessem contando uma história, usando aquelas que representam o desfecho do que você quer alcançar por meio do ritual que está realizando.

SIMBOLISMO: o subconsciente opera através de símbolos, por isso é importante reforçá-los o quanto for possível nos rituais. Tudo o que você usar para compor é uma forma de símbolo: velas, ervas, pedras, imagens, etc.

VISUALIZAÇÃO: ao realizar o seu ritual, sempre mentalize o desejo se concretizando.

CONCENTRAÇÃO: o ato de reter um pensamento, imagem ou figura na mente de forma ininterrupta amplia o poder do seu ritual.

O PODER DA PALAVRA: tudo deve ser verbalizado para que possa surtir efeito. Não faça do seu ritual uma cerimônia silenciosa. A palavra cria a magia.

TRAÇAR O CÍRCULO: ainda que seja possível usar a Magia do Tarô de forma espontânea, simplesmente dispondo as cartas sobre uma superfície e se concentrando na realização do seu desejo, criar um espaço ritual acrescenta poder e magia para a sua cerimônia. Sempre lance um Círculo Mágico para as suas práticas de magia a fim de torná-las ainda mais poderosas.

Se você deseja usar o Tarô para fazer magia como ensinada neste livro, seja ético. Se quer um novo amor, por exemplo, antes de fazer o ritual propriamente dito desenvolva uma lista com as qualidades, atributos e personalidade que deseja encontrar no(a) parceiro(a) ideal. Foque seu feitiço para encontrar a pessoa certa e não para manipular alguém que você já conheça. Pode levar algum tempo para listar tudo em detalhes e, como tudo na magia, o sucesso dos resultados dependerá da energia que você colocará em seu encantamento. Talvez seja necessário repetir seu ritual numa base regular, até que o seu desejo se manifeste e você obtenha os resultados desejados.

É importante fortalecer sua autoestima, pois se não nos amarmos jamais encontraremos alguém que faça isso por nós. Autoconfiança e respeito por você mesmo são a chave para o sucesso se quiser crescer profissionalmente. Todos merecem a felicidade e o que você mais deseja se manifestará em sua vida quando for a hora certa.

Tenha sempre em mente que a melhor forma de fazer magia é direcionando toda e qualquer energia para que a força de realização flua naturalmente para a sua vida, sem especificar ninguém em seu ritual além de você mesmo. Não se esqueça da regra número um da magia: milagres sem esforço não existem!

Se você passar todo o seu tempo sentado esperando a magia trabalhar sozinha, nenhum feitiço irá ajudá-lo. Dê uma chance para o Universo trabalhar para trazer o seu desejo até você, mas ajude-o a manifestar fisicamente aquilo que deseja por meio de suas ações e atitudes. Tendo dito isto, passemos agora aos aspectos mais práticos da Magia do Tarô.

LANÇANDO O CÍRCULO MÁGICO

Magicamente falando, traçar um Círculo Mágico significa criar um espaço sagrado fora do tempo, onde os Deuses poderão se manifestar condignamente. Um Círculo Mágico converte qualquer local no centro do Universo, pois torna-se uma esfera concêntrica de energia.

O círculo é o símbolo máximo do infinito. Sem começo nem fim é a forma mais perfeita e um dos mais importantes símbolos difundidos, pois reflete a imagem da Lua e do Sol. Em muitas culturas indígenas o círculo é tido como símbolo do "Grande Espírito". Mais do que um símbolo de perfeição, representa a interação entre homens e Deuses. Desde tempos pré-históricos, o círculo é considerado um meio para evocar e preservar o poder mágico.

Lançar um Círculo Mágico precede qualquer prática ritual na Bruxaria e marca o início formal de uma cerimônia, inclusive quando você tiver operando com a Magia do Tarô. Geralmente isso é feito com o Bruxo criando o perímetro do Círculo ao seu redor e, logo em seguida, os Deuses e elementos da natureza são convidados a participarem do Rito que será realizado. A forma de organizar um Círculo pode variar de Bruxo para Bruxo, mas o conceito quaternário relacionado aos elementos é basicamente inerente a todos os segmentos da Arte.

O Círculo é o símbolo da comunhão, quando é traçado à nossa volta, faz com que estejamos além do tempo e do espaço. Recria um mundo externo, tanto em nível espiritual como em nível material. O Círculo é uma verdadeira fortaleza. Magicamente falando, está posicionado entre o mundo da realidade concreta e o mundo dos Deuses, define o espaço do ritual e o seu perímetro marca a delimitação onde a atenção é focalizada. A função do Círculo é criar um espaço sagrado para manter do lado de fora qualquer distúrbio energético, além de conter, fortalecer e intensificar as energias criadas e invocadas num ritual.

Desta forma, o Círculo Mágico tem as seguintes funções:

- Conter, fortalecer e intensificar as energias criadas e invocadas no ritual.
- Proteger o lançador de influências hostis, distrações externas e influências psíquicas.

Uma vez lançado, o Círculo Mágico está posicionado entre o mundo da realidade concreta e o Mundo Espiritual. Dentro dele o Bruxo fica além do tempo, limite e espaço. Uma de suas funções é a de fazer ligação entre a Terra, os homens e os Deuses, estendendo, assim, uma ponte entre as fronteiras existentes, tornando possível a interação do mundo material com o Mundo Divino.

LANÇANDO O CÍRCULO

Você pode usar a forma de montar, purificar e abençoar o Círculo de acordo com a sua Tradição Mágica, ou aquela com a qual esteja mais habituado.

Aqui será fornecida a forma mais simples e prática de criar o Círculo Mágico: a mental. Ela se adapta perfeitamente a qualquer necessidade e espaço, além de ser prática e surtir o mesmo efeito que as formas clássicas e mais elaboradas de lançamento.

Coloque uma música suave e agradável e fique de frente para o seu altar. Relaxe todos os seus músculos e comece aos poucos a esvaziar sua mente dos problemas, frustrações, mágoas e rancores, sejam eles causados pelas pessoas, sejam causados por você mesmo.

Respire fundo algumas vezes e, aos poucos, sinta uma paz imensa que preenche todo o seu ser. Quando sentir que está totalmente relaxado e em paz consigo mesmo, mentalize que uma poderosa luz azul, branca ou dourada entra pelo centro de sua cabeça, percorre lentamente todo o seu corpo e se espalha vagarosamente pelo local onde você se encontra.

Esta luz começa a projetar um jato de energia luminosa que forma um imenso Círculo de proteção à sua volta. Sinta o poder e a magia que este Círculo mágico lhe transmite. Quando ele estiver bem formado em sua tela mental diga as seguintes palavras:

> Eu projeto este Círculo de luz e poder ao meu redor. Eu convoco a magia da Deusa e do Deus e os poderes dos quatro elementos da natureza, Terra, Ar, Fogo e Água para unirem suas energias às minhas neste ritual. Que o Círculo seja abençoado e consagrado. Que assim seja e que assim se faça!

Após fazer esta afirmação, abra os olhos e inicie seu ritual de Magia com o Tarô. Quando tiver terminado, feche os olhos e mentalize o Círculo novamente em seu lugar de origem. Imagine que ele começa a girar no sentido anti-horário, desfazendo-se, e então diga:

> Agradeço a todas as energias que estiveram presentes neste ritual. Que todas elas retornem ao seu lugar de origem neste momento.

Destraço este Círculo Mágico em nome da Deusa e do Deus e agradeço aos poderes dos quatro elementos da natureza por sua presença e auxílio. Que este Círculo de magia e poder seja novamente enviado ao centro do Universo.

Sigam em paz!

O Círculo está aberto, mas não rompido.

Que assim seja e que assim se faça!

CRIANDO SEUS PRÓPRIOS RITUAIS COM O TARÔ

As cartas de Tarô são portadoras de uma incrível variedade de energias para usar na magia, já que cada uma delas possui uma energia diferente para fundamentar nossa intenção mágica nas práticas, rituais e feitiços. Então, são 78 energias básicas que, quando combinadas, geram pelo menos mais de 6000 variações e nuances que podem ser invocadas durante os rituais. Exatamente por essa razão o Tarô é uma ferramenta completa não só em termos oraculares, mas também mágicos. Isso significa que nos rituais você pode tanto usar uma carta individualmente, como combiná-las para manifestar seus desejos e intenções.

Ao interagir com as cartas, toda a Magia do Tarô se torna real. Emoções, pensamentos e imagens surgem em nossa cabeça, comunicando-se conosco de maneira simbólica por meio das cores, personagens das cartas, objetos que eles portam e uma infinidade de chaves pictoriais poderosas que têm a capacidade de despertar nosso subconsciente para fazer magia.

Usar o Tarô como uma ferramenta mágica é algo que pode ser surpreendentemente fácil. Por exemplo, se seu objetivo é conseguir um novo emprego, você pode simplesmente acender sobre o seu altar uma vela verde dentro de um Círculo formado por uma erva que atrai sucesso, como o louro, acender um incenso de canela, incluir uma pedra pirita ao cenário e, para arrematar o sistema, incluir uma carta do Tarô que para você expresse o conceito de sucesso e prosperidade, como a do

Imperador, Carro, Ás ou 10 de Ouros. As cartas do Tarô além de serem chaves mágicas pictóricas, vão dar suporte visual ao seu feitiço. Isso significa que você poderia ao visualizá-las, criar na sua mente de forma vívida a imagem da carta do Imperador e se ver sentado em seu trono, enquanto evoca em si mesmo o sentimento de poder, força, controle e realização. *Voilà*, seu feitiço está realizado!

COMO ESCOLHER CARTAS DE TARÔ PARA FEITIÇOS

Escolher as cartas para usar em um feitiço vai depender de sua intenção, pois cada carta possui uma energia diferente, ou seja, uma vibração única.

Ao fazer isso, tenha sempre em mente que as cartas dos Arcanos Maiores são ideais para representar as forças maiores em comando no seu feitiço, as energias planetárias, os elementos, você mesmo ou quem quer que seja o destinatário da magia. Já os Arcanos Menores representam os fatos cotidianos, aquilo que você quer ver acontecendo ou que deseja evitar.

De todas as cartas do Tarô, o Louco é aquela que pode representar qualquer pessoa em um feitiço ou ritual. Isso acontece porque o Louco é a carta de número zero, então ele nem pode ser considerado parte dos Arcanos Maiores ou Menores, mas a ponte entre esses dois mundos. Por isso, quando não souber qual carta escolher para representar uma pessoa, ou até mesmo uma determinada situação, use este arcano. Ele é exatamente o que se parece: uma carta coringa.

Por essa razão, ele está associado a novos começos, possibilidades ilimitadas e a um tema em branco. Com o passar do tempo e certa observação, você terá diversos insights de como usar as cartas e associá-las entre si num ritual. Unir as cartas do Louco e do Mago num feitiço traz a fagulha divina que pode fazer tudo acontecer, por exemplo:

O Mago é o iniciador de tudo. Então, ele carrega a capacidade de transformar todo potencial (seus sonhos, desejos, esperanças, projetos) em realidade. Já dá para imaginar que esse tipo de combinação pode ser útil em muitos tipos de rituais de Magia com o Tarô. Mas o Mago também serve para invocar todas as suas potencialidades para trabalhar um desejo, já que aparece em suas representações como aquele que domina todos os elementos. O Pentáculo, espada, Bastão e Cálice que aparecem sobre a sua mesa são a expressão dos elementos Terra, Ar, Fogo e Água, sucessivamente. Assim, eles representam da mesma forma o plano físico, mental, espiritual e emocional do ser. Usar a carta do Mago em um ritual é uma invocação clara a todos esses sentidos, colocando-os para trabalhar a seu favor para realizar o tema do seu encantamento.

Na hora de fazer Magia com o Tarô para finalidades específicas, é possível simplesmente usar a lista básica a seguir para determinar quais cartas usar. Lembre-se também de deixar sua intuição fluir. Atente-se aos símbolos e temas de cada carta e, se algum parecer se relacionar com o objetivo do seu feitiço, determine se verdadeiramente tem a ver com o escopo do trabalho. Os arcanos possuem muitos significados e nem sempre os tradicionais e mais aceitos se aplicam a todo mundo e para todas as questões.

Dinheiro, abundância e trabalho: Imperatriz; Mundo; Ás de Ouros; Valete de Ouros; Três de Ouros; Nove de Ouros; Dez de Ouros; Rei de Bastos; Quatro de Bastos; Três de Bastos; Seis de Bastos.

Amor, autoestima, amizades e relacionamentos: Enamorados; Ás de Copas; Dois de Copas; Seis de Copas; Quatro de Bastos.

Fortalecer a intuição, alcançar sabedoria e se conectar com as forças superiores: Sacerdotisa; Imperatriz; Hierofante; Eremita; Roda da Fortuna; Morte; Estrela; Lua; Oito de Copas.

Sorte e realização dos desejos: Louco; Mago; Estrela; Sol; Ás de Bastos; Seis de Bastos; Oito de Bastos.

Banir uma energia indesejada: Justiça; Roda da Fortuna; Enforcado; Morte; Torre; Estrela; Julgamento; Sacerdotisa; Oito de Copas; Ás de Espadas.

Crescimento: Imperador; Carro; Dois de Ouros; Três de Ouros; Rei de Bastos; Ás de Bastos; Três de Bastos; Oito de Bastos; Rainha de Bastos; Rei de Bastos; Ás de Espadas; Cavaleiro de Espadas.

Cura emocional: Imperatriz; Força; Temperança; Estrela; Sacerdotisa; Ás de Copas; Rainha das Copas; Oito de Copas.

Terra: Imperatriz; Imperador; Mundo; todos os arcanos do naipe de ouros.

Ar: Sacerdotisa; Hierofante; Eremita; Morte; Julgamento; todos os arcanos do naipe de Espadas.

Fogo: Enamorados; Carro; Sol; Diabo; todos os arcanos do naipe de Bastos.

Água: Temperança; Estrela; Lua; todos os arcanos do naipe de Copas.

Uma lista completa e mais abrangente de cartas para diferentes finalidades é fornecida no Compêndio no final deste livro. Porém, os exemplos aqui fornecidos dão um bom fundamento por meio do qual você pode se basear na hora de decidir qual arcano usar em seus feitiços, rituais e encantamentos com o Tarô.

FAZENDO MAGIA COM APENAS UMA CARTA

Rituais mágicos que envolvem o uso de apenas uma carta são os mais práticos de serem feitos. Mas não se precipite achando que são simplórios por usarem apenas uma carta. Na verdade, uma história inteira cheia de nuances pode estar presente em uma única carta. Cada arcano é um universo em seu próprio mérito e quanto mais você mergulhar no simbolismo do Tarô mais claro isso se tornará.

Criar seus próprios feitiços com apenas uma carta de Tarô é extremamente prático e simples. Para isso, pense na questão que deseja trabalhar magicamente e, então, escolha uma carta que acredita estar alinhada com a sua intenção e propósitos. Se você for um novato no universo do Tarô, apoie sua escolha nos significados tradicionais de cada arcano ou simplesmente busque ver além até que encontre de forma intuitiva, aquela que parecer ter mais a ver com a questão do seu feitiço. Então pode ativar sua conexão com o arcano, colocando-o entre as suas mãos ou então aproximando-o de sua testa enquanto medita sobre aquilo que deseja alcançar.

Após declarar sua intenção claramente, você pode colocar a carta em seu altar, embaixo do seu travesseiro, sobre a mesa do trabalho, no espelho do carro ou em qualquer outro lugar que acredita que causará um grande impacto sobre sua percepção.

FEITIÇOS COM COMBINAÇÃO DE DIFERENTES CARTAS

Organizar as cartas de uma determinada maneira sobre o altar é uma maneira de focar sua intenção e dar mais poder ainda ao seu ritual. Mais adiante no Compêndio serão fornecidos diversos posicionamentos específicos para os muitos temas possíveis de serem trabalhados magicamente com o Tarô.

A elaboração de feitiços com diversas cartas proporciona uma interação dos arcanos uns com os outros para criar, elaborar ou simbolizar diferentes energias. Uma coisa que fica patente quando estudamos o Tarô, é que algumas cartas são mais tensas e negativas que outras. Algumas cartas são naturalmente complementares, enquanto outras parecem que se repelem. Nesse sentido, os arcanos positivos podem ser empregados como uma maneira de neutralizar as energias apresentadas pelas cartas mais pesadas. Ou então você pode usar cartas que se complementem e reforçam os significados mais positivos para emitir boas vibrações por meio do seu feitiço.

Para trabalhar com diferentes arcanos, pense naquilo que gostaria de ver acontecendo na sua vida. Então, faça uma lista com algumas das qualidades que deseja despertar para manifestar esse desejo e selecione tantas quantas forem as cartas que expressem essas qualidades.

Tente criar uma disposição com as cartas sobre o seu altar que faça sentido para você e que esteja alinhada com o propósito do ritual. A disposição das cartas pode ir de um círculo a um triângulo, por exemplo.

TRIÂNGULO DA MANIFESTAÇÃO

Essa disposição das cartas pode ser usada para praticamente todos os feitiços e propósitos. Desde sempre o triângulo tem sido considerado uma forma geométrica sagrada, dotada de poderes mágicos. Assim, colocar as cartas no formato de um triângulo é uma maneira eficaz de direcionar o poder mágico de cada arcano para um propósito específico.

O Triângulo da Manifestação evoca o conceito do Triângulo da Arte ou Triângulo da Evocação que tem sido usado desde sempre para tornar visível uma inteligência ou forma de pensamento durante um ritual.

As cartas escolhidas para compor as pontas do triângulo representam as forças e energias que desejamos colocar em movimento para realizar nosso desejo. Uma quarta carta é colocada no centro do triângulo ao final para afirmar o desejo e expressá-lo definitivamente às forças do Universo para que ele seja realizado.

Para usar essa disposição basta escolher quatro cartas:

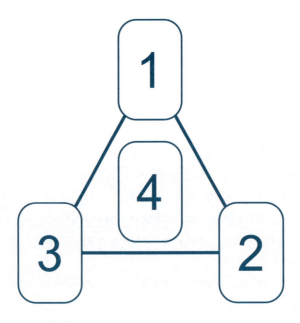

Carta 1 – Significadora: representa a pessoa para quem o ritual está sendo realizado.

Carta 2 – Ação Inicial: representa o tema do ritual, o seu desejo.

Carta 3 – Ação Progressiva: representa como o desejo deve se desenvolver e expressa a influência contínua colocada em curso, que move o desenvolvimento da magia no caminho certo.

Carta 4 – Carta da Manifestação: carta central, representa o resultado final que se espera alcançar com a realização do ritual.

Se estiver fazendo o feitiço para alguém, disponha as cartas de forma que o triângulo aponte para cima. Se o feitiço for para você, disponha as cartas de maneira que o triângulo aponte para baixo, na sua direção, para que a energia seja direcionada a você.

De um jeito prático, a carta do Louco pode ser usada para representar você. Qualquer outra carta que sentir que possa servir como Significadora poderá ser escolhida para o mesmo propósito.

Se o feitiço é para você, esta carta seria posicionada na ponta inferior do triângulo. Desta maneira, o triângulo apontaria para baixo, em sua direção. Se o feitiço for para outra pessoa, a carta seria posicionada na ponta superior, ou seja, o triângulo será posicionado com a ponta para cima.

O próximo passo é posicionar a carta que representa o seu desejo, o arcano que simboliza como a magia deve se desenvolver e a lâmina que se conecta com o resultado final proporcionado pelo feitiço.

Veja que o lado direito representa a projeção da energia. Então deste lado colocaremos a carta que representa a ação inicial, o seu desejo puro e simples. Suponhamos que você queira amor. Uma carta positiva para ser colocada nessa posição seria Ás de Copas, por exemplo.

O canto esquerdo é o canto receptivo, logo a posição desta carta representará o fluxo contínuo que move o seu desejo em sua direção. Escolha aqui uma carta que expresse esta intenção. Pense que esta carta simboliza o fluxo da energia necessária para manifestar o desejo. Por exemplo: se você quer casar, coloque aqui a carta do Ás de Copas, Enamorados ou Sol, para colocar as energias em movimento de maneira que este objetivo tenha como se materializar. Se deseja recuperar a confiança no amor após ter o coração partido, coloque o 6 de Copas. E, assim, sucessivamente.

Para finalizar, no centro do triângulo coloque um arcano que representa o desfecho da magia. Se o objetivo é um casamento, uma carta apropriada para esta posição seria o 2 de Copas. Se quer alcançar reconhecimento e fama, o Carro. E assim por diante.

As cartas podem ser encaradas nesta forma de disposição como estimulantes visuais que ajudam a facilitar a imaginação ativa durante o ritual. Elas são como instrumentos que guiam a visualização em direção a um resultado satisfatório.

DISTRIBUIÇÃO CIRCULAR

O Círculo é sagrado para muitas culturas. Ele simboliza o poder da criação e os ciclos da vida. Exatamente por isso, dispor as cartas em círculo é a maneira ideal para tornar qualquer ideia ou desejo em realidade.

Para usar essa disposição, coloque uma carta que represente você ou a pessoa para quem o ritual é realizado no centro do círculo. Em seguida, separe cartas que reforçam o seu desejo e coloque ao redor da carta Significadora. Neste método não há um número de cartas específicas a serem usadas, pode ser qualquer número. No entanto, se você quiser dar mais significado à sua mandala use um número significativo que esteja alinhado com o seu desejo.

Alternativamente à carta Significadora ou até mesmo junto a ela, é possível colocar no centro da mandala um papel com a sua intenção escrita, um cristal ou objeto pessoal que possa representá-lo, etc.

FEITIÇOS ORACULARES

Outra maneira bastante interessante de fazer Magia com o Tarô é usar uma tiragem das cartas e completar o processo para mudar uma situação indesejada. Para isso, escolha uma carta que represente o seu momento atual e outra para representar a meta que você deseje manifestar.

Coloque esses arcanos sobre o seu altar com a carta da "situação atual" à esquerda e a carta que representa o "objetivo" à direita. Embaralhe todo o restante e então tire uma carta para cada uma das seguintes perguntas:

- O que posso fazer para chegar mais perto do meu objetivo?
- Que energia devo incorporar para manifestar este objetivo facilmente?
- Que obstáculo posso enfrentar ao me aproximar desse objetivo?
- Como faço para superar esse obstáculo?

Medite sobre essas perguntas e o seu desejo por alguns instantes e então ative seu feitiço.

ATIVANDO O FEITIÇO

Depois de configurar a disposição é hora de ativar seu feitiço. Para isso você pode agir como faria normalmente com qualquer feitiço. Isso inclui meditar, visualizar, focar sua atenção, cantar o seu desejo, etc.

Você pode, ainda, acender uma vela sobre a carta que o representa como símbolo da ativação do feitiço, traçar um símbolo com o seu Bastão sobre a disposição de cartas determinando que o seu desejo aconteça ou fazer qualquer coisa que para você pareça adequado no sentido de enviar o seu desejo para o Universo e os Deuses.

Minha maneira preferida de ativar feitiços com o Tarô é elevar a energia circulando a disposição das cartas com um pêndulo enquanto me concentro e proclamo o meu desejo. Uma simples invocação pode ser feita para finalizar o processo. Gosto muito de usar uma adaptação da invocação ao espírito do Tarô usada pela Golden Dawn e que serve adequadamente para todos os propósitos:

Eu invoco a ti HERU, o grande ser que preside às operações desta Sabedoria Secreta, para que pouse sua mão invisivelmente sobre estas consagradas cartas da Arte. Que por meio delas eu possa obter (proclame aqui o seu desejo) para a glória inefável de seu nome. Que assim seja!

Nesta simples invocação, pede-se o auxílio de Heru, nome sagrado para o Deus egípcio Hórus. Ele foi considerado pela Golden Dawn a divindade guardiã do Tarô e tem sido há muito considerado por diferentes escolas de mistérios como a divindade tutelar do novo *Aeon*. O nome Heru é associado ao Tarô há pelo menos quase dois séculos e pode ser usado de muitas formas como, por exemplo na forma de um mantra a ser entoado para limpar, empoderar e até mesmo consagrar o baralho.

Porém, qualquer outra invocação, inclusive palavras espontâneas, podem ser ditas para finalizar o processo e liberar a energia do seu feitiço para que ele possa se realizar.

DANDO UM PASSO ALÉM

A Magia do Tarô não tem limites. Rituais ainda mais elaborados podem ser feitos com os arcanos. Suponhamos que você queira realizar um feitiço com o Tarô para ter sorte no trabalho. Você poderá estar querendo subir de cargo na empresa onde trabalha, ganhar mais ou até mesmo ficar desempregado.

O primeiro passo é descobrir qual dos 7 Planetas Mágicos (Sol, Lua, Marte, Vênus, Mercúrio, Júpiter e Saturno) está relacionado às suas intenções.

Em uma consulta rápida ao Compêndio você vai descobrir que o planeta mais apropriado seria o Sol, pois ele rege o sucesso profissional e material. O segundo passo agora é separar os materiais que estão em analogia a este planeta para realizar o ritual.

O primeiro item, e o mais óbvio, é a própria carta do Sol. Ela é importante para representar o tema do ritual. Depois vem a carta Significadora, ou seja, aquela que representa a pessoa para quem o ritual é realizado. Você pode optar por escolher uma carta que lhe pareça mais apropriada dentre os demais Arcanos Maiores para isso. Essa escolha pode ser feita tanto pela descrição dos diferentes tipos de Significadores que cada carta representa quanto pelo arcano que esteja associado ao signo da pessoa em questão. Digamos que ela seja do signo de Câncer. Temos a carta do Carro para representá-la.

Em vez disso, você pode usar a referência clássica das Cartas da Corte como Significadoras, escolhendo de acordo com o tipo físico que cada carta representa, ou se valendo da referência zodiacal que cada carta dos Arcanos Menores expressa. Daremos um exemplo para ficar mais claro. Uma mulher madura de cabelos negros pode ser representada pela carta da Rainha de Espadas. Porém, se você souber o dia exato em que esta pessoa nasceu, poderá usar a carta que está relacionada exatamente ao decanato ao qual ela pertence. Digamos que esta pessoa tenha nascido no dia 11 de julho. O arcano que poderia ser usado para representá-la seria o 4 de Copas, que cobre o período de 11/07 à 21/07. Isso já é o suficiente para dar início ao processo de criar um esquema para a disposição das cartas sobre o altar para a realização do feitiço com os arcanos.

No caso hipotético mencionado, seria possível usar uma vela laranja para representar o Sol (sucesso profissional) e uma branca para representar a pessoa para quem o ritual está sendo realizado, neste caso alguém do signo de Câncer. Como estamos trabalhando um tema associado ao Sol, o melhor dia para que o ritual seja realizado é um domingo (dia do Sol), de Lua cheia (para estabilizar) ou crescente (para aumentar), às 13h (hora do Sol) ou qualquer outro horário que estiver relacionado ao Sol durante o decorrer do dia. Este é o horário que o ritual deverá começar. Uma pedra pirita e folhas de louro são também adequadas de serem adicionadas à composição do ritual, pois da mesma forma estão associadas ao Sol.

Escolha, por fim, qual esquema de altar deseja utilizar para compor o seu ritual: dividido em 2, 3, 4, 8 ou 12. Tendo escolhido qual divisão adotar, é hora de montar o altar.

Daremos aqui um exemplo de divisão quaternária, associada aos quatro elementos, apenas como referência. Você pode adotar qualquer uma das outras opções de acordo com a sua vontade ou necessidade.

Assim sendo, separe também os Ases de cada naipe, já que eles representam a potência de cada um dos elementos da natureza. Após lançar o Círculo, declare com uma sentença simples o propósito do ritual:

Neste espaço sagrado eu chamo pelo espírito vivo do Tarô, a Alma do Mundo. Este ritual tem o propósito de (declare a intenção). Assim, eu condenso todas as forças que estão presentes neste Círculo para que o meu desejo se realize em harmonia e equilíbrio. Que assim seja!

Coloque a carta que representa a pessoa no centro do altar e diga:

Este arcano representa (diga o nome da pessoa).

Unja a vela branca, entalhe o nome da pessoa na vela, coloque-a do lado esquerdo do altar e a acenda, dizendo palavras como as que se seguem:

Pela luz desta vela eu chamo pela presença de (dizer o nome da pessoa). Que esta chama represente seu espírito e sua presença.

Passe a mão na chama da vela e, em seguida, coloque as mãos sobre a carta no centro da mesa que representa a pessoa para quem o ritual está sendo realizado. Sinta a carta se enchendo de força e energia e abrindo um portal por meio do qual a presença da pessoa pode ser atraída para o ritual. Se a pessoa a quem o ritual se destina for você próprio, deixe a carta carregar o Círculo com a sua energia pessoal.

Agora é hora de circular a carta central com os Ases, representando o poder dos elementos. Coloque o Ás de Ouros no canto Norte do altar e diga:

Poder da Terra, compartilhe sua sabedoria e força com (diga o nome da pessoa). Que ela consiga (diga qual o desejo).

Coloque o Ás de Espadas no Leste e diga:

Ar que inspira e renova, traga boas ideias e fortaleça a mente de (diga o nome da pessoa) para que ela alcance (diga o desejo).

Coloque o Ás de Bastos no Sul do altar e diga:

Poder do Fogo, que forja e fortalece, inspire (diga o nome da pessoa) com sua garra e vigor para que ela conquiste (diga o desejo).

Coloque o Ás de Copa no canto Oeste do altar, dizendo:

Força da Água que limpa e equilibra, purifique o caminho de (diga o nome da pessoa) para que ela realize (diga o desejo).

Faça um grande símbolo do Sol com folhas de louro envolvendo todas as cartas. Sinta o aroma das ervas preenchendo o Círculo e deixe-o entrar em seu ser, criando uma conexão com a aura do ritual. Segure um citrino por alguns instantes e medite sobre tudo o que deseja. Coloque a pedra sobre a carta central e a carta do Sol do lado direito do altar, porém dentro do sol feito com as folhas de louro, acenda a vela laranja sobre o arcano e faça uma invocação declarando o propósito do seu feitiço:

Que (diga o nome da pessoa) encontre o trabalho adequado.

Que os Deuses e as forças da natureza guiem seus passos em sua jornada profissional.

Que sejam abertas as portas para novas oportunidades. Que ele(a) desenvolva suas habilidades, conhecimentos e a sabedoria de que precisa para alcançar o sucesso.

Enquanto prepara seu currículo, escreve apresentações, envia inscrições, que (diga o nome da pessoa) se conecte com novas empresas e empregadores em potencial. Que ao ser entrevistado(a) tenha palavras para falar e coragem para compartilhar quem é e o que pode fazer.

Este é o meu desejo.

Que assim seja!

Medite alguns instantes sobre o seu desejo e concentre o máximo de energia que puder. Pegue o pêndulo e comece a circulá-lo conscientemente sobre o altar no sentido horário. Enquanto faz isso, mentalize o desejo e visualize-o sendo realizado. Aos poucos vá aumentando os movimentos do pêndulo, circulando cada vez mais rápido e com o olho da mente veja toda a energia concentrada dentro do Círculo ascender aos céus para cumprir a sua função.

Respire profundamente algumas vezes e retorne à sua consciência normal. Se for necessário, aterre a energia e deixe todo o excesso fluir para o centro da Terra. Quando as velas tiverem queimado por completo, recolha as cartas e todo material sobre o altar. Com as ervas faça um banho mágico e deixe a pedra sempre próxima a você.

O SISTEMA DA GOLDEN DAWN

A Golden Dawn foi uma ordem mágica fundada na Grã-Bretanha, no século passado, e esteve ativa entre o século 19 e início do século 20. É considerada por muitos a ordem mais importante e influente de todos os tempos no desenvolvimento da magia. Praticamente a totalidade dos sistemas mágicos da Tradição Ocidental de Mistérios em voga na atualidade conduzem invariavelmente até ela, de uma forma ou de outra. A Golden Dawn não foi só importante para o desenvolvimento e ensinamento da magia, mas influenciou de forma indelével a tradição do Tarô, estabelecendo definitivamente o significado divinatório das cartas usado por nós até os dias atuais. Ela também desenvolveu o conceito do uso esotérico do Tarô para o desenvolvimento psíquico e espiritual pessoal, apresentando uma série de formas de empregá-lo como instrumento de contemplação em meditações, nas jornadas interiores e em práticas mágicas dos mais diversos tipos. Dela surgiram quatro grandes baralhos de Tarô que se tornaram verdadeiros clássicos e que seguem entre os mais usados até hoje pelos estudiosos:

- O Tarô Waite-Smith, um trabalho de Arthur Edward Waite em parceria com Pamela Colman Smith.
- O Tarô de Thoth, criado por Crowley e Frieda Harris.
- O Tarô da Golden Dawn, desenvolvido por Samuel Liddell MacGregor Mathers e sua esposa Moina Mathers.
- O Tarô B.O.T.A, de Paul Foster.

A Golden Dawn foi a primeira a estabelecer um sofisticado sistema de correlação astrológica para cada carta do Tarô, que pode ser de grande valia na hora de fazer magia com suas cartas. Esse sistema possibilita criar um panorama perfeito de compreensão dos arcanos por uma perspectiva astrológica, provando um famoso adágio mágico: o de que todos os diferentes sistemas na magia levam a um mesmo denominador comum.

Desde então, a Astrologia tornou-se um importante instrumento na compreensão de como o Tarô pode ser usado divinatóriamente e magicamente. A maior parte das pessoas que fazem um paralelo entre a Astrologia e o Tarô usa como base o sistema deixado a nós pela Golden Dawn nesse processo.

Originalmente, esse sistema de analogias usava apenas os sete planetas mágicos reconhecidos na antiguidade (Sol, Lua, Mercúrio, Vênus, Marte, Júpiter e Saturno, como já vimos). Os planetas encontrados mais recentemente (Urano, Netuno e Plutão) foram associados ao Tarô posteriormente, mas nunca fizeram parte da proposta original da Golden Dawn. Assim, ficou estabelecido uma relação aprimorada entre as cartas do Tarô e os diferentes elementos encontrados na Astrologia:

ELEMENTOS	ARCANOS
Fogo Elemental	Julgamento
Terra Elemental	Mundo
Ar Elemental	Louco
Água Elemental	Enforcado

PLANETAS	ARCANOS
Mercúrio	Mago
Lua	Sacerdotisa
Vênus	Imperatriz
Júpiter	Roda da Fortuna
Marte	Torre
Sol	Sol
Saturno	Mundo

SIGNOS	ARCANOS
Áries	Imperador
Touro	Hierofante
Gêmeos	Enamorados
Câncer	Carro
Leão	Força
Virgem	Eremita
Libra	Justiça
Escorpião	Morte
Sagitário	Temperança
Capricórnio	Diabo
Aquário	Estrela
Peixes	Lua

Mas as associações não param por aí. A Golden Dawn foi extremamente minuciosa na maneira como correlacionou as cartas do Tarô com as diferentes partes da Astrologia, atribuindo até mesmo um decanato dos signos do Zodíaco para cada Arcano Menor.

Considerando uma roda de 360° que é dividida em 36 sessões de 10° cada, teremos 12 casas zodiacais e 3 decanatos para cada signo. No sistema desenvolvido pela Golden Dawn, cada decanato tem uma correspondência com um dos Arcanos Menores do Tarô. O sistema é tão preciso, que todas essas divisões tem correlações com os diferentes dias do ano, permitindo usar as diferentes cartas como uma diretriz para prever acontecimentos em dias específicos ou até mesmo saber o dia exato regido pela inteligência de uma carta que, em teoria, seria o momento mais poderoso para invocar sua força em um ritual. Para os mais entusiasmados é possível até mesmo correlacionar um dos Arcanos Menores à cada pessoa de acordo com sua data de nascimento.

Todos esses simbolismos astrológicos podem auxiliar muito não só na hora de interpretar o Tarô em uma consulta como também no momento de fazer magia com as cartas, já que, de acordo com a Golden Dawn, as correspondências estabelecidas estão conectadas com as energias astrológicas essenciais por trás de cada arcano. Essas associações baseadas na astrologia podem se tornar ferramentas vitais para cada pessoa que for usar o Tarô, seja para previsão do futuro seja para a magia, porque, por meio delas, é possível entender os padrões de energia de cada carta, tendo como fundamento as associações astrológicas que por sua vez são transmitidas pelos arcanos em uma linguagem pictorial.

Outra inovação da Golden Dawn foi dar para cada arcano do Tarô um título esotérico além dos seus nomes padronizados. Esses títulos são o resultado das correspondências elementais, zodiacais e planetárias de cada carta associados ao simbolismo numerológico do naipe de cada arcano. Por exemplo, a carta da Morte está associada com o signo de Escorpião, que representa o fim, transformação, renascimento e regeneração. Assim, este arcano recebe o título esotérico de O Senhor dos Portais da Morte, o que reflete perfeitamente seu campo de ação e posição. O dois de Espadas recebe o epíteto de Senhor da Paz Restaurada, o que permite deduzir claramente sua associação com harmonia e equilíbrio (simbolismo do número dois) alcançado após uma disputa ou conflito (naipe de Espadas).

Todos os títulos esotéricos associados aos arcanos do Tarô aparecerem originalmente no *Livro T* dos manuscritos da Golden Dawn em 1890, que foram provavelmente escritos por MacGregor Mathers. Posteriormente, os epítetos das cartas também apareceram no famoso livro *777* de Aleister Crowley, que traz uma série de correspondências mágicas e parece que esses respectivos nomes foram a inspiração para as palavras-chaves que acompanham cada uma das cartas dos Arcanos Menores do Tarô de Thoth.

De um ponto de vista divinatório, os títulos conferidos por Mathers a cada arcano podem servir como um lembrete sobre a natureza de cada carta na hora de uma leitura, fazendo-nos recordar o significado mais geral em questão sem muita demora. Porém, por uma perspectiva mistérica e mágica, aquela que mais nos interessa quando usamos o Tarô como uma ferramenta para fazer magia, esses títulos fornecem informações preciosas sobre o uso esotérico e oculto de cada carta, levando-nos diretamente ao nome da inteligência espiritual que rege cada arcano. Não é de hoje que os arcanos do Tarô são vistos como portais de acesso a inteligências superiores que podem ser contatadas por meio das cartas. Os títulos esotéricos atribuídos a elas pela Golden Dawn podem ser usados durante os rituais de Magia com o Tarô exatamente para invocar essas inteligências, que são as forças e os poderes por trás de cada arcano.

Assim, quando colocar a carta do Carro sobre o seu altar ou integrá-la na composição de uma disposição que estiver criando para um propósito mágico específico, você pode invocar a inteligência da carta pelo nome dela com palavras como:

Senhor do Triunfo da Luz, ajude-me a obter vitória em todas as minhas ações e alcançar o sucesso desejado.

Ao fazer isso, você estará trabalhando não só com o simbolismo da carta, mas invocando a inteligência do arcano e dando um passo além, saindo da esfera do uso arquetípico e simbólico do Tarô e entrando em seu campo espiritual. Ao invocar a inteligência de cada arcano, você estará despertando as forças espirituais arcaicas que podem se comunicar com a humanidade por meio de cada carta, chamando-as para realizar um desejo que está sendo expressado por meio de um ritual mágico com o Tarô.

O sistema mágico do Tarô desenvolvido pela Golden Dawn é extremamente amplo e daria um livro inteiro em seu próprio mérito. Apesar das informações aqui compartilhadas sobre ele serem bastante resumidas e trazerem apenas os aspectos principais do sistema, são suficientes para você começar a experimentar a eficácia do método que, tenho certeza, surpreenderá o leitor com seus resultados.

As correspondências astrológicas até agora mencionadas e os títulos esotéricos de cada arcano, para que você possa invocá-los em seus rituais e fazer uso deles em suas práticas mágicas, serão fornecidos mais adiante. No que se refere à Astrologia, nem todas as pessoas estão totalmente familiarizadas com ela a ponto de entender a maioria das correlações fornecidas em sua magnitude e abrangência. Por isso, sinta-se à vontade para dispensá-las na hora de decidir se deve usá-las ou não, respeitando o seu nível de conhecimento sobre o assunto no momento de ritualizar com os arcanos. O Tarô pode e deve ser usado na magia por um prisma mais intuitivo e orgânico e esta obra visa a lhe oferecer ferramentas diversas para você fazer uso dele magicamente de inúmeras maneiras.

Antes, porém, é necessário informar que no sistema original da Golden Dawn a palavra "Rei" é usada para se referir ao "Cavaleiro", e o termo "Príncipe" é usado para se referir ao "Rei" do sistema clássico estabelecido e usado pela maioria dos tarólogos. Essa é uma marca registrada da Golden Dawn e se você tem estudado o sistema da Ordem e está habituado com essa inversão, vai perceber que os títulos esotéricos fornecidos aqui para esses arcanos específicos foram propositalmente invertidos, para refletir à correspondência clássica. Sinta-se livre para usar a referência original se preferir e ela fizer mais sentido para você. Nos meus trabalhos de Magia com Tarô essa pequena adaptação se provou funcional e satisfatória, assim, não vejo razão para deixar de compartilhá-la com os leitores. Outro aspecto importante que vale a pena ressaltar é o fato de que os títulos esotéricos dos Arcanos Menores, excetuando-se àqueles conferidos às Rainhas, são dados em sua forma masculina como "Senhor do(a)...". Isso é compreensível, partindo do princípio de que a Golden Dawn surgiu em um tempo da história no qual a sociedade era muito mais machista e patriarcal do que a atual. Desta maneira, não vejo porque perpetuar esse formato em tempos mais abertos e sugiro que o leitor faça experimentos em suas operações mágicas usando a forma "Senhora do(a)" para os naipes femininos, Copas e Ouros – que representam a Água e a Terra respectivamente – ou quando o gênero do personagem principal retratado na carta sugerir ser coerente essa substituição em função do Tarô que você estiver utilizando. Além disso, trazer um equilíbrio muito maior em termos de polaridades energéticas no uso mágico do

Tarô é uma opção razoável para quando você estiver usando um baralho cuja representação do arcano traz uma figura feminina na composição do simbolismo da carta, tornando invocação e imagem compatíveis.

CARTA	TÍTULO ESOTÉRICO	REFERÊNCIA ASTROLÓGICA
Louco	Espírito do Éter	Ar
Mago	Mago do Poder	Mercúrio
Sacerdotisa	Sacerdotisa da Estrela de Prata	Lua
Imperatriz	Filha dos Poderosos	Vênus
Imperador	Filho da Manhã	Áries
Hierofante	Mago dos Deuses Eternos	Touro
Enamorados	Filhos da Voz Divina	Gêmeos
Carro	Senhor da Luz Triunfante	Câncer
Força	Filha da Espada Flamejante	Leão
Eremita	Mago da Voz de Luz	Virgem
Roda da Fortuna	Senhor das Forças da Vida	Júpiter
Justiça	Filha do Senhor da Verdade	Libra
Enforcado	Espírito das Poderosas Águas	Água
Morte	Senhor dos Portais da Morte	Escorpião
Temperança	Filha dos Reconciliadores	Sagitário
Diabo	Senhor dos Portais da Matéria	Capricórnio
Torre	Senhor das Hostes do Poder	Marte
Estrela	Filha do Firmamento	Aquário
Lua	Senhor dos Fluxos e Refluxos	Peixes
Sol	Senhor do Fogo do Mundo	Sol
Julgamento	Senhor do Fogo Primal	Fogo
Mundo	Grande da Noite dos Tempos	Saturno / Terra

BASTOS		
CARTA	**TÍTULO ESOTÉRICO**	**REFERÊNCIA ASTROLÓGICA**
Ás	Raízes dos Poderes do Fogo	Áries – Leão – Sagitário

CARTA	TÍTULO ESOTÉRICO	DECANATO	SIGNO
2	Senhor do Domínio	1º 21/03 a 31/03 Marte	Áries
3	Senhor da Força Estabelecida	2º 01/04 a 10/04 Sol	Áries
4	Senhor do Trabalho Aperfeiçoado	3º 11/04 a 20/04 Vênus	Áries
5	Senhor da Disputa	1º 22/07 a 31/07 Saturno	Leão
6	Senhor da Vitória	2º 01/08 a 11/08 Júpiter	Leão
7	Senhor da Coragem	3º 12/08 a 22/08 Marte	Leão
8	Senhor da Rapidez	1º 22/11 a 01/12 Mercúrio	Sagitário
9	Senhor da Grande Força	2º 02/12 a 11/12 Lua	Sagitário
10	Senhor da Opressão	3º 12/12 1 21/12 Saturno	Sagitário

CARTA	TÍTULO ESOTÉRICO	ELEMENTO	SIGNO
Valete	Rosa do Palácio de Fogo	Terra/Fogo	Verão
Cavaleiro	Príncipe da Carruagem de Fogo	Ar/Fogo	Sagitário
Rainha	Rainha dos Tronos das Chamas	Água/Fogo	Áries
Rei	Senhor das Chamas e Raios	Fogo/Fogo	Leão

COPAS		
CARTA	**TÍTULO ESOTÉRICO**	**REFERÊNCIA ASTROLÓGICA**
Ás	Raízes dos Poderes da Água	Câncer – Escorpião – Peixes

CARTA	TÍTULO ESOTÉRICO	DECANATO	SIGNO
2	Senhor do Amor	1º 21/06 a 30/06 Vênus	Câncer
3	Senhor da Abundância	2º 01/07 a 10/07 Mercúrio	Câncer
4	Senhor do Prazer Misturado	3º 11/07 a 21/07 Lua	Câncer
5	Senhor da Perda do Prazer	1º 23/10 a 01/11 Marte	Escorpião
6	Senhor do Prazer	2º 02/11 a 11/11 Sol	Escorpião
7	Senhor do Sucesso Ilusório	3º 12/11 a 21/11 Vênus	Escorpião
8	Senhor do Sucesso Abandonado	1º 20/02 a 28/02 Saturno	Peixes
9	Senhor da Felicidade Material	2º 01/03 a 10/03 Júpiter	Peixes
10	Senhor do Sucesso Perpétuo	3º 11/03 a 20/03 Marte	Peixes

CARTA	TÍTULO ESOTÉRICO	ELEMENTO	SIGNO
Valete	Lótus dos Palácio do Dilúvio	Terra/Água	Outono
Cavaleiro	Príncipe da Carruagem das Águas	Ar/Água	Peixes
Rainha	Rainha dos Tronos das Águas	Água/Água	Câncer
Rei	Senhor das Ondas e Águas	Fogo/Água	Escorpião

OUROS		
CARTA	**TÍTULO ESOTÉRICO**	**REFERÊNCIA ASTROLÓGICA**
Ás	Raízes dos Poderes da Terra	Touro – Virgem – Capricórnio

CARTA	**TÍTULO ESOTÉRICO**	**DECANATO**	**SIGNO**
2	Senhor da Mudança Harmoniosa	1º 22/12 a 31/12 Júpiter	Capricórnio
3	Senhor das Obras Materiais	2º 01/01 a 10/01 Marte	Capricórnio
4	Senhor do Poder Terreno	3º 11/01 a 20/11 Sol	Capricórnio
5	Senhor dos Problemas Materiais	1º 21/04 a 30/04 Mercúrio	Touro
6	Senhor do Sucesso Material	2º 01/05 a 10/05 Lua	Touro
7	Senhor do Sucesso não Realizado	3º 11/05 a 20/05 Saturno	Touro
8	Senhor da Prudência	1º 23/08 a 11/09 Sol	Virgem
9	Senhor do Ganho Material	2º 02/09 a 11/09 Vênus	Virgem
10	Senhor da Riqueza	3º 12/09 a 22/09 Mercúrio	Virgem

CARTA	**TÍTULO ESOTÉRICO**	**ELEMENTO**	**SIGNO**
Valete	Rosa do Palácio da Terra	Terra/Terra	Inverno
Cavaleiro	Príncipe da Carruagem da Terra	Ar/Terra	Virgem
Rainha	Rainha dos Tronos da Terra	Água/Terra	Capricórnio
Rei	Senhor da Vastidão e da Fertilidade	Fogo/Terra	Touro

ESPADAS

CARTA	TÍTULO ESOTÉRICO	REFERÊNCIA ASTROLÓGICA
Ás	Raízes dos Poderes do Ar	Gêmeos – Libra – Aquário

CARTA	TÍTULO ESOTÉRICO	DECANATO	SIGNO
2	Senhor da Paz Restaurada	1º 23/09 a 01/10 Lua	Libra
3	Senhor da Tristeza	2º 02/10 a 11/10 Saturno	Libra
4	Senhor do Descanso da Luta	3º 12/10 a 22/10 Júpiter	Libra
5	Senhor da Derrota	1º 21/01 a 30/01 Vênus	Aquário
6	Senhor do Sucesso Merecido	2º 31/01 a 09/02 Mercúrio	Aquário
7	Senhor do Esforço Instável	3º 10/02 a 19/02 Lua	Aquário
8	Senhor da Força Diminuída	1º 21/05 a 30/05 Júpiter	Gêmeos
9	Senhor do Desespero e da Crueldade	2º 31/05 a 09/06 Marte	Gêmeos
10	Senhor da Ruína	3º 10/06 a 20/06 Sol	Gêmeos

CARTA	TÍTULO ESOTÉRICO	ELEMENTO	SIGNO
Valete	Lótus do Palácio do Ar	Terra/Ar	Primavera
Cavaleiro	Príncipe da Carruagem dos Ventos	Ar/Ar	Gêmeos
Rainha	Rainha dos Tronos do Ar	Água/Ar	Libra
Rei	Senhor dos Ventos e das Brisas	Fogo/Ar	Aquário

No sistema de Magia com o Tarô estabelecido pela Golden Dawn, as inteligências associadas com cada arcano têm sido visualizadas com formas específicas quando invocadas nos rituais. Assim, cada um dos títulos esotéricos associados às cartas pode ser invocado sob formas físicas específicas.

A capacidade de usar a mente para visualizar é essencial na magia. Fazer contato mental com as inteligências dos arcanos invocados nos rituais é um aspecto importante no sistema clássico da Golden Dawn na Magia com o Tarô. Para isso, você deve usar a sua imaginação durante os rituais para criar a aparência, os símbolos e a atmosfera por trás da inteligência espiritual que governa cada carta, a fim de ancorar sua egrégora. As forças espirituais que governam os Arcanos Maiores são geralmente visualizadas nos rituais da maneira como indicado a seguir:

O LOUCO: o Espírito do Éter é geralmente visualizado como uma figura alta e bela de pé sobre as nuvens, em vestes amarelas, enfeitado com violeta, segurando o caduceu de Hermes em suas mãos e com o símbolo do elemento Ar sobre o peito.

MAGO: o Mago do Poder pode ser visualizado em mantos amarelos enfeitados com azul e ornamentados com o símbolo de Mercúrio, dentro de um hexagrama sobre o peito. Ele pode segurar vários instrumentos, como um Bastão, uma caneta de pena ou um pergaminho e pode ser visualizado com grandes asas de penas amarelas e violetas.

SACERDOTISA: a Sacerdotisa da Estrela de Prata aparece sob muitas formas, incluindo uma Alta Sacerdotisa entronizada, uma musa, uma Profetisa Pítia, uma rainha em uma barca lunar, uma coruja branca ou uma égua branca. Ela pode ser visualizada coroada com a Lua crescente e segurando um arco e também em mantos azuis (ou prata), enfeitados com ornamentos e um hexagrama contendo o símbolo astrológico da Lua sobre o peito, segurando uma varinha de lótus, uma bola de cristal, um orbe ou uma lamparina.

IMPERATRIZ: a Filha dos Poderosos aparece em muitas formas, incluindo uma rainha em uma carruagem puxada por pombas ou leopardos, uma mulher sensual, uma vasta rosa desabrochando e um unicórnio. Pode ser visualizada também em mantos verdes ornamentados em vermelho com um hexagrama contendo o símbolo de Vênus sobre o peito ou usar um cinto em volta da cintura e uma guirlanda na cabeça. Seus símbolos incluem um espelho, um colar, uma concha, uma rosa, uma tocha ou um Cálice.

IMPERADOR: o Filho da Manhã pode ser visualizado em vestes vermelhas enfeitadas com verde e ornando o símbolo de Áries sobre o peito.

HIEROFANTE: o Mago dos Deuses Eternos pode ser visualizado em um manto verde com nuances de rosa, ornando o símbolo de Touro sobre o peito.

ENAMORADOS: os Filhos da Voz Divina podem ser visualizados em vestes amarelas com nuances de marrom e com o símbolo de Gêmeos sobre o peito.

CARRO: o Senhor da Luz Triunfante pode ser visualizado em vestes pratas com nuances de branco ou azul, ornando o símbolo de Câncer sobre o peito.

FORÇA: a Filha da Espada Flamejante pode ser visualizada em um manto dourado com nuances de vermelho, ornando o símbolo de Leão sobre o peito.

EREMITA: o Mago da Voz de Luz pode ser visualizado em marrom com nuances de amarelo, ornando o símbolo do signo de Virgem sobre o peito.

RODA DA FORTUNA: o Senhor das Forças da Vida aparece sob muitas formas, incluindo um rei em uma carruagem puxada por águias, um sumo sacerdote no topo de uma pirâmide e um poderoso leão alado. Pode ser visto em vestes púrpuras e com um hexagrama contendo o símbolo de Júpiter sobre o peito. Seus implementos incluem um cetro real ou cajado de pastor, uma lanterna, um orbe, um livro ou um pergaminho.

JUSTIÇA: a Filha do Senhor da Verdade pode ser visualizada em vestes rosas com nuances de verde, ornando o símbolo de Libra sobre o peito.

ENFORCADO: o Espírito das Poderosas Águas é visualizado como uma figura femininas de pé sobre as águas do mar, usando manto azul com nuances de prata. Ela segura um Cálice de água, ornando o símbolo do elemento Água sobre o peito.

MORTE: o Senhor dos Portais da Morte pode ser visualizado em vestes negras com nuances de vermelho, ornando o símbolo de Escorpião sobre o peito.

TEMPERANÇA: a Filha dos reconciliadores pode ser visualizada em um manto azul-marinho com nuances de púrpura e ornando o símbolo de Sagitário sobre o peito.

DIABO: o Senhor dos Portais da Matéria pode ser visualizado em vestes cinzas com nuances em preto, ornando o símbolo de Capricórnio sobre o peito.

TORRE: o Senhor das Hostes do Poder pode ser visualizado vestindo um manto vermelho, usando um capacete, segurando uma espada, lança ou escudo e com um hexagrama contendo o símbolo de Marte sobre o peito. Outras formas incluem um Cavaleiro em uma carruagem puxada por lobos, um homem com cabeça de falcão, um ciclope e um dragão vermelho e verde. Seus implementos incluem uma espada, uma lança, um escudo, um machado ou uma corrente.

ESTRELA: a Filha do Firmamento pode ser vista em um manto azul-claro com nuances de branco, ornando o símbolo de Aquário sobre o peito.

LUA: o Senhor dos Fluxos e Reflexos pode ser visualizado em vestes roxas com nuances em prata, ornando o símbolo de Peixes sobre o peito.

SOL: o Senhor do Fogo do Mundo pode ser visualizado em uma túnica laranja com nuances em vermelho e dourado, ornando o símbolo do Sol sobre o peito. Outras formas incluem um rei em uma carruagem puxada por leões, um rei com cabeça de galo e um anjo com cabeça de leão. Seus implementos incluem um cetro, um livro ou pergaminho, um orbe ou um castiçal de sete braços.

JULGAMENTO: o Senhor do Fogo Primal pode ser visualizado em um manto do mais puro branco, com grandes nuances em vermelho, ornando o símbolo do elemento Fogo sobre o peito.

MUNDO: o/a Grande da Noite dos Tempos pode ser visualizado(a) sob muitas formas, incluindo uma velha sábia em uma carruagem puxada por dragões, um ser com cabeça e asas de um corvo, um esqueleto alado gigante e um homem que passa pelas fases da vida da infância, maturidade e velhice, enquanto as estações passam em rotação sem fim sobre o seu manto. Também pode ser visualizado(a) em um manto azul-violeta profundo com capuz, ornando um hexagrama contendo o símbolo de Saturno ou o símbolo da Terra sobre o peito.

Apesar de apenas as inteligências dos Arcanos Maiores serem descritas em detalhes, aquelas por trás de cada Arcano Menor também podem ser visualizadas. Construir a imagem de cada uma das inteligências destes arcanos é um processo relativamente simples: veja a figura da inteligência em sua mente vestindo um manto da cor relacionada com o arcano e ornando o símbolo do planeta, elemento ou signo associado a ele sobre o seu peito.

Isso é o que se chama de imagem telemática, uma imagem conscientemente construída e visualizada na imaginação usando a Lei das Correspondências, o que torna possível estabelecer uma relação pessoal para delimitar um contato visual com inteligências espirituais. As imagens telemáticas das inteligências por trás dos arcanos do Tarô tornarão sua magia mais poderosa quando invocadas nos rituais.

DEUSES PARA SEUS RITUAIS COM O TARÔ

A mitologia é uma coleção de lendas referentes ao mundo imaginário dos Deuses antigos. Quando templos e monumentos sagrados dos povos antigos foram reduzidos à pó, os Sacerdotes fizeram das narrativas e fatos mitológicos um mistério acessível somente aos iniciados.

Os Deuses podem abrir a oportunidade de conhecermos o potencial de nossas próprias possibilidades, pois são canais e condutores de poder. Na realidade, os Deuses são manifestações multifacetadas da Grande Divindade Universal.

Todos os Deuses são eternos e indestrutíveis, mesmo que a sociedade ou cultura na qual foram louvados, reconhecidos e reverenciados tenham sido extintas através dos tempos. Uma vez cultuado e nomeado, o conluio de forças e energias que promoveram a Divindade sempre permanecerão vivos e soltos no Cosmos. Mesmo que uma Deidade tenha sido esquecida por séculos e até milênios, quando for chamada ou invocada responderá prontamente ao chamado de quem o fez.

Deuses tinham poderes iguais, independentemente de serem masculinos ou femininos. Uma Deusa era tão guerreira, forte e habilidosa na caça quanto uma Deidade masculina.

Foi na Idade do Bronze (Era Mitológica) que as Divindades masculinas passaram a sobrepujar a importância das Divindades femininas. O culto religioso primitivo é totalmente animista e panteísta, centrado na natureza e nas suas manifestações. Os Deuses são o princípio arquetípico que a linguagem do Universo utiliza para se comunicar com os homens. Eles têm o poder de intervir em nossa vida para nos ajudar, abrir caminhos, auxiliar no trabalho, na harmonia familiar, na realização amorosa e em todos os assuntos existentes.

Para cada dia da semana existe um ou mais Deuses que influenciam e inspiram suas forças e energias aos dias em questão. Quando estiver trabalhando com a Magia do Tarô, você pode também invocar deidades apropriadas ou dedicar o seu ritual a elas. Usando as correspondências dos 7 planetas mágicos, fica fácil determinar qual divindade é melhor de ser invocada em função do seu campo de ação e natureza particular.

PLANETA	REINO DE INFLUÊNCIA	EXEMPLOS DE DEIDADES
Sol	Deuses solares e proféticos	Apolo, Hélio, Frey, Lugh, Rá, Surya, Shamash, Sunna, Brigit
Lua	Deusas lunares, do parto e da gravidez	Ártemis, Diana, Gefjon, Arianrhod, Ísis, Sin, Selene, Luna
Mercúrio	Deuses mensageiros e psicopompos	Hermes, Mercúrio, Heimdall Gwion, Anúbis, Hanuman, Ganesha, Athena, Odin, Minerva, Gwydion, Thoth
Vênus	Deuses do amor e da paixão	Afrodite, Vênus, Idunna, Freya, Rhiannon, Hathor, Tanith, Ishtar, Lakshmi
Marte	Deuses da guerra	Ares, Marte, Thor, Bran, Hórus, Kali, Shiva, Mitra, Brigantia, Morrighan
Júpiter	Deuses reais e paternais	Zeus, Júpiter, Dagda, Atum, Indra, Brahma, Vishnu, Baal, Enlil, Netuno, Poseidon, Hera, Soberania, Ísis, Macha, Maeve
Saturno	Deuses do tempo	Saturno, Hades, Plutão, Hel, Cronos, Nornes, Parcas, Pwyll, Osíris, Seth, Urano, Hécate

Cada deidade dos muitos panteões da Terra representa faces do poder criador do Universo e da vida. Os arcanos do Tarô expressam esses mesmos poderes. Na tabela a seguir você encontrará a relação entre cada lâmina e os diferentes Deuses de alguns dos principais panteões do mundo. Essas divindades podem ser invocadas nos seus rituais de Magia com o Tarô na hora de despertar o poder e a força mágica de cada carta durante seus feitiços e cerimônias mágicas:

ARCANO	REFERÊNCIA ASTROLÓGICA	DEUSES EGÍPCIOS
Louco	Ar	Bes, Harpocrates, Shu
Mago	Mercúrio	Ptah, Thoth
Sacerdotisa	Lua	Ísis, Nut
Imperatriz	Vênus	Mut, Ísis, Hathor
Imperador	Áries	Amon, Hórus, Khnemu
Hierofante	Touro	Osíris, Serápis
Enamorados	Gêmeos	Ísis e Osíris
Carro	Câncer	Khephera
Força	Leão	Sekhmet, Bast, Nefertiti
Eremita	Virgem	Atum
Roda da Fortuna	Júpiter	Amon

DEUSES SEMÍTICOS	DEUSES GREGOS	DEUSES ROMANOS
Enkidu, Enlil, Ellil	Pan, Zeus, Éolos	Pan, Silvanos, Anemoi
Enki, Ea, Nabu	Hermes	Mercúrio
Inanna, Ishtar, Nanna, Ereshkigal	Deméter, Selene, Ártemis, Hécate, Perséfone	Ceres, Lunah, Diana, Kore
Ninhursaga, Aruru, Inanna, Ishtar	Hera, Afrodite	Juno, Vênus
Marduk, Nergal	Zeus, Ares, Athena	Júpiter, Marte, Minerva
Nabu, Gugalanna	Dionísio, Zagreus, Zeus	Liber Pater, Júpiter, Janus
Ishtar e Tammuz	Eros e Psique, Afrodite e Ares	Castor e Pólux, Vênus e Marte, Janus
Iskur, Adad, Shamash	Apolo	Sol
Gilgamesh, La-tarak	Héracles, Héstia	Hércules, Vesta
An, Anu, Sala	Cronos, Perséfone, Astrea	Saturno, Prosérpina, Vesta
Marduk	Zeus, Tycke	Júpiter, Fortuna

ARCANO	REFERÊNCIA ASTROLÓGICA	DEUSES EGÍPCIOS
Justiça	Libra	Maat
Enforcado	Água	Osíris, Nu, Tefnut, Mut
Morte	Escorpião	Néftis, Anúbis
Temperança	Sagitário	Neith
Diabo	Capricórnio	Set, Apep, Min
Torre	Marte	Hórus, Montu
Estrela	Aquário	Sótis, Hórus
Lua	Peixes	Khonsu, Anúbis
Sol	Sol	Rá
Julgamento	Fogo	Neith, Heka, Osíris, Atem
Mundo	Saturno/Terra	Ptah, Geb

DEUSES SEMÍTICOS	DEUSES GREGOS	DEUSES ROMANOS
Nanshe	Themis, Athena	Minerna
Tammuz, Nammu	Adônis, Dionísio, Poseidon	Liber, Netuno
Ereshkigal, Nergal	Tanatos, Hades, Ares	Plutão, Marte
Ishtar, Pabilsag	Ártemis, Hermafrodito, Quíron	Diana
Lamastu, Ninurta, Lillith	Príapo, Pan	Fauno, Baco
Nergal, Erra	Ares	Marte
Inanna, Ishtar, Siduri	Hebe, Ganimedes, Astrea, Afrodite	Juventas, Juno, Vênus
Nannar, Sin, Adapa, Enki, Ea	Selene, Ártemis, Hécate, Poseidon	Luna, Diana, Netuno
Utu, Shamash	Hélio, Apolo	Sol
Nusku, Shamash	Hefesto	Vulcano
Anki, Ninhursaga, Aruru	Cronos, Gaia, Deméter, Saturno	Tellus Mater, Ceres

O TARÔ E A MITOLOGIA WICCANIANA

O Tarô pode tornar sua magia extremamente compacta e você poderá dizer adeus para sempre aos artefatos pesados e difíceis de serem armazenados ou transportados substituindo a maior parte dessas coisas por simples lâminas.

Também é possível estabelecer um paralelo entre os Arcanos Maiores do Tarô e os principais conceitos mitológicos da Wicca, que incluem simbolismo culturais e folclóricos dos povos mais importantes que influenciaram a Europa. Assim, os principais arquétipos encontrados no centro da espiritualidade Wiccaniana também podem ser relacionados com cada lâmina do Tarô. Se você desejar incluir a Magia do Tarô nas suas celebrações de Esbat ou Sabbat, as cartas fornecem um sistema simbólico sólido no qual vai poder se basear e sustentar sua magia. Isso significa, por exemplo, que você pode substituir as tradicionais estátuas sobre o altar por arcanos específicos que expressam exatamente a face da Deusa ou do Deus apropriados para aquele ritual:

LOUCO = A Criança da Promessa
MAGO = O Pai Divino
SACERDOTISA = A Donzela
IMPERATRIZ = A Mãe
IMPERADOR = O Caçador
HIEROFANTE = O Rei do Carvalho
ENAMORADOS = Os Gêmeos Divinos
CARRO = O Guerreiro
FORÇA = A Rainha de Maio
EREMITA = O Ancião
RODA DA FORTUNA = Os Poderosos
JUSTIÇA = A Deusa Negra
ENFORCADO = O Deus Sacrificado
MORTE = O Temível das Sombras
TEMPERANÇA = A Tecelã
DIABO = O Deus Cornífero
TORRE = O Rei do Azevinho
ESTRELA = A Deusa Estrela
LUA = A Deusa Branca
SOL = O Rei Solar
JULGAMENTO = A Anciã
MUNDO = A Mãe Terra

Todas essas referências podem ser inspiradoras na hora de elaborar seus rituais, pois as correspondências criam links mágicos simbólicos. O conceito que está por trás de tudo isso é que existe uma assinatura mágica que conecta cores, símbolos, Deuses e os arquétipos relacionados com cada arcano dos quais você pode se valer na hora de construir seus próprios rituais e feitiços.

CAPÍTULO 10

RITUAIS PLANETÁRIOS E ELEMENTAIS COM O TARÔ

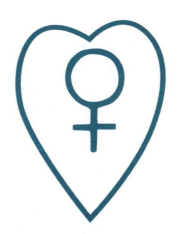

OS RITUAIS PLANETÁRIOS

Cada um dos planetas em nosso sistema solar exerce uma força sobre a Terra que afeta a todos nós, nossa sociedade e, até certo ponto, os processos naturais da vida. Ter conhecimentos básicos de Astrologia pode ajudar muito na hora de conhecer a natureza de cada planeta, bem como os efeitos que essas energias têm em nossa psique e na natureza em geral.

Uma das crenças fundamentais da magia é a de que todas as coisas exercem efeito sobre todas as coisas, e de que os efeitos presentes entre duas coisas, como planetas e pessoas, serão determinados pela proximidade da relação entre elas. Se imaginarmos como o campo magnético do Sol impede que todos os planetas, asteroides e cometas de nosso sistema solar vaguem pelo espaço e como cada um desses corpos celestes possui seus próprios campos magnéticos que se cruzam uns com os outros ao mesmo tempo, então você começará a perceber rapidamente a série complexa de relacionamentos em constante mudança que existe e têm influência direta e indireta sobre você. Mas isso é uma imagem incompleta do que está acontecendo apenas no reino físico. As forças que criam e mantêm tais relacionamentos existem em planos superiores, interagem e estão interconectadas em seus próprios sistemas complexos.

Em termos mágicos, os próprios planetas são seres conscientes por si próprios e têm suas próprias inteligências (Deuses, espíritos, energias, etc.) dentro de suas esferas de ação, que mantêm funções nas áreas de existência de cada corpo celeste. Da perspectiva física da Terra, os planetas parecem se mover ao nosso redor em padrões regulares, com instâncias ocasionais em que parecem mudar de direção e retroceder; isso é conhecido como um planeta em retrógrado e é o resultado da Terra se movendo mais rápido em sua órbita do que o outro planeta, de modo a produzir uma ilusão de movimento para trás. Devido a essas ligações, tanto magnéticas quanto astrais entre a Terra e os outros planetas e o Sol, diferentes tipos de energia estão constantemente sendo irradiados para nós e exercendo uma influência sobre nós. Os cometas e asteroides que passam perto da "aura" ou da esfera de energia da Terra nos afetam também em um grau menor. Nossa própria Lua tem um efeito tremendo nos padrões cíclicos do nosso Planeta, tanto físicos quanto não físicos (podendo, por exemplo, afetar o aquoso subconsciente). A qualidade da energia recebida pela Terra vinda do Sol tende a variar dependendo da época do ano ou em qual "signo" o Sol está. Os planetas também terão efeitos diferentes dependendo do "signo" em que cada um deles estiver atualmente. Além dos limites externos de nosso sistema solar estão as estrelas vizinhas individuais. Isso exerce um efeito ainda menos perceptível sobre o fato de termos um relacionamento menos imediato ou óbvio com elas. Este sistema solar faz parte de um grupo maior de sistemas solares que constituem a nossa galáxia, que por sua vez faz parte de um número infinito de outras galáxias que giram e interagem em seus próprios padrões cíclicos. Tudo está interconectado em sua própria maneira. Um número infinito de relacionamentos existe entre todas as coisas em todos os momentos em um número infinito de níveis, simultaneamente.

Para aproveitar todo o poder vindo desta interconexão, usando o Tarô como nosso instrumento básico para fazer magia, podemos usar as cartas que representam cada corpo celeste para nos conectarmos a ele. Você pode meditar nas energias de cada planeta através dos arcanos do Tarô. Os planetas exercem suas forças nas partes correspondentes da psique dos indivíduos, mas as pessoas geralmente não permanecem, inconscientes de sua influência. Consequentemente, essa energia é conduzida ao acaso, sendo jogada de um lado para o outro pela interação de suas energias. O verdadeiro Bruxo não é governado pelos planetas, mas reconhece sua influência e é capaz de transformar qualquer efeito que eles possam ter sobre si mesmo em um efeito benéfico.

Nos rituais que envolvem a magia dos planetas, a figura do Hexagrama é empregada para representar a manifestação mais geral e menos pessoal das energias planetárias.

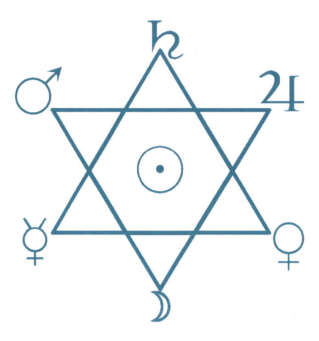

  Ao traçar o hexagrama de cada planeta sobre as cartas que você escolheu para representar aquilo que deseja, estará entrando em contato com a esfera geral de influência de um planeta e, a partir desse ponto, vai poder entrar em contato com as inteligências espirituais que ali trabalham.

  A figura do heptagrama também tem sido usada para servir como padrão para traçar estrelas que representam cada planeta. O heptagrama tende a produzir uma manifestação mais individual e, assim, poder ser usado para contatar uma Inteligência ou Consciência do próprio planeta. O hexagrama é melhor para a maioria dos trabalhos mágicos gerais. Por sua vez, o heptagrama não é o melhor a ser usado na invocação planetária por um iniciante.

  Quando falamos em usar os planetas para fazer magia, estamos nos referindo sempre aos 7 planetas mágicos conhecidos desde a antiguidade e usados até hoje na magia, levando sempre em conta que os últimos três planetas de nosso sistema solar, Urano, Netuno e Plutão normalmente não são vistos a olho nu e não existe um método tradicional para invocar suas energias e se conectar com eles. Os efeitos que eles têm em nosso planeta parecem estar em uma escala mais universal.

Como dito anteriormente, o hexagrama é o símbolo mais usado para invocação planetária. Existem outros métodos de invocação que funcionam tão bem e para finalidades ligeiramente diferentes. O Heptagrama Planetário também aqui apresentado é uma dessas opções e funciona de forma semelhante a alguns outros estilos de trabalho planetário, mas de maneira mais equilibrada e confiável. Pessoalmente, não sinto que seja necessário saber em que lugar do céu se encontra um planeta no momento do trabalho. Eu concordo que isso aumentaria o número de correspondências no reino físico e estaria em maior harmonia com o Universo em certo sentido, mas se você já tem uma conexão ou ligação com um planeta específico (o que certamente você tem, tendo sido influenciado por todos eles ao longo de sua vida), então ainda é possível invocar essas energias ou falar com as inteligências espirituais que vivem ao redor dessas esferas, ainda que você esteja sentado em uma cadeira de frente para qualquer direção aleatória no momento. Como com tudo mais na magia, se você achar que algo é necessário, então frequentemente aquilo se tornará. Sua intenção geralmente é o fator mais importante para o sucesso inicial de qualquer encantamento.

PROTOCOLO BÁSICO PARA INVOCAR UMA ENERGIA PLANETÁRIA COM AS CARTAS DO TARÔ

1. Crie um espaço sagrado e coloque a carta do Tarô que representa o planeta com o qual deseja trabalhar sobre o centro do seu altar.

2. Trace a estrela apropriada do hexagrama ou heptagrama sobre ela para invocar a energia de um planeta em particular. Use o seu Bastão ou o Athame para fazer isso.

3. Faça uma invocação simples ao arcano.

4. Vibre o título esotérico associado a essa carta.

5. Trace o símbolo do planeta no centro da estrela.

6. Faça a invocação a uma divindade que julgar ser apropriada ao propósito do ritual e que esteja em sintonia com a energia do planeta com o qual está trabalhando.

7. Golpeie o centro da estrela com o Bastão ou Athame.

8. Realize qualquer trabalho que você desejar neste momento – faça uma meditação, um feitiço, uma Jornada Interior, carregue um amuleto, talismã, vela, perfume, ervas, etc. Use alguma formalidade nesse estágio se estiver invocando alguma deidade associada ao planeta. Apresente-se formalmente e declare seu propósito.

9. Quando terminar, faça o hexagrama ou heptagrama planetário de banimento apropriado e agradeça qualquer energia com a qual estiver trabalhado.

Esta é apenas uma maneira de associar a magia planetária com o Tarô. Não existe um ritual formal para invocar os planetas tradicionalmente. Assim, poderá realizá-lo de acordo com a necessidade particular no momento e de acordo com os procedimentos comuns conhecidos por você, improvisando e arrematando o sistema.

HEXAGRAMAS PLANETÁRIOS DE INVOCAÇÃO E BANIMENTO

Os Hexagramas Planetários são muito mais complexos de serem traçados do que os Pentagramas Rituais associados aos elementos. Em função de sua complexidade, disponibilizamos um pequeno vídeo que o ensinará a traçá-los e que pode ser acessado por meio do seguinte QR Code.:

Aprender a traçar os Hexagramas Planetários requer paciência e prática, mas levará seu trabalho mágico com o Tarô a um nível muito mais elevado.

Os Hexagramas Planetários são desenhados no ar, da mesma forma que os Pentagramas de invocação, usando um Athame ou Bastão. Há quem use o Athame para banir e o Bastão para invocar. Decidir usar um ou outro instrumento, ou ambos, é uma questão de eleição pessoal. Na falta de instrumentos mágicos apropriados, você sempre pode usar os dedos médio e indicador de sua mão de poder[7] para essa função. Assim como ocorre na hora de traçar os Pentagramas, você visualiza os Hexagramas se formando em linhas de luz brilhante e flutuando no ar conforme são traçados.

---

7. A mão com a qual você escreve.

408 RITUAIS DE MAGIA COM O TARÔ

INVOCAÇÃO   BANIMENTO

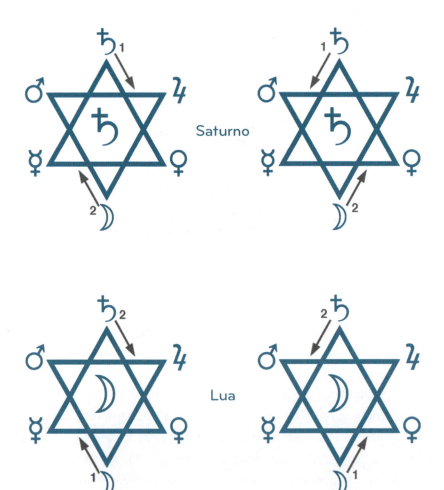

INVOCAÇÃO   BANIMENTO

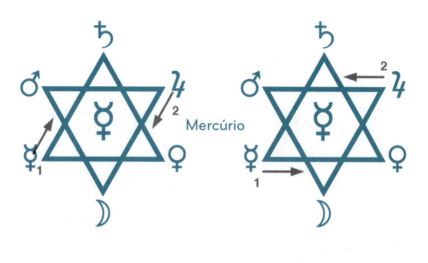

Mercúrio

Júpiter

410 RITUAIS DE MAGIA COM O TARÔ

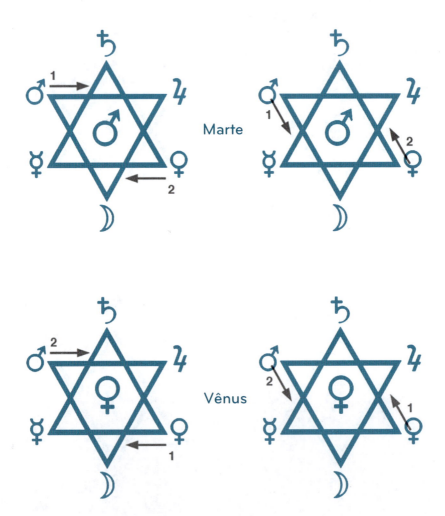

INVOCAÇÃO

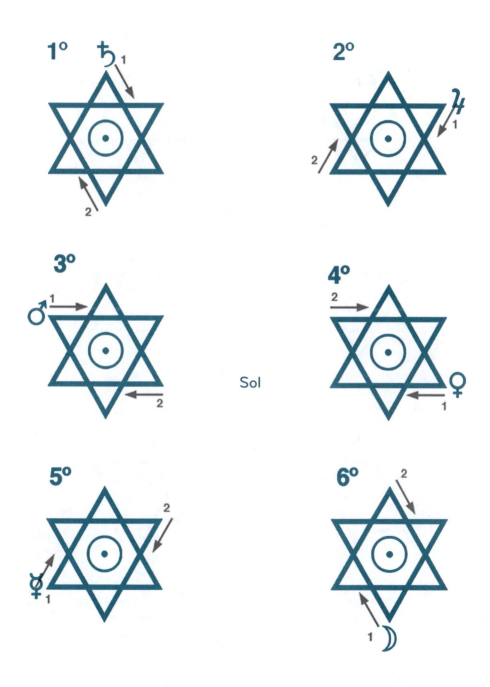

BANIMENTO

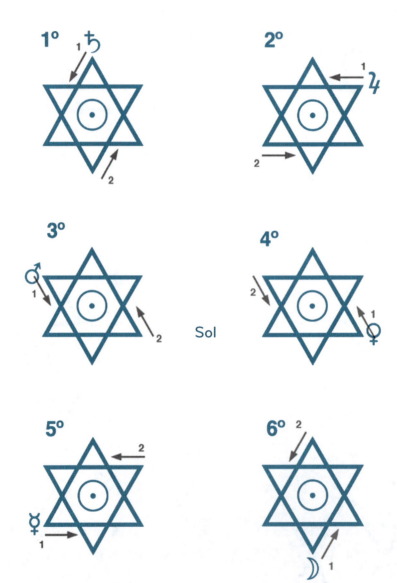

HEPTAGRAMAS DE INVOCAÇÃO E BANIMENTO

Os heptagramas são símbolos alternativos que podem ser traçados ao invocar uma energia planetária.

A ordem caldeia fundamenta vários elementos da magia planetária usada na Tradição Ocidental de Mistérios, indo desde a regência do decanato dos signos até a ordem dos dias da semana. Começando com Marte como governante do primeiro decanato de Áries, os governos planetários tradicionais dos 35 decanatos subsequentes seguem a ordem caldeia: segundo decanato Sol, terceiro Vênus, quarto (sendo o primeiro decanato de Touro) Mercúrio e, assim, sucessivamente.

Esta associação da ordem caldeia com os dias da semana é mais bem demonstrada usando um heptagrama. Desenhe uma estrala de 7 raios e em cada ponta coloque os planetas no sentido horário em sua ordem caldeia. Transforme-a em uma estrela de sete pontas, conectando as pontas. Se seguir as linhas em sentido horário, sem tirar a caneta do papel, terá os planetas regentes dos dias da semana em sua respectiva ordem.

Outra curiosidade mágica encerrada nesta ordem consiste em criar uma estrela de sete pontas e então conectar em cada segunda ponta os metais associados aos planetas, que seguem a ordem de seus pesos atômicos: ferro (Marte), cobre (Vênus), prata (Lua), etc.

Se você estiver familiarizado com a Cabala vai reconhecer a ordem caldeia na Árvore da Vida. Da Terra (Malkuth); Lua (Yesod), Mercúrio (Hod), Vênus (Netzach), Sol (Tiphareth), Marte (Geburah), Júpiter (Chesed) e Saturno (Binah). Por coincidência isso coloca o Sol exatamente onde deveria estar: no centro. Abaixo de Tiphareth, entre o Sol e a Terra, estão os planetas internos Mercúrio e Vênus, e os planetas externos estão acima deles.

Isso significa que, seguindo a ordem caldeia na Árvore da Vida, os pontos de vista geocêntrico e heliocêntrico estão representados perfeitamente como magia. Você perceberá que traçar os heptagramas invocantes e de banimento planetários é muito mais fácil e intuitivo que os hexagramas dos planetas. Comece sempre pela ponta que representa o planeta com o qual está trabalhando. O Heptagrama de Invocação seguirá o curso no sentido horário conforme você for ligando as linhas ao formá-lo, enquanto o de banimento seguirá o curso em sentido anti-horário, ou evanescente.

Assim como ocorre com os hexagramas, os heptagramas são feitos com o Bastão ou Athame e linhas de luz são visualizadas conforme o símbolo vai se formando durante o seu traçado.

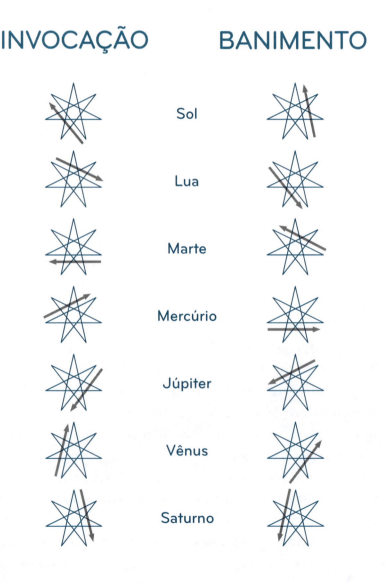

FAZENDO MAGIA COM O TARÔ USANDO OS QUADRADOS MÁGICOS PLANETÁRIOS

Outra maneira prática de fazer magia planetária com o Tarô é aquela onde se usa os clássicos Quadrados Mágicos, os chamados *kameas*[8].

Esses quadrados mágicos estiveram em uso desde 190 AEC, da China à Índia, passando pelo Oriente Médio e foram introduzidos na Europa no período do renascimento por meio de traduções de textos mágicos árabes.

Assim, eles passaram a ser adotados na Tradição Ocidental de Mistérios, que confere à cada planeta um quadrado que traz uma sequência numérica atribuída a ele de uma maneira muito específica: a soma de cada linha, coluna e sequência diagonal reproduz sempre o mesmo número. Ou seja, os *kameas* são grades que contêm linhas e colunas iguais ao número planetário. Nos blocos da grade são colocados nos quadrados todos os algarismos de 1 até o número planetário. Por exemplo, no *kamea* de Saturno, existem 3 linhas e 3 colunas contendo os dígitos de 1 a 9 (3 x 3= 9). Os numerais são colocados de forma que todas as linhas e colunas, assim como as diagonais, tenham a mesma soma. Essa sequência reflete a vibração energética numérica e matemática de cada planeta.

Esses quadrados podem ser usados para uma infinidade de propósitos mágicos, que vão desde trazer a influência planetárias para um ritual, bem como a criação de sigilos e a confecção de talismãs.

Um dos usos mais comuns para os quadrados planetários é para a confecção de sigilos mágicos, transformando em números letras de uma palavra que representa o nosso desejo. Como cada letra representa um número, basta selecionar o quadrado mais apropriado ao nosso desejo de acordo com o planeta mais adequado ao tema que queremos trabalhar. Feito isso, é só identificar os algarismos de nossa palavra sobre o quadrado e traçar linhas retas de número a número, como num jogo de liga pontos.

---

8. *Kameas* são grades babilônicas tradicionais. A palavra *Kamea* significa "elo", ou seja, é um instrumento que liga algo ou alguém por meio de uma conexão com a energia planetária.

Desta maneira, os sigilos traçados sobre os quadrados planetários passam a possuir a força e a virtude de cada astro quando preparados no tempo conveniente, que inclui dia e hora do planeta regente do quadrado com o qual estamos trabalhando. É possível ligar magicamente esse sigilo transmitindo sua força agrupada nele em talismãs, metais e pedras para poder se beneficiar destes itens.

Conheça cada um dos quadrados planetários, seus respectivos usos mágicos e as correspondências para serem usados na Magia com o Tarô:

4	9	2
3	5	7
8	1	6

SATURNO
Potência numérica: 9
Cor: preto
Metal: chumbo
Carta do Tarô: O Mundo

O quadrado de Saturno protege contra influências negativas naturais e sobrenaturais. Ajuda na concentração e fornece segurança, poder, firmeza e resistência. Também amplia seus poderes mágicos e traz maior aprofundamento em todas as nossas ações. Bom de ser usado para encontrar coisas ou pessoas perdidas. Também favorece a autodisciplina, o estudo de vidas passadas e a cura e banimento de doenças. Amplia o poder de manifestação, trazendo ideias para a realidade. Estimula a disciplina, praticidade, responsabilidade, ambição, carreira, planejamento de longo prazo, autoridade e as próprias estruturas que unem a sociedade e a civilização. Inspira o senso de dever em uma pessoa. Use com a função de encontrar disciplina para completar um desafio pessoal ou para trazer ordem e estrutura para sua vida quando tudo estiver um caos.

4	14	15	1
9	7	6	12
5	11	10	8
16	2	3	13

JÚPITER	
Potência numérica:	16
Cor:	azul-marinho
Metal:	estanho
Carta do Tarô:	A Roda da Fortuna

Atrai riqueza, honra e glória. Traz fama, influência e faz as opiniões terem peso e serem apreciadas. Atrai o otimismo e pessoas otimistas e ajuda a encontrar a paz. Este quadrado também pode ser usado para todos os temas religiosos, assuntos relacionados com a lei e a expansão em todos os níveis. Está associado à sorte, ao sucesso geral dos negócios e à aquisição de bens materiais. Favorece a confiança, sucesso nos negócios, perseverança, coragem, força emocional e resultados bem-sucedidos em questões jurídicas.

11	24	7	20	3
4	12	25	8	16
17	5	13	21	9
10	18	1	14	22
23	6	19	2	15

MARTE	
Potência numérica:	25
Cor:	vermelho
Metal:	ferro
Carta do Tarô:	A Torre

Fortalece a coragem, o sentido de alerta, traz vitória sobre as lutas, contendas e discussões. Este quadrado dá poder sobre os adversários eleva a energia, a paixão, o entusiasmo e o desejo sexual. Atrai força de vontade e favorece todas as formas de atletismo e competições. Use-o quando precisar assumir riscos, usar sua força física e sua energia pessoal.

6	32	3	34	35	1
7	11	27	28	8	30
19	14	16	15	23	24
18	20	22	21	17	13
25	29	10	9	26	12
36	5	33	4	2	31

SOL
Potência numérica: 36
Cor: laranja
Metal: ouro
Carta do Tarô: O Sol

Confere honra, boa reputação, influência, poder e popularidade. realiza qualquer desejo atraindo boas circunstâncias na vida. Representa sucesso, poder pessoal, saúde e vitalidade. Este quadrado atrai riqueza, boa fortuna e traz à tona os poderes positivos, qualidades de liderança, energia, cura, comunicação, amizade, força de vontade, autoafirmação e autoconfiança, criatividade, espontaneidade e poder mágico.

22	47	16	41	10	35	4
5	23	48	17	42	11	29
30	6	24	49	18	36	12
13	31	7	25	43	19	37
38	14	32	1	26	44	20
21	39	8	33	2	27	45
46	15	40	9	34	3	28

VÊNUS
Potência numérica: 49
Cor: rosa
Metal: cobre
Carta do Tarô: A Imperatriz

Favorece todos os temas relacionados ao amor, amizade, autoestima, beleza e sensualidade. Use este quadrado para se tornar mais atraente e incitar a chama do desejo e da paixão. Favorece as artes, parcerias, fertilidade, sexo e luxúria, casamento, empreendimentos alegres e agradáveis, harmonia e viagens felizes.

8	58	59	5	4	62	63	1
49	15	14	52	53	11	10	56
41	23	22	44	45	19	18	48
32	34	35	29	28	38	39	25
40	26	27	37	36	30	31	33
17	47	46	20	21	43	42	24
9	55	54	12	13	51	50	16
64	2	3	61	60	6	7	57

MERCÚRIO
Potência numérica: 64
Cor: amarelo
Metal: mercúrio (alumínio)
Carta do Tarô: O Mago

Este quadrado favorece a mente, a fala, a inteligência, a escrita, estudos, vendas, viagens e o comércio. Dá sorte aos comerciantes, viajantes, jornalistas e autores. É positivo de ser usado para ampliar a comunicação, a memória, a eloquência e para desenvolver razão e destreza.

37	78	29	70	21	62	13	54	5
6	38	79	30	71	22	63	14	46
47	7	39	80	31	72	23	55	15
16	48	8	40	81	32	64	24	56
57	17	49	9	41	73	33	65	25
56	58	18	50	1	42	74	34	66
67	27	59	10	51	2	43	75	35
36	68	19	60	11	52	3	44	76
77	28	69	20	61	12	53	4	45

LUA
Potência numérica: 81
Cor: branco
Metal: prata
Carta do Tarô: A Sacerdotisa

Este quadrado neutraliza todos os perigos, protege contra ataques psíquicos, desenvolve a clarividências e os poderes psíquicos. Equilibra os altos e baixos da vida, favorece o ciclo menstrual das mulheres e amplia o poder da imaginação, a capacidade de adivinhação e a energia feminina. Pode ser empregado em ritos de amor, cura, sonhos e contato com o subconsciente, além de aguçar os instintos, a sensibilidade e equilibrar as emoções.

PROTOCOLO BÁSICO PARA USAR UMA GRADE MÁGICA PLANETÁRIA COM AS CARTAS DO TARÔ

1. Crie um espaço sagrado e coloque a grade planetária com a qual você deseja trabalhar no centro do seu altar. Construa ou imprima sua grade nas cores do planeta em questão.

2. Coloque no centro da grade a carta associada ao planeta regente dela.

3. Em cada canto da grade, coloque uma vela na cor associada a ela.

4. Sobre a carta e a grade coloque quaisquer elementos que julgar apropriado associados ao planeta com o qual esteja trabalhando, como pedras, metais e ervas ou objetos que deseja impregnar com a energia do arcano para serem usados por você posteriormente para trazer sorte e para sintonizar com a sua energia, como anéis, pingentes, correntes, pulseiras, etc. (opcional)

5. Trace a estrela apropriada do Hexagrama ou Heptagrama apropriado sobre a grade para invocar a energia de um planeta em particular. Use o seu Bastão ou o Athame para fazer isso.

6. Faça uma invocação espontânea ao arcano e às forças planetárias em ação.

7. Trace o símbolo do planeta no centro da estrela.

8. Faça a invocação a uma divindade compatível com os propósitos do ritual e que esteja em sintonia com a energia do planeta com o qual você está trabalhando.

9. Golpeie o centro da estrela com o Bastão ou Athame.

10. Realize qualquer trabalho que desejar neste momento – faça uma meditação, um feitiço, uma jornada interior, carregue um amuleto, talismã, velas, perfumes, ervas, etc. Use alguma formalidade neste estágio se estiver invocando alguma deidade associada ao planeta. Apresente-se formalmente e declare seu propósito.

11. Quando terminar, faça o Hexagrama ou Heptagrama planetário de banimento apropriado e agradeça qualquer energia que foi invocada em virtude do ritual.

CRIANDO SIGILOS COM GRADES PLANETÁRIOS E POTENCIALIZANDO-OS COM OS ARCANOS DO TARÔ

Uma maneira incrível de usar a magia das grades planetárias associadas ao Tarô é por meio da criação de um sigilo mágico que representa o seu desejo.

A magia de sigilos se baseia no conceito da energia de forma e segue os mesmos princípios de criação dos gráficos radiônicos ou dos tradicionais Pantáculos da Magia Cerimonial.

Diversas culturas antigas eram exímias na arte do trabalho com sigilos, incluindo os antigos egípcios. O conceito dos sigilos mágicos pode ser rastreado até o princípio da humanidade, de forma que os caracteres rupestres encontrados nas paredes das cavernas podem ser considerados uma forma de magia empregando o conceito de sigilos. Foi desta forma que nossos ancestrais que habitavam as cavernas empregaram magia para encontrar comida, controlar o clima e garantir a sobrevivência das tribos. Nada muito diferente do que desejamos fazer ao criar um sigilo moderno. O uso de símbolos abstratos para fins mágicos é anterior à linguagem escrita por milênios, e é muito provável que todas as línguas escritas tenham evoluído a partir de uma linguagem simbólica.

Os símbolos mágicos são parte e parcela de praticamente todas as marcas de magia conhecidas por nós hoje e desde a época dos grimórios medievais, os magos do passado registram diversos sigilos que representam forças espirituais capazes de intervir na vida humana para evocar e invocar Deuses, espíritos e seres para finalidades mágicas ou representar desejos que queriam ver materializados.

Você pode criar seu próprio sigilo para consagrá-lo com a energia do arcano que tenha mais conexão com o seu desejo, ou o arcano que representa o próprio planeta com o qual você está trabalhando, e transformá-lo assim em um talismã.

Um sigilo preparado por você e transformado em um talismã pode se tornar um objeto cheio de energias quando alinhado com a força de um dos arcanos do Tarô.

O talismã é um objeto confeccionado pelas mãos do Bruxo e consagrado para atrair a força mágica e energética desejada. No talismã são gravados símbolos antigos que representam as energias cósmicas universais, pelas quais possa ser realizado um propósito.

Na sua composição podem entrar ervas, metais, pedras, panos coloridos e diversos objetos simbólicos que representam a atração da sorte e do sucesso. Todos os objetos usados na confecção do talismã representam forças ocultas estabelecidas entre os elementos e as forças mágicas do Universo.

O talismã deve ser feito, confeccionado e consagrado em dia, lua e horas certas. Se você deseja atrair amor através do uso de um talismã, deverá confeccioná-lo usando a cor, dia, hora, metal, pedras, ervas e símbolos que estiverem ligados à Vênus e, assim, sucessivamente, no trabalho, na saúde, para proteção, etc. São as analogias que fazem do talismã um verdadeiro imã, capaz de atrair aquilo que desejamos. Se não levarmos as correspondências em conta todo trabalho será inútil.

Muitas pessoas confundem talismãs com amuletos e acham que ambos são iguais e têm a mesma finalidade. Mas não é bem assim, trata-se de objetos distintos e de diferentes significados, apesar de ambos poderem ser consagrados com a energia do Tarô. Os talismãs são objetos confeccionados manualmente para atrair sucesso e sorte. Já os amuletos são objetos que visam defender seu usuário ou atrair sorte e é encontrado na própria natureza. Quase todas as coisas podem ser usadas como amuletos: uma pedra, uma planta, um dente de animal, pedaços de ossos, penas, pé de coelho conchas, ferraduras, etc. As pessoas podem levá-los na bolsa, na carteira, no carro ou colocá-los dentro de casa. Acredita-se, assim, que uma simples pedra ou uma pequena moeda podem afastar ou atrair alguma coisa, porque foi ganhada de uma pessoa especial ou porque tem uma ligação muito forte com o seu usuário. É o objeto que traz a sorte. Já os talismãs são minuciosamente preparados para atrair alguma coisa.

Criar um sigilo utilizando um *kamea* é relativamente simples. Basta escrever uma palavra que representa o seu desejo, seu nome ou o da pessoa para quem o trabalho mágico será feito e transformá-lo em um sigilo mágico, usando um dos quadrados planetários, na verdade, aquele cujo planeta está em maior sintonia com o seu desejo. Após ter determinado as palavras, converta as letras em números por meio da seguinte tabela:

1	2	3	4	5	6	7	8	9
A	B	C	D	E	F	G	H	I
10	20	30	40	50	60	70	80	90
J	K	L	M	N	O	P	Q	R
100	200	300	400	500	600	700	800	900
S	T	U	V	W	X	Y	Z	&^~´`

Quando as letras tiverem um valor numérico maior do que a potência numérica planetária com a qual você deseja trabalhar, será necessário reduzir este número. Faça isso eliminando um ou dois zeros até que você tenha conseguido chegar em um número que esteja dentro da faixa da potência numérica daquele planeta.

Para ilustrar, o número máximo que encontramos na grande planetária de Vênus é 49. Se sua palavra contém a letra T, que equivale a 200, e também a letra Y, que equivale a 700, você deve retirar um zero de 200 e dois zeros de 700. Teremos respectivamente os números 20 e o 7, colocando esses algarismos na escala numérica de Vênus que vai de 1 a 49.

Agora, com o quadrado planetário com o qual deseja trabalhar em mãos, coloque um papel transparente sobre ele e comece traçando linhas retas, indo de casa em casa onde os números de sua palavra são encontrados. Siga a ordem das letras (agora convertidas em números) da palavra escolhida. Você deve colocar um pequeno círculo na casa onde está a primeira letra da palavra escolhida para marcar seu ponto de início e fazer um pequeno traço na casa final.

A seguir temos o exemplo de um sigilo feito baseado na palavra AMOR usando o quadrado mágico de Vênus para servir como base para o traçado:

22	47	16	41	10	35	4
5	23	48	17	42	11	29
30	6	24	49	18	36	12
13	31	7	25	43	19	37
38	14	32	1	26	44	20
21	39	8	33	2	27	45
46	15	40	9	34	3	28

Este seria o resultado final:

Tradicionalmente, os talismãs que levam um sigilo criado sobre as grades planetárias são gravados sobre o metal regido pelo planeta em questão. Mas isso não é estritamente necessário. Para finalidades mágicas indicadas nesta obra, basta produzi-los em papel mesmo, usando a cor do planeta com o qual se está trabalhando. Você também pode usar algum material natural como gesso, casca de árvore, argila, concha ou uma pedra, por exemplo.

A forma circular é a mais comum de ser empregada na criação deste tipo de talismã. De um lado ele tem gravado o símbolo do planeta ou uma imagem que o representa, do outro lado deve ser colocado o sigilo que você criou com a palavra que expressa a finalidade para a qual o talismã foi construído. Na Magia do Tarô é perfeitamente apropriado substituir o símbolo ou imagem figurativa do planeta por quaisquer símbolos encontrados no arcano associado a este planeta. Por exemplo, em um talismã que leva um sigilo criado a partir da grade de Mercúrio você poderia gravar o caduceu de um lado e o sigilo do outro. Em um talismã com um sigilo de Vênus, seria possível imprimir o símbolo do escudo da Imperatriz de um lado e o selo criado do outro. E assim por diante.

PROTOCOLO BÁSICO PARA USAR UMA GRADE MÁGICA PLANETÁRIA E CRIAR UM SIGILO EM SEUS RITUAIS DE MAGIA COM TARÔ

1. Crie um espaço sagrado e coloque no centro do altar o arcano regente da grade planetária com a qual trabalha para construir o seu sigilo.

2. Em um pedaço de papel, crie um sigilo baseado em uma palavra que representa o seu desejo como demonstrado anteriormente. Assim, trace o sigilo usando as cores do planeta da grade e, então, medite sobre sua intenção enquanto libera qualquer estresse ou ansiedade. Encontre um estado de relaxamento ao fazer isso. Estar calmo e confiante é vital para todas as formas de magia. É possível transmutar a energia da ansiedade e do medo em uma energia positiva que você poderá usar para a sua magia.

3. Outro passo para ativar um sigilo, como todas as formas de magia, é a sua própria intenção. Pense em seu desejo e determine que qualquer energia destoante seja agora transmutada para algo elevado e criativo.

4. Depois de se centrar e se preparar, toque o sigilo com as suas mãos. Olhe para dentro dele ou através dele, focando a sua energia. Deixe o poder da sua energia fluir através do seu corpo e o envie através dos seus olhos para o sigilo.

5. Enquanto continua mantendo o olhar, permita que seus olhos se suavizem. Relaxe e então diga o motivo de criação do seu sigilo.

6. O sigilo será ativado quando você entoar as palavras e deixá-las vibrar dentro de você. Quando isso acontecer, visualize-o como se estivesse flutuando acima do papel ou objeto em que foi desenhado.

7. Visualize-o brilhando e impregnando sua aura e seus corpos sutis. Permaneça por alguns instantes recebendo a energia do sigilo.

8. Coloque o sigilo criado sobre o arcano e ao redor dele disponha elementos apropriados associados ao planeta com o qual está trabalhando. Você também pode usar fotos, objetos pessoais seus ou da pessoa para quem o ritual está sendo realizado para criar uma ponte entre o ritual e a pessoa em questão

9. Acenda uma vela na cor apropriado sobre o sigilo. Medite por alguns instantes sobre o propósito do que está sendo realizado.

10. Trace o Hexagrama ou Heptagrama apropriado sobre a grade para invocar a energia do planeta em questão. Use o seu Bastão ou o Athame para fazer isso.

11. Faça uma invocação espontânea ao arcano e às forças planetárias em ação.

12. Trace o símbolo do planeta no centro da estrela.

13. Faça a invocação a uma divindade compatível com os propósitos do ritual e que esteja em sintonia com a energia do planeta com o qual você está trabalhando

14. Golpeie o centro da estrela com o Bastão ou Athame.

15. Realize qualquer trabalho que desejar neste momento – faça uma meditação, um feitiço, uma jornada interior, carregue um amuleto, talismã, velas, perfumes, ervas, etc. Se desejar, impregne velas, pedras, incensos ou qualquer outro material que desejar usar para ativar seu desejo com a força despertada pelo sigilo. Para isso, veja o sigilo flutuando sobre os itens elegidos e em seguida visualize a energia dele impregnando os objetos. Use alguma formalidade nesse estágio se estiver invocando alguma deidade associada ao planeta. Apresente-se formalmente e declare seu propósito.

16. Queime o sigilo e sopre suas cinzas aos ventos. Alternativamente, você também pode pendurar o sigilo em seu quarto, no local de trabalho, colocar embaixo do seu travesseiro para trabalhar suas intenções financeiras enquanto dorme ou usá-lo sobre o seu altar, acendendo velas ou colocando cristais sobre elas, por exemplo. Você também pode se desfazer das cinzas espalhando-as pelo seu local de trabalho, comércio, casa ou qualquer outro local que deseja impregnar com a energia do seu ritual para trazer a realização de todos os seus desejos.

17. Quando terminar, faça o Hexagrama ou Heptagrama planetário de banimento apropriado e agradeça qualquer energia que foi invocada em virtude do ritual.

OS RITUAIS ELEMENTAIS

Desde tempos imemoráveis a magia tem se baseado nos quatro elementos da natureza, que representam forças e qualidades de energias no mundo astral. Sem esses elementos naturais a vida jamais seria possível, já que ela é movida e sustentada por eles, assim como o Universo e tudo o que nele existe. Todos nós vivemos nestes quatro níveis relacionados aos elementos, estamos sujeitos a eles e neles nos manifestamos.

Nos tempos antigos, os elementos eram considerados os pilares da construção do Universo e muitos acreditavam que eles eram parte também da própria estrutura humana. Os Sábios desses tempos os viram como um reflexo do Universo. Estudaram as estrelas e a natureza e utilizaram a informação que reuniram como um método para compreender os poderes criadores e a si mesmos. Todos nós vivemos em meio à natureza, ainda quem vivamos em cidades populosas.

Hoje, poucas pessoas despendem seu tempo para verdadeiramente conhecer os quatro elementos, mas como Bruxos, não podemos esquecer que é a natureza exterior que contém a chave de total conhecimento interior sobre nossa própria natureza e a parte que desempenhamos no grande Plano Cósmico. A cada dia nos aquecemos com Fogo, banhamo-nos com Água, sentimos o Ar em forma de vento em nossos cabelos e caminhamos sobre a Terra. Muitos se surpreenderiam ao dar-se conta que esses mesmos elementos podem ser interpretados funcionando dentro de si. Somos feitos pelas mesmas leis que regem os elementos e eles não somente são sentidos ao nosso redor, mas certamente também podem se expressar de formas variadas dentro de nossa própria natureza. Os atributos destes elementos são considerados muito importantes e, por analogia, podem ser comparados como segue:

Terra	= Concretização
Ar	= Pensamento
Fogo	= Desejo
Água	= Emoções

Existem ainda muitos ditados que são resultados desta antiga crença e não é por acidente que ouvimos coisas como:

"Duro como uma pedra" (TERRA)

"A brisa fresca da razão" (AR)

"Chamas da Paixão" (FOGO)

"Afogados pela emoção" (ÁGUA)

Se pararmos para pensar, há muitas analogias referente a esse assunto. Quanto mais estudamos a natureza e a comparamos conosco, mais podemos compreender nossa própria personalidade, especialmente nossa individualidade. Cada um dos elementos está relacionado a um conjunto de condições dadas à vida, numa concepção cíclica. Assim, por meio dos elementos, tem-se uma ordem quaternária da natureza, dos temperamentos e das etapas da vida que ampliam a nossa percepção humana:

	TERRA	AR	FOGO	ÁGUA
Signos	Touro Virgem Capricórnio	Gêmeos Libra Aquário	Áries Leão Sagitário	Câncer Escorpião Peixes
Dom	Psicometria	Vidência	Telecinesia	Telepatia
Poder	Concretização	Pensamento	Ação	Emoção
Sentido	Tato	Audição/Olfato	Visão	Paladar
Estação	Inverno	Primavera	Verão	Outono
Naipe do Tarô	Ouros	Espadas	Bastos	Copas
Cor	Verde	Amarelo	Vermelho	Azul
Temperamento	Melancólico	Sanguíneo	Colérico	Fleumático
Ser	Corpo	Mente	Espírito	Alma

Os triângulos e os quadrados, associados aos elementos Fogo e Terra, remetem ao simbolismo dos números três e quatro e ajudam principalmente a compreender o valor masculino ligado ao número três e o valor feminino ligado ao número quatro.

O trabalho mágico com os quatro elementos torna-se efetivamente importante no processo de compreensão de nossa própria natureza humana e como ela se expressa no mundo e, por isso, deve ser vivenciado por aqueles que desejam explorar a Magia do Tarô. Através da interação com os elementos da natureza entramos em contato direto com sua força e com seu poder em todos os âmbitos de nossa vida.

No Tarô, a força pura destes elementos é encontrada nos quatro Ases dos Arcanos Menores, que expressam correntes de forças e energias que constituem o Universo e tudo o que existe nele e estão presentes, inclusive, dentro de cada um de nós.

A psicologia moderna retomou a distinção tradicional entre os princípios ativos e masculinos, Ar e Fogo, e os princípios receptivos e femininos, Água e Terra. As variadas combinações desses elementos e de suas relações simbolizam a complexidade e a infinita diversidade dos seres, bem como sua perpétua evolução de uma combinação a outra, conforme a predominância de um determinado elemento.

No plano interior e espiritual, igualmente, a evolução psíquica se encontra evocada pela valência de condução própria de cada elemento. O Fogo é muitas vezes considerado como o elemento motor, que anima, transforma e faz com que evoluam de um para outro os três estados da matéria: sólido (Terra), líquido (Água), gasoso (Ar). O Fogo simboliza o agente de toda evolução.

Os elementos constituem o quadro referencial inicial das emoções, o primeiro vocabulário da consciência de existir enquanto ser individual. Não são tidos apenas como fenômenos físicos e químicos, mas como as próprias formas da consciência, os grandes temas da dança cósmica, encarnados em diferentes níveis.

Na formação de nossas emoções e dos pensamentos, são os primeiros pontos de referência que trazem em si a paisagem e meteorologia íntimas que traduzem os nossos atos: atrações, repulsas, medos, desejos. A vida se torna então o psicodrama dessa paisagem e meteorologia íntimas associadas aos quatro elementos. E, ao vivenciarmos isso, abrimo-nos para a possibilidade de melhorarmos a relação conosco mesmos e com o mundo à nossa volta, já que a magia vê ligação entre a natureza e todas as coisas. Assim, este livro jamais estaria completo sem abordar como invocar os quatro elementos da natureza para nossa vida e no interior de cada um de nós.

PROTOCOLO BÁSICO PARA INVOCAR OS ELEMENTOS COM AS CARTAS DO TARÔ

1. Crie um espaço sagrado e coloque a carta do Tarô que representa o elemento com o qual deseja trabalhar sobre o centro do seu altar.

2. Trace o pentagrama elementar sobre o arcano para invocar a energia daquele elemento. Use o seu Bastão ou o Athame para fazer isso.

3. Faça uma invocação simples ao arcano e ao elemento.

4. Vibre o título esotérico associado à carta.

5. Trace o símbolo do elemento no centro da estrela.

6. Faça a invocação a uma divindade que julgar ser apropriada ao propósito do ritual e que esteja em sintonia com a energia do elemento com o qual está trabalhando.

7. Golpeie o centro da estrela com o Bastão ou Athame.

8. Realize qualquer trabalho que for necessário neste momento – faça uma meditação, um feitiço, uma Jornada Interior, carregue um amuleto, talismã, vela, perfume, ervas, etc. Use alguma formalidade nesse estágio se estiver invocando alguma deidade associada ao elemento. Apresente-se formalmente e declare seu propósito.

9. Quando terminar, faça o Pentagrama Planetário de Banimento apropriado e agradeça qualquer energia com a qual estiver trabalhado.

Da mesma forma que acontece com a invocação planetária usando os arcanos do Tarô, não há uma prática formal para invocar os elementos. Use sua intuição, sua criatividade e improvise quando necessário, adicionando elementos usados em seu próprio sistema mágico ou espiritual ao ritual, a fim de aprofundar ainda mais sua experiência.

PENTAGRAMAS ELEMENTAIS

Os Pentagramas de Invocação e Banimento são elementos gestuais importantes nos rituais e são usados quando desejamos atrair ou afastar algo.

Traçar um Pentagrama de Invocação ou Banimento é uma técnica na qual você invoca ou dispensa as energias elementais traçando o pentagrama de uma determinada maneira no ar. Esta técnica pode ser e é usada em diversos rituais de magia. Seus usos vão desde desenhar um Pentagrama de Banimento do elemento Terra para banir espíritos indesejados, até desenhar um Pentagrama de Invocação do elemento Fogo para carregar itens com energia e poder. Embora no início seja muito confuso aprender qual ponta começar a traçar no pentagrama, desde que você se mantenha focado, acabará aprendendo a maneira correta de invocar e banir os diferentes tipos existentes de acordo com os elementos. No seguinte QR Code é possível ter uma referência visual de como fazer isso adequadamente:

A maneira como você geralmente usa todos esses Pentagramas de Invocação e Banimento é desenhando-os no ar à sua frente, de forma específica para cada invocação. Enquanto desenhar um pentagrama, você deve imaginar uma luz dando forma à estrela enquanto ela é traçada pelo movimento da sua mão. Em seguida, é necessário golpear o pentagrama no centro com o seu Bastão ou Athame ou fazendo o sinal como se estivesse entrando através dele, para que ele possa existir. Conheça a função de cada pentagrama:

INVOCAÇÃO BANIMENTO

Terra

Ar

Fogo

Água

Usos do Pentagrama de Invocação da Terra
- Invocar as energias do elemento Terra
- Ajudar no aterramento e na centralização
- Trazer prosperidade para sua vida

Usos do Pentagrama de Banimento da Terra
- Banir as energias do elemento Terra
- Expulsar espíritos indesejados
- Fechar portais espirituais

Usos do Pentagrama de Invocação do Fogo
- Invocar as energias do elemento Fogo
- Abrir portais espirituais
- Carregar itens com energia
- Ampliar a coragem
- Aumentar a energia
- Atrair proteção

Usos do Pentagrama de Banimento do Fogo
- Banir as energias do elemento Fogo
- Eliminar a raiva
- Acalmar as energias
- Finalizar brigas e contendas

Usos do Pentagrama de Invocação da Água
- Invocar as energias do elemento Água
- Banir as energias do elemento Ar
- Obter cura
- Ganhar purificação
- Ajudar a ganhar consciência psíquica e intuição
- Ajudar na projeção astral

Usos do Pentagrama de Banimento da Água
- Banir as energias do elemento Água
- Invocar as energias do elemento Ar
- Obter uma melhor comunicação
- Auxiliar o aprendizado, o pensamento e a mente
- Ajudar a manter suas emoções sob controle
- Eliminar a preguiça

Usos do Pentagrama de Invocação do Ar
- Invocar as energias do elemento Ar
- Banir as energias do elemento Água
- Obter uma melhor comunicação
- Ajudar a manter suas emoções sob controle

Usos do Pentagrama de Banimento do Ar
- Banir as energias do elemento Ar
- Invocar as energias do elemento Água
- Obter cura
- Ganhar purificação
- Ajudar a ganhar consciência psíquica e intuição
- Favorecer a projeção astral

CAPÍTULO 11

JORNADAS INTERIORES
COM O TARÔ

AS JORNADAS INTERIORES SÃO meditações guiadas planejadas para levá-lo a um lugar interior onde você pode desbloquear experiências relacionadas a um tema com o qual deseja trabalhar ou a você mesmo.

Elas nos conduzem a locais internos específicos, criados por meio de visualizações através da narração de um roteiro que trazem símbolos, cenas e imagens associadas a uma divindade ou, no caso do Tarô, com a expressão pictorial de um arcano com o qual desejamos trabalhar, onde podemos vivenciar um relacionamento simbólico com um arquétipo coletivo.

As jornadas interiores acontecem na imaginação, que é o estímulo dos sentidos por meios internos, ao invés de externos. Os mesmos sentidos são usados em uma jornada provocada pela imaginação, assim como uma jornada no mundo exterior. A diferença está apenas em de onde vem o estímulo: de "fora" ou de "dentro".

Uma Jornada Interior segue seu percurso predeterminado. Isso difere do "sonhar acordado" e "devaneios". Embora a jornada em si seja planejada de antemão, as experiências que um participante pode ter são extremamente pessoais. Ainda que várias pessoas façam uma jornada juntas, suas experiências serão individuais.

O termo para jornadas interiores em inglês é *pathworking*. Essa terminologia é derivada das lojas mágicas do passado, como a Ordem da Golden Dawn. O uso da palavra *path*, "caminho", indicava uma linha na Árvore da Vida Cabalística que unia duas das esferas (Sephiroth) desse diagrama. Os caminhos nesses sistemas têm atribuições, símbolos e correspondências particulares que eram empregados na construção das imagens da jornada criada para explorar aquela esfera. Portanto, a Jornada Interior tinha um lugar particular dentro de uma estrutura mágica e era usada para treinar magos no uso de faculdades mágicas e para abrir o acesso a diferentes níveis de pensamento e experiência de uma forma estruturada e predeterminada.

Com o passar do tempo a estrutura do trabalho com as jornadas interiores foi ampliada e foi além da Cabala. Atualmente, baseiam-se no simbolismo mágico comum a uma ampla variedade de trabalhos e passaram a se entrelaçar com mitos e lendas encontradas em uso comum tanto em grupos Wiccanianos quanto Neopagãos.

Muitas pessoas chamam as jornadas interiores pelo nome de meditação. É necessário esclarecer que uma enorme variedade de exercícios para a calma, centralização e exploração internas estão hoje sob a bandeira da palavra "meditação". No entanto, é muito importante reconhecer que, apesar de todos os exercícios mentais serem popularmente chamados de meditação, eles não são todos iguais e podem ter resultados muito diferentes. Os exercícios mentais mais em voga na atualidade podem ser denominados de Meditação, Contemplação ou Jornada Interior.

A meditação pode ser definida como um estado mental controlado e ativo, perfeitamente focado, enquanto se experimenta um profundo relaxamento físico. No entanto, isso não significa que você precisa necessariamente ficar sentado quieto ou deitado. Uma vez que você se sentir confortável com a técnica, será capaz de entrar em estado meditativo em muitas situações seguras, como quando está em um ônibus, ou fazendo trabalho doméstico ou até cortando a grama. A "meditação em movimento" é uma técnica muito eficaz para clarear a cabeça e desestressar. Mas obviamente seria irresponsável tentar meditar enquanto dirige, ou quando você precisa estar atento!

Em contraste, a contemplação é um estado completamente passivo. É a prática de esvaziar a mente e esperar em silêncio que ela seja preenchida com a presença Divina ou com Luz, com uma gnose ou sabedoria da consciência coletiva ou com uma mensagem de seu guia imaterial ou Mestre, dependendo de seu sistema de crenças. Na contemplação, aprendemos a entregar completamente o nosso "Eu" de uma forma muito holística, e isso só pode ser feito em um ambiente privado seguro, porque a técnica requer um estado de consciência muito profundo.

Já a Jornada Interior é um método usado principalmente como uma ferramenta exploratória, geralmente praticada para ajudar a nos compreender melhor, para obter uma visão de nossa natureza e para fazer jornadas espirituais. Podemos usar uma Jornada Interior para descobrir nosso espírito animal, nosso Mestre Interior, desvendar nosso verdadeiro eu interior ou para ajudar a curar experiências passadas dolorosas que estão trancadas dentro de nós. Essa é uma ferramenta de transformação, por isso, dentre as técnicas mentais ativas, é a que mais nos interessa de ser trabalhada com o Tarô.

A Jornada Interior é uma técnica exploratória muito útil, que possui cenários e possibilidades virtualmente ilimitadas, geralmente mais eficaz, especialmente para o iniciante, se for conduzida pessoalmente ou ouvindo uma gravação. Você sempre pode gravar sua própria voz narrando a Jornada Interior que deseja seguir e, em seguida, reproduzi-la para si mesmo. Esta é uma maneira muito fácil e pessoal de desenvolver sua prática. Uma Jornada Interior extremamente útil de autodescoberta e que pode ser repetida com certa frequência é uma técnica para revelar seu verdadeiro Eu Interior, aquele que acreditamos estar no fundo de cada um de nós. É interessante descobrir como nossa percepção interior muda à medida que progredimos em nosso caminho espiritual, e isso nos dá uma visão muito útil sobre o que pensar depois e refletir. No entanto, a experiência também pode ser muito perturbadora para algumas pessoas podendo ser perturbador, assustador, intrigante ou decepcionante. O vital é NÃO ter noções ou imagens preconcebidas antes ou durante a jornada, caso contrário, o exercício é inútil. Como acontece com toda jornada, você DEVE deixar seu Eu ir e permitir que seu Ser Interior seja transportado pela jornada. Logo, deverá permitir que a jornada REVELE sua mensagem sem qualquer solicitação consciente ou interferência do seu Eu. Essa é a principal diferença entre esta técnica espiritual e a "prática" de simplesmente "sonhar acordado". Não fique tentado a repetir essa jornada mais do que a cada poucos meses, caso contrário, você simplesmente ficará confuso ou desapontado com o insight.

JORNADA COM CADA UMA DAS CARTAS

A jornada com cada um dos arcanos pode ser um aspecto importante do uso mágico do Tarô, que também pode ser usado como um importante instrumento de contemplação, onde cada carta se torna uma espécie de portal por meio do qual você pode compreender realidades superiores e despertar dons e poderes.

Trabalhar as jornadas com o Tarô é algo como fazer uso de sua imaginação para realizar uma visualização guiada. Essa prática funciona como uma viagem ao seu subconsciente e é uma experiência profundamente transformadora para todos aqueles que a realizam.

Ao realizar a jornada de cada carta será possível absorver ou assimilar a energia dos arcanos em questão. Assim, a jornada com a carta da Justiça ajuda alcançar o equilíbrio. Contemplar a carta do Eremita pode ser uma boa escolha na hora de ter que entrar dentro de si mesmo para encontrar respostas para suas indagações internas e, assim, sucessivamente.

Durante a jornada com o arcano você interage com os seus símbolos e com cada personagem presente na representação da carta. Os Tarôs mais clássicos são os ideais para esse tipo de contemplação, pois são extremamente simbólicos e possibilitam uma exploração bastante profunda de sua natureza oculta. Fazer jornadas interiores com o Tarô também pode se tornar uma maneira poderosa de ter um panorama dos objetivos e ideais e traçar o curso de suas estratégias. Como cada arcano expressa uma força cósmica e universal, ao contemplar os arcanos você estará interagindo ativamente com o Universo e cocriando sua vida. As jornadas com os arcanos do Tarô também amplia nosso desenvolvimento espiritual, a intuição e nossa percepção psíquica. Em última análise, trabalhar desta forma com cada carta também nos leva a desenvolver uma compreensão cada vez mais profunda de cada arcano, seus significados e simbolismos, o que, por sua vez, torna mais fácil extrair a energia da carta para auxiliar no processo de manifestar os resultados desejados através da Magia com o Tarô.

Esse tipo de trabalho contemplativo pode se tornar uma parte integrante dos feitiços e rituais com Tarô. As diferentes jornadas a seguir podem ser feitas à cada ritual para invocar a energia da carta com a qual você estiver trabalhando. Isso contribui definitivamente para a manifestação de nossos desejos em grande forma e também ajuda a nos conectarmos com os arcanos mais de perto e a entendê-los melhor e mais profundamente, agregando um imenso valor à nossa prática mágica ao usar as cartas do Tarô.

A seguir veremos como realizar uma Jornada Interior com cada um dos Arcanos Maiores. As cartas do Tarô são poderosos objetos de visualização. As Jornadas Interiores são usadas não só para aprofundar o autoconhecimento, mas como ferramentas úteis para descobrir as relações, muitas vezes desconhecidas ou não percebidas à primeira vista, entre os arcanos e seus símbolos.

Para fazer as jornadas fornecidas a seguir, siga um passo a passo simples para projetar sua consciência na esfera da carta escolhida:

1. A duração de sua jornada com os arcanos do Tarô é um tema inteiramente pessoal. Procure limitar a prática a 10 minutos na fase inicial para não tornar a experiência cansativa.

2. Você pode escolher as cartas aleatoriamente ou experimentar passar de um arcano para outro na sequência ao longo de várias semanas.

3. O baralho que for usar não é importante se você for uma pessoa com relativa experiência no simbolismo do Tarô. Porém, em suas primeiras tentativas, procure usar os Tarôs mais clássicos para obter uma melhor resposta em sua prática.

4. Antes de começar a visualizar o roteiro descrito para cada arcano mais adiante, posicione a lâmina na frente de seus olhos. Ajuste a distância para que você possa observar todos os detalhes sem nenhum esforço. Olhe para a carta durante algum tempo. Feche os olhos na sequência e procure reproduzir mentalmente o cenário encontrado na carta. Se for necessário, abra os olhos algumas vezes para observar as diferenças entre sua imagem mental e a própria carta em si.

5. Mantenha a imagem da carta em sua mente e veja-a como um portal para o Outromundo. Quando estiver pronto, dê um passo através da porta e entre na paisagem daquele arcano.

6. O que vai acontecer depois disso depende das habilidades visuais de cada um, mas nesse estágio é hora de inserir o roteiro da Jornada Interior do arcano com o qual você deseja trabalhar e tirar o máximo proveito da experiência. Use todos os seus sentidos para descobrir o significado oculto dos símbolos que vão aparecer durante sua jornada. Quando essas imagens internas se tornarem mais reais do que as imagens externas representadas na carta, você estabeleceu os pré-requisitos mais importantes para a comunicação simbólica.

No final, é importante encerrar sua meditação adequadamente. Você deve inverter as etapas da seguinte maneira.

1. Finalize o roteiro determinado para o arcano.

2. Saia da imagem pelo mesmo portal que entrou.

3. Reduza a imagem visual do arcano para a imagem da carta física.

4. Quando essa imagem se tornar semelhante à retratada na lâmina, concentre-se em fixar a experiência meditativa interna dentro de si e em seguida fazer um registro do que viu e sentiu. A melhor maneira de fazer isso é escrever em um diário ou verbalizá-la para outras pessoas. Pode ser útil discutir o que foi revelado com os outros, porque às vezes seus insights precisam de alguém de fora para ajudá-lo a interpretar seu verdadeiro significado.

5. Ao realizar esta última etapa, após cada Jornada Interior com o Tarô, você estabelecerá uma ponte entre a sua consciência racional e os níveis mais profundos do seu eu psíquico. Assim, os benefícios destas práticas serão expressos por meio de sua capacidade de acessar e compreender o conteúdo subconsciente com mais facilidade. O fato é que, dificilmente há qualquer autocrescimento e autorrealização que não exija conhecer sua mente subconsciente e lidar com os níveis mais profundos de seu próprio ser.

JORNADA DO LOUCO

É de manhã bem cedo em um dia no início do verão. Você está andando por um caminho sinuoso através de colinas pastorais, com um pequeno cão branco em seus calcanhares. Os pássaros cantam nos arbustos e nas árvores verdejantes. O resto do mundo está quieto sob a música do Universo. Você se aquece em paz, feliz por se encontrar em tal beleza.

Ao dobrar uma curva, vê um fazendeiro arando o campo com seu boi ao longe. Você para e observa a cena fascinado por motivos que não entende. O fazendeiro se curva e parece plantar sementes no longo sulco que acaba de ser feito.

Você começa a andar novamente, sabendo que seu destino é encontrar esse fazendeiro face a face. Sem saber porque isso é tão importante, você confia em seus instintos. Respirando o ar fresco profundamente em seus pulmões, sentindo como se pudesse caminhar para sempre, você não se preocupa com o que pode estar por vir. Talvez o fazendeiro tenha um pedaço do mistério de por que você está no caminho e lhe dê informações que apontarão a direção que deve seguir pelo resto de sua jornada.

Uma águia pia no céu sem nuvens; as canções dos outros pássaros que até agora lhe faziam companhia, silenciam. O fazendeiro também ouve o pio e ergue os olhos. Você protege seus olhos do sol e observa a águia fazendo círculos para fazer um sinal de infinito, conectando o ar entre onde você está e o campo do fazendeiro.

A águia voa em direção às montanhas que se erguem atrás de você. Seu cachorro late furiosamente e foge do caminho para o matagal. Você o chama, mas ele está se sentindo especialmente travesso e não dá ouvidos aos seus comandos. O cão tem sido seu companheiro por muito tempo e você aprendeu a confiar nos instintos dele. Para se aproximar dele, porém, você deve escalar o morro de apoio, sobre um terreno selvagem, deixando o caminho para segui-lo latindo agora longe.

Você ri, pronto para uma aventura, decidindo que se realmente pretende conhecer o fazendeiro, acabará conhecendo. Assim que você sai do caminho, a luz muda. O sol agora brilha com energia branca e lança essa luz purificada em cada folha de grama, cada pedra. Até o canto dos pássaros recomeça a soar mais doce, como notas de mel nas árvores.

Seus sentidos são banhados de deleite quanto mais longe você viaja na estrada bem cuidada. Os estados numinosos dos arbustos e árvores, até mesmo as rochas, estão revelando a parte divina que está contida em sua energia.

Você alcança um bosque de álamos e para a ouvir o vento farfalhar nas folhas que tremem. A casca branca da árvore é quase brilhante demais para se olhar, pois a luz do sol fica ainda mais intensa.

As folhas sussurram: você está em solo sagrado. Passou para este espaço sagrado porque estava disposto a seguir seus instintos mais profundos. Curve-se ao vento e esteja aberto para maravilhas. Você está no meio do Logos, a luz que torna tudo novo. A luz mais divina está aqui para confortá-lo e guiá-lo.

Você cai de cara no chão; o mundo inteiro se tornou um reflexo do brilho branco da luz do sol. A Presença divina se move sobre você em ondas de luz pulsante. O sol queima intensamente em sua pele, penetrando além da barreira de seu corpo para a parte de você que é eterna.

Essa visão diminui lentamente. Você para no caminho pega uma pena da águia que encontra caída no chão e olha mais uma vez para o fazendeiro, que começa a arar novamente o vale abaixo. O cachorro desce a colina correndo, latindo feliz por estar perto de você e corre atrás de seus pés, passa à sua frente e o olha com expectativa.

Confiando nele mais uma vez, você segue a trilha descendo a colina até chegar à cerca ao redor do campo do fazendeiro, que ergue os olhos mais uma vez e seu rosto o encara de volta. Você entrega a pena para ele, que é o seu outro Eu. Neste momento, vocês dois se tornam um e seu Eu recém-combinado olha para o sulco de terra recém-arado. Vários pedaços brilhantes de topázio cintilam na terra. Você os pega e remove a sujeira de suas superfícies duras.

O topázio dança na palma da sua mão. Eles então giram ainda mais rápido, até que sua composição se desfaça e os nêutrons nos átomos girem em torno uns dos outros. O calor intenso atinge seu corpo como no bosque; agora você se sente como se estivesse pegando fogo, a energia de um vulcão preso dentro de você.

As fagulhas do fogo sagrado da energia divina consomem o campo, limpando-o com tamanha potência. O cachorrinho corre através das chamas até você e pula em seus braços; vocês dois observam as fagulhas de fogo girarem enquanto ficam ao lado do arado e do boi. Você percebe que está no Princípio, no Vórtice, onde o Inefável se transforma em Manifestação.

Sua mente lhe diz que talvez deva temer, pois está em meio à Presença Divina, mas o cachorro, seguro em seus braços no nível do coração, o conforta. Em vez disso, você confia. Está ciente de que mesmo que fosse destruído por este poder, ainda existiria. Você solta o boi fiel do arado. Chegou a hora de deixar este campo. Segurando o cachorrinho um pouco mais perto, você conduz o boi em um redemoinho de labaredas de fogo e percebe que, a partir de agora, tornou-se uma nova criação.

JORNADA DO MAGO

É tarde da noite, você se encontra sob um caramanchão de rosas vermelhas e, embora o céu esteja escuro, as flores são como pequenas lâmpadas e irradiam luz sobre uma mesa que está à sua frente. A noite está fresca, mas neste espaço sagrado tem tudo o que precisa para se aquecer.

O planeta Mercúrio brilha no horizonte. Você se concentra na pequena luz que ele emite enquanto se prepara para o trabalho que fará. Diz uma prece aos Deuses, pedindo que sua vontade seja conduzida pela Vontade Divina. Pede o presente da transparência, para que o que fizer esta noite reflita o mais alto poder e não seja limitado pelas ilusões ou fantasias do seu ego.

À sua frente uma mesa de ágata brilha suavemente. Em sua superfície está um Cálice feito de opala, onde relâmpagos e arco-íris parecem dançar. Há também uma grande moeda de ouro gravada com um pentagrama, uma espada de prata e um cajado simples feito de madeira de aveleira.

Você é um arquiteto e as ferramentas sobre a mesa são para construir uma nova realidade, uma renovação de seu corpo espiritual para coexistir com seu eu físico de maneira que irão transformar e curar. Devido à natureza poderosa deste trabalho, você invoca os Poderes dos Quatro Quadrantes para guardá-lo contra todo o mal.

Os espíritos da Terra, cujo corpo brilhando em tons verde e dourado trazem proteção do Norte. Os espíritos do Ar surgem no Leste e brilham em azul, amarelo e branco, voando ao seu redor. Torna-se visível no Sul os espíritos do Fogo, em forma flamejante e brilhando. E aparece no Oeste os espíritos da Água, fluindo como a água, criando um rio azul brilhante ao redor. Agradecendo a eles, você olha para o planeta Mercúrio novamente e pede orientação sobre o que está prestes a fazer.

Do outro lado da mesa, o Deus Mercúrio se materializa como um jovem de pele escura e olhos de ágata. Ele usa seu chapéu alado e orgulhosamente segura seu caduceu. Antes que você tenha a chance de falar, ele estende a mão e toca o topo de sua cabeça. Flashes de energia percorrem pelo seu corpo. Você fica atordoado, incapaz de pensar ou se mover, mas à medida que essa energia se integra lentamente à sua carne, você se dá conta de que agora segura um Bastão de pura luz branca.

O Deus Mercúrio olha para você com gentileza e fala em voz baixa: "O que você segura é um instrumento de concentração. Focalize e veja a verdade interior e os reflexos luminosos da Grande Escuridão, onde nasce a Verdade em todas as coisas. Ela está tão próxima quanto as linhas nas palmas de suas mãos e tão distante quanto estrelas acima de você".

Mercúrio diz ainda: "Você tem a proteção dos guardiões dos Quatro Quadrantes e de mim. Eu cuidarei de você, pois já viajei este Caminho inúmeras vezes. Seu primeiro passo é levar este Bastão ao topo da sua cabeça e, então, concentre-se em enviar a energia para o seu corpo".

Você faz conforme as instruções. A luz branca brilhante irradia em todas as direções e, em seguida, desce em rajadas de fogo de pura energia. Cantando a canção das esferas sua consciência se abre, tornando-se um canal mais claro para cura e orientação. Sua visão fica mais nítida e o céu noturno, os instrumentos em sua mesa, os olhos de Mercúrio que olham para você profundamente com atenção amorosa, ganham mais definição.

Ao abaixar o Bastão, você recebe instruções para próxima etapa: "Pegue a espada em sua mão esquerda. Corte o ar ao redor de sua cabeça, garganta e tórax". A espada brilha em sua mão e uma luz profunda acima da sua cabeça brilha e derrama sobre você uma luminosidade que corre profundamente dentro de seu corpo para seus pulmões e então se expande em uma segunda bola de luz que banha sua garganta e tórax, fluindo para cima em seu rosto e para trás em seu pescoço e costas. Você vibra uma canção divina espontânea e profundamente em sua garganta, canta o mais alto possível, expandindo o poder e a cura desta energia.

Mercúrio espera até saber que você está pronto para a próxima etapa e então diz: "troque a espada pelo cajado. Equilibre-o no chão e segura a ponta contra o coração". Você faz isso, e a luz flui em uma coluna até chegar ao centro do fogo em seu peito, transformando-se em uma grande bola de luz brilhante como o sol em seu zênite. Continue fluindo na sensação desta luz até sentir que seu coração está brilhando.

Pacientemente, Mercúrio espera, quando ele sente que é a hora certa, tira o cajado de você e entrega o Cálice cintilante, dizendo simplesmente: "Beba". Você pega o Cálice. Uma espessa mistura amarela o preenche quase até a borda. Ao beber, acha o sabor agridoce e delicioso. O elixir absorve o fogo em seu coração e envia essa energia para sua pélvis, órgãos reprodutores e coluna lombar.

Vários momentos se passam e imagens são vistas em sua mente antes que Mercúrio fale novamente. Sua voz permanece gentil, mas ele fala mais sério do que nunca: "chegou a hora de experimentar a energia ctônica, a esfera final".

Sua atenção se volta para onde seus pés tocam a terra. A bola de luz deslumbrante desce até eles, expandindo-se para baixo, abençoando a terra, passando pelas raízes das árvores, os ossos de seus ancestrais, indo em direção ao centro do mundo.

Você faz uma pausa e se torna um com este poder e vê uma coluna perfeita vívida de luz, que se estende acima de sua cabeça através de seu corpo, penetrando profundamente na terra. Os pontos de energia do seu corpo brilham como sóis. Você se permite aproveitar esta glória.

O cheiro de mirra chega à sua consciência. O incenso foi aceso pelas mãos de Mercúrio. Ele o estende para você e diz: "este é um momento poderoso. Agora você pode se concentrar em uma oração ou forma de pensamento".

E assim você faz, encontrando o que mais precisa neste momento. Crie isso no centro de seu coração e projete para lá a Luz Divina que o envolve. Você sente como se as paredes do caramanchão e as rosas crescendo tão densamente ao seu redor se ondulam à medida que sua manifestação se estende além do seu santuário.

Mercúrio calmamente coloca seu caduceu na mesa e, assim que o solta, o Bastão se transforma na forma de uma serpente, brilhando com pedras feitas das mesmas opalas reluzentes do Cálice. Ele diz: "este é o meu presente. Ela pertence a você agora. A manifestação do meu poder estará com você para sempre. A verdade que está por trás da minha forma nunca irá abandoná-lo". E então desaparece, mas os espíritos dos quadrantes ainda permanecem em sua vigília. Você os agradece e pede sua presença futura, quando for hora de retornar para fazer o trabalho de sua alma. Cada um deles coloca seus próprios presentes sobre a mesa e depois desaparecem na luz violeta ao redor do caramanchão.

Embora agora esteja sozinho, você não tem medo de tocar na serpente e a pega com amor, colocando-a em volta da cintura, onde ela morde a própria cauda e se torna um cinto sagrado que você sempre usará.

Um pardal voa ao redor do caramanchão. Você percebe que o sol está nascendo no horizonte. O caramanchão e as rosas se tornaram o abrigo, o espaço sagrado onde pode ir sempre que precisar entrar no reino da eternidade. Você pega a moeda de ouro e, olhando para ela, vê refletido o que criou. E então reúne todas as suas ferramentas e dons, colocando-os em sua bolsa de mago, e começa a jornada em direção ao seu destino, seguindo o caminho do caramanchão que o leva a um mundo maior.

JORNADA DA SACERDOTISA

Visualize-se sozinho em uma longa extensão de deserto em uma noite muito escura. Você está meditando no frio leve. A escuridão é tão pesada que abrir os olhos é quase o mesmo que fechá-los. Ciente da brisa e das areias ligeiramente movediças abaixo de você, seus sentidos pouco lhe dizem. De repente, porém, percebe uma luz fraca em algum lugar no canto do céu e se concentra nela até que fique mais brilhante.

Eventualmente, ela ilumina o suficiente para que veja o seu contorno de dois pilares muito grandes, um de cada lado seu. Do céu acima desses pilares você sente uma presença divina começar a descer. A luz, que pensava ser uma estrela, parece estar contida no centro desta presença. À medida que se aproxima da sua cabeça, reconhece que é a Rainha dos Céus banhada por um azul profundo e celestial. Ela tem um pergaminho grande e pesado em seu colo e seu vestido parece se dissolver em ondas suaves que não têm limites definíveis.

A rainha continua a descer até que você não a perceba mais; o espírito dela entrou em seu corpo e você ouve sua voz em seu interior, falando suave e claramente: "Contida neste Pergaminho está a história de toda a sua vida e de todas as vidas. Cada ação, cada pensamento, cada suspiro, cada batimento cardíaco é perfeitamente lembrado por meu Imaculado Coração e registrado neste Arquivo Antigo. Eu sou a Guardiã da Chama e a Reveladora dos Três Reinos. Você nunca poderá me ver em minha verdadeira forma, porque estou além de todas as formas e por trás de todos os véus. Quando o último véu é rompido, o Reino antes do nascimento, o Reino da vida, encarnada, e o Reino após a morte tornam-se um. Agora falo com você para pedir-lhe que responda ao meu chamado. Em nome do Grande Sol Central, que é meu próprio Filho, peço-lhe que participe da poderosa obra de emancipação da qual brota a preservação. Se você for capaz de fazer isso, o pergaminho irá pegar fogo. Preste atenção à minha palavra, pois eu sou a última chamada".

Com isso, a mensagem dela acaba, mas você ainda a sente como uma presença viva dentro de si. A noite chega ao seu redor e você caminha por um túnel com as estrelas recortadas como cristais tecidas no céu da noite. No final do túnel está o seu destino, uma luz prateada brilhante.

A distância até essa luz é incomensuravelmente longa, mas devido a visita da Rainha do Céu, você não se desespera. Dando o primeiro passo em uma longa jornada de volta à Fonte, sabe que Ela estará com você durante todo o caminho e que, conforme atravessar a grande expansão, cada parada será registrada em seu Livro da Vida.

Você ouve o som de água corrente. Olhando para baixo vê dois canais correndo ao longo de ambos os lados do caminho, um fluindo em direção à luz e o outro longe dela, ambos contendo águas tão azul quanto as vestes com as quais Ela estava vestida. Você se ajoelha e pega um punhado dessa água, que está voltando para a Fonte, e bebe. A substância espiritual da qual este líquido é feito flui através de você, dando-lhe mais força.

Seguindo a corrente da água da qual bebeu, você continua caminhando pela areia que cobre este túnel noturno. A luz à frente nunca varia em intensidade e, embora você caminhe por tanto tempo que o tempo se torna sem sentido, a luz não parece mais perto. Mais curioso do que cansado neste ponto, você para pôr um segundo para beber água.

Quando caminha desta vez, com as mãos ainda molhadas do riacho, as estrelas que decoravam as paredes do túnel se aglutinam em uma imagem. A Rainha do Céu em suas muitas faces o rodeia agora. Ela está com uma maçã na mão e a serpente enrolada a seus pés, olhando para ela, implorando para que lhe dê uma mordida. Alguns passos adiante, você vê Diana mirar com seu arco e flecha em direção ao seu objetivo. Ela solta a flecha, que viaja no que poderia ser a velocidade da luz; em uma fração de segundo ela se mistura com a luz no fim do túnel. Ísis está acima das partes do corpo de Osíris, preparando-se para ressuscitar seu marido-irmão. E então, você vê a Rainha dos Céus, seu rosto em êxtase silencioso; um halo de estrelas brilhando ao redor de seu corpo.

Neste ponto, você olha para trás, mas apenas uma vez. Imagens de sua infância, seus pais, professores e eventos que considerou importantes em sua vida são retratados em um filme silencioso atrás de você nas paredes curvas do túnel. Essas pessoas e experiências são o que forjaram sua personalidade, mas percebe que elas não fizeram de você quem realmente é; a vida que levou até este ponto foi como essas sombras, uma mera projeção.

Você se vira para frente novamente e encontra um camelo ajoelhado, pronto para ser montado para levá-lo pelo resto do caminho. Uma vez que está de costas, o animal se levanta lentamente. Ele dá apenas alguns passos curtos, mas os riachos de cada lado se alargam e fluem com maior força. O cheiro de jasmim chega até você. Mais à frente você passa por um bosque de amendoeiras recobertas de botões brancos. Botões de ouro crescem ao longo das margens dos riachos. Um vento suave levanta seus cabelos e há um cheiro de sal vindo de um mar escondido.

A Rainha do Céu se pronuncia mais uma vez: "Você fez bem. O camelo o levou a distâncias que não poderia caminhar. Logo além deste oásis está minha porta, o véu entre os Reinos. Desmonte e desfrute dos frutos deste local. Prepare-se para as etapas finais".

Você faz o que ela manda, espantado com a distância que viajou com a ajuda do camelo em tão pouco tempo. Dando tapinhas nas ancas do animal, em agradecimento, você parte para explorar o oásis. Por mais bonito que seja, há certa urgência em continuar, porque sabe que está perto do seu verdadeiro lar, mas ainda não chegou lá. Você faz uma oração silenciosa para ser repetida no resto do caminho.

Um raio de lua brilha e ilumina um caminho do oásis até onde os dois riachos agora se espalham em um poderoso delta. A artemísia cresce espessa em ilhas formadas por seus depósitos de lodo. Você pega uma folha, esmagando-a entre os dedos, sentindo seu odor pungente.

Em seguida, o luar endurece ao tocar o solo e forma treze degraus de pedra da lua. A estrela prateada, a luz que você acompanhou o tempo todo, brilha como um farol logo além da última pedra. Você dá um passo e depois outro, seguindo este caminho forjado pela lua, pronto para entrar no reino da luz radiante à frente.

JORNADA DA IMPERATRIZ

A luz do sol quente desce sobre seu corpo e você acorda em uma cama de grama verde, macia, forrada de violetas que se estendem ao seu redor como uma colcha abraçando a terra. Alongando-se, sente quanto trabalho fez tanto física quanto espiritualmente. Como já esteve cansado em sua busca pela totalidade, você percebe que dormiu profundamente e esta grande extensão de gramado e flores foi criada a partir dos fios tecidos pelo Infinito, por meio de suas orações e sonhos.

Você agora está desperto. Uma brisa suave toca sua pele e você se levanta e sente vontade de dançar ou gritar de alegria por estar vivo em um dia tão perfeito. Então gira em torno de si mesmo como fazia quando era criança. Pela primeira vez, sente-se completamente seguro, com toda a ansiedade removida e agradece à Mãe Terra por trazê-lo do sono profundo em que vivia anteriormente.

Uma batida suave de asas roça sua orelha. Um beija-flor paira perto de você e as asas dele cintilam ao sol. O pássaro fala contigo com uma voz de mulher que lhe faz cair de joelhos, pois é Ela, a Grande Mãe, que veio ao teu encontro. Ela lhe diz: "Você está agora na minha esfera sagrada, deixou a jaula da escravidão. Siga-me para descobrir o que pode reivindicar da minha criação para si. O que pede, lhe será concedido, por isso, clareza e pureza de coração são exigidas. Busque a Criança Divina antes de todas as coisas e lance as sementes que encontrar em sua luz".

Ela voa para o Leste. Embora esteja rapidamente fora de visão, você a segue. O terreno desce até onde um riacho abriu um abismo. Uma pequena ponte de madeira atravessa o abismo. Quando pisa nas margens, a grama, que estava atrás de você, desaparece. Não dá para ver nada do que pode estar do outro lado.

Por mais que você viva o dia da primavera, sabe que sua evolução depende de ir para o lugar desconhecido que se aproxima. O murmúrio da água o conforta; este é o fluxo vivo, cuja fonte vem da Divindade que deu todos à luz. Com esse pensamento, você descobre que já cruzou a metade do caminho. Aos seus pés repousa uma pequena caixa de presente amarrada com uma fita cor de esmeralda.

Você a segura em suas mãos e vê um bilhete com seu nome de um lado e uma mensagem do outro: pegue o que está dentro e sonhe de novo. Ao desamarrar a fita, você faz uma oração para ver claramente qual deveria ser o seu sonho. Levantando a tampa, sua oração foi atendida. Você sabe o que visualizar, pois tem clareza absoluta do que é melhor para o seu corpo e espírito.

A caixa está cheia de sementes de vários formatos, cores e tamanhos. Você derrama as sementes em uma mão em concha e imagina seu Eu futuro, sabendo que a variedade de sementes garantirá uma colheita abundante para o trabalho de sua vida. E, então, respira profundamente e espera enquanto sua intenção cresce até se sentir ancorado. Você sabe que não precisa se apressar. Esperou toda a sua vida para vir até este lugar.

Quando estiver pronto, quando os pensamentos e as emoções estiverem unidos, jogue as sementes e veja-as se espalharem além da extremidade da ponte. Um campo de trigo surge com um sol dourado acima de sua cabeça e você corre o resto do caminho pela ponte até que o mar de grãos o envolva. O vento sopra pelas folhas. Seu corpo balança com elas, como se você fosse um líquido.

O choro de um bebê recém-nascido sobe da terra. Você sai de seu devaneio. O campo em que está é tão imenso, estendendo-se até onde pode ver. Como poderia descobrir de onde vem o som?

Você procura com urgência através do trigo. Os gritos ficam mais altos. Embora sinta que deve estar perto de onde a criança está deitada, não consegue encontrar o lugar. Finalmente, você para e pede orientação à Mãe Divina. O choro cessa e a mesma sensação de paz com a qual acordou na grama retorna ao seu ser. O bater das asas do beija-flor zumbe e você ouve e lembra-se de que foi você quem criou o campo. O pássaro paira na sua frente e então sai disparado rapidamente e desaparece.

E lá está a criança aos seus pés, em um berço tecido com as fibras das plantas que o cercam. Seu pequeno corpo é envolto em linho macio decorado com flor-de-lis amorosamente bordada com fios de ouro. Tremendo, você gentilmente pega a Criança Divina e a segura perto de seu coração, sabendo que encontrou o maior tesouro imaginável.

Com ele em seus braços, você tem a certeza de que qualquer direção que escolher o levará de volta à Fonte Sagrada. Sua presença já o conforta. Um novo espaço cheio de beleza e esperança foi criado no Universo. Por um momento, você não consegue se mover e permanece no meio do trigo com as lágrimas enchendo seus olhos. Outra revelação chega: esta nova criação também está dentro de si mesmo.

Uma bússola interna foi formada pelo amor preenchendo seu coração, um farol que sempre será seu para seguir. Carregando a Criança Divina, você finalmente chega ao fim deste mundo que nasceu das sementes que lançou. Uma porta esmeralda forma um arco na borda do campo. Assim como na ponte, você não vê nada por trás dela, que se ergue como um portal para uma casa invisível.

O desenho de uma pomba é incrustado com madrepérola em um painel da porta e a palavra ABBA está escrita em sua soleira. A maçaneta tem a forma de um coração de ouro. Você olha para o bebê em seus braços e ele olha para você com amor ilimitado.

Gire a maçaneta e caminhe para o outro lado. Lá o desejo do seu coração lhe espera, pois em seus braços você carrega a sagrada promessa divina que representa tudo o que pode surgir no mundo.

JORNADA DO IMPERADOR

Imagine-se acordando antes do amanhecer em uma casa escura. Sentando-se, você percebe que uma força criativa o tocou enquanto dormia e o deixou com uma crescente sensação de expectativa.

A eletricidade pulsa pelo seu corpo e, embora esteja escuro, consegue perceber que está em um lugar desconhecido. O poder do sonho o transportou para uma nova realidade.

Você se sente como uma semente implantada em um novo mundo e sente que esta casa é vasta, bem construída e cheia de grandeza. À medida que seus olhos se adaptam à escuridão, você começa a distinguir uma janela na parede à sua frente. Uma brisa quente sopra dela. Você sai da cama, seus pés tocam o chão de madeira maciça. Você agradece pelo alicerce sólido que a casa oferece e abre caminho até a janela.

A janela não tem vidro. Você se levanta e se pergunta o que pode estar diante de si, o mundo além de um mistério. À medida que esses pensamentos o convocam, um baixo tom musical flui pela casa. Você acha a música tão estranha quanto a casa, mas também reconfortante. Alcançando os braços pelo espaço aberto, você cumprimenta o desconhecido como se fosse seu amante.

Inexplicavelmente, você se sente envolvido por uma brisa quente enquanto a luz surge no horizonte. Seus raios percorrem os campos e jardins que pertencem a esta grande casa até que seu rosto se aquece em sua luz quente.

Embora a luz seja intensa, você não precisa proteger os olhos. Na verdade, sua visão nunca foi melhor. Você sente seu corpo se transformar, os braços se transformam em asas e em sua pele brotam penas. Você vê o que está diante de si com olhos de uma águia e se lança pela janela, apanhado pela corrente de ar quente que o sol proporcionou e sobrevoa campos de lírios. Rios avermelhados refletem os raios do sol.

Fazendo um arco em seu voo, você se vira para ver a casa de onde saiu. É uma mansão de muitos quartos. Uma sensação de excitação o preenche porque sabe que a luz iluminou seu mundo. Quando decidir voltar, haverá uma eternidade para explorar em sua casa e os tesouros que ela contém.

Por enquanto, porém, você se contenta em deslizar em círculos cada vez mais altos, forte e confiante de que quanto mais voar, mais o padrão do terreno e a arquitetura de sua casa farão sentido. Você vê que as fundações foram cuidadosamente planejadas e reconhece projetos que seriam impossíveis de ver se tivesse permanecido na casa.

O vento e a luz, o calor do dia, parecem Eros segurando-o no alto, elevando suas asas. Você voa ainda mais alto até ser cercado por nuvens rodopiantes que levam a luz para dentro de si. Voa em uma névoa perolada tão opaca quanto a escuridão em que acordou, mas ainda não tem medo. A luz acendeu um pequeno fogo que brilha como um rubi dentro do seu coração; no mistério que alcançou, o amor ainda está aceso lá, guiando-o para as estrelas.

Você voa por um longo tempo até chegar ao espaço preto-azulado. Acima, o planeta Marte brilha como uma grande estrela vermelha além da curva da Terra. Abaixo, encontra-se a névoa que parece tecida por sonhos. As nuvens se abrem e com a visão da água você consegue ver onde sua jornada começou, a casa, que era tão grande que parecia seu próprio mundo.

Agora você sobrevoa o arco da Terra até que uma constelação apareça na forma de uma estrela de cinco pontas. A constelação gira lentamente; o fogo de suas estrelas tem poder, mas não lhe queima.

Você parece voar pela Eternidade para alcançá-los, mas é apenas um momento. Agora está perto o suficiente para abrir caminho através do infinito. Quando alcançar todas as estrelas, elas se tornam um Cálice. Transformando-se de volta em sua forma humana, você bebe profundamente da água mais pura que já provou, até que esteja pronto para voar novamente.

Em algum lugar no meio de seu voo, no longo caminho escuro de uma estrela a outra, o cheiro de gardênias invade o seu ser. Você sente que está voando por uma janela aberta no espaço.

O movimento do seu corpo para. Você está de pé, sua forma humana sólida e real, as mãos segurando o parapeito da janela, seus olhos olhando para a constelação que seu corpo traçou. Além de si, um vaso de gardênias repousa no peitoril. A luz enche sua casa. Você se vira para explorar a primeira sala de sua mansão.

JORNADA DO HIEROFANTE

Você está silenciosamente sendo carregado por uma suave corrente de ar, voando para o Leste no céu noturno brilhantemente iluminado com as estrelas do céu. Não sente medo, em vez disso, sente admiração por seu corpo ser feito do mesmo carbono das estrelas que o cercam.

Uma delas em particular está pendurada no horizonte e começa a brilhar mais forte do que o resto. Você se sente atraído como se a corrente que está navegando devesse conduzi-lo até ela. Você agora está firme na Terra, olhando para o céu, ainda paralisado na mesma estrela oriental. Há apenas luz suficiente para ver que você está em um deserto, em uma cordilheira de areia laranja-avermelhada. Você ainda está em paz, sentindo que foi guiado até aqui com um propósito especial e então desce continuando na direção Leste, acompanhando o ritmo, porque precisará de resistência para caminhar pela extensão à sua frente. No topo de outra colina, você para e recupera o fôlego. O deserto parece tão vasto quanto o céu acima e você se pergunta o quão longe tem de ir. Não há fontes de comida ou água, mas então você pensa em todas as figuras míticas que passaram por privações. De Odin à Amaterasu. Sua intuição lhe diz para confiar que será atendido exatamente como sempre foi.

Antes de chegar ao sopé da colina, você encontra uma barra de madeira polida, suave e elegante na sua mão, do tamanho certo para ser usado como um cajado. Você continua em frente, grato pelo ar fresco da noite. Não tem medo do Sol que certamente nascerá ou do calor do dia que virá. Seus instintos dizem que receberá o que precisa.

Depois de um tempo, sente muita fome. Fechando os olhos, diz uma breve oração. Bem no fundo, pode ouvir agora uma voz que queima tanto com o fogo da luz das estrelas quanto com o sopro do vento suave que começou a subir do solo do deserto: "Quebre o cajado e o coma".

A haste é de madeira maciça. Como poderia ter força para fazer isso? Você tenta de qualquer maneira. Pegando-o com as duas mãos, tenta quebrá-lo. Para sua surpresa, a haste se quebra. Você coloca uma das metades na boca e descobre que tem um gosto surpreendentemente doce, que se transformou em cana-de-açúcar, dando-lhe energia para continuar.

Veja, a outra metade do cajado não é menor do que era antes de ser quebrada e, portanto, ainda é útil para auxiliar a prosseguir em sua caminhada. Caminha um longo tempo até que a estrela que está seguindo fique mais brilhante do que nunca e finalmente esteja acima de onde você está na areia do deserto.

De repente a terra treme, enquanto se prepara, você testemunha um fenômeno que leva milênios no tempo geológico e se pergunta se esta jornada em que está foi tão longa.

O sol surge atrás das rochas; seu calor se mistura com a energia de sua estrela-guia. Precisa de água e abrigo logo ou morrerá. Você diz outra oração e a mesma voz que ouviu antes responde: "Bata na rocha".

Sua excitação aumenta, porque agora você está confiante de que outro milagre ocorrerá. Então atinge a rocha com a vara e a água jorra. Longos goles são tomados, a água é incrivelmente fresca, matando sua sede em poucos instantes.

Mas quando terminar, o Sol estará muito mais alto. Mesmo com a água que agora está formando uma poça a seus pés, sabe que não será capaz de suportar os raios diretos que logo atingirão seu corpo. Pela terceira vez faz uma oração e novamente recebe orientação: "Mergulhe na água e encontre o que precisa".

E então coloca o cajado no chão e deita ao lado dele, esticando o braço o máximo que pode. Primeiro sente o lodo macio no fundo, mas então sua mão bate em algo metálico. Agarrando este objeto, você o traz à superfície. O Sol já se levantou acima das rochas e as sombras desapareceram, mas em sua mão estão duas chaves conectadas por uma pequena pedra de topázio. Uma chave é feita de prata e a outra de ouro. Atrás da poça d'água, uma porta se forma na rocha de onde a fonte jorra.

Você caminha até a porta e usa as duas chaves para abrir a fechadura; a porta se abre e você entra na escuridão fria. As chaves brilham suavemente no início, mas depois mais intensamente, lançando luz suficiente para ver que está em uma grande câmara com pinturas de animais nas paredes. Um cheiro almiscarado permeia a caverna como se os animais ao seu redor estivessem na verdade vivendo e respirando.

Logo, sente-se particularmente atraído pela imagem de um touro pintada no mesmo tom laranja-avermelhado do deserto que cruzou. Então caminha até a foto e a toca. O touro começa a se mover. Torna-se tridimensional. Só dá tempo de recuar antes que ele salte da parede. Você sente o calor de seu corpo e ouve a respiração ofegante enquanto ele exala.

Assim, você voou entre as estrelas e cruzou um deserto sem vida e foi protegido. Continua a confiar que a proteção continuará. O touro se ajoelha e você sobe em suas costas, envolvendo os braços em volta do seu pescoço grosso. Ele carrega você para as profundezas da terra, através de um labirinto tão complexo quanto o do Minotauro sob o palácio do Rei Minos, em Creta. Você sente a gentileza desta grande besta e se permite cair no sono enquanto vagueia pelos túneis subterrâneos.

Quando o touro para, você acorda se sentindo revigorado e desliza de suas costas. As chaves ainda estão fornecendo luz. Diante de você, um trono dourado está assentado sobre uma plataforma cinza. Sabe que agora está perto de seu destino final e sobe os degraus para chegar à magnífica cadeira, onde encontra uma coroa sobre o trono, pega-a e a coloca sobre a sua cabeça, enquanto ouve uma voz lhe dizendo: "Essa coroa liga a criação ao poder criador".

O touro contorna a plataforma e empurra a parede de pedra que fica atrás do trono. O ar fresco entra e você percebe que seu abrigo contra o calor é, na verdade, uma tumba. Então você abraça o pescoço do touro e beija sua testa, agradecendo-lhe por trazê-lo a este lugar onde agora você pode renascer.

Hora de sair da tumba terrestre para um campo de trigo. Ao cruzar esse campo, vê amigos e entes queridos esperando em uma mesa repleta de comida. O cheiro de pão recém-assado enche o ar. Andando até eles, percebe que percorreu uma grande distância no espaço e no tempo para descobrir que o amor sempre lhe esperou e sempre estará com você.

JORNADA DOS ENAMORADOS

Acordado em uma noite de primavera com o cheiro doce das laranjeiras em flor, você se levanta e caminha pelo bosque, no sentido Leste. Ao fazer isso, avista alguém à sua esquerda que está refletindo seu passo. O luar é forte o suficiente para que, quando parar e enfrentar essa pessoa misteriosa, possa ver quem é e se assuste. Seu eu gêmeo olha de volta para você, que se sente inseguro e há muito tempo se estende e abraça esse outro eu, mas ao mesmo tempo sente um conflito profundo. Vocês dois se chamam, mas nenhum de vocês consegue entender as palavras que o outro está dizendo. Sentem amor e desconfiança e um abismo entre dois, um sentimento que lhe deixa tanto incapaz quanto sem vontade de cruzar.

Neste momento, um flash de relâmpago atravessa o céu. Durante o intervalo entre o relâmpago e o trovão, a Lua é eclipsada e o mundo escurece; até a luz das estrelas desaparece. O trovão rola em sua direção nesta escuridão, e seu rugido sacode o chão.

Um objeto é lançado da terra e começa a brilhar logo além da última fileira de árvores. Dá para ver que é uma espada, o único objeto que agora lança luz de qualquer tipo. Mas sua luz não é forte o suficiente para saber se seu gêmeo ainda está ou não por perto ou no bosque.

Sair do abrigo do bosque para a escuridão exigirá coragem. Você reluta em deixar a segurança das laranjeiras para ir para o vazio. Porém as fileiras de laranjeiras não são mais confortáveis para ficar lá dentro; então não há mais nada a fazer a não ser prosseguir.

Depois de dar o primeiro passo, o cheiro das flores de laranjeira desaparece. Você caminha lentamente até a espada e abaixa-se para pegá-la.

Em sua mão, a espada brilha um pouco mais forte, lançando uma luz verde pálida. O punho está quente; você sente que o relâmpago forjou esta arma, talvez dentro da espada esteja contida toda a energia que deixou o céu.

Um momento depois, alguém bate em seu ombro. Dando uma guinada, você vê sua alma gêmea com o rosto distorcido de ódio no brilho da luz esverdeada. Você hesita, não quer lutar, mas recebe outro golpe no outro ombro e então se lança na escuridão com a lâmina de sua espada, sacrificando sua própria sombra.

O grito de um chacal ecoa quando seu gêmeo morre e, embora você não possa ver sua forma, o choro está tão perto que sente os cabelos se arrepiarem. A espada está brilhando mais forte agora e você a agarra com ambas as mãos para se defender. O chacal aparece, mas depois se transforma na figura de Anúbis, o Deus funerário egípcio, que ressuscita sua sombra. Ele está ao lado da parte de si que você matou. Em vez de atacar, os dois se viram e se afastam. A borda do sol coroa o horizonte e você observa as duas figuras desaparecerem em sua curva dourada.

Uma forte brisa começa a soprar; uma fileira alta de nuvens cirros flutua no céu agora, crescendo violeta com a luz do sol nascente. Você se pergunta se haverá uma tempestade, mas ao estudar seu padrão, os fios de gelo no ar assumem a forma de uma força divina, um lindo ser andrógino de pele amarela, vestido com um manto verde-escuro. Você respira o ar fresco que flutua ao redor na brisa enquanto ele desce para a terra e faz um gesto para que entregue sua espada, dizendo que não precisa mais dela para se proteger de si mesmo. Essa figura lhe dá um presente em troca; um frasco feito da turmalina mais pura. Você segura a superfície lisa e admira o turbilhão de azuis e verdes do recipiente. Ele lhe diz: "Beba e seja curado".

Você leva o frasco aos lábios. Um líquido doce alaranjado desliza sobre sua língua, lembrando o aroma que o saudou ao acordar no bosque. Depois de esvaziar o frasco, você percebe que a paz que sentiu naquele momento foi apenas uma sugestão de calma que agora está fluindo por seu corpo e mente.

A figura andrógina aponta mais para o Leste e você vê um grande mar de água azul-escura se erguendo do solo. Ondas cobertas de branco viajam por sua face; impulsionando-o, é Sophia viajando em direção ao seu mundo, vindo de onde todas as coisas emergem. Cada onda é um elemento de luz que se separa da grande escuridão, cada uma delas é uma ponta do tecido do amor da Deusa. "Seu(sua) Amado(a) está esperando por você", a figura lhe diz.

Você enche os pulmões de ar puro, sabendo que, ao mergulhar no mar, poderá respirá-lo; vai sustentá-lo para sempre. Sua alma gêmea, sua sombra lhe espera ali, não mais um adversário, agora transformado por ter feito o caminho do sol. O desejo que você sentiu ao colocar os olhos em sua alma gêmea no laranjal agora será satisfeito.

JORNADA DO CARRO

Comece esta visualização vendo-se passeando por um campo cheio de macieiras. O cheiro de maçãs maduras preenche o ar. Uma velha cerca de madeira envolve completamente o pomar. Conforme caminha em direção a ele, percebe que este pomar pertence a você. Não há nada que gostaria mais do que ficar aqui, mas quando alcança a cerca, é forçado a pular.

Assim que seus pés tocam o solo do outro lado, o pomar de maçãs desaparece. Você agora está em uma imensa planície cheia de pequenas pedras cinzentas. O sol está forte e você não sabe para onde ir. Embora esteja sozinho, ouve uma multidão de vozes sussurrando ao vento; vozes de seus pais, irmãos e irmãs, amigos, ex-professores, líderes espirituais e políticos giram ao seu redor, todos eles dizendo o que você deve fazer, para onde deve ir, que direção deve seguir. Essas vozes se elevam e suas exortações se misturam até que não consiga mais distinguir uma da outra. E então sente o peso de todas as expectativas que os palestrantes depositaram sobre você. Contemplando a planície de pedra estéril, sente-se cansado, oprimido pelas vozes monótonas no ar e pelo deserto infinito que se apresenta. Você se sente perdido e a escuridão se apodera de seu coração. Sem saber mais o que fazer, ajoelha-se e começa a orar com as pedras cravadas em seus joelhos. E então sussurra em seu desespero: "seja feita a Tua vontade. De mim mesmo, não posso fazer nada".

As vozes diminuem lentamente e você é cercado por um silêncio tão profundo que só pode ouvir sua respiração e seu coração batendo. Perto de seus joelhos, um besouro rasteja sobre uma rocha, a primeira coisa viva que vê desde o início de sua jornada para longe das macieiras.

Você gentilmente pega o besouro em suas mãos e fecha os olhos. O ar esfriou e a noite caiu quando você os abriu novamente.

As estrelas queimam com uma luz âmbar, mas agora sua garganta está seca e você precisa desesperadamente beber água. Conforme sua sede aumenta, a planície de pedras se transforma em um corpo de água que se estende até o horizonte e, tanto quanto você pode ver em ambas as direções, é a superfície de ébano refletindo todas as estrelas brilhando no céu noturno. Você deita o besouro nas ondulações que tocam seus pés e o vê nadar para longe. Então pega um punhado de água e bebe profundamente deste lago, a água matando sua sede.

Do outro lado da extensão cintilante, uma constelação se formou no horizonte. As estrelas têm a imagem de uma porta estreita, mas elas se reorganizam e seu padrão muda para uma cruz. Para sua surpresa, uma vez que esta imagem é colocada no céu, ela voa direto em sua direção através da água.

A estrela mais interna é maior e mais brilhante do que o resto; quando se aproxima, queima como um pequeno sol, a imagem é de uma lua crescente, com um rosto severo gravado em sua superfície de fogo.

Nesse instante sente medo de que a energia da estrela queime e consuma você. Uma concha, como a de um caranguejo, cresce rapidamente sobre seu torso. Você quer se retirar completamente para dentro desta concha ou virar e correr. Mas uma voz baixa lançada do centro da estrela diz: "Não tenha medo".

Todo o seu ser responde ao mundo. Depois de respirar fundo, sente-se calmo novamente, como quando caminhava em seu campo sob as macieiras. Você dá um passo na água. A concha ao seu redor se estilhaça e, à medida que os cacos caem, eles se transformam em nenúfares quando você mergulha neste lago escuro.

A cruz está perto e seu calor é intenso, mas à medida que você se aproxima, a severidade da face da lua muda para a de uma mulher, cujo sorriso é gentil. As estrelas mudam novamente para um novo design; a cruz se torna uma carruagem puxada por duas poderosas esfinges.

O cheiro de sal aumenta; o lago gigante se transformou em um oceano que contém as lágrimas de todos os que já viveram. A carruagem para bem à sua frente e a mulher da lua sai para cumprimentá-lo, sua aura queimando com luz âmbar.

Ela beija sua testa e revela que é o Espírito Santo e então lhe diz: "Eu sou o caminho, a verdade e a vida". Você sente seu Terceiro Olho se abrir ao imaginar um templo cintilante lançando luz dourada. Sabe que está vendo seu verdadeiro lar do outro lado da água, aquele que foi preparado para você. Ela pega sua mão; seu corpo se enche de fogo sagrado quando sobe na carruagem dela.

As esfinges puxam vocês dois para o outro lado do oceano. Conforme cavalgam, o vento sopra suavemente seus cabelos e as estrelas ficam mais brilhantes do que jamais viu. Você olha para trás de onde veio: "Sempre estive com você", ela lhe diz: "e nunca vou lhe abandonar. Eu sou as estrelas e a Lua, e a grande água abaixo de nós. Existo em todas as lágrimas que encheram este mar escuro e sou o bálsamo que cura a fonte dessas lágrimas".

Uma faixa de luz cresce no horizonte. O fogo se espalha pela água sem que nenhum dos elementos extinga o outro. Desta confluência, o incenso sobe. A mirra vem das profundezas da água, lembrando você do nascimento de todas as crianças divinas e dos dons que elas recebem ao nascer de acordo com os muitos mitos. Você está mais perto de seu próprio presente, de seu renascimento, enquanto voa mais perto do amanhecer.

Seu Terceiro Olho se expande ainda mais e você descobre que está descendo os degraus de seu templo no meio do campo de maçãs. Indo para a árvore mais próxima, alcança e pega uma maçã dourada. Ao morder sua carne, entende que é livre. A cerca que antes existia não o cerca mais, não precisa mais temer o que está além do seu pomar.

JORNADA DA FORÇA

Imagine que está sentado em forma de lótus em uma plataforma de madeira olhando para o Leste. O céu ainda está escuro e dá para sentir o frio da madrugada através das roupas. Você só consegue distinguir as bordas do terreno que se estende ao seu redor. Um vasto campo de girassóis se estende em todas as direções, mas seu foco está no horizonte, onde um brilho suave de fogo queima acima de uma linha de montanhas vulcânicas. Você se maravilha com essa visão, sabendo que esse poder eruptivo tão distante tanto destrói quanto cria vida.

Um pequeno fogo arde em um incensário próximo a você e a fragrância de olíbano permeia o ar. Respirando profundamente, você se torna consciente da velocidade da Terra enquanto ela gira em direção ao sol nascente, sentindo que está se movendo em direção a algo divino, sendo carregado pela Terra em direção a este mistério.

A linha vermelha à sua frente brilha com mais intensidade à medida que os primeiros raios de sol se fundem com a luz lançada pela crista dos vulcões. A figura dançante de uma mulher surge fora de seu brilho. A deusa Shakti executa sua dança elemental enquanto as línguas de fogo vulcânico e os raios do sol se fundem para criar o novo dia.

O intrincado padrão da dança do fogo de Shakti chama a sua atenção. Enquanto você a observa, sentimentos de tristeza aumentam, como se seus movimentos extraíssem o que precisa ser lamentado em sua vida. Você não resiste porque a dor é acompanhada por uma limpeza de seu espírito. As lágrimas podem cair ou não, mas a cada uma de suas exalações, sua dor se transforma em paz. O mundo inteiro está quieto enquanto você descansa neste espaço até que a forma de Shakti desapareça no céu claro.

Da quietude do seu coração, você ouve: "Nada se perde, apenas se transforma". Chegou a hora de se aproximar de seu destino. Agora que é dia, você sabe que deve deixar este lugar onde descansou durante a noite e então pega o incenso em chamas para levá-lo com você.

Na parte inferior da plataforma, você entra no campo de girassóis. Leva muito pouco tempo para perceber que está perdido, pois tudo o que pode ver são fileiras e mais fileiras de talos de girassol. Ao passar por eles, perde o senso de confiança que tinha na plataforma, agora, sente-se inseguro do que realmente está fazendo ou para onde está indo.

Confuso, você se pergunta: "Que caminho devo seguir? A direção importa? Eu deveria estar indo em direção às montanhas de fogo?" Sentindo-se oprimido, para e vê se consegue se orientar, mas um momento depois algo desliza por seus pés. Olhando para baixo encontra uma pequena serpente amarela enrolada com a boca na cauda. Sabendo que deve continuar se movendo, abaixa-se e pergunta qual direção deve seguir.

A serpente se desenrola lentamente e desliza para longe. Você segue na mesma direção, passo a passo, ainda carregando o incenso para lembrá-lo da breve sensação de plenitude e paz que sentiu antes de sair da plataforma. O rugido de um animal selvagem cobre o silêncio que o envolve. Você congela de medo. A serpente fala com um som sibilante: "Não há mais nada a fazer a não ser confiar que o caminho em que está foi feito para ser devorado ou não".

Você dá mais um passo à frente enquanto a serpente desaparece entre as flores. Então ouve um animal maior se aproximando, mas não há mais nada a fazer a não ser continuar caminhando e encontrar seu destino. A beleza e a força elementar que irradia deste animal são inspiradoras. Você respira fundo; enfrentando o medo que quer paralisá-lo na terra e, então, com uma mão trêmula, alcança a juba do leão.

Quando seus dedos tocam o cabelo áspero, eles queimam. Todo o seu ser fica inflamado quando você olha nos olhos do animal. O leão fala com você, que ouve amor e poder em sua voz: "A luz brilhará em todas as coisas ocultas. Todos os segredos emergirão da escuridão e o que está nas sombras será iluminado com a verdade".

O sol nasceu, iluminando todas as coisas da Terra, luz que pode penetrar no lugar mais escuro do coração humano. Os segredos que você carregou são o combustível para sua transformação.

É por isso que o leão procurou por você. Agora já pode recontar as coisas enterradas nos lugares mais profundos de sua alma que não foi capaz de acessar enquanto assistia Shakti dançar. Você compartilha esses segredos recém-revelados com o leão. Quando termina, há lágrimas nos olhos do animal.

Ele se vira e ruge de novo, tão alto que a terra treme e cada célula do seu corpo vibra. No momento em que a última reverberação desaparece, os girassóis se transformam em um jardim de rosas, envolvendo-os com todos os matizes imagináveis.

O sol está em seu zênite agora e o calor penetra seu corpo e sua alma. Até as brasas do incenso ficam mais fortes; a fumaça sobe mais uma vez, desta vez criando uma corda para tecer as rosas. Você colhe rosas vermelhas para formar uma guirlanda e, em seguida, segue a borda do jardim onde colocou o incenso fumegante. O leão inclina a cabeça para permitir que coloque a coroa em seu pescoço.

Você pega o incenso novamente e o leão o leva para longe do jardim, para o sopé dos vulcões em chamas. Você sobe por muito tempo até chegar aos cedros, os últimos seres vivos que crescem ao seu redor.

Deste ponto de vista, olha para o caminho que percorreu. As rosas e o campo de girassóis se transformam para frente e para trás a cada respiração. Agora não pode mais ver a plataforma onde começou esta jornada. O leão espera pacientemente enquanto você adiciona algumas agulhas secas de cedro ao olíbano. A fragrância criada a partir da combinação o revive para a subida. Os dois começam a subir novamente.

Finalmente, alcançam a borda do fogo vulcânico. Você sempre soube o que lhe seria pedido, mas não sabia qual seria sua resposta. O leão entra na lava derretida e se vira esperando. O fogo não o machuca, e ele lhe diz: "Você tem minha proteção eterna agora".

A serpente amarela está a seus pés novamente e segue o leão na lava. Seu corpo se move lentamente através do fogo até subir pelo flanco do leão e se enredar na coroa em volta de seu pescoço. Você alcançou a fonte da Luz Ilimitada, que destrói e renova. Sabendo que o poder e o amor do leão nunca o deixarão e que seu verdadeiro Eu será restaurado e, como a serpente reunida com o Rei, você agora carrega a pequena luz que o conduziu até aqui e se funde na chama eterna.

JORNADA DO EREMITA

Você está imerso na escuridão. Dentro dessa escuridão, um espermatozoide nada e se junta a um óvulo. Assim que é fertilizado, o óvulo brilha como a suave chama de uma vela. Você observa as células se dividirem, cada uma possuindo seu próprio fogo interno, até ver um embrião com o coração batendo, uma pulsação rápida da chama original que foi acesa em sua concepção.

Ainda na escuridão, você coloca as mãos sobre o próprio coração e o imagina batendo dentro da caverna escura do seu corpo. Há um compasso com a batida rápida de seu eu interior que você ainda pode perceber em sua mente, e a batida mais lenta e constante que agora cria o ritmo que seu corpo obedece.

A luz cresce lentamente ao seu redor enquanto você observa uma lua nascer. Você descobre que está sozinho no topo de uma montanha nevada, seu eu embrionário agora reside em cada uma de suas células. O único som que você ouve neste pico é o latejar constante de seus inúmeros corações, cada batida criando uma estrela acima. Logo os céus escuros estarão repletos de suas pequenas luzes.

Você está surpreso por ter saído da escuridão do espaço interior para este pico coberto de neve, onde está olhando para a imensidão dos céus. Uma estrela cai, riscando o céu, e seu fogo brilhante lembra-o da luz que brilha em seu ser.

Uma pessoa vestida com uma longa túnica azul com um capuz aparece ao seu lado. Ela é tão velha que você não consegue dizer se é um homem ou uma mulher. O ancião segura uma lanterna que lança luz em um amplo arco para que você veja mais da montanha. O Eremita fala baixinho, mas você sente a montanha estremecer ligeiramente com a vibração de sua palavra: "Isto não é um sonho. A vida que você levou até agora foi uma imitação da verdade que sempre ardeu dentro de você. Aqui nasce um novo ser alinhado ao seu eu maior que o conduziu a este lugar inspirador. Embora seu caminho seja único, você é um com tudo o que existe".

As estrelas dançam enquanto você incorpora o significado dessas palavras em seu corpo e mente. Em torno da parte mais escura do espaço, as estrelas formam o contorno de um grande dragão. Sem a luz para indicar sua forma, esta criatura seria invisível, mas de alguma forma você sabe que as ondulações do corpo do dragão traçam um caminho secreto de volta à Fonte.

Então você ouve: "Pegue sua lanterna. Acenda seu fogo com a luz que carrega em seu interior e com esta luz, crie seu mundo". Você está prestes a dizer que não tem uma lanterna, mas então olha para baixo e encontra uma perto de seus pés e a pega. A mão do Eremita segura a chama com a qual você acenderá o pavio de sua lanterna; as duas luzes se unem e iluminam todo o cume. "Você agora é o mestre desta montanha", diz o Eremita, "então pise em uma escada invisível no céu que o levará até a cauda do dragão". O Eremita se volta mais uma vez, segurando a lanterna bem no alto, e você finalmente vê os degraus em que ele está caminhando.

O tempo passa. Você fica de vigília na montanha. Na primavera, parte da neve derrete e forma poças verde-amareladas à sombra de peridotos. Você olha para elas e vê a luz da lanterna refletida. E então vê um sol brilhando e, aos seus pés, um tapete de grama salpicado de pequenas gotas de neve brancas e flores de narciso. Vê o verão e depois o outono, onde as chamas da folhagem brilham intensamente ao redor dos cedros que crescem mais abaixo na encosta da montanha. Vê o poder da criação continuamente: esperma, óvulo, escuridão, luz, o ritmo eterno dos batimentos cardíacos criando padrão após padrão e percebe uma paz profunda dentro de si mesmo. Você envia pensamentos de paz para o mundo que está abaixo de si. Num momento, não diferente do resto, olha para suas mãos e descobre que elas estão enrugadas. Você percebe que finalmente é hora de seguir o Eremita, que o esperou para se juntar a seu espírito no caminho do dragão no céu.

O inverno chegou e a neve cai novamente; mais uma vez é noite. Mas sua lanterna ilumina e agora pode ver um caminho sinuoso curvando-se até onde você está. Memórias distantes surgem de viver em meio às hordas de pessoas no vale. Como era fácil ser liderado pela mente do grupo naquela época. Quão inconscientemente sua vida se desenrolou.

Um cordeiro solta seu balido e você o desperta desses devaneios e segue os gritos. Ali, na neve fresca, ao lado do cordeiro, encontra-se outra lanterna. O cordeiro segue com você. Algumas luzes agora aparecem no caminho. Você acende a nova lanterna com a antiga, mas pode, também, carregar fogo nas mãos. Todo o topo da montanha brilha mais forte, iluminando o trajeto de quem está a caminho.

Novamente você ouve o cordeiro balir e, então, você olha para o escuro do céu. Mais uma vez você pode ver a escada para o dragão feita de estrelas. Ainda assim, você espera. Mais temporadas se passam até que o primeiro viajante chega até você, que oferece sua ajuda para ele nesta última etapa. Você entrega a ele as mesmas mensagens que o Eremita que o saudou lhe deu, e então vê o cordeiro andando no céu, resolve segui-lo, sente uma mão invisível estendendo-se em sua direção e recebe um Bastão em sua mão esquerda, a madeira pulsando com energia divina.

Você se firma com o cajado e segura a lanterna bem alto. O êxtase abrangente enche seu coração, que continua a bater com os ritmos eternos do Universo. Dando o seu primeiro passo no caminho do dragão, sabendo que não está só, você se tornou um canal para o divino, conduzindo-o ao mistério final.

JORNADA DA RODA DA FORTUNA

Imagine que você voltou no tempo, aos dias do Rei Arthur. Você se senta na Távola Redonda vestido como um Cavaleiro, sua armadura pesada em seu corpo. As paredes ao seu redor estão cheias de tapeçarias e janelas abobadadas que dão para uma floresta de cedros. O cheiro dessas árvores entra pelas janelas enquanto você espera com os outros Cavaleiros pela entrada de Arthur. O assento à sua frente está vazio e você estuda a cruz esculpida em seu encosto alto e percebe que este lugar foi deixado vazio para o rei. A mesa está gravada com símbolos ocultos e astrológicos. Estendendo a mão, você traça suas linhas onduladas com os dedos e então sente um formigamento em ambas as palmas. Virando as mãos, você vê que os símbolos formaram um círculo em cada palma. Essas linhas agora determinarão seu destino.

Os passos de Arthur são ouvidos no corredor e a expectativa enche a sala. Uma luz se acende nos olhos dos outros Cavaleiros, combinando com a sua expectativa pela notícia maravilhosa que você tem certeza que Arthur traz.

Quando ele entra na sala, todos ficam de pé até que ele se senta. Ele está vestido com uma túnica da mais profunda cor púrpura e você fica surpreso que, sendo jovem, ele inspira tanta confiança. Arthur fala com autoridade: "Eu o envio em busca do Santo Graal. Pesquise apenas o que o centraliza e o sustenta. Embora possa encontrar o Graal no centro de toda a questão e aprender que ele está próximo, você ainda deve viajar muito para alcançá-lo. Quando descobrir esta taça sagrada, um enigma maior o aguarda, o que o levará a encontrar seu verdadeiro Eu, aquele que existe por trás de todas as máscaras que você usou e de todas as personalidades que vestiram sua verdadeira natureza".

Enquanto medita sobre essas palavras, a mesa desaparece. Você agora está sozinho no meio do espaço, sob a borda de uma grande roda giratória. A roda parece gerar sua própria eletricidade e faíscas de ouro e prata são lançadas dela, cada uma criando um novo sol que rapidamente é absorvido pelo vazio ao seu redor. Logo os céus brilham com estrelas que giram em sua própria órbita ao redor do disco de fogo que desce em sua direção.

Você sente o calor radiante da roda, sem saber se será destruído. À medida que se aproxima, a armadura se derrete em vapor. Você não é ferido; em vez disso, uma sensação de liberdade substitui o medo que tinha. Quatro figuras se erguem na roda falada, cada uma com noventa graus de diferença uma da outra: uma águia dourada abre suas asas, um touro inclina a cabeça, um leão ruge e no raio mais próximo de onde você está, um ser alado se abaixa e pega sua mão. Você ouve o sopro do vento quando é elevado. A borda abaixo de você ondula com calor. Você sente que está montado em um ser vivo.

Um ser alado ouve seus pensamentos e diz: "Sim, você está na grande cobra Typhon, a serpente de Maya, o pai de toda ilusão. Seu corpo se enrola e se desenrola, vibrando e criando a força que sustenta o plano material. Sua tarefa é atravessar este raio da roda para encontrar seu equilíbrio ao longo do caminho para alcançar a Estrela da Manhã que brilha em seu centro, além da ilusão, até o coração da própria existência".

Os olhos do ser alado brilham com amor, lembrando você da luz que viu nos olhos dos outros Cavaleiros que agora estão em suas próprias buscas individuais. O raio da roda à sua frente é azul-escuro, da cor do lápis-lazúli. Conforme pisa nele, sente uma consciência enraizada neste caminho, que foi formada pelas memórias de todos os que o percorreram antes de você em busca de um significado mais profundo em suas vidas.

Ventos continuam a girar e, embora esbarrem em seu corpo, seus olhos permanecem focados no centro brilhante da roda. Abaixo de você, galáxias giram e universos nascem e morrem. O tempo perde o sentido e o simples ato de colocar um pé à frente do outro é tudo o que importa. A cada passo, você se aproxima do que é verdadeiramente eterno e autenticamente vivo.

Finalmente, você se aproxima do guardião que protege o olho da quietude dentro da roda. Como em um furacão, os ventos aqui são mais fortes, girando em torno do centro calmo. Você finalmente caiu de joelhos para não ser empurrado de volta para a borda. Raios faíscam e trovões rugem com tanta força que você teme que isso o ensurdecerá. E então, no meio desse caos, uma voz calma dentro de você pergunta: "O que significa ser humano?" Olhando para cima, o rosto da Esfinge olha para você, que não tem outra resposta a não ser mostrar as palmas das mãos e as linhas de seu destino. Você vê que os símbolos giraram para representar a parte da jornada que completou.

"Passe", a Esfinge diz a você. E, então, você salta para outro raio da roda para esperar a aproximação de outro viajante. O vento diminui e você fica com as pernas trêmulas. Porém, apenas um passo é necessário para conduzi-lo a um jardim. Os pinheiros crescem em uma encosta próxima. Plantas de açafrão explodem em cachos amarelos. Um riacho, tão azul quanto o caminho que você acabou de percorrer, gorgoleja sobre as rochas cintilantes.

Você segue o riacho até ver um velho parado ao lado dele segurando um copo de esmeralda. Quando o alcança, percebe que está encontrando Arthur novamente e se pergunta quais jornadas ele fez para encontrá-lo neste local. E, então, fica maravilhado com o quanto ele envelheceu. Seus olhos são de um azul profundo, como o seu caminho no raio, guardando memórias de encarnações e buscas e os sonhos de cada buscador que ele enviou para encontrar este lugar místico.

"Este é o Graal?", você pergunta quando ele lhe oferece a taça. "Olhe para dentro e beba", diz ele.

Você humildemente agarra a taça, olha para dentro e vê que seu interior está enfeitado com ametista. No fundo da taça gira um vórtice violeta, o padrão da criação em toda a sua perfeição, espiralando, desdobrando-se e depois se juntando até formar o símbolo de uma espada, Excalibur, a assinatura do amor divino pela humanidade. Você coloca seus lábios na borda da taça e bebe a oferta da eternidade.

JORNADA DA JUSTIÇA

Você se encontra sentado em um dia sombrio e cinzento em uma mesa no meio de uma sala de aula cheia de sacolas e malas. Embora haja fileiras de carteiras, é o único aluno e toda a bagagem na sala é sua. O professor é um homem grande, com longos cabelos brancos e barba, vestido com uma túnica cinza da mesma tonalidade das nuvens que passam pelas janelas. Seu comportamento é severo. Atrás dele, o quadro-negro está cheio de ilustrações, notas e fórmulas matemáticas. Ao estudá-lo, percebe que este é o mapa da vida que viveu até agora.

Usando um tipo de Bastão que nunca viu antes para apontar as equações no quadro, o Professor lhe diz: "Esses são os fatores que o impedem". Ele então aponta para a soma: "Este é o resultado da interação deles em sua vida".

Sentindo-se repreendido, quer protestar, mas então o Professor caminha até sua mesa e olha diretamente para seus olhos. Embora seu rosto ainda esteja severo, dá para ver que Ele está olhando para você com amor.

O Professor lhe entrega o Bastão que estava segurando e diz: "Embora eu prometa que será fiel, não importa para onde o caminho de sua vida o conduzir, use este estímulo para obter orientação e equilíbrio para encontrar o caminho do meio da plenitude".

A sala de aula se dissolve e você agora está na beira de um penhasco rochoso. Ao longe, uma esfera dourada brilha. Instintivamente, sabe que este lugar distante é tão sublime que deve ser o coração de toda a existência, então você faz uma prece pelo que parece ser impossível: atravessar o grande abismo que separa o bosque em que está do reino radiante à sua frente.

Enquanto faz suas orações, uma ponte estreita feita de esmeralda se expande à sua frente como uma fina corda verde. Então percebe que o Bastão dado a você pelo Professor será como seu equilíbrio ao cruzar essa faixa estreita. Embora esteja preocupado com a segurança deste empreendimento, seu desejo de fazer a travessia é tão forte que, de boa vontade, dá o primeiro passo na pedra lisa.

Quando seu pé bate, a passarela esmeralda é tão brilhante que você se vê, e isso prejudica seu equilíbrio. Sentindo-se inseguro, pede que lhe seja enviado proteção. Em resposta à sua oração, ouve o bater de asas. Três pombas brancas descem e tomam suas posições, uma atrás de você e uma de cada lado. Sentindo-se mais firme, agradece aos pássaros, prontos para começar a longa caminhada sobre o abismo.

Você coloca um pé para fora e depois o outro, ciente de que apenas um espaço vazio está embaixo e sente gratidão por ter deixado tantas coisas pesadas na sala de aula. Está cada vez mais consciente de que, para chegar ao seu destino com sucesso, há mais coisas que precisar liberar.

Com essa percepção, o vazio ao redor do caminho desaparece e você descobre que está na frente de uma pirâmide antiga. Como a ponte, ela é feita de esmeralda e você pode ver o reflexo em tons de verde-escuro. As pombas o acompanham até o pórtico e depois se transformam em três lindas mulheres com asas. Você ouve o vento uivando agora e, olhando pela entrada do templo, vê que uma tempestade está se formando lá dentro.

As mulheres dizem que são harpias e cada uma diz seu nome: "Tempestade", "Obscura", "Asa veloz".

Você pergunta a elas se deve entrar no templo; elas acenam com a cabeça e levantam você no ar. O medo cresce, mas você agarra o Bastão com mais força e é consolado. As três o carregam para dentro. Relâmpagos brilham no alto e a forma do deus hindu Yama aparece nas nuvens. Segurando espadas em suas muitas mãos ele pergunta: "A sua mente é suficientemente livre para passar ao coração da criação?"

Com grande esforço, respire fundo, acalmando sua mente. Embora esteja com medo, esvazia sua mente de pensamentos e tenta apenas "estar" abaixo da imagem dele, independentemente do resultado de sua manifestação. Lentamente, Yama desaparece do céu, mas conforme desaparece, a figura da Deusa egípcia Maat se forma. Ela segura uma balança em uma mão e uma pena de avestruz na outra. Apontando, ela pergunta: "Seu coração é leve como minha pena?"

Em sua mente, vê a alegria que espera na esfera dourada, diz outra oração para deixar ir tudo o que ainda guarda e que poderia impedir sua entrada lá, faz uma prece novamente e algo como uma brisa suave passa por você; a energia muda à medida que o trauma, o ódio, a preocupação e o desespero desaparecem de seu corpo. A chuva começa a cair como águas batismais e você sente sua alma lavada e limpa.

As três mulheres aladas o levantam mais uma vez e o carregam mais fundo na pirâmide. Agora que você passou pela prova necessária, uma balança de ouro exatamente como a que Maat carregava o espera. Você sente seu coração etérico liberado de seu corpo e o observa em um lado da balança, com a pena de Maat no outro. A balança lentamente se equilibra. Não há nada a fazer a não ser se submeter à vontade divina. Agora você observa e, finalmente, vê que seu coração está realmente tão leve quanto a pena dela.

A pirâmide desaparece e mais uma vez você fica na ponte com o Bastão nas mãos e olha para trás, para a imensa distância que percorreu. A origem de sua jornada aparece como uma esfera cinza a distância. O seu Professor está agora diante de você novamente. Ele está na porta de entrada para a terra dourada que espera por você e o olha por um longo tempo. Você sabe que ele está vendo sua história e a caminhada que estava disposto a fazer para encontrá-lo novamente.

Quando ele fala, seu coração se enche de alegria. Nada é impossível. Você não precisa mais da segurança do Bastão e então o abandona e adentra neste reino de plena sabedoria.

JORNADA DO ENFORCADO

Comece esta meditação deixando seu corpo e sua mente ficarem suspensos. A escuridão o envolve enquanto você flutua no ventre da Mãe Eterna, Binah. A única coisa que percebe é a batida do coração dela. Essa cadência proporciona um ritmo pacífico com o qual seu próprio coração se mistura, uma pulsação silenciosa que move suavemente a água ao seu redor.

Flutuando em um sono sem sonhos, com sua mente em silêncio profundo, uma parte de sua consciência está ciente de que está neste lugar atemporal. Sua parte mais profunda busca o que nutre o útero, o milagre da existência, a Luz que criou até mesmo esta caverna fechada onde seu eu embrionário flutua, formando o novo corpo que é seu.

De repente, como uma dor de parto, uma centelha brilhante de luz pisca e você acorda, um ser anfíbio em um mar ainda grande, em um mundo azul-marinho, que cintila sob a luz do sol do meio-dia. As ninfas aquáticas riem e espirram água ao seu redor e você se pega brincando com elas por um tempo, movendo-se com alegria neste novo espaço expansivo. Em seguida, encontra um tridente preso em uma pedra, coberto com pequenas cracas e plantas marinhas. Puxar permite que você desembainhe a lança de três pontas.

Fazer esse ato libera uma força de maré tão extrema e inesperada, que o mundo idílico em que estava jogando desaparece no lodo que gira em torno de você como um vórtice e, segurando-se com o tridente, percebe que na turbulência, forma-se a face do Deus Netuno.

O cabelo de Netuno se enrola com enguias e ele usa uma coroa de coral pontiagudo com peixes nadando para dentro e para fora de suas torres. Você percebe que a atitude dele não tem sentido e que essa manifestação, por mais perturbadora que possa parecer, preludia uma mensagem de extrema importância. Seus olhos mantêm o tom puro da água-marinha das águas que o nutriram tão brevemente. Você se concentra neles, porque a cor contém a mensagem de amor codificada nas palavras sérias que está prestes a ouvir: "Existe apenas uma vontade", diz Netuno. "É hora de você deixar o sonho do mar. A verdadeira liberdade é seguir a Vontade Divina, ouvir além do desejo do ego e dos castelos fantasmagóricos de pensamentos e projeções".

Depois de dizer isso, o mundo aquoso se evapora. Você agora está em terra, trocando seu pescoço pelas guelras que lhe deram o poder de respirar no reino do Deus do Mar e descobre que elas desapareceram. Você se transformou mais uma vez e quer protestar contra essa mudança. Memórias das brincadeiras e da liberdade que tinha nos momentos antes do aparecimento de Netuno voltam e o desejo lhe domina. Quer voltar ao mar e se recusar a ser uma criatura da terra.

Netuno fica sobre rochas cobertas de mexilhões e o mar do qual você se sentiu parte agora está separando vocês dois. Ele ergue seu tridente, mil vezes mais pesado do que o que ainda está em suas mãos, e chama por você, dizendo: "As limitações de tempo e espaço criam lições para o seu espírito. Ao se agarrar à Madeira Sagrada da Árvore Divina que faz meu tridente, assim como o seu, estará enraizado no Logos. Deixe a consciência interior guiá-lo para ver que a própria vida interior é ilimitada e que é o seu ego que o impede de ser completo.

Com isso, seus arredores evaporam em uma névoa salgada que age como um espelho. Você olha dentro dele e vê vidas retratadas como rodas sem fim dentro de outras rodas, espiralando para frente e para trás, um *continuum* de lutas, tanto pequenas quanto grandes, cada momento é um espelho escuro que mantém diferentes graus de opacidade enquanto sua alma luta com a consciência. Você vagueia pelas imagens, usando seu tridente como um Bastão de rabdomante e ele o leva a ver o que você precisa ver.

Mais uma vez se sente suspenso em frente a este painel de névoa, flutuando como fez no útero, conectado por um mero fio à confusão de imagens que piscam diante de você. As vidas se fundem em arquétipos e as projeções de vários Deuses salvadores são sobrepostas às imagens de seu sofrimento. Osíris é dilacerado, assim como Dionísio em um campo de grãos. Odin está pendurado na Árvore do Mundo. Mitra assume a forma de um touro, cujo pescoço é cortado pela faca do sacrifício.

Um terremoto tão forte quanto o tumulto que perturbou seu idílio sob o mar sacode o mundo em que está agora, assim como todos os que se formaram na névoa. O tridente em sua mão se torna um cajado e a energia dessas manifestações é puxada para a madeira. Feixes de luz aparecem ao seu redor, quentes como radiação. Todos os mitos se juntaram para se tornar o único mito, a única verdade: "Você é um Deus".

Com esta revelação, você mais uma vez flutua sobre um mar silencioso. Desta vez nasceu totalmente adulto e se sentou sobre uma flor de lótus. Agora carrega a Luz Eterna como uma vela em suas mãos. Ao seu redor estão outros pontos da mesma Luz, tão numerosos quanto as estrelas, flutuando no mar da Mãe Divina que deu à luz Tudo.

JORNADA DA MORTE

Imagine-se em um oásis em uma noite amena do deserto. Você está parado na soleira de sua tenda, olhando para a Via Láctea, que brilha tanto que parece que as estrelas podem estar ao seu alcance. E então você contempla essas estrelas que se espalham pelo céu como joias preciosas. Em seguida, olha para trás, para as riquezas em sua tenda.

Sentindo-se muito confortável neste lugar, você acumulou muitos objetos bonitos que lhe deram prazer ao longo dos anos. No entanto, algo se mexeu enquanto seus olhos vagavam pelo caminho repleto de estrelas, algo perturbador, um pouco assustador, mas tão convincente que sente falta de algo dentro de si mesmo que ainda não consegue nomear.

Caminhando até o espelho alto que fica entre baús de roupas e joias, vê-se ricamente vestido com vestes turquesa forradas com guarnições de cornalina. Você se contempla e sente o trabalho árduo que realizou para criar a riqueza que possui. Então se vê como uma criança e percebe que aquilo que era não existe mais. De alguma forma a criança foi absorvida pela pessoa que é agora. Você vê a criança no espelho crescer e se tornar um adolescente, um jovem adulto, uma pessoa de meia-idade e, finalmente, em um ancião que fica bonito com as rugas da idade marcadas em seu rosto.

Cada estágio de sua vida parece um chapéu de encarnação separado, e que, de alguma forma, continuamente, transforma-se em um eu novo, mais antigo e mais sábio. Então, sem medo, você observa o seu cadáver e a dissolução gradual do seu corpo físico, até que tudo o que é refletido seja o seu esqueleto. Respirando profundamente, seu coração se abre à medida que a compaixão preenche a natureza impermanente de seu ser e por toda a vida que se encontra em seu breve período de tempo na Terra.

Olhando em volta, vê os tapetes luxuosos que cobrem o chão e as paredes de seu abrigo, percebe os móveis e todos os ornamentos de ouro e prata que colecionou, sente a textura das finas vestes que o vestem e sente o cheiro das velas acesas e iluminando. Sente-se confortável e sabe que tem a escolha de ficar aqui na segurança do oásis, mas as estrelas estão cantando uma canção de libertação dizendo que a mudança é a base da existência. Chegou a sua chance de renascer, de começar os primeiros passos de um novo caminho que o levará a glórias maiores do que essas posses que o confortaram, mas que você superou.

Despedindo-se, caminha nu noite adentro, longe das palmeiras protetoras do oásis para o que sempre temeu: o deserto árido. Antes de deixar o perímetro das árvores, vê um escorpião correndo sob uma pilha de pedras, abaixa-se e pega uma pequena pedra do topo da pilha. A pedra é a única coisa que é livre para trazer com você daquela vida que está deixando, algo que terá mais poder para sua jornada à frente. O escorpião direcionou-o a esta pedra de toque. Agora você traz a pequena pedra ao seu coração ao sair de casa para sempre.

Seguindo o caminho estrelado por cristas e dunas desertas, a noite parece interminável e seu corpo se sente desgastado pelo ar seco e pelo vento que nunca para de soprar. Subindo no alto de uma colina, finalmente descansa. Olhando para trás pela primeira vez, vê um fogo queimando a distância e sabe que essas chamas agora estão consumindo tudo o que você era, tudo o que chamava de seu.

Você ouve o trovão, e é como se a própria Via Láctea tivesse se aberto e derramado as águas do céu sobre a Terra. Por fim, você deixa ir e seu corpo se dissolve, quebrando-se nos elementos de que foi feito. Há um grande silêncio quando você retorna e então nasce de novo.

E então você acorda e se vê recriado em um peixe dourado, que nada por um córrego que vai dar num riacho maior, tornando-se um grande rio. A pedra que você trouxe do oásis tornou-se parte do seu corpo de peixe, sua base: um esqueleto que o sustenta neste mundo aquático.

Bilhões de peixes dourados aparecem e nadam ao seu lado. A parte de você que é consciente se alegra com a fecundidade da criação. Ao chegar a um mar onde recifes de coral vermelho se entrelaçam no fundo, percebe um novo lar. Nadando para dentro e para fora do recife, experimenta uma grande alegria, sentindo-se livre neste novo universo por onde viajou.

Em meio ao coral, as anêmonas agitam suas cabeças, abrindo-se e fechando-se enquanto se alimentam. Você brinca entre elas, de alguma forma iludindo suas bocas famintas. Aos poucos percebe tudo se transformando novamente: nadadeiras em pés e braços, guelras em pulmões que ainda podem respirar as águas salgadas deste mar.

A luz agora está brilhando acima e você sente o calor da luz do sol descendo, viajando nas correntes que procuram por você. A água irradia suavemente a sombra de água-marinha, a parte do arco-íris onde os tons de azul e verde se misturam. Abaixo estão os tesouros, conchas brilhantes espalhadas ao longo do leito de lodo do fundo do mar.

Uma concha brilha com uma luz interna. Você se sente compelido a pegá-la e colocá-la no ouvido. A voz da Divina Mãe sussurra o teu nome e o sal das tuas lágrimas junta-se ao mar eterno enquanto ela fala: "Agora é hora de nadar para a superfície mais uma vez".

Lentamente, você faz o caminho de volta e depois sobe na areia fofa ao longo da costa. Um pouco além da praia há um campo de heliotrópio; milhares de flores com pétalas brotando como o sol nascente. Você percebe que este Sol está eternamente no Leste, sempre nascendo, sempre se renovando.

Mais uma vez encontra um escorpião aos seus pés. Ele corre para o campo florido. Assim que desaparece, uma águia irrompe através das pétalas douradas e espirais no ar. O amor perfeito expulsou todo o medo quando você começa sua nova encarnação.

JORNADA DA TEMPERANÇA

Você está vestido de branco, em pé sob a Lua cheia e segura um arco com uma aljava de flechas que se pendura de uma correia em suas costas. Um leão, escondido na grama alta da qual você acabou de sair, ruge uma vez. Você se volta para ver se ele o seguiu, pois passou anos procurando por essa besta poderosa. As armas que carrega não são para se proteger dele, porque sabe que não será prejudicado pelo poder do leão, apenas transformado.

Sua busca durou muitos anos perdida no crescimento emaranhado atrás de você. Agora o leão está perto e, embora deseje vê-lo, ele permanece indefinido. Você pensa em voltar ao pasto para retomar sua busca, mas se detém para ouvir o eco dos cães latindo que de repente preenche a noite.

Uma jovem, vestida de branco assim como você, sai do gramado perto de onde o leão rugiu. Três cães seguem em seus calcanhares. Todo o seu ser parece girado sob a luz da lua, assim como os corpos dos cães, que agora se sentam obedientemente ao seu lado.

Ela chama seu nome e fala com uma voz fria e misteriosa: "Eu o segui por todo o caminho em sua jornada. Eu o protegi dos predadores que o caçaram na grama densa. Você não estava preparado para ficar cara a cara com o leão que reina ali. Agora que encontrou o caminho para uma clareira, pegue uma flecha e atire em direção ao Oeste. Você encontrará o caminho que deve seguir para se preparar para estar diante do rei".

Tanto Ela como seus cães se dissolvem em névoa, assim como o pasto que você habitou por tantos anos. Virando-se como foi instruído, enfia a mão na aljava, tira uma flecha e a coloca no arco. Não há alvo discernível; ainda assim aponta a flecha e a solta. As penas da flecha refletem o luar; uma faixa prateada forma um arco alto e então desce em direção ao chão. Uma luz começa a acender onde a flecha caiu e você caminha até ela enquanto a noite se esvai. Quando chega ao local de pouso, o amanhecer já chegou.

Você se abaixa e pega a flecha. Ao toque da sua mão, ela se transforma em um tirso, um Bastão entrelaçado com videiras e folhas e uma cabeça de pinha. Você se sente tonto e coloca a parte inferior do tirso no chão para apoiá-lo.

Heliotrópios, espessos como a selva de grama em que você estava perdido, surgem ao seu redor. Suas grandes cabeças apontam para o sol. A fragrância deles lhe deixa eufórico. Com as duas mãos no cajado para se equilibrar observa uma escada crescer fora das flores. Um grande edifício espera no topo da escada; suas pedras refletem a luz do sol como prismas. Com o apoio da sua equipe, você começa a escalar em direção a essa estrutura de arco-íris, contando sessenta degraus da base até a porta.

Uma vez lá, você bate. A porta se abre e a claridade que o saúda lhe faz proteger os olhos. O ser alado da carta da Temperança está diante de você em um manto branco reluzente com o esplendor do sol "Você deve ser elogiado", ele lhe diz. "Está pronto para cruzar esse limiar para o laboratório de transformação?". "Sim", você responde com o coração trêmulo.

Lá dentro, você passa por muitas salas onde homens e mulheres estão absortos em experimentos solitários, sentados ou de pé em suas mesas, misturando e separando vários compostos e poções. O corredor está cheio de odores sujos e sublimes.

Você segue o ser alado pelo que parece quilômetros e, assim que está convencido de que o seguirá para sempre, ele aponta para uma porta. Este é o seu lugar de purificação. Você encontrará as ferramentas e substâncias de que precisa para fazer seu trabalho.

Ele lhe entrega uma chave e começa a voltar pelo longo corredor, cada uma de suas pegadas deixando faíscas que dançam pelo chão. Assim que ele sai de vista, você destranca a porta e entra na sala.

Três Cálices estão sobre a mesa. Um está cheio de água, outro com fogo. O terceiro está vazio, convidando-o para você misturar os elementos. Você olha ao redor da sala e descobre detalhes de sua vida.

Alguns são objetos que eram seus. Outros parecem ser feitos do material etérico de memórias, sonhos e ideias. E têm aqueles que parecem itens muito antigos, retendo a energia de um passado distante do qual não se lembra mais. São as essências dessas substâncias com as quais você criará o seu elixir.

Antes de começar seu trabalho, você apoia seu tirso em uma mesa para usar mais tarde e abre a única janela em seu quarto. Bem abaixo, vê as pastagens por onde procurou durante a noite escura que durou anos. O rugido do leão chega pelo vento e sua mente se enche de imagens de uma grande pedra rolando de uma tumba.

A janela capta um raio de sol e o poço banha o quarto com uma luz sagrada. Você se ajoelha no chão de pedra, gracioso por sua iluminação. Os Cálices brilham na sua mesa de trabalho. A água e o fogo esperam para se combinar, criando para uma nova vida. Depois de agradecer por ter sido guiado a este santuário, você se levanta e começa seu trabalho.

JORNADA DO DIABO

Você está caminhando de manhã, bem cedo, ao longo de um caminho gasto em um jardim exuberante, pensando em uma grande tragédia que afetou sua vida. Dúvidas crescem sobre a eficácia e a misericórdia divina. Você está tão envolvido em seus pensamentos que não consegue perceber que o céu mudou de preto para índigo e o nascer do sol está próximo.

Embora haja sinais de que o jardim foi cultivado, como arbustos de rosas e um caminho que foi claramente percorrido muitas vezes, grande parte dele foi deixado para a natureza. O orvalho se formou nas plantas e o cheiro de almíscar sobe. Você se pergunta quais animais podem estar dormindo sob a folhagem do carrapato.

O caminho termina em uma parede de cânhamo que chega bem acima de sua cabeça. Você anda por elas. Quando está no meio desses arbustos, teme se perder. Algo se move com o canto do seu olho. Você para. Um sátiro lentamente aparece passeando por entre as folhas. Seu corpo de cabra intensifica o odor de almíscar, mas ele não vê ou optou por ignorá-lo enquanto leva suas gaitas de Pã aos lábios.

A melodia que ele toca é agridoce; alegria e tristeza permeiam o ar tão fortemente quanto seu perfume terreno. Ele o leva para longe da segurança do jardim, para onde funde-se com o deserto. Sua música é tão encantadora que você decide segui-lo e entra em um campo de cardos que picam suas pernas e mãos. A melodia do sátiro é acompanhada por música distante de outros homens-bode ao longe em uma colina recortada feita de diamantes negros. Ele foge para se juntar a eles e a música lamentosa lentamente desaparece.

Você sente algo deslizar sobre seus pés, quando olha para baixo, vê uma serpente enroscada em volta deles. Agora há luz suficiente para ver que as escamas do réptil cintilam como os diamantes da colina dos sátiros enquanto ele se desprende de você e desliza para o Oeste. A trepidação o preenche, mas você é compelido a segui-lo. Abrindo caminho por entre as plantas que picam, segue a cobra até chegar à única árvore nesta planície de espinhos.

Frutas em forma de lágrima azul-escura, a cor do céu matinal do jardim, brilham nos galhos desta árvore. Mesmo neste lugar de desolação, o cheiro é mais perfumado do que o do pêssego mais maduro. Esta fruta misteriosa será a coisa mais saborosa que já provou. Você colhe a fruta mais suculenta da árvore, mas assim que sua boca se enche de sua polpa, a serpente bate em seu pulso e a planície desaparece.

Quatro edifícios de pedra cercam você completamente, prendendo-o de forma que só possa ver o céu e sentir o sol escaldante do meio-dia que está diretamente acima. A fruta desapareceu e, em vez disso, você agarra com força o pesado galho em que ela estava pendurada. Colocando o galho no chão, toca primeiro a pedra à sua frente. Com o tempo, você explora os outros três pilares. Sua mente dispara enquanto se pergunta como será capaz de se libertar de uma fortaleza tão impenetrável.

As imagens então começam a cobrir cada face de pedra projetada de uma fonte desconhecida. Você testemunha os momentos mais sombrios de sua vida e experimenta a dor mais profunda daqueles que ama. Então, rostos de homens, mulheres e crianças de todas as raças, idades e de diferentes épocas da história, em meio à peste, à fome e à guerra vêm a você em rápida sucessão, atrocidades que não quer ver. Você circula. É impossível se afastar. À beira das lágrimas, não tem nem força suficiente para fechar os olhos.

Finalmente, vê seu próprio corpo morto projetado em todos os quatro pilares e, ao vê-lo se decompor, a tristeza se move através de você. A imagem desaparece lentamente e estas palavras se formam: "Não há nada além do divino, que cria a luz e as trevas".

Você está tomado de raiva. Sua mente se enche das mesmas dúvidas que teve no jardim. Por que existe o mal? Por que existe o sofrimento, especialmente dos inocentes? Por que existe injustiça? Como podemos amar o divino diante de tudo isso? Os Deuses existem?

Seu anseio por justiça o oprime. Enfurecido, pega o galho e bate na pedra repetidamente. As letras mudam e uma nova mensagem aparece: "Cada segredo se tornará conhecido. Esteja aberto para uma visão divina neste momento. Contemple ela por alguns instantes".

O céu fica índigo novamente e você percebe que toda uma nova manhã começou. De volta ao jardim, vê o sol nascer como uma lâmpada dourada, iluminando as folhas, a grama e as flores. Cores brilhantes cercam você e o ar se enche com a música dos pássaros. A serpente passa por seus pés e desaparece em um piscar de olhos. Você agradece à serpente e aos homens-bode por liderar o caminho para restaurar a fé que você perdeu.

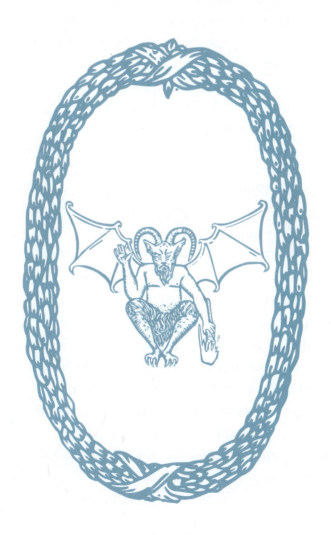

JORNADA DA TORRE

Durante uma noite sem lua ou estrelas, você fica no topo de uma torre alta. Barrigas de nuvens escuras deslizam pelas ameias. Você se sente aprisionado pelo peso de uma pesada coroa em sua cabeça. As nuvens parecem opressivas; a atmosfera é tão densa que você mal consegue respirar.

Seus pés e pernas estão cansados de pisar nas pedras duras. Desejando estar em um lugar novo, você tenta expressar seu desejo para a tempestade iminente, mas descobre que está mudo. Não vê como sair do interior da torre e descobre que sua grande altura também o aprisiona.

De que adianta governar este lugar se não tem liberdade? A tristeza do seu futuro, que você só pode perceber como limitada, cheia de fome e sede é maçante como as pedras cinzentas que o prendem e o enchem de desespero. Palavras de protesto vêm à tona e você tenta gritar, apenas para descobrir que sua fúria está trancada bem no fundo do seu ser e não pode ser liberada.

Neste momento flashes de relâmpagos rasgam o céu, o que permite ver várias torres iluminadas ao longe. Um por um eles se acendem e queimam intensamente por um breve período de tempo, e então desabam. Alguns segundos depois, o trovão ribomba tão alto que a torre estremece. Algumas pedras da ameia se quebram e caem no chão quando você é derrubado de mãos e joelhos.

Onde as pedras foram rasgadas da torre, uma criatura alada com uma cabeça de leão, o corpo de uma cabra e cauda de serpente paira sobre você com penas que queimam vermelhas como fogo. Os olhos da quimera também ardem, enquanto o resto de seu corpo se contorce diante de você, que se sente eletrizado de medo de que esta besta o arrebate e o atire da torre, que seu corpo se quebre tão embaixo, ou que o leão o devore. Em vez disso, a besta inclina a cabeça e chega tão perto que o enxofre que exala do seu corpo enche suas narinas. Ela diz: "Sinto o cheiro do seu medo. Sinto o cheiro do seu desespero". Então se pergunta: "Por que está preso aqui?" E ela responde: "Cada pedra abaixo de você é feita por você mesmo. Cada pedra foi feita com desespero, ódio de si mesmo e culpa. A argamassa foi criada por suas falsas crenças. Você é realmente o soberano desta torre solitária. Não vim para consumi-lo, como temes, porque me concebeste. Eu sou manifestada por sua sombra e feita das inúmeras maneiras pelas quais você se engana. No entanto, você me chamou até mesmo em sua incapacidade de falar, e ao me encarar, sua transformação começa".

O grito da quimera perfura o céu enquanto voa para as nuvens de tempestade. O relâmpago ziguezagueia em seu caminho e atinge a torre. A eletricidade convulsiona pelo seu corpo quando você cai de cabeça no abismo e experimenta a escuridão completa e plana no espaço negro, mas eventualmente o cheiro de cinzas o traz à consciência. Você acorda e a torre desapareceu. Antes de borbulhar num lago de fogo, o solo abaixo de você é composto de jaspe e granada, pedras duras e vermelhas que cravam em seu corpo. Você se senta lentamente e se pergunta se este mundo escaldante significa que você desceu ao Inferno.

Assim que esse pensamento passa por sua mente, o riso o envolve. Do lago, ergue-se um Deus, tocando sua flauta e dançando na água em chamas. Essa música é o primeiro conforto que experimentou no que parece uma eternidade e, lentamente, a música acalma seu espírito abalado. Quando a tensão deixa seu corpo, a divindade para de tocar e fala: "Você está à beira da fonte da criação. Junte-se a mim na dança de sua nova vida".

Embora tenha medo de ser queimado, você entra no lago para se juntar a ele. O Deus leva sua flauta aos lábios e o fogo o envolve. No entanto, em vez de temer seu poder destrutivo, paz e esperança crescem dentro de você.

Esta divindade se transforma em Hórus, um jovem Deus com cabeça de falcão, segurando o sol entre as mãos. Com a mesma rapidez, Hórus se torna o Deus Marte, um homem robusto segurando uma espada flamejante. Conforme você passa por ele, levantando faíscas com os pés, ele lhe entrega a espada.

Todo o poder de transformação vem deste lago, e as chamas desta espada sempre serão renovadas. A energia da torre em que você estava preso foi consumida e transformada. Use este fogo para propagar sua nova existência. Espalhe suas chamas nos novos campos que seus pensamentos e palavras costurarão.

Você opta por interromper sua dança e se encontrar em um campo de grama verde-escuro que esfria as solas de seus pés. A espada flamejante está segura em uma mão e uma pequena pedra vermelho-sangue, ainda quente de sua fonte, brilha intensamente na outra. Essas são as únicas fontes de iluminação que você tem, pois as estrelas e a Lua ainda estão ausentes; acima é apenas um vazio tingido de escarlate.

Você sente a presença divina o invadir e o significado de ter dançado com as muitas faces do Deus torna-se evidente. Lembrando-se do que lhe foi dito, você finalmente encontra sua voz. "Que haja luz", você diz no vazio. Sua palavra soa clara e verdadeira. A espada voa de sua mão para o céu e se torna o Sol. O escarlate acima de você se desdobra em um céu azul. Agarrando a pedra, você fala novamente, do fundo do seu ser, agora curado e transformado. A partir daqui você começa a recriar o seu mundo.

JORNADA DA ESTRELA

Você acorda nadando à noite logo abaixo da superfície do mar violeta-escuro, o reino de Binah, a Grande Mãe. A luz das estrelas reflete em ondas cintilantes de luz que penetram os primeiros metros da superfície da água. Você se tornou um tritão ou uma sereia e sabe que tem nadado nessas águas durante as encarnações. Está ciente também de que o pequeno cristal que usa ao redor do pescoço é feito da mesma força estelar que brilha acima, e você balança o rabo de alegria. Abaixo encontra o Mistério, onde formas-pensamento se fundem com os elementos primordiais da Criação e então vagam pelas camadas do subconsciente. A água é morna e você relaxa na superfície das ondas, sentindo o apoio das Profundezas Eternas.

Quando chega ao topo do mar fica surpreso por poder respirar tanto ar quanto água. Flutuando de costas, deixa as ondas o levarem para onde elas quiserem. Ocasionalmente, rolando de barriga para baixo e olhando para as criaturas maravilhosas que compartilham a correnteza com você, vê peixes fosforescentes que passam lançando sua pequena luz ao lado do padrão estrelado de cima.

Mas então a água ao seu redor começa a se agitar e várias pequenas criaturas aladas aparecem na espuma. Os elementais da água têm corpos transparentes que parecem feitos de ar, sal e espuma, e piscam como vaga-lumes. Eles riem e suas vozes gritam: "A Rainha está se levantando para saudá-lo".

Então, no meio da superfície vazia do mar, ergue-se uma concha de vieira carregando a Grande Mãe, manifestando-se como Afrodite. Ela se deita languidamente em sua concha e os elementais descem para cuidar dela, penteando seus cabelos, segurando um espelho para que ela se contemple, outros iluminam a espuma do caminho líquido. Você se aquece em sua grande beleza e se pergunta se ela está ciente de sua presença, mas então ela olha em seu espelho e faz sinal para que as fadas saiam e lhe diz: "Você gostou do que viu e isso é bom. Mas agora deve ir para dentro e encontrar o tesouro mais verdadeiro que está dentro do tecido do meu corpo. Como você é feito do meu corpo, o Reino dos Céus está dentro de si. É hora de dar-lhe um novo nascimento para ter o conhecimento de sua natureza transcendente".

A Deusa abaixa a mão em forma concha sobre as águas do mar e, quando a levanta, lentamente deixa a água fluir de volta por seus dedos. A água se torna turva e não dá mais para ver as maravilhas abaixo de você. A luz das estrelas acima também desaparece, enquanto Afrodite continua suas instruções: "Agora é a hora de pesquisar interiormente. Medite e libere o grande fluxo de onde seu Eu surge. Fixe sua mente na estrela acima e traga seu maior presente à superfície.

Ela desaparece, você fica sozinho e flutua na escuridão enquanto as palavras dela penetram profundamente em seu corpo e em sua mente. E então, uma estrela surge na opacidade ao seu redor. A luz fraca que ele emite permite que você veja um pequeno barco flutuando ao longe no que pode ser o horizonte. Vai exigir esforço, você decide nadar em sua direção; o único som é o movimento de seus braços e os respingos de sua cauda. Assim que finalmente toca o barco, sua cauda escorrega da pélvis e suas pernas humanas começam a se mover para mantê-lo flutuando.

Subindo a bordo, você encontra um carretel de pesca feito de madeira de oliveira que possui um anzol de ferro na ponta da linha. Você isca o anzol, sem saber o que pode pegar, e então deixa o barco balançar suavemente enquanto decide o que tirar do mar enquanto contempla a única luz que resta, a estrela silenciosa no céu. O silêncio permite que mergulhe profundamente dentro de si mesmo e busque maior quietude. Você respira, sente as ondas subir e descer e sente uma presença pacífica guiando o barco ao longo da corrente. Você é paciente, deixando-se levar, confiando que o que precisa ser pedido será conhecido no momento em que puder recebê-lo e sente que está a ponto de trazer algo do seu subconsciente, uma imagem não totalmente formada, mas que segue em uma trilha de energia exclusivamente sua. Lembrando-se do colar de cristal, tira-o para enrolá-lo no gancho e então abaixa a isca no mar. Ao soltar a linha, percebe que está flutuando em direção ao amanhecer.

Quando o sol se levanta completamente, você volta ao seu calor até sentir um puxão na corda. Sua atenção se volta para os presentes que você está prestes a receber da força que apoia e protege seu pequeno navio. Você puxa a linha. Conforme espia por cima da borda do barco, a escuridão desaparece e seu tesouro emerge. Quando o leva para o barco, ele está tão molhado e escorregadio quanto um recém-nascido. Você o aperta contra o seu coração.

A terra aparece e você usa sua mente para guiar seu barco em direção a ela. Ao chegar à costa, sai do barco e caminha na areia sobre pernas instáveis até uma fileira de palmeiras carregadas de cocos. Eles apontam para o oásis onde você ficará até chegar a hora de seu dom se manifestar no mundo. Os pavões se alimentam abrindo as caudas como leques de joias, lembrando a beleza do seu presente.

Você encontrou o paraíso? E então encontra a fonte que alimenta o oásis e bebe longos goles frios, deleitando-se com sua natureza, a beleza de sua forma nua e se sente alinhado com a Criança Divina, que nasceu da Stella Maris, a Grande Mãe do Mar. A paz o invade e você percebe que está trabalhando além de si mesmo com este presente, e também com outros presentes que agora sabe que recebeu, para tornar as coisas curadas e perfeitas no mundo além do oásis.

JORNADA DA LUA

Visualize-se dormindo profundamente na areia fofa ao lado de uma piscina de água azul profunda que ondula em ondas suaves perto do seu corpo. Um meio-dia cheio entra e sai das nuvens, brilhando intermitentemente sua luz sobre o seu eu adormecido. Ao assistir a essa cena, você se sente puxado para dentro do seu corpo e se torna aquele que dorme. Ouvindo a chuva antes de senti-la em sua pele, sente um leve toque no chão ao seu redor. Então seu ritmo se intensifica; o que parece o toque frio das pontas dos dedos correndo para cima e para baixo em seu corpo o traz à consciência. Ainda em um estado de sonho, você se senta, levanta o rosto para o céu e respira o cheiro da terra recém-lavada.

Agora tem uma profunda impressão de que está acordando e de ter tocado em algo do eterno na parte mais profunda de seu sono. Você se pergunta se está dentro de um sonho, mas seus braços e pernas parecem reais e substanciais. Você está convencido, porém, de que esta noite tranquila, ao lado desta piscina de safira, é algo que foi criado a partir de seu encontro com as Trevas Divinas.

Virando-se em direção à piscina, lava o rosto, as mãos e os pés. Ao fazer isso, a chuva para e o céu fica claro. A areia, as pedras e as árvores atrás de você brilham com renda branca. Você está em paz e não tem pressa de ir embora, mesmo que saiba para onde ir, então fica sentado observando a água refletir a face da lua e depois a quebra em suas ondas suaves.

A lua na água muda diante de seus olhos, diminuindo para uma meia-lua. Um grande peixe se levanta, com escamas tão brilhantes que devem ter captado toda a luz expelida conforme a lua ficava menor. O peixe se equilibra na água com sua nadadeira posterior e então se transforma em um ser alado, com asas escamosas em vez de penas brilhando com incandescência: "Você deve sair daqui agora", diz o peixe alado em uma voz feita mais para a água do que para o ar. "Aqui, o útero envolve você. Dê luz a si mesmo e siga o caminho que existências criaram para encontrar a verdade de sua existência." "Onde está o caminho?", você pergunta. Mas as asas se tornam barbatanas mais uma vez enquanto o avatar deste lago se mistura novamente com a água ondulante.

Há um farfalhar atrás de você. Quando se vira para olhar, um cão pastor está em um caminho que começa exatamente onde você está ajoelhado. Você ri, pois sempre esteve no caminho, e chama o cachorro, sabendo instintivamente que ele veio para guiar e proteger. No entanto, em vez de dar ouvidos, o cachorro solta um latido e desaparece em uma colina. Você pega uma pedrinha da beira da piscina para lembrar desse lugar, coloca no bolso e segue.

O caminho serpenteia por uma grama alta e, embora sua mente diga que a chuva parou há muito, muito tempo, julgando que a lua já minguou da metade para um quarto, a grama ainda está molhada e o cheiro de chuva persiste.

Você caminha até o topo da colina e hectares de campos cuidadosamente cultivados se estendem à sua frente. Mesmo na natureza ordenada desses campos, você sente uma qualidade numinosa neles, como se fossem ao mesmo tempo muito antigos, mas também recém-criados.

O cão pastor leva você por campos de papoula e hibiscos, ambos com flores mágicas à noite. Vocês seguem por fileiras de trigo e cevada e vinhedos com uvas roliças nas vinhas, tão prontas para a colheita que você fica ligeiramente embriagado com seu buquê.

Vagueando por esses campos, segue seu guia até sentir que outra quantidade significativa de tempo se passou. Já se passaram dias, semanas ou anos? Você não sabe, então para e olha para o céu mais uma vez.

A Lua agora mudou para crescente e as sombras que ficavam fora do caminho ficaram mais escuras. Quando decide tirar os olhos do céu, descobre que não está sozinho. Uma jovem com um vestido feito de penas pretas está na sua frente. Ela lhe entrega um Cálice cheio de vinho e um pedaço de pão. A voz dela é gentil, mas você ouve sua autoridade ao mesmo tempo: "Beba e coma isso para a próxima parte de sua jornada. Eu sou a Mãe Divina, a Rainha do Céu, que une o Céu e a Terra, o Pai e o Filho pelo meu Amor. Eu sou a mãe da divindade que vive dentro de você. Beba isso porque o caminho ficará mais escuro a partir deste ponto. Deixe este vinho acender a sua luz interior. Coma o pão para que seja sustentado pelo próprio corpo de meu Filho, sabendo que Sua Divindade reside em você".

Você a agradece por seus presentes. Ao saborear e comer, sente o pão e o vinho se tornarem um só com o seu corpo e o seu sangue, uma nova vida entrando e o renovando. O mesmo mistério que trouxe ao dormir à beira da piscina, mas não pôde trazer à consciência, agora transforma a consciência de suas células. Você está se tornando uma nova criação, mesmo em uma estrada solitária no meio de uma noite escura, a consciência divina está iluminando o caminho interior.

Ao devolver o Cálice ela o coloca ao lado do coração e depois se levanta da terra, metamorfoseando-se em um cisne negro, cujo corpo se funde com o espaço e as estrelas acima.

O cão pastor ainda está lá, sua pelagem branca mais brilhante do que a lua. Você segue esta luz através de duas torres cinzentas de onde ouve vozes de homens e mulheres: alguns discutindo, alguns chorando, alguns rezando para serem libertados de sua prisão de pedra. Você sente que já morou em uma dessas torres, que sua voz saiu dela com descontentamento antes de ser acordado pela chuva na piscina.

Enquanto fica parado olhando para o que está além, o cão pastor finalmente vem se sentar a seus pés. A Lua desapareceu totalmente e não se vê mais o caminho a seguir. O céu, porém, não é mais preto, mas carmesim, e o cheiro de rosas o envolve. O desconhecido oferece este aroma como conforto, uma coisa familiar, como o fiel cão pastor, antes de você entrar no que ainda não se manifestou.

O cachorro coloca uma pata em seu bolso para lembrá-lo da pedra que trouxe do lago. Em suas mãos, a pedra é agora uma pérola translúcida que brilha com a mesma luz do guia amoroso que espera pacientemente a seus pés. Você segura a pérola à sua frente e dá o primeiro passo além das torres, para o infinito, sabendo que o amor está aí e nunca irá embora.

JORNADA DO SOL

Em uma noite amena sob a luz prateada da Lua cheia você está em um jardim murado segurando um Cálice dourado nas mãos. Tudo é tão tranquilo que dá para ouvir seu coração batendo, acompanhando o ritmo da noite de verão. Seu corpo é uma parte da grama alta em que seus pés afundam, o loureiro que cresce perto da parede cinza, até mesmo a argila com a qual os tijolos foram feitos. Banhando-se de luar você sente intensamente seus poderes intuitivos.

Levantando o Cálice em sua mão, você diz esta oração: "Querida Mãe Eterna, conduza-me no percurso para o caminho do Sol. Deixe sua grande compreensão me guiar para a sabedoria e minha libertação. Deixe a criança em mim renascer.

Você levanta o Cálice para o céu e o luar líquido flui para ele. Uma cruz de tons de arco-íris surge dessa mistura e paira sobre o jardim, brilhando luz espectral sobre seu corpo, que sente uma leve mudança interior e, em seguida, leva este elixir aos lábios.

Enquanto prova suas últimas gotas doces, a Lua se transforma e o sol explode com força, como se quebrasse uma concha de porcelana. O jardim ganha vida com a luz, o canto dos pássaros e o zumbido dos insetos sob o céu azul recém-pintado acima. Os pavões agora vagam por perto, exibindo sua plumagem completa.

No fundo do Cálice, as sementes de girassol, o resíduo do elixir que acabou de consumir. Derramando todos, menos um, em sua mão, você espalha as sementes ao longo da parte inferior da parede. Em instantes, girassóis disparam para o céu, cada um como um pequeno sol.

Ao longe, talvez até ao deserto fora do jardim, um leão ruge. Algo na ressonância profunda faz com que você deseje encontrar essa criatura. A ideia de ficar cara a cara com o leão o agarra com alegria, não com medo, e você sabe que essa será sua busca.

Girando na grama, passa a celebrar a explosão milagrosa de vida que nasceu ao seu redor e a possibilidade de um encontro com esta besta misteriosa. Essa luz do sol tornou-se parte de você, regenerando o âmago do seu ser, dando-lhe força para o destino que escolheu.

O cheiro pungente de fermento de louro desce. Colocando uma folha no Cálice, decide explorar este reino mágico, seu jardim especial. Então encontra uma trilha tênue através da grama alta e verde e desce uma colina, adicionando partes das flores e plantas ao Cálice, vai juntando outras ervas que encontrar.

Uma flor vermelho-sangue interessa especialmente a você, que se abaixa para estudá-la. As pétalas ficam quentes quando tocadas. Cuidadosamente, joga alguns em seu Cálice com o resto de sua coleção. A adição dessas flores faz o conteúdo arder e você coloca o Cálice no chão.

A mistura explode em chamas, assim como a lua fez quando o sol apareceu. No meio do fogo, nasce um dragão bebê que estende suas asas e chora baixinho. Em seguida, ele cambaleia até você que, cuidadosamente, pega a pequena criatura e olha em seus olhos âmbar.

O dragão bate uma ou duas vezes nas palmas das mãos estendidas e, em seguida, levanta asas peroladas para o céu, circulando em torno de sua cabeça, voando em seguida em direção ao Sul. O leão ruge novamente naquela direção. Você segue em transe com este reino mágico e o guia que criou.

Deixe o dragão levar você mais fundo no jardim em direção a um bosque que deve ter mil árvores antigas. Ao entrar, sua intuição lhe diz que está em um espaço sagrado. Embora tenha experimentado alegria com o nascer do sol, percebe que isso foi apenas um reflexo da exultação que o espera. E então percorre um longo caminho pelo corredor de árvores até ver o dragão voar para um templo dourado brilhando tanto, que é preciso proteger os olhos. O dragão desaparece na luz e, então, no topo da escada, o leão aparece sentado majestosamente em uma grande pedra. A luz permeia todo o templo, irradiando dele e da rocha sagrada que gera o pulso elétrico com o qual todo o jardim foi sintonizado.

O leão se transforma em homem e o perfume das rosas permeia o ar. Percebendo quem na verdade está encontrando, você cai de joelhos. Antes, pensava que o mundo e sua própria essência haviam renascido e, embora realmente tenha passado por uma transformação, agora compreende que foi apenas em preparação para este encontro.

Um Homem Divino, feito o próprio espírito do Amor abrindo seu coração ao mundo, veio ao seu encontro neste lindo jardim. Ouça suas palavras: "Eu sou o Renascimento, o Corpo Eterno de Luz, o Logos feito o Mundo. Eu sou a Palavra, a Luz e a Vida dentro de você, a divindade que mora em seu ser".

Nesta hora o mundo se abre como uma rosa desabrochando, pétala após pétala, uma parte do eterno devir do Universo. Neste momento, não há passado ou futuro. Há apenas e sempre, somente a Fonte: um lugar de compreensão e sabedoria, compaixão e amor, onde todas as coisas são criadas.

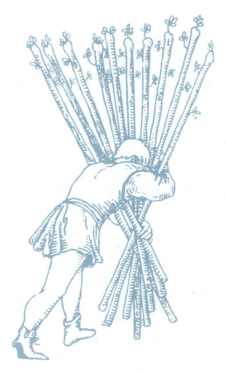

JORNADA DO JULGAMENTO

Imagine uma centelha de luz acima de sua cabeça assumindo a forma de chamas. Uma chama viva e brilhante que entra no topo de sua cabeça e desce como um fluxo de fogo escarlate enchendo-o de Luz Divina. Seu eu interior se expande e você sente sua consciência se estender além do seu corpo físico, ramificando-se através do tempo e do espaço, até parecer que todo o Universo está contido dentro do seu ser.

Leva algum tempo para se aquecer na maravilha dessa experiência, sabendo que dentro de seu pequeno Eu está a vastidão do divino, que não pode haver separação. Com essa constatação, sente-se contraído e descobre que está em uma sala de banquetes, aquecida por uma enorme lareira que brilha, construída com um círculo de pedras no meio da sala.

Ao longo das paredes, tochas queimam com a mesma luz escarlate que entrou em seu corpo. O crepitar de suas velas em chamas e o da madeira queimando na lareira são os únicos sons que pode ouvir. A temperatura da sala é bastante quente e você se sente febril, como se seu corpo estivesse se purificando.

De um lado da lareira, uma estátua de um leão está de frente para você e seus olhos brilham com a luminosidade de opalas de fogo. Você se pergunta como essas luzes foram acesas e sente que este animal está vivo e poderia sair facilmente de seu poleiro se assim o desejasse. Você não sente medo, no entanto, uma mesa se materializa, cheia de todas as suas comidas favoritas. Lâmpadas piscam a cada poucos metros, iluminando a generosidade. O banquete se expande com a sala, tanto quanto se pode ver em ambas as direções. Sabe que esta sala representa a sua parte, que é eterna, e que esta festa foi preparada apenas para você.

Sente, também, como se tivesse viajado muito e ficado com uma fome voraz, então começa a provar as ofertas. Ao se sentir digerindo esta cozinha milagrosa, percebe como ela é nutritiva e seu corpo responde com uma força recém-descoberta. Você se pergunta como sobreviveu no passado sem o tipo de subsistência que está recebendo neste momento. O que é ainda mais maravilhoso, sabe que esse alimento o sustentará para sempre e regenerará seu corpo, não importa o quão pouco ou quanto coma dele.

O leão se transforma em um animal real com cabelo e carne, espreguiçando-se e bocejando. Ele o olha para com tanta sinceridade que você se descobre ajoelhado em sua presença. "Siga-me", ele diz em uma voz gentil, e então desaparece nas chamas. Aquecido por dentro e por fora por esta sala, e com coragem pela comida que comeu, você confia no leão e pisa nas chamas. O cheiro de copal queimado o envolve e você sente as impurezas do seu falso Eu se dissolvendo. Você se sente desconfortável por um tempo. O fogo queima, mas com o tempo essa sensação passa e você se sente renovado.

Saindo das chamas, descobre que está em um campo de papoulas vermelhas. Seu corpo parece mais leve do que nunca, quase como se pudesse levantar voo e voar para longe. O céu é escarlate, combinando com a cor das flores que o cercam. Você percebe que é de madrugada. Nesta esfera de existência, o dia está sempre começando. Os raios do sol sempre brilham no horizonte oriental e estão sempre presentes para dar força para a renovação espiritual.

Conforme os estuda, os raios têm a forma de uma serpente. A cobra sobe acima de sua cabeça e abre a boca. Como acontece com o leão, você sente admiração, mas não tem medo. Uma presa pende de sua boca e você sente a potência da picada da serpente e sabe como será. Devido a essa sensação de liberação que já experimentou, você se prepara, sabendo que depois que a serpente fizer o que quer, a transformação que vai experimentar será ainda mais gloriosa do que a anterior.

A serpente se inclina para mais perto. Sua respiração é aguda, mas em vez de mordê-lo ela sussurra uma palavra de poder. Um grande vento sai de sua boca. Você sente o fogo da paixão transformadora, o poder mantido pela sala de banquete, a força no espírito e no corpo do leão, o vigor no fogo que não o matou. A paixão passou por eras e agora se estende a você, tornando-o parte de sua manifestação. Contemple por alguns instantes o significado da palavra que ela lhe disse e tente compreender o que isso significa para você.

Neste momento a serpente desaparece, deixando apenas sua presa pairando acima de você no ar. O dente se torna uma trombeta. O ser alado do arcano do Julgamento aparece. Com asas flamejantes e vestindo uma túnica azul escura, ele traz a trombeta aos lábios. A música que ele toca soa como uma melodia feita de faíscas e chamas e todo o mundo ao seu redor brilha com uma luz intensificada.

Os raios do sol descem como labaredas de fogo e, em seu ouvido interno, ouve a anunciação: "Você se tornou um novo receptáculo, revelando-se com uma nova vida. A Consciência desperta do iniciado, o fruto do Fogo Sagrado, está dentro de você. Ouça com seu ouvido interno e converse com o Deus que vive dentro de você. Ele pode guiá-lo e protegê-lo.

Flocos de lavanda sobem do solo e você vê brotos dessa planta crescendo e se misturando às papoulas. A figura do ser alado da carta desaparece nas nuvens que se formaram para refrescar a terra de toda essa intensidade, mas você sente uma nova presença descer. A música que ele tocou preparou o caminho para o divino tocar sua energia mais elevada, que veio para ser cocriador com você.

JORNADA DO MUNDO

Numa noite de verão, você desce por um caminho inclinado em um desfiladeiro estreito, estriado com dobras de rochas antigas. As paredes do cânion são nuas, exceto por suas camadas de cor. Quando você chega ao fundo, o sol se põe. Você caminha no crepúsculo até um pequeno templo feito exclusivamente de ônix, que fica no meio de um bosque de ciprestes. Há uma nascente à esquerda do templo, que permite o crescimento das árvores, assim como a erva-moura que permeia o perímetro do templo. À medida que a noite escurece, as flores brancas caneladas dessas plantas estão apenas começando a se abrir. Em comparação com a aridez das paredes do cânion, você encontrou um oásis florescente.

Em cada lado do vestíbulo do templo estão estátuas de Deméter segurando uma haste de trigo, e sua filha, Perséfone, com uma romã. Você caminha entre elas e chega a uma plataforma, também feita de ônix. O céu está escuro agora, sem estrelas, mas há uma Lua cheia brilhante, cuja luz se reflete na superfície escura e lisa da plataforma e pilares que o cercam.

Deitando-se, deixa a noite quente o abraçar e ouve a primavera borbulhar no chão. Este som suave o relaxa, então, quando a plataforma abaixa na terra, você vai de boa vontade com ela, afinal, veio a este templo para receber revelação e está pronto para fazer a jornada que for necessária.

Fechando os olhos, sente-se afundando na escuridão do seu corpo, onde começa a ver os átomos girando, cada um deles um pequeno mundo na vastidão do espaço. Quando abre os olhos por apenas um momento, o luar se foi. A única fonte de luz agora vem de duas hastes em espiral suportando a plataforma, criando um pulso eletromagnético, uma haste puxando a forma de energia nas profundezas da caverna e outra enviando-a de volta à sua fonte. Você fecha os olhos mais uma vez enquanto continua a descida, mas abre o espírito para permitir que essa energia flua sem resistência.

Finalmente, a plataforma para e você sente como se tivesse tirado uma soneca longa e repousante. Despertando imerso em completa escuridão, o respingo suave das ondas e o movimento suave da plataforma dão a sensação de que você está flutuando. A plataforma, de fato, transformou-se em uma pequena barcaça que o leva por um mar escuro.

Você flutua por um longo tempo, quando seus olhos se adaptam à falta de luz, aparecem emanações. Uma legião de crocodilos o cerca, a água está cheia deles, com suas cabeças castanhas ásperas, dentes e olhos afiados. Reconheça-os pelo que realmente são, pura ilusão, e assim sua barcaça navega entre seus corpos com facilidade.

Para sua surpresa, porém, um peixe com cabeça de cabra salta sobre o barco, o corpo iluminado por uma luminescência violeta. Em sua boca está uma chave. Você pega a chave e o peixe escorrega de suas mãos e pula de volta na água.

Na frente de sua barcaça, o rosto de um jovem alado aparece. Você olha para à sua esquerda e vê um touro, atrás de você há um leão, à sua direita, uma águia com suas asas abertas. Sua barcaça para de forma que, se as linhas fossem traçadas a partir dessas imagens, elas se cruzariam onde você está sentado.

Acima deste cruzamento invisível de energia, tem-se uma visão sobre o seu caminho. Quando isso acontecer vai sentir como se uma porta se abrisse. Surge uma rajada de vento repentina e você respira profundamente o ar fresco.

Esta visão o assombra e, à medida que ela se dissolve lentamente, uma tocha acesa aparece na frente da barcaça. Você deve alcançá-la. Pensando que você é divino e por isso todas as coisas são possíveis, pega a tocha e serpenteia por passagens estreitas até entrar em uma espaçosa câmara cristalina, onde a luz da tocha é refletida e ampliada. Tocando uma das paredes, uma substância branca sai de seus dedos. Lambendo-os, você descobre que a câmara é feita de sal. Existem três estátuas de elementais, também feitas de sal, guardando portas esculpidas na parede do outro lado da câmara de onde você está. Você se aproxima e, após um momento de hesitação, escolhe uma das portas e coloca a chave que o peixe lhe deu na fechadura.

A porta se abre facilmente, dando para um jardim repleto de fragrâncias de jasmim. Pegando a chave, você explora este jardim até encontrar uma caixa de chumbo lisa no meio dos arbustos, com uma cruz profundamente gravada na tampa. Você descobre que sua chave destranca isso como fez com a porta. Quando você levanta a tampa, há alguns pergaminhos caídos no fundo, marrons com o tempo.

Pegando o de cima com cuidado para não rasgar o papel, ao abri-lo, encontra seu nome escrito nele. Os papéis restantes detalham o plano de sua vida. Ao ler, vai ver que o que aconteceu e o que vai acontecer está impregnado de propósito e significado. A alegria o preenche e o caminho da sua vida que os papéis esclarecem se ilumina dentro do seu coração, um presente encarnado que sempre estará lá para guiá-lo.

Você sente um toque suave em seu ombro. Quando é a vez de Perséfone, a guardiã do templo ganha vida. Ela segura sua mão e vocês dois dançam enquanto ambos emergem do Submundo. Enquanto gira com você, ela se transforma em sua mãe, Deméter, agora grávida de seu filho. E então se torna uma velha com olhos que entendem tudo sobre sua história pessoal.

A velha lhe beija e, mais uma vez, você está em frente ao templo, no meio do bosque de ciprestes. A lua brilha em todo o cânion e o caminho até o topo parece uma fita de renda branca. Antes de fazer sua subida, você se vira para o templo e se curva, agradecendo por estar preparado a percorrer os outros caminhos que estão à sua frente.

ROTEIRO BÁSICO DE JORNADAS INTERIORES PARA OS ARCANOS MENORES

Na presente obra fornecemos uma diferente Jornada Interior para cada Arcano Maior apenas. Porém, é possível seguir um roteiro básico para trabalhar desta forma com qualquer carta, o que se torna uma boa alternativa para trabalhar também com os Arcanos Menores.

Para começar sua jornada, sente-se ou deite-se confortavelmente. Se você tem tendência a adormecer facilmente, é melhor sentar-se. É preferível fazer a jornada com as cartas pelo menos uma hora após as refeições para evitar cair no sono durante o processo. Sentir-se muito pesado por algo que tenha comido, pode prejudicar sua visão astral. Ao mesmo tempo, estar com fome pode ser uma distração. Portanto, evite trabalhar com o estômago muito cheio ou totalmente vazio. Fazer um lanche após o processo de jornada vai ajudar você a se estabilizar.

Use roupas confortáveis e largas. Tire seus sapatos. Mas o mais importante: deixe de lado todas as preocupações e distrações mentais. Tenha em mãos a carta com a qual vai meditar e separe papel e caneta para anotar suas experiências e mensagens, se você receber alguma.

Coloque a carta escolhida à sua frente. Acenda uma vela e um incenso associados com ela. Feche os olhos, projete-se no cenário da carta e absorva tudo o que ele tem a oferecer. Por exemplo, você pode usar a carta do Seis de Espadas para liberar a dor e a culpa do passado. Visualize-se subindo no barco e sinta o tremor ao dar esse passo. Busque o equilíbrio interior e ouça a água batendo no casco do barco. Imagine-se cobrindo-se com um xale quente. Seus entes queridos estão com você, como sempre estiveram, independentemente se os tempos foram bons ou ruins. Sinta a emoção da gratidão e a força que isso lhe dá para remar o barco ao se afastar da costa. Imagine que há dois pacotes no fundo da embarcação; um contém seus arrependimentos, dor e culpa pelas experiências pelas quais acabou de passar – jogue esse pacote na água e observe-o afundar nas profundezas. Continue sua jornada com o outro pacote que contém todo o aprendizado positivo que essas experiências trouxeram. Sinta o barco chegar a uma costa distante que traz a promessa de uma nova vida. Dessa forma, internalize o processo para realmente começar a liberar todos os aspectos prejudiciais das experiências passadas e seguir em frente, mesmo que esse período de transição se torne um desafio ou se surgirem obstáculos.

Relaxe e deixe sua respiração voltar ao normal, absorvendo a energia da carta ao fazer isso. Anote suas experiências e percepções para referência futura.

Você pode fazer o mesmo exercício com as outras cartas, incluindo os Arcanos Maiores, usando paisagens, personagens e cenários de cada arcano como inspiração para as suas contemplações. Abra-se para o inesperado e seja transformado em cada jornada!

CAPÍTULO 12

RITUAIS DE ASSUMIÇÃO DE FORMAS DIVINAS COM O TARÔ

O USO DAS FORMAS DIVINAS ou, para dizer em termos mais modernos e científicos, a assumição de um arquétipo, tem origem no Antigo Egito, onde parece ter desempenhado um importante papel na vida mágica dos aspirantes a sacerdotes. Por exemplo, entre as numerosas referências do *Livro Egípcio dos Mortos* figura o seguinte:

> Converti-me por sua vez em Ísis, e seu espírito me tem feito forte.

Na Tradição Ocidental de Mistérios, a assumição de uma forma divina equivale a um poderoso método de invocação, no qual se pede que a divindade se manifeste interiormente, sendo, portanto, ao contrário da evocação, que consiste em pedir que a divindade se manifeste exteriormente.

As técnicas de assumição de formas divinas estão dentre as mais impressionantes e desafiadora utilizadas nas Tradições de Mistérios, na qual um cuidadoso estudo da natureza da divindade é requerido, além do grande tempo em conexão e devoção com a Divindade escolhida. Ainda que isso seja feito de maneira progressiva e gradual, a assumição de formas divinas pode oferecer ao Bruxo grandes insights ao profundo e antigo mistério da Divindade, que simples leituras sobre ela não podem prover.

A ideia fundamental que reside nas práticas de assumição de formas divinas é que dentro de cada um de nós existe um poder divino adormecido, pronto para ser despertado, e que identificando a nós mesmos com a expressão idealizada destes poderes, na forma de antigos Deuses, podemos despertar, através da ressonância, poderes e sabedoria similares dentro da nossa psique.

Há uma grande variedade de Deuses, Deidades e heróis míticos das antigas mitologias que representa os vários meios de expressar os altos ideais humanos encontrados naquela época. Surpreendentemente, estes poderes ainda parecem ter a mesma função para o homem moderno, pois respondem às muitas questões da vida da mesma maneira que faziam entre gregos e egípcios. Esse tipo de técnica pode ser também utilizado na Magia do Tarô, onde um indivíduo devidamente preparado pode personificar um arcano durante um processo ritual.

Quando invocamos um arquétipo sobre nós entramos em um estado profundo de consciência e fundimos a nossa própria imagem com a imagem arquetípica que estamos invocando. Por alguns momentos somos aquele arquétipo em questão. Tornamo-nos Mago, Imperador, Temperança e podemos olhar através dos seus olhos, pensar com sua mente e sentir por intermédio do seu coração.

Assim, a assunção de formas divinas como uma técnica prática seja para invocar um Deusa, seja para invocar um dos arquétipos presentes nas lâminas do Tarô, existe ao menos em três diferentes níveis.

O primeiro nível de prática é o mais simples e elementar e consiste em pouco mais do que sentar numa cadeira e imaginar que é o arcano que escolheu representar. Você deve se sentir como ele, pensar como ele, ver como ele é e imaginar o que ele imaginaria se você fosse ele. Isto é fundamental para os níveis mais avançados deste trabalho mágico e deve ser feito repetidamente, até que se chegue a um estado de familiaridade com o sistema. Você pode começar experimentando técnicas simples de assunção, indo de mineral para plantas, para animais, para humanos e, finalmente, chegar na forma de um dos personagens do Tarô ou até mesmo de uma Divindade que se harmonize com a esfera daquele arcano e que se aproxima de você para transmitir um ensinamento importante ou valioso para esse momento de sua vida ou da vida das pessoas que testemunham o fenômeno enquanto tomam parte do ritual

No segundo nível, é importante estudar o arcano que escolheu. De fato, você deve estudar o simbolismo do Tarô inteiro para ser bem-sucedido. Como cada carta do Tarô está relacionada com um planeta, isso vai ajudar você a estabelecer as correspondências relacionadas com aquele arcano de forma que saiba quais utensílios utilizar para que sua técnica seja melhor desenvolvida, podendo escolher o arcano que mais lhe agradar. É claro que, quanto mais este arcano for compreendido por você, mais relação com ele terá e mais fácil será ser bem-sucedido na técnica. A princípio, concentre-se apenas em estabelecer conexão com os arquétipos genéricos presentes em cada arcano como o Guerreiro, o Sábio, a Mãe nutridora. Esses arquétipos estão presentes em cartas como o Carro, o Eremita e a Imperatriz, por exemplo. Somente quando tiver adquirido prática e intimidade para assumir um arquétipo genérico, as inteligências específicas e individuais de cada arcano poderão ser assumidas por você.

É necessário estudar aparência, gestos, maneirismos e símbolos, do arcano que deseja personificar. Quando isso tiver acontecido, terá desenvolvido uma relação ao menos mental e intelectual com o arcano. Quando estiver confortável com a imagem que construiu, poderá fazer com que esta imagem cresça internamente em você, até que tome todo o seu ser. Neste estágio, permaneça por alguns momentos imerso na consciência do arcano.

O trabalho de assumição de formas divinas, apesar de estimular os seus centros psíquicos, deve ser realizado com cautela e sem querer apressar o seu próprio ritmo, pois pode criar desequilíbrios físicos e psíquicos.

No terceiro nível, você permite que a inteligência por trás do arcano cresça em você e que ela se expanda além do seu corpo. Neste estágio, imagine que ela adquire grande estatura. Você pode, por exemplo, senti-la emergindo interiormente ou visualizar a imagem dela sendo direcionada a você através do cosmos. É assim que o arcano vai crescer interiormente e se fortalecer para se tornar um com você.

Para que a técnica seja intensificada ainda mais, você pode recorrer a rituais de invocação a um Deus em questão associado com a carta, vibrar ou vocalizar o nome da Divindade, ou encontrar, através da meditação profunda, aspectos emocionais e psicológicos em você que o identifique com a Deidade em questão ou com o próprio arcano em si.

Na realidade, a junção de todos os itens mencionados acima o leva ao total domínio do sistema de assumição de formas divinas. Você deve levar em consideração que é necessário se preparar emocionalmente e psicologicamente para que haja uma conexão total com tais arquétipos. Procure escrever ou idealizar com antecedência, quais palavras vai proferir quando estiver irradiado pela energia da carta Sacerdotisa, por exemplo.

Assim, a assumição da forma do arcano se torna uma técnica mágica muito importante, que tem como propósito que você ou todos os que testemunham o ritual experimentem a fusão com o arcano, o qual lhe permite, por um instante, unir-se a essência da inteligência que existe por trás da carta. A assumição de formas divinas se aplica para transformar uma cerimônia em um drama ritual, quer dizer, passar de uma representação simbólica de forças cósmicas a uma expressão real de forças ou a um padrão energético definido e com um propósito específico.

Os passos mais simples para assumir uma forma divina e que você pode utilizar se quiser experimentar estes processos são os seguintes:

1. Uma pessoa designada para ser o invocador faz a invocação da energia do arcano sobre o corpo da pessoa que assumirá a forma divina.
2. O invocado visualiza a abertura de seus chacras para a energia entrar.
3. Invocador e invocado visualizam a forma divina em questão.
4. A fusão entre o invocado e a inteligência do arcano acontece.
5. Começa a assumição da forma divina e o invocado se expressa como se fosse o arcano, falando em primeira pessoa.
6. Invocador agradece/despede do arquétipo e o invocado deixa a energia fluir para voltar à sua consciência mundana normal.

A assumição de uma forma divina é, em certo sentido, uma das operações mais espetaculares da magia. Quando se obtém a capacidade de visualizar com clareza, a técnica não exigirá qualquer outra habilidade além dessa para o trabalho acontecer.

Existem diversas razões às quais pode ser interessante empreender a operação de assumição de uma forma divina.

Você pode desejar equilibrar algum aspecto de sua personalidade que estão sob o domínio de um arcano. Ou também pode lhe interessar investigar mais profundamente as características e simbolismo de um arcano em questão, ou querer uma mediação de energia para algum fim concreto. Sejam quais forem os motivos, o mecanismo seguirá sendo o mesmo.

CARGAS DO TARÔ

A Carga da Deusa é conhecido por ser um dos textos mais belos e sagrados da Wicca. Este texto é recitado durante a maioria dos rituais nos quais a Sacerdotisa personifica a Deusa e é visto como uma promessa da Deusa em guiar todos os seus filhos na Arte da Bruxaria.

Atualmente existem várias versões da Carga da Deusa e todas elas têm a mesma premissa: ser um conjunto de instruções acerca das práticas, valores e atitudes que os praticantes da Bruxaria devem valorizar para guiar suas vidas. A Sacerdotisa fala como se fosse a própria Deusa enquanto dirige estas palavras aos seus filhos.

O efeito da Carga sobre os indivíduos dentro de um Círculo depende em parte da habilidade dos Sacerdotes que puxaram a força divina de dentro ou fora de si, mas também do nível de desenvolvimento de cada pessoa que testemunha o ritual. Essa experiência será diferente para cada pessoa dentro do Círculo.

Nos rituais de Magia com o Tarô, um conceito semelhante ao da Carga da Deusa pode ser usado enquanto as pessoas personificam os arcanos em rituais de assumição de formas divinas.

A seguir será fornecido um texto diferente para cada arcano que poderá ser usado por você em seus trabalhos de assumição de formas divinas com o Tarô. Para que a prática seja bem-sucedida, é importante que a Carga utilizada por você seja decorada. Isto é necessário, porque, quando estamos em estado alterado de consciência temos dificuldade em usar a parte esquerda do nosso cérebro que é a responsável pelas atividades como a leitura, por exemplo. Assim sendo, para usar as cargas efetivamente, devemos conhecê-las, pois é importante que não usemos nenhuma parte de nossa mente consciente para acessar os arquétipos que vivem em cada um de nós.

Então, decorar algumas Cargas para serem utilizadas enquanto estiver em estado alterado de consciência é o primeiro passo para uma prática de assumição de forma divina bem-sucedida.

O segundo estágio deste trabalho consiste em criar suas próprias Cargas. As melhores surgem naturalmente do inconsciente, como entidades completas sem nenhuma intervenção de nossa mente consciente. Esteja aberto para esta experiência e programe-se durante um certo período de tempo para criar seus próprios textos.

A parte final do processo é simplesmente entrar no Estado Unitivo de Consciência e se abrir para que a inteligência do arcano fale através de você sem que nenhum material tenha sido preparado com antecedência. Este é o estágio mais avançado do processo e você só deve realizá-lo quando estiver experiente nas outras duas modalidades mencionadas. As Cargas de cada arcano a seguir podem ser usadas para inspirar você nesta tarefa ou para serem empregadas durante seus rituais.

AS CARGAS DE CADA ARCANO

LOUCO

Eu sou o Louco, dizem alguns! Mas olhe quem me critica! Preso em suas vidas de tédio e de monotonia, nunca ousando entrar em contato com o que represento! Tudo o que estou fazendo é, na verdade, recusar-me a seguir outras pessoas; por que deveríamos cumprir cegamente as ordens dos outros e suas convenções? A vida pode ser muito mais emocionante e interessante quando você me deixa solto em sua vida e começa a derrubar suas próprias barreiras. Sou tudo o que é original, inventivo e diferente. A excentricidade é algo a ser elogiado. Os ciganos me conheciam, viajando pelo mundo todo, levando todos os seus pertences aonde quer que fossem. Eles nunca se preocuparam onde ou como iriam ganhar dinheiro. Confiaram na vida para trazer a eles tudo o que precisavam. Os hippies e os viajantes dos anos mais recentes também tinham algo de mim.

Seja jovem, seja aventureiro! Se você permanecer na sua verdade, permanecerá na sua juventude! Por que envelhecer e morrer?

MAGO

Vá por aqui, rápido, rápido, rápido! Venha e veja o que tenho para lhe oferecer hoje! Eu sou o Mago, sou o epítome de todos os vendedores e publicitários. Ok, então ontem não foi tão brilhante e hoje nem mesmo especial, mas amanhã vai ser de ouro! Represento o sonho do anunciante, que o futuro sempre será melhor que o passado. Eu sou o símbolo da comunicação e sem mim você não pode vender o que fez, não pode sequer se comunicar com outros sobre seus sentimentos! Os antigos romanos me adoravam na forma de Mercúrio e me invocavam sempre que queriam melhorar seu comércio – ou apenas enviar uma mensagem de uma parte do Império para outra. Eu também comando viagens e governo sobre todas as formas de transporte, especialmente por via aérea. Tome cuidado, nem tudo que eu sugiro você deve levar como uma lei. No meu aspecto negativo, posso falar docemente para tirar vantagens e depois simplesmente desaparecer! Algumas vezes você me vê, outras não! Bem, pelo menos vou tomar a iniciativa e arriscar meu braço! Por que você não? Você pode ter sorte!

SACERDOTISA

Eu sou a força da mulher, sem mim suas vidas estarão secas como o deserto. Sua razão e lógica são qualidades de sua mente desenvolvidas apenas muito recentemente. Elas surgiram quando você começou a trabalhar com o Mago e, em sua esperteza, ele lhe mostrou como escrever, fazer ferramentas, armas, armadilhas para animais, arados e navios.

Mas antes de ele aparecer, estive com você durante aqueles muitos milhões de anos. Foi minha intuição dentro de você que lhe deu o conhecimento de quando algo estava seguro e quando não estava, de quando uma fera estava para virar a esquina, mesmo que com seus sentidos físicos você não pudesse perceber isso.

Mesmo agora, sem mim você não poderia sobreviver por muito tempo, porque eu lhe digo o que seus outros sentidos não podem captar. Você acha que todos aqueles milionários ganharam dinheiro apenas com a lógica do Mago? Pense novamente, porque sem mim eles nunca teriam intuído quando se conter e quando arriscar. É irônico que aqueles que confiam em mim com mais frequência me deem o mínimo de crédito!

IMPERATRIZ

Eu sou a Imperatriz, corretamente chamada, pois meu poder é o do amor e o amor é tudo. Tão grande é meu poder que homens e mulheres morreram em minha honra. Em vez de fazê-los morrer, prefiro que deixem minha força transformá-los. Eu governo sobre todo o crescimento na natureza e isso inclui o parto. Qual é o poder do homem ao lado do poder da mulher que os dá à luz? Eu sou a mãe de todos, mas nem tudo que dou à luz sobreviverá. Eu sou a Mãe Natureza, criando constantemente novas formas de vida em experimentação. Na selva, nada sobrevive a menos que seja capaz de provar ser digno da vida que eu concedo a ele. Não sou tão gentil quanto posso parecer. A natureza é mais do que um dia de verão no parque. Na minha qualidade de Deusa do Amor, tenho visto crimes terríveis cometidos em meu nome, mas na realidade, aqueles que cometem tais crimes não me conhecem.

IMPERADOR

Eu sou o Imperador e o que eu digo vale. Estou no comando aqui, porque seu nível de desenvolvimento me diz que você não pode ser confiável para ser deixado por conta própria. Sua tendência para o mal ainda é forte e onde quer que consiga se safar, você comete crimes, um contra o outro. É por isso que ainda precisa de leis e da mão firme do castigo paternal quando ultrapassa o limite. Às vezes, tenho sido excessivamente duro, admito. Mas, como você pode ver pelo orbe que seguro em minha mão esquerda, se sentir que o transgressor cometeu um erro genuíno e deseja mudar seus hábitos, então terei misericórdia. Conseguir um equilíbrio entre os dois é difícil, mas é o meu trabalho. Às vezes vou longe demais e permito que alguém que cometeu crimes realmente horríveis volte livremente à sociedade, onde possa continuar suas atividades.

Eu também represento a pessoa que se fez por si mesma. Muitas mulheres agora têm uma essência minha em suas personalidades. Não mais preparados para permitir que seus homens controlem seus destinos, eles estão reivindicando seu próprio poder e alcançando sua própria independência. Embora eu defenda a ordem estabelecida agora, durante a maior parte da minha juventude fui um rebelde contra as injustiças da ordem das coisas de então. Na verdade, este trono no qual você me vê sentado não veio a mim por nenhum título hereditário. Não, eu o peguei, pelo poder de minha própria espada, de um governante corrupto e inútil que se sentou nele antes de mim!

HIEROFANTE

Eu sou o Hierofante e tenho a honra de oficiar sua iniciação. Hoje podemos recebê-lo em nossa ordem e conceder-lhe a bênção que essa associação acarreta. Nunca se esqueça de que o seu compromisso conosco será vinculativo enquanto viver e que estará sujeito às decisões que tomarmos. Agora confiados a você são os sinais, selos e segredos místicos pela qual nos conhecerá. Em particular, as chaves cruzadas que você vê diante de si mesmo. Juntas, elas representam a relação mestre-discípulo; a chave de prata representa seu próprio desejo de conhecimento, a chave de ouro representa aquilo que seu Mestre pode abrir para você. As duas juntas representam o seu desejo de conhecimento e o de seu Mestre se unindo. Recomendo especialmente a você um estudo de nossas tradições antigas, pois nelas você encontrará as respostas para suas perguntas; em particular, como você pode levar uma vida feliz e plena.

ENAMORADOS

Somos os Amantes, unidos pela emoção que sentimos um pelo outro. Unidos significa reunidos como um; não somos mais as duas metades separadas das quais tantos outros casais são compostos. O que encontramos um no outro é a inveja do mundo. É por isso que as pessoas enlouquecem quando duas pessoas se apaixonam, tentando quebrar ou atrapalhar o desenvolvimento de um relacionamento.

Somos como duas metades que encontraram o caminho de volta uma para a outra depois de muitas vidas separadas. Muitos tentam evitar a descoberta de sua própria integridade, lançando-se desesperadamente em um relacionamento com outra pessoa. Daí a palavra "arremessar". Já foi dito frequentemente que você deve amar a si mesmo antes que o outro possa, e há muita verdade nisso. Buscar o amor de outra pessoa antes de conhecer, compreender, aceitar e amar a si mesmo é como correr sem primeiro amarrar os cadarços. Não é impossível, mas é possível que você tropece.

Todo amor verdadeiro deve passar por um período de teste; quando a confiança, a fé e a crença um no outro serão colocadas na bigorna, e seu verdadeiro valor visto pelo que é.

CARRO

Eu sou a Carruagem e, como você pode ver, estou passando correndo por você no meu caminho para uma vitória ainda maior! Já alcancei uma das maiores vitórias, na medida em que aprendi a equilibrar meu masculino e feminino. Muitos entenderam mal este conceito e confundiram o ensino esotérico com suas próprias contradições não resolvidas. Na verdade, o ensino é como alcançamos a capacitação sendo alternadamente ativos e passivos, da mesma forma que a maré às vezes está entrando e depois saindo. Na verdade, se você olhar bem de perto para o meu cinto, poderá ver o símbolo astrológico de Câncer, que é uma referência ao princípio das marés e das correntes que acabo de revelar a você.

Comigo, você tem a capacidade de avançar quando tiver as condições oportunas e saber quando se conter até que a situação mude novamente a seu favor. Por meu forte domínio sobre os cavalos que conduzo – em outras palavras, minha própria natureza de desejo – sou capaz de fixar minha mente naquilo que desejo alcançar e mover-me rapidamente em direção a esses objetivos.

FORÇA

Eu sou a Força e em mim você vê como os aspectos inferiores da natureza do homem podem ser comandados pela força da razão. O leão que você me vê segurando sem esforço é um símbolo da natureza emocional da humanidade, que ainda é basicamente selvagem, geralmente contida pelo medo do Imperador ou pelas tradições do Hierofante. Comigo, você começa a obter a primeira dica de como podemos começar a transcender nossa própria tendência para o emocionalismo básico, por meio de sua destilação em consciência espiritual. Comigo você tem um apoio constante em sua busca pelo crescimento espiritual. Pouca coisa pode ser alcançada – a longo prazo – por meio da autocontenção. É certo que o Imperador é necessário, porque no seu nível atual de desenvolvimento você ainda precisa de leis e regras para proteger os fracos e indefesos.

EREMITA

Eu sou o eremita e mais cedo ou mais tarde você vai me conhecer. Eu represento os contatos iniciais que você terá com sua própria luz interior de sabedoria. Seu primeiro encontro comigo pode muito bem ser por acaso, quando você ouve uma voz não falada falando com você. Digo não falada, porque qualquer "voz" que você "ouvir" em qualquer sentido clariaudiente é o resultado de circuitos mentais indo na direção errada. Mas quando eu falar com você, saberá com uma certeza maior do que poderia imaginar neste momento. Eu sou aquela luz que permanece na escuridão, mostrando a você que o caminho para a verdade espiritual está na direção oposta ao senso de gratificação do mundo material. Muitos místicos perceberam isso, que para chegar a essa luz interior eles devem, antes de tudo, clamar aos sentidos por ainda mais sensação. Assim, eles renunciaram a suas riquezas, vestiram-se de saco, fizeram uma dieta de comida saborosa. Mas tão bela foi a conexão que fizeram com sua própria luz divina que todos esses outros "prazeres" pareceram meras escórias em comparação; mero papel de embrulho.

RODA DA FORTUNA

Eu sou a Roda da Fortuna e em mim você pode descobrir como evitar os altos e baixos da vida, ou pelo menos como se preparar para as mudanças dos tempos e das estações para que não tenham tanto impacto sobre você quando elas ocorrem. Basicamente, quando você se encontra no "verão", ou seja, em condição de abundância, é então que deve agir com pensamento para o "inverno", ou seja, quando a escassez estiver na ordem do dia. E quando você se encontrar no "inverno", prepare-se com todas as suas sementes para quando a primavera chegar você começar a plantar novamente.

Este ensinamento pode ser aplicado a qualquer situação da vida humana, seja nos relacionamentos, seja nos negócios, seja na vida profissional!

JUSTIÇA

Eu sou a Justiça e me mostro de muitas formas, nem todas igualmente óbvias. Não estou especialmente relacionada com as convenções sociais de justiça, visto que estas mudam continuamente de acordo com as sociedades em que vivem. Eu sou a Lei de Causa e Efeito que, simplesmente declarada, é que você recebe de volta o que dá. Qualquer professor espiritual genuíno ensinará isso, por mais impopular que seja na sociedade de onde ele vem.

Uma das ilusões mais fortes do plano material é que você pode escapar de mim ou, em outras palavras, que pode escapar das ondas na água que criou.

Muitas vezes, pode parecer que uma injustiça é cometida no mundo; os culpados ficam livres por um tecnicismo ou os inocentes não são protegidos. Mas esta é outra ilusão do plano material. Alguns acreditam que se você pudesse ver por trás do véu das encarnações passadas que eu estou diante, veria que quando uma alma culpada recebe misericórdia aparentemente imerecida nesta vida, é de alguma ação positiva realizada anteriormente. E vice-versa: quando uma alma aparentemente inocente sofre uma aparente injustiça, é o cancelamento de alguma dívida cármica anterior.

Mas só eu sei se isso é verdade ou não, ou se é apenas sua maneira de piscar para as coisas que precisam ser mudadas no mundo.

ENFORCADO

Eu sou o Enforcado, amarrado aqui como uma punição. Na verdade, não me importo muito, porque me dá a chance de ver as coisas de uma nova perspectiva. É interessante inverter verdades comumente aceitas, porque, às vezes, olhando de uma perspectiva de cabeça para baixo, podemos ter um vislumbre de como podemos mudar as coisas.

MORTE

Eu sou morte. Assim como na vida, algumas pessoas e situações acabaram se revelando exatamente o oposto do que pareciam inicialmente. Eu também. Represento o renascimento – novas influências positivas surgindo e a limpeza de tudo o que se tornou obsoleto. Às vezes, por um sentimento de apego, pode querer agarrar-se àquilo que não tem mais valor para você. Isso pode ser uma crença, uma convicção ou um sentimento sobre si mesmo. Estou aqui para ajudá-lo a descartar essas velhas condições que apenas o impedirão. Assim como uma cobra descarta sua pele velha, cada um de nós às vezes deve descartar aspectos de nosso antigo eu e estilo de vida anterior. Como podemos seguir em frente e nos desenvolver em nossa vida, se tentarmos carregar tudo o que trouxemos conosco do passado? Não podemos "carregar" cada ex-amigo, por exemplo, pois, se o fizéssemos, nunca teríamos qualquer impulso de fazer novos amigos. Não podemos permanecer presos a padrões antigos, porque, se o fizermos, ficaremos desatualizados e incapazes de acompanhar o ritmo da vida no presente. Qualquer empresa que não consiga acompanhar novos desenvolvimentos logo estará falida. Qualquer país que tente seguir linhas políticas desatualizadas e inflexíveis logo vai se encontrar com uma revolução em suas mãos. O que já foi verdade para nós pode não ser mais. O que é verdade para nós agora pode não ser no futuro. Estou aqui para lhe mostrar essas coisas!

TEMPERANÇA

Sou um servo direto do divino e minha função é curar. O que você me vê fazendo em meu arcano é, na verdade, coletar água para se misturar com a lama. Com esta lama irei curar os olhos de um cego. Em certo sentido, você pode ser essa pessoa, porque embora possa ver parcialmente, ainda não o faz totalmente. Eu represento a cura em todas as suas formas. É digno de nota que antes de curar alguém é necessário perguntar se a cura é desejada. Se eles respondem afirmativamente, não importa o quão pequeno seja, o primeiro passo para a essa cura deve ser dado por quem pede. Porque implícito nisso está o símbolo de que eles estão fazendo algo para ajudar a si mesmos.

Esse primeiro passo é o que eu represento e é por isso que você vê um dos meus pés na água e o outro dando um primeiro passo simbólico para a terra. Da mesma forma, se você também deseja ser curado, gostaria que estendesse a mão, simbolicamente, e procurasse ativamente os processos de cura disponíveis.

Na estrada aberta atrás de mim, você vê a estrada que está atrás de cada um de nós. Portanto, qualquer processo de cura nos envolverá olhando para trás naquela estrada e vendo o que aconteceu lá de uma nova perspectiva.

. . . .

DIABO

Não é sempre que tenho o direito de responder a qualquer das críticas que me são feitas. Muitos afirmam me conhecer, mas quando apontam para as coisas nos outros que acham que me mostram, veem apenas os aspectos de si mesmos que não podem aceitar. Um dos meus títulos é "acusador", e isso é o que faço de melhor quando assumo o manto da justiça e aponto o dedo para os outros. Um exemplo clássico disso pode ver quando eu apareço como uma assistente social indignada ou alguma outra figura de "autoridade", escondendo-me atrás do falso manto da respeitabilidade. Esteja absolutamente certo de que quando você ouvir alguém apontar o dedo para "a obra do Diabo", eu sou aquela pessoa que está apontando o dedo para outra.

Meu propósito aqui neste mundo é desafiá-lo a se tornar forte o suficiente para se opor a mim. Muito tempo atrás, fui jogado para fora do céu porque não me curvaria diante de Adão, que acabara de receber seu primeiro sopro de ar pelo Altíssimo. Agora estou aqui no seu caminho, bloqueando-o, esperando que você fique forte o suficiente para me jogar para fora do caminho. Mas antes que você seja capaz de viver sem mim, tem muito que crescer primeiro.

TORRE

Eu sou a Torre e um símbolo de tudo o que é construído sobre as areias movediças da corrupção e da repressão. Tudo o que é real ou duradouro, deve ser estabelecido em uma base espiritual sólida. Muitas coisas em sua civilização são baseadas em valores ilusórios, e assim o processo histórico se repete, continuamente, de modo que o que é construído desmorona.

Da mesma forma, represento a qualidade indomável do espírito humano para reconstruir, repetidamente, após calamidades, guerras e desastres. Portanto, embora a natureza possa varrer nossas cidades para o fundo do oceano, ou quebrá-las com terremotos e vulcões, constantemente nos levantamos e reconstruímos.

ESTRELA

Eu sou a Estrela da Esperança. Sou um símbolo daquela esperança que existe depois que os problemas da experiência da Torre foram resolvidos. Como podem ver neste lindo jardim que habito, à minha volta existem condições de paz e tranquilidade. Acima da minha cabeça brilham as estrelas. Elas representam para onde estamos caminhando em nossa evolução de longo prazo. Pode ser uma viagem e tanto, não acha? Quem sabe que aventuras nos aguardam lá fora?

LUA

Eu sou a Lua, Rainha do Céu Noturno. Quando estou no céu, a maioria das criaturas está dormindo. Assim, eu governo seus sonhos, suas fantasias, seus medos noturnos. Eu represento os instintos de todas as criaturas vivas. Eu sou a mãe, desencadeando todos os tipos de influências enquanto continuo em minha órbita ao redor da Terra através do Zodíaco. A cena que você vê pela minha luz é iluminada pela luz refletida tirada do Sol. Apenas a sua intuição, pressentimento e inspiração serão confiáveis para ver através das ilusões, para detectar enganos e eliminar as ilusões.

SOL

Eu sou o Sol e sou o centro do seu Universo. Eu sou o provedor de toda luz, calor ou combustível. Mesmo que indiretamente, porque até o carvão e o petróleo de sua terra foram gerados por mim. Todas as manhãs, quando apareço em seu horizonte oriental, dispersar a escuridão e trago você efetivamente de volta à vida. Quando estou no seu céu, você sabe que é hora de agir, de fazer coisas. À luz do dia você pode ver como as coisas realmente são, sem sua imaginação girando solta o tempo todo. Eu brilho sobre cada um de vocês como meus filhos, sem favorecimento para ninguém. No entanto, devido à forma de seu mundo, alguns de vocês podem não me ver por longos períodos de tempo no inverno ou podem se queimar no verão como resultado de tanta proximidade. Manter você vivo é processo de um equilíbrio cuidadoso que não cabe somente a mim

JULGAMENTO

Eu sou a transformação final pela qual você deve passar antes de estar pronto para chegar ao seu destino. Através de mim, você é capaz de abandonar as últimas considerações que o prendem aos mundos inferiores da existência. Eu represento sua passagem pelo mundo subterrâneo e a tremenda pressão que você sofreu por ter tido um corpo material. Agora você foi purificado para um estado mais elevado do que estava antes, assim como os diamantes emergindo do carvão, tendo estado sob imensa pressão por milhares – milhões – de anos.

MUNDO

Eu sou o Mundo e estou aqui. Represento o fato de que a integração de todos os seus componentes essenciais foi alcançada. Quando você chegar a este ponto, saberá como pode estar no mundo, mas não necessariamente amarrado a considerações puramente mundanas. À minha volta você vê os emblemas dos quatro elementos, o homem ou a raiva pelo Ar; o leão para o Fogo; o touro para a Terra; e a águia para representar o aspecto superior de Escorpião, que é o nosso signo da Água. Agora estou no domínio de cada um dos elementos, em outras palavras, pensamentos, emoções, ações e atividades. Não estou mais sujeito às limitações que essas coisas colocaram em minha vida; da mesma forma, se você for capaz de integrar os ensinamentos em cada um dos arcanos procedentes, você também será.

ROTEIRO BÁSICO PARA ASSUMIR UMA FORMA DIVINA

Para se preparar para a operação, escolha primeiro com qual arcano deseja trabalhar. Não existe nenhuma razão que o impeça de utilizar qualquer uma das cartas, mas obviamente os Arcanos Maiores são mais adequados para esta prática em função de seus profundos simbolismos e universalidade. Evidentemente, sua eleição final dependerá totalmente do resultado que deseja alcançar. Se for para elevar seu poder pessoal, escolha a Força. Se quer assumir responsabilidades, assuma a forma divina do Hierofante e, assim, sucessivamente. Vejamos um roteiro básico sobre o qual você poderia trabalhar.

Suponhamos para fins ilustrativos que você escolheu o arcano da Sacerdotisa. Antes de tentar qualquer operação mágica, deverá averiguar tudo que for possível a respeito dela. Não economize tempo em seus estudos, pois ele constitui a chave para o êxito de sua operação.

Converta-se em um perito sobre tudo que possa estar relacionado com a figura da Sacerdotisa: estude a história da Papisa Joana, as lendas da Deusa Ísis, de Perséfone e da Senhora do Lago, compreenda o significado dos pilares de Jachin e Boaz. Leia o livro *A Sacerdotisa do Mar* e também a *Sacerdotisa da Lua* de Dion Fortune e mergulhe no mundo da formação e treinamento de uma Sacerdotisa dos antigos Mistérios. Dê especial atenção às diferentes imagens que os artistas atribuíram a este arcano ao longo dos séculos. Tome nota das posturas características em que ela costuma ser mostrada. É especialmente importante saber como os artistas tradicionais do Tarô a pintaram no passado. Esses homens se encontravam, quase por definição, um grau mais próximo da fonte que você está buscando. Torne-se um perito capaz de discutir esse arcano com qualquer especialista ou professor de Tarô.

Quando estudar as diferentes retratações desta carta, dê especial atenção a seus gestos, que poderão ser reproduzidos durante o trabalho mágico de assumição de forma divina. O resultado disso se verá de maneira grandemente benéfica.

Tome também boa nota dos utensílios ou objetos tradicionalmente associados ao arcano em questão. Por exemplo, o livro, o véu, a coroa solar, os pilares, etc. Caracterize-se com eles se você acreditar que isso dá suporte à sua experiência e a torna mais vívida. Só inicie a tarefa de assumir uma forma divina do Tarô quando estiver "saturado" desta classe de conhecimentos detalhados, de tal maneira que lhe venham à cabeça quando quiser, sem necessidade de fazer o menor esforço.

O primeiro passo consiste em fazer uso de seus conhecimentos acumulados. Uma vez mais, estará construindo imagens ou, como dizem os ocultistas, criando tensões na Luz Astral. Em um espaço Sagrado, fique em uma postura cômoda similar àquela que está acostumado a ver nas imagens da carta da Sacerdotisa.

Relaxe e combine isso com a sequência respiratória de 2/4. Pratique os diferentes exercícios de relaxamento, respiração e visualização que puderem facilitar seu trabalho de imersão neste arquétipo e quando estiver totalmente relaxado, comece a construir a visão do arcano sobre si mesmo enquanto alguém invoca o arquétipo do arcano em questão sobre você.

Enquanto a invocação é feita, você pode ver a figura do arcano da Sacerdotisa como uma gigantesca forma de pé na sua frente, irradiando luz. Essa forma deverá ser a mesma com a que se familiarizou previamente através de seus estudos.

Tente dotar a sua visão com nitidez e cor. Esforce-se por ver o tom da pele da Sacerdotisa, o halo que rodeia sua aura. Coloque também em ação seus outros sentidos imaginários, de maneira que pareça sentir seu calor e ouvir sua celestial voz. Quando isso acontecer, é hora de deixar o arquétipo se expressar por meio de sua voz.

Estados alterados de consciência podem ser transmitidos aos outros. O papel daquele que está assumindo uma forma é não somente mudar a sua consciência e mesclá-la com a da inteligência que reside por trás do arcano, mas comunicar o que ela percebe com esta alteração. A forma como isto ocorre é através do uso daquilo que chamamos de Cargas. Uma Carga é uma poesia feita em prosa ou verso através da qual uma pessoa, em estado alterado de consciência, fala como se fosse a própria Deusa, ou no caso do Tarô o próprio arcano, enquanto dirige estas palavras aos presentes na cerimônia a fim de orientá-los ou esclarecer uma verdade sublime.

Ao invocar uma forma divina você está mantendo a mesma relação com a força que se esconde por atrás dela.

Isto é algo que convém não esquecer em nenhum momento, pois a assumição de uma forma divina não pode ser algo frio e puramente científico: implica uma profunda emoção e certo grau de compromisso ou participação. De fato, um dos sinais mais seguros de que sua visualização teve êxito consiste em sua capacidade de produzir um sentimento de admiração por parte de outras pessoas que possam estar presenciando a cerimônia.

A teoria da operação é bastante simples: a Sacerdotisa não existe como pessoa e provavelmente nunca existiu. Mas a ideia na qual sua imagem se apoia é sim real e verdadeira; quer dizer, a constelação de poderes e características que as pessoas de todos os tempos personificaram na figura da Sacerdotisa é uma realidade em outro nível de existência.

RITUAL DE ASSUMIÇÃO DE FORMA DIVINA

O ritual a seguir é fornecido levando em consideração a estrutura clássica dos ritos da Wicca. Nele será necessário um homem para desempenhar o papel de Sacerdote e uma mulher como Sacerdotisa. O ritual também pressupõe a participação de uma audiência de pessoas – iniciados ou visitantes – para testemunhá-lo.

Essa estrutura, obviamente, pode ser adaptada de acordo com a sua Tradição mágica ou necessidade e, na falta de alguém para o papel de Sacerdote para agir como invocador, um chamado espontâneo mental ao arcano com o qual deseja trabalhar pode ser feito por você. Isto pode ser suficiente para despertar sua consciência e proporcionar um belíssimo ritual.

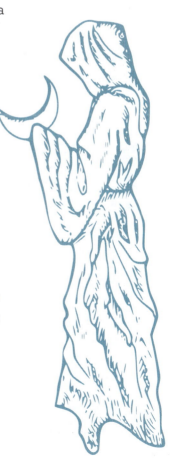

Aquele arcano escolhido para o ritual de assumição de forma divina descrito a seguir, destina-se a invocar a energia da Imperatriz, mas qualquer outro poderia ser usado em substituição a ele, adaptando-se as palavras usadas para corresponder à natureza do arcano que deseja invocar.

O RITUAL

Um trono é posicionado ao Norte. Ele deve ser coberto com um pano verde como a relva. No piso da sala ritual, próximo ao trono, pétalas de flores de variadas cores cobrem o chão. Girassóis e trigo devem ser posicionados em dois grandes vasos, um de cada lado do trono. Após o Círculo ser lançado, a Sacerdotisa senta no trono e é ornada com joias, uma coroa dourada e um cetro. O Sacerdote se ajoelha diante dela e com seu Bastão ritual faz a seguinte invocação:

> Eu te invoco e te chamo, Grande Imperatriz, poderosa e fecunda, mãe dentre todos os demais arcanos. Por semente e raiz, por botão e caule, por folha, flor e fruto, pelo amor e vida eu te invoco para que fale conosco por meio desta Sacerdotisa.

Enquanto diz isso, o Sacerdote toca o seio direito, seio esquerdo, útero e novamente o seio direito da Sacerdotisa. Ele repete essa ação movimento por 3 vezes consecutivas e depois deposita o Bastão aos pés da Sacerdotisa, abre os seus braços e diz:

> Minha oração se eleva na fumaça deste incenso. Venha doce Imperatriz e derrame seu amor sobre nós, teus filhos.

A Sacerdotisa se levanta e traça com seu cetro o símbolo do planeta Vênus no ar, enquanto diz:

> Eu sou a Imperatriz, corretamente chamada, pois meu poder é o do amor e o amor é tudo. Tão grande é meu poder que homens e mulheres morreram em minha honra. Em vez de fazê-los morrer, prefiro que deixem minha força transformá-los. Eu governo sobre todo o crescimento na natureza e isso inclui o parto. Qual é o poder do homem ao lado do poder da mulher que dá à luz? Eu sou a mãe de todos, mas nem tudo que dou à luz sobreviverá. Eu sou a Mãe Natureza, criando constantemente novas formas de vida em experimentação. Na selva, nada sobrevive a menos que seja capaz de provar ser digno da vida que eu concedo. Não sou tão gentil quanto posso parecer. A natureza é mais do que um dia de verão no parque.

Na minha qualidade de Deusa do amor, tenho visto crimes terríveis cometidos em meu nome, mas na realidade, aqueles que cometem tais crimes não me conhecem.

O Sacerdote diz:

Grande Imperatriz! Vós sois o amor e luz na Terra e nos céus! Deixe-nos sentir sua presença neste Círculo abençoado e permita que nossos corações sejam preenchidos de alegria e compreensão enquanto contemplamos sua luz!

A Sacerdotisa eleva o cetro e diz:

Venham, meus filhos e recebam bênçãos de fertilidade e abundância. Pois minha lei é a o amor, que agora se espalha sobre vós como o meu manto verde sobre a Terra.

Cada pessoa vai em direção à Sacerdotisa, ajoelha-se e recebe as bênçãos da Imperatriz. Ela toca cada pessoa com seu cetro. Para finalizar, o Sacerdote toca a testa da Sacerdotisa com o seu Bastão e diz:

Imperatriz da Terra e dos Céus, agradecemos por sua presença e pelos mistérios nesta noite compartilhados. Retorne agora à Alma do Mundo e deixe conosco suas bênçãos para tudo fertilizar.

A Sacerdotisa retorna ao seu estado normal de consciência.

O Círculo Mágico é desfeito e o ritual se encerra.

CAPÍTULO 13

DANÇANDO O TARÔ

A DANÇA PROVAVELMENTE também foi uma das primeiras expressões de honra às divindades. Encontrada nos caracteres rupestres em paredes das cavernas que datam de uma época em que o homem provavelmente ainda nem se comunicava através de palavras.

Em muitas religiões pagãs da Antiguidade a dança era a principal forma de oração. Nascida com os Deuses, ou talvez criada para eles, a dança está firmemente ligada ao culto da fertilidade. Os rituais com danças sagradas ligaram o ser humano aos ritmos celestiais, às forças da Terra e à Lua. Na verdade, os primeiros movimentos coordenados de corpos sob o ritmo dos tambores de couro é um culto ligado aos ciclos cósmicos.

Nessas tradições pagãs ancestrais, cada demonstração da força da natureza possuía certas características que implicava no estabelecimento de relacionamento com a deidade correspondente através de diferentes formas de movimento. Para isso, ritmos exatos foram buscados, fundindo-se com a dança.

As culturas ancestrais se tornaram as responsáveis pela conservação, aquisição, desenvolvimento dos ritmos e dos movimentos rituais e transmitiam esse legado por meio de poderosas cerimônias de iniciação. A dança era parte desses ritos, quer fosse para realizar invocações, quer para mostrar ao neófito certos ensinamentos. Em muitos casos, ela acontecia no culminar do processo, como conclusão da Iniciação. Em algumas aldeias do norte da Austrália, por exemplo, o rito de iniciação feminina, quando uma mulher atinge a puberdade, termina com uma dança coletiva que celebra o nascimento da "nova mulher".

No monoteísmo, a dança não é tão importante, provavelmente porque um objeto de culto significa um único ritmo e uma única ordem de certos movimentos. Nas culturas antigas é o contrário. Caldeus, sumerianos, assírios, babilônios, egípcios, gregos, todos têm várias divindades e são politeístas, portanto, uma grande diversidade de Deuses traz diferentes expressões de dança.

Não é preciso muito para uma dança nascer. Basta um pequeno som e o corpo já responde. Uma dança pode surgir com o toque de um tambor, o cair da chuva ou mesmo ao ouvirmos o batimento cardíaco. A natureza de cada ser humano tem ritmos inerentes que dão as respostas. A sua convergência torna-se uma dança, um diálogo entre corpo e o som que, na verdade, dialoga com nós mesmos, com as outras pessoas, com os Deuses e com o Universo.

Desde o início dos tempos a dança tem a função de estabelecer uma conexão com o mundo espiritual que está oculto dentro de si mesmo. A dança como ferramenta mágica é uma forma eficaz de recolher a própria força interior, interagir com ela e canalizá-la para um propósito. Ao longo da dança, aparece no corpo a energia que a pessoa precisa ou invoca, dando vida a um intento mágico em desenvolvimento.

Como ferramenta para magia, a dança nos leva a um estado de imersão, e se não a experimentar dentro de si, torna-se apenas movimentos externos sem conteúdo, expressão de sentimentos ou força mágica. Para essa função, a estética dos movimentos não é importante, mas, sim, o preenchimento interno, a expressão da natureza humana através do corpo. A preocupação com demasiada técnica destrói a própria origem da dança mágica e sua força. Se a técnica se torna mais importante que a espontaneidade, a dança não está orientada para a comunicação consigo mesmo. Quando os movimentos são orientados para fora, a consciência interna é perdida.

Na Wicca, a dança ritual mostra uma maneira de alcançar o êxtase, que é o estado atemporal de ser, onde o ego pode ser suspenso para fazer a magia acontecer. Quando isso ocorre, entramos em um estado de total sintonia e unidade, trazendo harmonia entre corpo, coração, mente, alma e espírito.

O Tarô também pode ser empregado para criar passos em uma dança circular com o objetivo de expressar para o Universo um desejo. Cada arcano possui um movimento e função específicos:

MOVIMENTOS ESPECIAIS DOS ARCANOS MAIORES

Louco: pular.
Mago: estalar os dedos.
Sacerdotisa: levantar a perna esquerda e retornar.
Imperatriz: dar tapinhas em sua perna esquerda.
Imperador: dar tapinhas na perna direita.
Hierofante: levantar a perna direita e voltar.
Enamorados: girar com a pessoa à sua direita.
Carro: girar com a pessoa à sua esquerda.
Força: balançar para a esquerda e direita.
Eremita: dobrar os joelhos e voltar.
Roda da Fortuna: girar para a direita.
Justiça: mãos estendidas e sobre os ombros uns dos outros.
Enforcado: inclinar-se e voltar.
Morte: do-si-do.
Temperança: girar para a esquerda.
Diabo: bater palmas.
Torre: pular e girar.
Estrela: mãos no ar.
Lua: pular na ponta dos pés e retornar.
Sol: pé de batida.
Julgamento: mãos atrás das costas dos outros.
Mundo: todos dão as mãos.

A DIREÇÃO DOS NAIPES

Ouros: para frente
Espadas: para a direita
Bastos: para trás
Copas: para a esquerda

AS ETAPAS DAS CARTAS NUMERADAS

- Ás: pé direito para fora e para trás.
- 2: pé direito um para fora; pés juntos; pé direito um atrás; pés juntos Etapas:
- 3: pé direito para frente; pés juntos; pé direito para atrás; pés juntos.
- 4: três passos para frente começando com o pé direito; pés juntos; retorna.
- 5: pé esquerdo para frente e para trás.
- 6: pé esquerdo para frente; pés juntos; pé esquerdo para trás; pés juntos.
- 7: pé direito para frente; passo com o pé esquerdo; retorno do pé esquerdo; retorno do pé direito.
- 8: três passos para frente começando com o pé direito; pés juntos; retorna.
- 9: cruze atrás; pés juntos.
- 10: cruze na frente; pés juntos.

AS VOLTAS DAS CARTAS DA REALEZA

Valete: 1

Cavaleiro: 2

Rainha: 3

Rei: 4

Praticamente todo tipo de música pode ser empregado na hora de realizar uma dança circular com o Tarô. Ao usar as cartas como uma ferramenta para a criação de sua própria coreografia mágica, você será capaz de criar um movimento de dança original que pode ser reproduzida por todas as pessoas, até mesmo as menos habilidosas e sem ritmo.

Todos os passos demonstrados podem ser usados na construção de uma dança circular, na qual os dançarinos formarão uma grande roda com o círculo voltado para dentro, acompanhados ao som de uma música no tempo de 4/4. Ajustes simples podem ser feitos quando necessário e o conjunto ideal de passos vai de 4 a 8.

As cartas de Arcanos Maiores indicam movimentos especiais. As cartas da corte indicam a quantidade de voltas. As cartas numeradas indicam as etapas da dança. Os naipes determinam a direção em que os passos são realizados.

CAPÍTULO 14

POSTURA DOS ARCANOS

• • • • • • • • •

POSTURAS E GESTOS ESTÃO PRESENTES no fenômeno religioso humanos há milhares de anos. Uma famosa antropóloga religiosa e pesquisadora do mundo do Paleolítico Superior, chamada Felicitas Goodman, descobriu que determinadas posturas rituais têm um profundo impacto em nossa frequência cerebral.

Através da tensão muscular, as posturas desencadeiam a produção de neurotransmissores que são responsáveis pela cura e produção de estados alterados de consciência. Essa descoberta levou Goodman a investigar as posturas encontradas em imagens e estatuetas pré-históricas e ela confirmou, por meio da investigação acadêmica, que se alcançava estados de transe quando as pessoas reproduziam essas posturas adicionando vibrações sonoras e a vontade de se conectar com o divino.

Felicitas descobriu que cada postura corporal pode levar a uma realidade alternativa, um campo expandido de consciência, quando executada conjuntamente ao som de percussão rítmica adequado, como um chocalho ou um tambor. Foi assim que nasceu o Método Cuyamungue, desenvolvido com o apoio de seus alunos da Universidade de Ohio. Juntos, eles descobriram que a expansão da consciência podia ser de fato alcançada quando pessoas de qualquer credo ou sistemas religiosos adotavam as posições de estatuetas e obras de arte antigas.

A partir desses estudos, diversos especialistas têm explorado o fato de que o uso de posturas rituais é uma prática ancestral sagrada e há um esforço cada vez maior em redescobrir a funcionalidade deste processo por meio de pesquisas científicas. Todas as posturas que têm sido observadas nessas pesquisas vêm da arte rupestre e de culturas indígenas de diferentes lugares do Planeta e, aparentemente, sem conexão entre si. No entanto, ao longo de tais pesquisas, todas têm apresentado padrões e atitudes semelhantes. Assim, incorporar as posturas dessas antigas formas de arte deixou claro que elas servem para desenvolver em nós a capacidade de passar de uma consciência comum para uma experiência espiritual do mundo sem que seja necessário se ater a grandes técnicas, simplesmente assumindo a posição corporal correta. Parece que, ao fazer isso, o corpo sabe exatamente o que fazer de uma maneira automatizada, ancorada em uma memória ancestral de milênios. Nosso corpo é uma "ferramenta universal" para conhecer em profundidade as múltiplas realidades em que vivemos e para ter uma experiência direta na "rede de informação" viva da consciência.

Há quatro pré-requisitos para entrar em contato com essa memória sutil com sucesso e possibilitar que a mente transite do cérebro racional e lógico para o campo morfogênico:

1) Ter a mente aberta e disposição para não bloquear a experiência espiritual.

2) Criar um espaço sagrado que fornece uma estrutura ritual capaz de despertar a mente simbólica e impedir que o lado racional assuma o controle, o que impediria a imersão nos processos de expansão da mente.

3) Preparar-se para assumir a postura com uma respiração guiada. Isso vai interromper a mente racional e abrir caminho para o diálogo interno.

4) Usar o chocalho ou tambor para criação de um som repetitivo que cria uma vibração auditiva e ajuda o sistema nervoso na reorganização dos neurotransmissores, levando a uma percepção não racional da realidade.

Entrar em um estado de transe nos possibilita alcançar uma sintonia com um campo elevado de nossa consciência. A vivência dos processos desencadeados pelo trabalho de assumição de posturas que nos conectam com arquétipos e forças divinas despertam sentimentos que repercutem no desenvolvimento do ser e no alcance de experiências epifânicas. Ao expandir a consciência desta forma, alcançamos um mergulho profundo em nosso mundo interior e nos tornamos capazes de nos conectar com um campo de informação diferente da consciência que se cria constantemente, onde estão as novas ideias e pontos de vista. Alguns dos benefícios deste processo incluem, mas não se limitam a:

- Reduzir o estresse e a tensão.
- Aumentar o sentimento de felicidade.
- Inspirar sentimentos extáticos de unidade com outras pessoas, a natureza e o Universo.
- Melhorar a função cerebral, bem como a capacidade de pensar com mais clareza.
- Despertar a criatividade.
- Ajudar na memória e na concentração.
- Ter respostas positivas do sistema imunológico
- Melhorar a comunicação, o que leva a um melhor entendimento e relacionamento com as pessoas em sua vida.
- Promover a paz de espírito, sensação de conforto e alívio da ansiedade.
- Provocar sentimentos de expansão e uma maior percepção intuitiva da própria vida.

As cartas do Tarô são instrumentos ideais para auxiliar no processo de expansão da consciência e, como tal, reproduzir as posturas ilustradas em cada arcano pode servir aos mesmos propósitos do Método Cuyamungue, baseado nas estatuetas pré-históricas e que inspiraram Felicitas Goodman a desenvolvê-lo.

ASSUMINDO AS POSTURAS DOS ARCANOS

Realizando os passos a seguir você estará criando uma cerimônia que vai incluir todos os elementos básicos para realizar a prática das Posturas Rituais Antigas de acordo com o Método Cuyamungue. Isso inclui criar um espaço sagrado, acalmar sua mente e usar o som e a postura do corpo para despertar naturalmente a capacidade do seu corpo de alcançar um estado alterado de consciência.

PREPARAÇÃO

Crie um espaço sagrado erigindo um altar que servirá como ponto focal de sua cerimônia.

Um altar é essencialmente uma representação criativa do mundo que é filtrado pela consciência de alguém, expresso através do arranjo de objetos e símbolos. Além disso, é um reflexo externo dos mundos internos – uma expressão tangível de como organizamos nossa compreensão do divino, do sagrado e de nosso próprio poder mágico. Em poucas palavras um altar eficaz:

- **Encoraja estados alterados de consciência.** Ao se envolver em Bruxaria e rituais é importante ser capaz de mudar os processos de pensamento de alguém da racionalidade linear e cotidiana para mergulhar no mundo intuitivo e imaginativo da magia. Estados alterados ou mágicos de consciência são essenciais para fazer feitiços ou estimular experiências espirituais, por isso é importante ter um altar que o ajude a entrar nessa mentalidade.
- **Envolve os sentidos.** Estimular os sentidos é uma ótima maneira de promover estados alterados e mágicos de consciência. Incluir elementos visuais, cheiros e sabores evocativos ao preparar seu altar é sempre importante.
- **Evoca emoção.** A emoção é um elemento-chave da magia, e muitos dos rituais e feitiços mais poderosos também são os mais emocionais.

- **Desperta a imaginação e a criatividade.** Altares eficazes devem ser inspiradores de alguma forma. Eles devem fazer você querer criar algo, seja um feitiço, seja uma obra de arte. Se um altar é uma representação do desdobramento criativo do cosmos, então também deve ser um reflexo da centelha criativa dentro de você.
- **É esteticamente agradável.** O altar não tem que se parecer com um daqueles lugares de adoração perfeitos e impossivelmente lindos que vemos nas fotos do Pinterest, mas é verdade que se você gostar da aparência do seu altar, então terá muito mais probabilidade de querer usá-lo regularmente.
- **Tem um significado pessoal.** O mais importante de um altar eficaz é que ele seja pessoalmente significativo. Embora possa ser útil inspirar-se nos símbolos da tradição, é muito importante que você use suas próprias diretrizes como ponto de partida e descubra o que realmente funciona para você.

Há, geralmente, uma resposta bastante básica e generalizada quando o assunto é montar um altar: usar o modelo Wiccaniano tradicional com os layouts de altar com o qual muitos de nós já estamos familiarizados.

Este modelo inclui instrumentos mágicos específicos que estão associadas aos 4 elementos, à Deusa e ao Deus, que são centrais para a Wicca. Esses instrumentos incluem objetos como um Athame, um Bastão, um Caldeirão, um Cálice, um Incensário, bem como representações da Deusa e do Deus, entre outras coisas.

Após estabelecer o seu altar comece seu ritual colocando uma música relaxante e lançando o Círculo Mágico.

ACALME SUA MENTE

Relaxe sua mente. Um exercício simples para isso consiste em sentar-se confortavelmente e se concentrar, relaxando todas as partes do seu corpo, começando pelos pés e subindo através do corpo até chegar em seu couro cabeludo.

ESCOLHA A CARTA

Decida qual carta do Tarô deseja usar para assumir a postura. Você pode fazer isso de forma consciente, ou seja, buscando por um arcano que expresse as energias que você deseja atrair para sua vida neste momento específico. Porém, deixar que o próprio Tarô mostre a carta mais indicada para você trabalhar neste momento é extremamente válido e a experiência pode trazer grandes aprendizados.

ASSUMA A POSTURA DA CARTA

Assuma uma postura que simule a do personagem principal do arcano que escolheu trabalhar. Durante aproximadamente quinze minutos (coloque o relógio para despertar) permaneça na posição e preste atenção a tudo o que está vivenciando. Permaneça em estado receptivo. Isso significa que não há necessidade de tentar fazer algo acontecer. Esteja aberto para aos pensamentos e sensações que ocorrerem.

Quando o relógio despertar, saia da postura e sente-se quieto por um minuto para integrar a força do arcano e refletir por alguns instantes sobre sua experiência. Se estiver realizando essa prática em grupo, compartilhem entre si suas impressões sobre o que acabaram de viver.

Usar seu corpo em práticas como essa possibilitam uma experiência direta e menos abstrata de viver os mistérios e integrar a sabedoria que encerra cada arcano.

Ao trabalhar com as posturas dos arcanos a ação realizada envia uma mensagem ao cérebro, estabelecendo uma poderosa comunicação entre o corpo e a mente.

Os benefícios das posturas rituais são muitos:

1. Alcançar harmonia entre o corpo e a mente, para que a energia flua entre os dois.
2. Eliminar as sensações ruins em um nível físico, graças à promoção da produção de endorfinas.
3. Ter mais paz de espírito, porque permitem que você clareie sua mente e relaxe fisicamente.
4. Melhorar o humor e promover pensamentos positivos.
5. Melhorar a autoestima e ter consciência de todas as suas possibilidades.
6. Melhorar o estado de concentração, algo que pode ser útil para as práticas rituais

CAPÍTULO 15

A MAGIA DAS CONSTELAÇÕES DO TARÔ

TODAS AS CARTAS DO TARÔ estão relacionadas entre si a partir dos números que a representam. Todos os números possíveis são resultados da combinação dos algarismos que vão de 1 a 9, o que no Tarô corresponderia às seguintes cartas:

Mago (1)
Sacerdotisa (2)
Imperatriz (3)
Imperador (4)
Hierofante (5)
Enamorados (6)
Carro (7)
Força (8)
Eremita (9)

Essas cartas representam os nove números chamados de "puros" ou originais que, desde tempos antigos, foram tidos como os números mais sagrados e mais próximos do divino. Qualquer pessoa familiarizada com a prova dos 9 sabe que ao fazer a redução de um número duplo, todos eles, quando decompostos, chegarão até um desses números originais, aqueles que vão de 1 a 9. Diz-se que Pitágoras já usava esse método de simplificação e redução para compreender a essência de cada número e se conectar com sua natureza sagrada. Assim, todos os arcanos a partir do nono estão relacionados com uma das cartas puras conectadas com um dos números originais que está relacionado com a sua raiz energética.

Cada uma dessas cartas que estão correlacionadas entre si no Tarô, são chamadas de *constelações* e cada arcano presente em uma constelação remete ao mesmo escopo, com cada carta dando uma perspectiva diferente sobre o tema.

As "constelações" do Tarô criam, então, nove agrupamentos numerológicos com as cartas, de forma que cada grupo esteja relacionado e se identifique por uma das primeiras nove cartas dos Arcanos Maiores. A carta do Mago (1) inclui em sua constelação as cartas da Roda da Fortuna (10, 1 + 0 = 1) e Sol (19, 1 + 9 = 10 = 1 + 0 = 1). Todos os Arcanos Menores seguem os Arcanos Maiores com base em seus números. Assim, todos os 3, sejam eles Bastos, Copas, Espadas ou Ouros, fazem parte da constelação da Imperatriz; todos os 5 fazem parte da constelação do Hierofante; todos os 7 são parte da constelação da carta do Carro e assim por diante.

NÚMERO	CONSTELAÇÃO	ARCANOS MAIORES	ARCANOS MENORES
Um	Mago	1, 10, 19	10s, Ases
Dois	Sacerdotisa	2, 11, 20	2s
Três	Imperatriz	3, 12, 21	3s
Quatro	Imperador	4, 13, 22	4s
Cinco	Hierofante	5, 14	5s
Seis	Enamorados	6, 15	6s
Sete	Carro	7, 16	7s
Oito	Força	8, 17	8s
Nove	Eremita	9, 18	9s

No layout a seguir, esta relação fica clara. Nele os círculos numerados designam as constelações. Ou seja, a constelação UM do Tarô, O Mago (1), inclui também as cartas da Roda da Fortuna e do Sol; a constelação DOIS, A Sacerdotisa (2), traz em sua composição as cartas da Justiça e do Julgamento e, assim, sucessivamente. Em resumo, as constelações de Tarô são baseadas na numerologia, de modo que todas as cartas que somam o mesmo número compartilham a mesma constelação.

554 RITUAIS DE MAGIA COM O TARÔ

Algumas constelações têm duas cartas (O Carro/A Torre), outras têm três (O Mago/A Roda da Fortuna/O Sol):

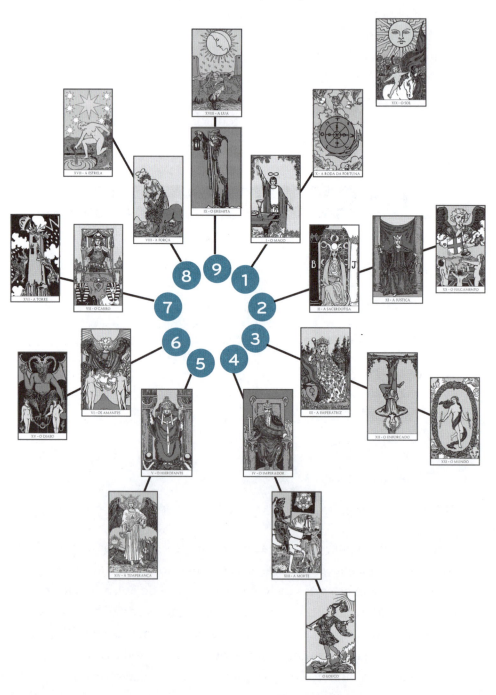

Resumidamente, poderíamos compreender cada constelação da seguinte forma:

1. CONSTELAÇÃO DO MAGO

Caminho do domínio. Arcanos maiores: 1 - 19 - 10, todos os arcanos menores de número 1 e 10

O princípio da vontade e da consciência focada.
Os Ases indicam a oportunidade de começar coisas novas e revelar suas quatro habilidades básicas.
Os dez demonstram as habilidades desenvolvidas para enfrentar os desafios e os resultados de levar os princípios a seus extremos.

Palavras-chave: comunicação; autoconsciência; individualização; autoexpressão; iniciativa; expiação; originalidade.

2. CONSTELAÇÃO DA SACERDOTISA

Caminho do discernimento. Arcanos maiores: 2 - 20 - 11, todos os arcanos menores do número 2

O princípio do julgamento equilibrado através da consciência intuitiva.
As cartas de número dois representam as quatro maneiras pelas quais os julgamentos são feitos.

Palavras-chave: intuição; autossuficiência; autoconfiança; independência; dualidade; o Eu e o outro; escolha; análise; luta; divisão; reflexão; contraposição; equilíbrio; ajustamento.

3. CONSTELAÇÃO DA IMPERATRIZ

Caminho da criação. Arcanos maiores: 3 - 21 - 12, todos os arcanos menores de número 3

O princípio do amor e da imaginação criativa.

As cartas de número três indicam oportunidades e desafios para demonstrar amor de forma criativa.

Palavras-chave: criatividade; nutrição; sacrifício; rendição; forma; parentesco; fertilidade; limitação; imaginação.

4. CONSTELAÇÃO DO IMPERADOR

Caminho do poder. Arcanos maiores: 4 - 13 - 22, todos os arcanos menores do número 4

O princípio da força vital e a realização do poder.

As cartas de número quatro indicam as oportunidades para consolidar e concluir algo em preparação para a renovação.

Palavras-chave: conclusão e transição; estabelecimento e construção; liberação; mortalidade e imortalidade; ritos de passagem.

5. CONSTELAÇÃO DO HIEROFANTE

Caminho da paz. Arcanos maiores: 5 - 14, todos os arcanos menores do número 5

O princípio de ensino e aprendizagem.
As cartas de número cinco indicam os desafios enfrentados ao aprender por meio da experiência.

Palavras-chave: teste; aconselhamento; treinamento; assimilação e integração; cura; orientação; interpretação e canalização; arbitragem.

6. CONSTELAÇÃO DOS ENAMORADOS

Caminho das relações. Arcanos maiores: 6 - 15, todos os arcanos menores do número 6

O princípio de parentesco e escolha.
As cartas de número seis indicam os desafios de manter e sustentar relacionamentos e de assumir a responsabilidade por suas escolhas.

Palavras-chave: atração e divisão; sinergia e separação; intercâmbio; compartilhamento e relacionamento; reciprocidade; vitalidade; sensualidade; conectividade; capacidade de discriminar entre o bem e o mal; tentação; obsessão.

7. CONSTELAÇÃO DO CARRO

Caminho da busca. Arcanos maiores: 7 - 16, todos os arcanos menores do número 7

O princípio da maestria por meio da mudança.
As cartas de número sete testam se o domínio e o controle podem ser sustentados por meio da mudança.

Palavras-chave: partidas; causas, estimulação, controle; avanço; autodesenvolvimento; discernimento; construir e deixar ir; conflito; julgamentos.

8. CONSTELAÇÃO DA FORÇA

Caminho do equilíbrio. Arcanos maiores: 8 - 17, todos os arcanos menores do número 8

O princípio da coragem e da autoestima.
As cartas de número oito indicam os dons e desafios relacionados ao desenvolvimento da autoconfiança para seguir uma visão.

Palavras-chave: autoconfiança; destino; perseverança; poder; força; poder da kundalini; esperança; graça; equilíbrio.

9. CONSTELAÇÃO DO EREMITA

Caminho da sabedoria. Arcanos maiores: 9 - 18, todos os arcanos menores do número 9

O princípio de introspecção e integridade pessoal.
As cartas de número nove indicam os desafios a serem enfrentados ao olhar para dentro e descobrir sua própria sabedoria.

Palavras-chave: conclusão; perfeição; paciência; integridade; autenticidade; ilusão (delírios vs. realidade); carma; culminação; viagem ao desconhecido; prudência; razão vs. instinto.

Para começar o trabalho mágico com o Tarô e as constelações, inicie alinhando à sua frente todas as cartas de um agrupamento e pergunte a si mesmo algumas questões sobre como se sente em relação a cada arcano ali presente; o que atrai, repele, irrita ou deixa você ansioso com aquelas cartas; como elas são semelhantes e como são diferentes e quais símbolos elas parecem compartilhar. Repita este exercício para cada um dos nove números primos e faça um relatório de suas conclusões.

A seguir, ampliamos esse trabalho de magia fornecendo as matrizes arquetípicas das 9 constelações e um roteiro básico para trabalhar com cada uma delas.

AS CONSTELAÇÕES E SUAS MATRIZES ARQUETÍPICAS

As constelações de Tarô funcionam sob a teoria de que as cartas dos Arcanos Maiores que se reduzem ao mesmo número estão relacionadas entre si. E as cartas de Arcanos Menores com o mesmo número estão incluídas nessa constelação.

Compreender a energia de cada uma dessas cartas facilitará sua relação com os temas que elas encerram. Em vez de canalizar para si as energias das cartas individuais, você será capaz de se concentrar na força mágica que elas trazem enquanto grupo.

Há uma disposição geométrica, chamada de *matriz arquetípica*, para cada constelação. Assim, existem 9 matrizes ou constelações naturais que, quando dispostas na forma específica que expressa a sua natureza, dá origem a um contorno universal unindo todos as cartas numeradas de naipe e arcanos de numeração dupla relacionados entre si, exatamente como uma constelação nos céus.

Essas formas criadas por meio das cartas pertencentes a cada constelação são usadas como ferramentas de meditação e instrumentos de autoconhecimento, que nos auxiliam a nos conectar profundamente conosco mesmos e a compreendermos mais amplamente o significado e a simbologia de cada arcano. As constelações do Tarô nos direcionam por meio do aprendizado e da integração de temas vitais para o nosso processo de desenvolvimento e conhecimento interior, de forma que possamos sorver dos arcanos a sabedoria necessária para enfrentar nossas próprias Sombras, lidar com nosso desconforto e superar os desafios da nossa jornada.

Ao criar as formas das constelações dos arcanos, é possível ampliar nossos pensamentos sobre os significados de cada lâmina e como esses arquétipos se conectam, como eles se fundem ou se contrastam e como as relações e conexões entre cada uma das cartas despertam em nós sensações mágicas e místicas que podem ajudar em nosso dia a dia de maneira prática.

1. O MAGO

Esta constelação traz em sua matriz arquetípica quatro instrumentos de comunicação, dois recursos e dois desafios para a potencialidade humana. O Mago traz o poder da comunicação criativa. As cartas desta constelação expressam que, para o nosso poder de comunicação ser efetivo, devemos usar os quatro instrumentos sobre a mesa do Mago e cada um deles compartilha conosco um poder:

- Ás de Espadas: clareza da mente e de ideias.
- Ás de Bastos: clareza da visão e do propósito espiritual.
- Ás de Copas: clareza do coração e das emoções.
- Ás de Ouros: clareza da ação e manifestação física do desejo.

A Roda da Fortuna, simboliza toda a habilidade que temos que usar para tornar nossas vidas mais afortunadas, criando o movimento necessário para gerar as oportunidades.

O Dez de Espadas ensina que o medo da derrota pode causar a instrução da criatividade pela opressão e o sufocamento representado pelo Dez de Bastos. Porém, se fizermos escolhas sábias em nossas vidas, a criatividade pode gerar a riqueza a partir do Dez de Ouros, que trará a felicidade e a saciedade demonstradas pelo Dez Copas para o coroamento de nossas vidas, usando toda a força e vitalidade do Sol.

FUNÇÃO MÁGICA: é excelente nos conectarmos com esta constelação quando desejamos lançar novos projetos e promover mudanças que queremos ver florescer na vida. Use esta matriz arquetípica quando estiver abrindo novos negócios, trocando ou mudando de ramo de trabalho, casa, cidade ou país.

MATRIZ ARQUETÍPICA: o diamante. Forma relacionada com o Mago, o diamante representa o nível mais elevado, a joia mais rara e poderosa de todas: a mente.

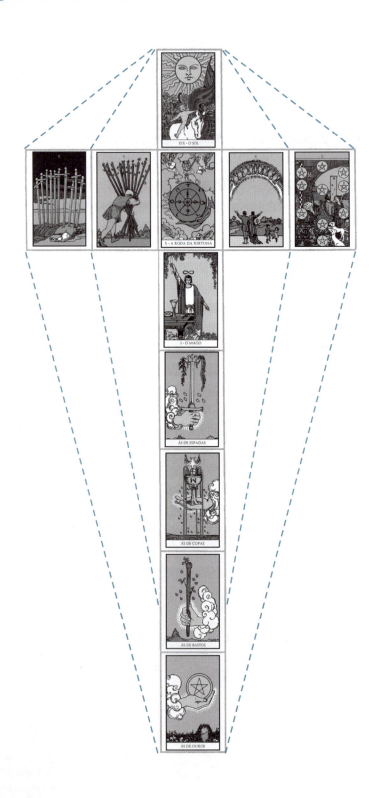

2. A SACERDOTISA

A constelação da Sacerdotisa contém quatro recursos intuitivos. A função desta matriz arquetípica é a moldar a autoconfiança e fortalecer a intuição demonstrada pela sua principal carta: A Sacerdotisa

Quando a mente encontra a serenidade (Dois de Espadas) e está em total equilíbrio e amor (Dois de Copas), penetrar nos reinos da Sacerdotisa se torna muito mais fácil. No entanto, nunca se deve esquecer de criar um estado de harmonia e união para refletir (Dois de Paus), sempre fluindo e estando aberto às mudanças (Dois de Ouros). Sabemos que estamos em perfeita unidade com a Sacerdotisa quando julgamos com imparcialidade (Justiça) e de maneira holística (Julgamento), usando o bom senso e bom julgamento em todas as questões.

FUNÇÃO MÁGICA: conecte-se com essa constelação para promover uma viagem interna na qual você encontrará uma conexão entre o seu passado, o seu presente e o seu futuro. Também é excelente para despertar em nós a capacidade de agir com tato, diplomacia e paciência, ouvindo as opiniões alheias de pessoas mais experientes.

MATRIZ ARQUETÍPICA: a flecha. Esta forma representa o sentido de direção e a ideia que penetra nas profundezas da mente para ser contemplada.

3. A IMPERATRIZ

Carta que traz em sua constelação três manifestações do amor e um obstáculo que nos impede de vivê-lo plenamente. A Imperatriz nos ensina a nutrir e contribuir para a formação do mundo, onde o amor possa frutificar. Seus quatro Arcanos Menores relacionados nos trazem o poder de dissolver a tristeza e as mágoas do coração (3 de Espadas), dizer a verdade na hora de tomar as decisões (3 de Bastos), celebrar os laços (3 de Copas) e unir as pessoas em um objetivo em comum (3 de Ouros).

Quando a relação com o amor se encontra desgastada, doente ou corrompida, o mundo pode virar de cabeça para baixo, como indicado pelo Enforcado. Mas uma vez que os velhos padrões e vícios sejam devidamente enfrentados e rompidos, o Mundo faz com que seja possível descobrir todo um universo dentro e fora de nós, para expressarmos o amor em suas múltiplas manifestações, inclusive de forma global.

FUNÇÃO MÁGICA: trabalhe com a constelação da Imperatriz para ativar as áreas mais práticas da sua vida material, profissional e nos estudos. Porém seu principal campo de ação é a área das relações afetivas, amigos e família.

Ela desperta em nós a capacidade de criar períodos mais leves e menos tensos, em que as dificuldades são superadas e os acontecimentos aumentam o nosso entusiasmo, fazendo surgir novos relacionamentos e contatos. Favorece ainda o talento, a criatividade, os projetos, as reuniões e festas sociais.

MATRIZ ARQUETÍPICA: o Cálice: forma relacionada com a Imperatriz, que expressa a capacidade de preencher nossa natureza emocional, nutrir, doar amar, confortar e curar.

4. O IMPERADOR

A constelação do Imperador fala do poder pessoal e da capacidade de liderança, auxiliando-nos a perceber e a demonstrar de forma clara nossa influência em inspirar outros a se tornarem líderes da seguinte forma: habilidade em resolver qualquer problema por meio do entendimento e do diálogo, como demonstrado pelo 4 de Espadas; a maneira como extraem o melhor, mesmo em meio aos períodos mais cinzas, ilustrado pela carta do 4 de Copas; a forma como celebra seus feitos e reconhece a importância dos seus parceiros de jornada, claramente visíveis no arcano do 4 de Paus; a segurança com a qual lida em todas as situações, ilustrada pelo 4 de Ouros.

O Imperador desperta em nós a força de seguir em frente e renascer das cinzas (A Morte), sempre renascendo e se movendo sem medo num mundo de infinitas possibilidades (O Louco).

FUNÇÃO MÁGICA: use a Constelação do Imperador para alcançar a realização de seus objetivos, sonhos e metas usando a disciplina e a organização, assumindo com orgulho e amor o trabalho que lhe será exigido. A energia dessa matriz arquetípica desperta a capacidade de dar atenção a detalhes necessários para corrigir possíveis erros que podem vir do passado e ser repetidos sem perceber. Ela também nos prepara para o trabalho duro e as muitas responsabilidades da vida.

MATRIZ ARQUETÍPICA: a coroa. O Imperador nos remete à forma da coroa, o símbolo máximo da realeza, conquista, crescimento, poder e liderança. Em todo o mundo, aquele que está em posição de destaque e que é responsável perante sua comunidade usa um ornamento em sua cabeça, representando seus altos propósitos e a iluminação de sua consciência.

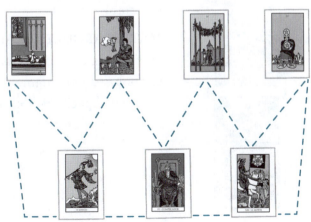

5. O HIEROFANTE

A constelação deste arcano guarda os obstáculos que bloqueiam o acesso à sabedoria do nosso mestre interior, já que o Hierofante simboliza todas as qualidades do professor que vive em cada um de nós e que tem o poder de nos ensinar a superar os 4 medos principais da humanidade: medo da derrota (5 de Espadas), das decepções afetivas (5 de Copas), do conflito (5 de Bastos) e da miséria (5 de Ouros).

Todos esses medos só podem ser enfrentando quando entramos dentro de nós mesmo e fazemos uma alquimia interna, como proposto pela carta da Temperança. Buscar pelo equilíbrio interno é o tema principal da constelação do Hierofante.

FUNÇÃO MÁGICA: trabalhe com a constelação do Hierofante para se fortalecer internamente e adquirir sabedoria e apoio nos momentos de necessidade. Essa matriz arquetípica tem a capacidade de desenvolver a própria personalidade e de aproveitar as oportunidades antes que sejam perdidas. Ela ajuda a meditar sobre as armadilhas que devem ser evitadas para não desperdiçar sua energia e fazer mau uso da sua liberdade pessoal em detrimento das outras pessoas.

MATRIZ ARQUETÍPICA: o cajado. A forma universal conectada com o Hierofante. Um dos grandes símbolos do ensinamento, sabedoria, aconselhamento e capacidade de guiar e ser um apoio para todos os que precisam.

6. OS ENAMORADOS

Constelação que nos mostra o caminho para uma relação feliz e bem-sucedida através do equilíbrio entre os pares de opostos. Essa união tem a capacidade de reunir ideias, visões diferentes para construir algo maior. As quatro cartas numeradas 6 encontradas nos naipes do Tarô falam exatamente disso: ver as coisas pelo prisma da verdade e estar disposto a enfrentar tudo ao lado de quem apreciamos (Seis de Espadas). Sempre procurar restaurar o que foi perdido e preservar a inocência e a amizade (6 de Copas). Celebrar as vitórias ao lado de quem nos é importante (6 de Bastos). Nunca perder a generosidade de vista (6 de Ouros).

Quando esquecemos essas quatro importantes lições, as relações podem pender para o lado da indulgência e da materialidade (O Diabo), onde os aspectos mais elevados das interações humanas são completamente ignorados.

FUNÇÃO MÁGICA: use esta constelação quando desejar meditar sobre o casamento, as responsabilidades domésticas, o sucesso e a felicidade resultante de uma dedicação altruísta à família e à comunidade. A energia proporcionada por essa matriz arquetípica nos leva ao entendimento das armadilhas, quando esperamos demasiadamente dos outros e quando o amor demanda mais de diplomacia e compaixão da sua parte para ser harmonizado.

MATRIZ ARQUETÍPICA: dois pilares. Esta forma universal conectada com os Enamorados invoca equilíbrio, harmonia e interação entre os opostos.

7. O CARRO

Esta constelação traz toda a força da carta do Carro. Trazendo o princípio de movimento e mudança, ela nos mostra os três desafios internos as quais nos deparamos no processo de crescimento e evolução: o apego às ilusões, à devassidão e à indulgência (7 de Copas). O medo do fracasso e a incerteza (7 de Ouros). A futilidade (7 de Espadas). Também ilustra o único dom interno que pode manter ou sustentar a direção rumo ao sucesso: permanecer fiel ao que se acredita (7 de Bastos).

Ao passo em que mudamos internamente e crescemos, temos que estar abertos a mexer com nossas estruturas e nos desprender dos condicionamentos e aspectos mais superficiais do nosso ser, que clama por uma mudança e nos chama para o verdadeiro significado de nossa existência, ainda que tenhamos que nos reconstruir do zero a partir dos nossos escombros, como ilustra majestosamente a carta da Torre.

FUNÇÃO MÁGICA: invoque a energia dessa constelação para favorecer a vida material, profissional, amorosa e verdades em que acredita. Essa matriz arquetípica torna claro para onde devemos caminhar após uma bela faxina depois de fazer uma viagem ao seu interior para ver como andam suas crenças e filosofia de vida.

MATRIZ ARQUETÍPICA: a espiral. O carro traz em sua forma universal o símbolo da espiral, imagem pictórica do crescimento, mudança, transformação e evolução, possibilitando-nos evoluir em diferentes e novos níveis. Traz limpeza, renovação e restauração.

8. A FORÇA

Esta constelação fala sobre a necessidade da busca pelo equilíbrio dos aspectos mais selvagens de nossa natureza. Ela também fala do controle de nossas forças internas para a harmonia e o balanço entre nossa natureza mais básica e os aspectos de nós que são mais elevados.

A Força nos ensina que quando há equilíbrio interior verdadeiro, nosso esplendor brilha plenamente. Para isso não podemos nos deixar levar pela confusão e interferência mental (8 de Espadas) e a inércia ou a dificuldade de deixar ir o que for necessário (8 de Copas). Quando tomamos as rédeas de nossas vidas e passamos a agir (8 de Ouros), criamos em nós a vontade de abandonar a procrastinação e colocar todas as nossas forças e energias em ação (8 de Bastos). É neste momento que a esperança renasce (A Estrela), dando-nos a capacidade de confiar em nosso potencial capaz de tudo realizar.

FUNÇÃO MÁGICA: invoque a energia desta constelação para alcançar o equilíbrio entre a emoção e a razão, o material e o espiritual, seu lado racional e irracional e a harmonia entre o humano e a fera.

MATRIZ ARQUETÍPICA: a estrela. Nesta constelação encontramos a forma da estrela, o símbolo da luz e do despertar. É a matriz na qual encontramos todos os desafios e recursos capazes de reequilibrar o nosso ser.

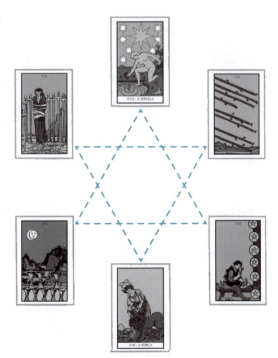

9. O EREMITA

Considerado o arcano da introspecção e da finalização dos processos, o Eremita sempre nos mostra que qualquer fim abre caminhos para que algo novo seja iniciado. Exatamente por isso as cartas associadas a ele propõem grandes desafios que encontramos todas as vezes que passamos por ciclos de transições e de conclusões definitivas em nossa vida: a crueldade, autocrítica e o medo de prosseguir, assinalados pelo 9 de Espadas; a força, a resistência e a sabedoria adquiridas pela experiência demonstradas pelo 9 de Bastos; a necessidade de permanecermos conscientes e não nos perdermos de nós mesmos quando completamos as coisas satisfatoriamente; saber desfrutar positivamente daquilo que conquistamos e os frutos que colhemos.

O Eremita e a Lua estão ligados numerologicamente entre si. Enquanto o arcano 9 nos lembra das escolhas internas que devemos tomar para agir externamente, o arcano 18 é o mergulho profundo na alma, a luz interior que o Eremita usa para brilhar na escuridão sem se perder de si. Ambos trazem luz à consciência nos momentos de transição, criando uma ponte entre aquilo que é revelado e o que está oculto, entre o conhecido e desconhecido.

FUNÇÃO MÁGICA: use esta constelação quando desejar colocar um ponto final em tudo, dar um fim ao que começou, principalmente no que se refere às coisas que já não servem mais e que devem sair da sua vida. Invoque a energia desta matriz arquetípica para se preparar para começar um novo ciclo e fazer um balanço pessoal e para virar a página e dizer adeus a tudo o que não tem mais lugar em sua vida, fazendo esta passagem de um ciclo para o outro com calma e serenidade.

MATRIZ ARQUETÍPICA: a ponte. Esta forma é o símbolo da transição, aquilo que liga um extremo a outro. Traz o conceito de cruzar o limiar, lançar-se no desconhecido, abandonar o velho e se abrir para algo novo.

A MAGIA DAS CONSTELAÇÕES DO TARÔ

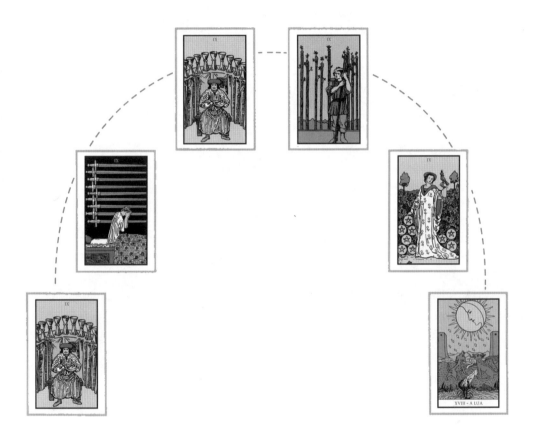

ROTEIRO PARA REALIZAR OS RITUAIS DAS CONSTELAÇÕES DO TARÔ

1. Crie um espaço sagrado e escolha a constelação com a qual deseja trabalhar.
2. Disponha os arcanos sobre o altar, criando a matriz arquetípica da constelação, ou seja, sua forma geométrica como demonstrado em cada constelação.
3. Chame pela energia da constelação com invocações espontâneas e peça para que possa compreendê-la melhor e integrá-la dentro de você.
4. Acenda velas e incensos relacionados com o arcano principal da constelação em questão[9] e fique por alguns instantes sentindo a atmosfera que você criou.

---

[9]. Cada constelação possui um arcano principal. Use as referências dadas para essa carta nos capítulos anteriores para estabelecer as correspondências mágicas que serão usadas sobre o altar para invocar sua energia.

5. Se desejar, realize a Jornada Interior relacionada com o arcano puro com o qual está trabalhando e faça a invocação dele que se encontra no Compêndio deste livro.
6. Veja como cada matriz arquetípica é construída em torno de curvas e linhas retas. As formas podem ser geometricamente simples ou complexas. Explore a natureza das formas. Como suas linhas, curvas e ângulos diferem em sua composição? São formas suaves ou rígidas? Quais arcanos estão naquela forma?
7. As formas podem ser agrupadas em uma série ou organizadas separadamente e todas elas comunicam movimento, estabilidade, emoção, mistério. Saiba que a função de cada matriz arquetípica é comunicar a separação ou as conexões entre todos os arcanos relacionados com o número puro em questão.
8. As matrizes arquetípicas criam uma vibração energética que pode ser usada magicamente. Há algo relacionado com esse número puro que você gostaria de resolver? Se sim, escolha uma das cartas presentes na disposição e determine que a partir deste momento sua força e poder são seus, para tudo transformar.
9. Observe seu corpo e preste atenção aos sentimentos que são despertados em você neste momento. Que sentimentos você tem? Você gosta desta carta ou ela o incomoda? Talvez ela seja indiferente para você.
10. Tome a mesma postura que o personagem central da carta e permaneça alguns minutos nessa posição, sentado, observando seu corpo.
11. Respire algumas vezes e medite sobre suas sensações corporais e o que você pode fazer para assimilar melhor a energia da carta em si.
12. Finalize a cerimônia como julgar apropriado.

CAPÍTULO 16

TRABALHANDO COM O TARÔ NO MUNDO DOS SONHOS

SONHAR TEM SIDO CONSIDERADO uma atividade sagrada desde tempos antigos. Nas civilizações mesopotâmicas, o sono era um elemento relacionado à magia e em muitos outros lugares eram considerados revelações divinas ou expressões da vida após a morte. Os babilônios separavam os sonhos em bons e maus. Os sonhos benéficos e agradáveis eram enviados pelos Deuses, enquanto os pesadelos eram enviados pelos demônios. Para evitar que sonhos ruins se tornassem realidade, a Deusa dos sonhos, Mamu, era invocada com rituais elaborados e precisos.

A importância dos sonhos para os egípcios era tão grande que eles chegaram a registrar muitos deles em seus papiros. No Antigo Egito, as pessoas acreditavam que os Deuses podiam enviar mensagens por meio dos sonhos e existiam três classificações para eles: sonhos que pediam alguma coisa no mundo físico, os que alertavam sobre coisas que iam acontecer e os que respondiam perguntas específicas dos devotos.

O relato mais antigo sobre o processo de ritualização da hora de dormir para receber um sonho profético é encontrada no Papiro Chester, descoberto perto de Tebas, no Alto Egito, e agora em exibição no Museu Britânico. Este papiro é datado aproximadamente de 1350 AEC e descreve um ritual para invocar o Deus Bes:

> Faça um desenho de Bes em sua mão esquerda e envolva-o em uma tira de pano preto que foi consagrada a Ísis (e) vá dormir sem dizer uma palavra, mesmo em resposta a qualquer pergunta. Enrole o resto do tecido em volta do pescoço... Ele (o Deus) virá naquela mesma noite.

Há um grande número de documentos que fazem referência aos Deuses egípcios na tradição de incubação grega dos sonhos. Diversas fontes históricas comprovam que houve um intercâmbio entre as duas culturas por volta do século 5 AEC. Foi provavelmente nesta época que o culto a Asclépio foi levado do Egito para a Grécia. Existem paralelos que suportam semelhanças profundas entre Asclépio e o Deus egípcio Imhotep, arquiteto principal do Faraó Djoser que construiu a primeira pirâmide e foi deificado e associado à cura, que ocorria inclusive por incubação de sonhos em seu templo na cidade de Memphis.

Na Grécia Antiga e em Roma, o método de incubação de sonhos era realizado com um propósito muito prático. O objetivo do ritual era focar o sonho em um tema específico da vida para encontrar soluções. As pessoas visitavam os templos e depois de dias de jejum, para incitar seus sentidos e, estimuladas pelo cheiro de incenso, luz suave e canções sagradas dos sacerdotes, conseguiam entrar no mundo onírico para receber a revelação dos Deuses.

Assim, a famosa arte da incubação dos sonhos que era algo bastante organizado, foi considerada até mesmo como uma pequena parte da religião. Haviam sacerdotes e pessoas sagradas que interpretavam sonhos e decifravam as mensagens que eles continham depois que os devotos dormiam uma noite inteira nos templos dos Deuses para receber uma revelação, cura ou ter um contato mais direto com as divindades. A incubação dos sonhos era usada como uma forma alternativa de resolver problemas e de encontrar respostas para as perguntas da vida.

Hoje, ainda, os sonhos continuam a ser uma fonte de fascínio e são um aspecto importante da vida para os seres humanos, que esperam receber mensagens, insights e até mesmo encontrar os antepassados ao sonhar.

Uma incubação de sonhos expressa a busca para encontrar um ser sagrado ou uma tentativa de invocar uma presença espiritual para alcançar um sonho revelador.

Os sonhos advindos através do processo de incubação não são diferentes da prática realizada por muitas pessoas que antes de ir dormir focam em um assunto para poder sonhar com uma solução capaz de ajudar a resolver o problema em questão.

É possível sacralizar essa prática ritualizando, criando uma meditação simbólica ou fazendo alguns exercícios de respiração antes de dormir para invocar sonhos simbólicos que se tornem proféticos. O Tarô, por ser uma ferramenta pictórica, pode se tornar um instrumento auxiliar excelente para "plantar a semente" do sonho na mente. Ao visualizar um arcano que tenha a ver com um assunto que você deseja investigar melhor, a mente inconsciente incorpora os símbolos e temas deste arcano em questão nos sonhos, para poder refletir melhor sobre eles por meio de um drama simbólico. Todos já fomos dormir um dia pensando em uma questão e então durante a noite sonhamos sobre aquilo, na maioria das vezes obtendo uma resposta. Trabalhar com o Tarô de forma onírica não é muito diferente disso: nossa mente inconsciente retém o significado do arcano e, durante a noite, delibera sobre o assunto por meio de sonhos.

Os tópicos que podem ser trabalhados desta forma com o Tarô são vários e podem estar relacionados com a carreira profissional, as relações pessoais, amor, saúde, alguma decisão a ser tomada ou a resolução de um conflito.

Quando sonhamos, nossos centros intuitivos e emocionais são ativados. Alcançar a intuição e as emoções é extremamente útil para qualquer processo mágico, pois, desta forma, conseguimos manipular as raízes da consciência prestando atenção às informações que nos chegam por intermédio daquilo que sonhamos. Sonhos são de natureza simbólica e, como ocorre com os feitiços, geralmente operam por meio de símbolos. Incubar os sonhos é uma forma de magia que traz grandes transformações à um nível capaz de impressionar nossa mente para criar a realidade daquilo que queremos ver. Incubar os sonhos faz exatamente o mesmo que um feitiço: invoca as forças do Universo para colocar em ordem as energias a fim de obter um resultado concreto com precisão e eficácia.

Lembrar dos sonhos é uma tarefa importante no processo de manifestá-lo. Por isso, ao fazer esse tipo de trabalho, tenha sempre um diário de sonhos na cabeceira de sua cama para notar todo o sonho que estiver trabalhando no processo de incubação com a ajuda do Tarô. Se não conseguir lembrar de todo o sonho, anote pelos menos de três a cinco palavras que o permita lembrar dele. Esta prática é vital, porque os sonhos são fáceis de serem esquecidos e são passageiros por natureza. Apesar de desaparecem rapidamente da memória, sua impressão energética e psicológica permanece num nível subconsciente, capaz de nos influenciar de muitas maneiras. Lembrar deles com precisão é uma forma eficaz de manipular sua energia para os propósitos desejados.

Veja a seguir maneiras simples e eficazes de trabalhar com o Tarô no mundo dos sonhos:

1. **Associe o tópico a uma emoção e a um arcano:** escolha um arcano do Tarô que se relacione com o tema que deseja trabalhar por meio da incubação de sonhos. Crie uma frase de efeito e repita ela, olhando para a carta do Tarô escolhida. Sinta a emoção relacionada com a frase e a carta. A excitação emocional é uma fonte importante para a geração dos sonhos. Assim, uma incubação que tem um componente visual e emocional tem mais probabilidade de ser percebida de maneira mais eficaz pela mente inconsciente. A sensação pode ser agradável ou desagradável. Não se preocupe com isso. Honre a sensação, coloque a carta embaixo do travesseiro e vá dormir.

2. **Visualize o sonho desejado:** veja-se imerso em um sonho desejo. Use um arcano do Tarô apropriado para criar uma ponte visual e veja o sonho como você gostaria que ele acontecesse. Você pode, por exemplo, imaginar que ao acordar pela manhã, lembra-se da mensagem alcançada por intermédio dos sonhos. Sinta a emoção que teria se isso de fato ocorresse. Use os demais sentidos além da "visão". Ouça, cheire, toque, sinta o gosto dos seus sonhos. Coloque a carta em um lugar visível ao lado de uma vela e por vez ou outra contemple a imagem até adormecer.

3. **Faça uso de auxílio sensoriais:** use diversos sentidos capaz de ajudá-lo a incubar seu sonho. Use fotos, aromas, objetos que se relacionem com o tema do sonho que deseja ter. Reúna tudo ao lado da sua cama, ao redor do arcano que se relacione melhor com o tema de sua incubação.

4. **Procure a solução na interpretação de seus sonhos:** ao acordar, lembre-se de seus sonhos e explique-os por quaisquer sentimentos ou imagens simbólicas que possam se referir ao tema incubado. Tente reconstruir a história com a ajuda dos arcanos do Tarô, criando os fatos por meio das cartas enquanto narra ao sonho que teve. Se o final não foi feliz, finalize com um arcano que representa o seu desejo final e mude a história. Se foi satisfatório, agradeça. Medite por alguns instantes e eleve a sua energia.

5. **Seja paciente:** a incubação pode não ocorrer imediatamente. Esse atraso no processo pode ocorrer por muitas razões. O motivo mais comum é um "conflito nas agendas". Nem sempre o assunto que queremos trabalhar é a prioridade da mente inconsciente. Muitas vezes ela tem assuntos mais urgentes para tratar e resolver antes de colocar atenção sobre o tema que desejamos trabalhar. Outro fator é que a incubação pode não ocorrer até você reformular sua frase de impacto, a pergunta feita ou que você esteja psicologicamente "preparado" para saber a resposta. Em outras situações, leva-se um tempo até que a mente inconsciente consiga formular a resposta que deseja lhe apresentar de maneira adequada.

6. **Aceite que as coisas aconteçam** no seu próprio ritmo e respeite a autoridade da mente inconsciente no controle do nosso mundo de sonhos.

CAPÍTULO 17

O TARÔ
E A SOMBRA

O CONCEITO DA SOMBRA é encontrado nas cartas do Tarô. Em alguns arcanos ele é meramente sugerido, mas em outros a Sombra e seu universo mostram-se de forma explícita. Assim, cada arcano pode nos ajudar a compreender como os aspectos mais sombrios e rejeitados de nossa personalidade se manifestam em nossa vida. Cada lâmina e seus personagens podem nos auxiliar a identificar e lidar, talvez até mesmo assimilar, o aspecto Sombra de nossas personalidades em nossa consciência, ajudando-nos a encontrar o caminho para a individuação, de forma a alcançarmos a Totalidade.

Mas antes de entrarmos no mérito dos aspectos das Sombras que cada arcano rege, é necessário entendermos amplamente esse conceito e sua teoria.

A Sombra vive em nosso inconsciente, o reino profundo onde estão armazenados todos os nossos medos e aspectos negativos rejeitados pela personalidade. Poderíamos dizer que ela é a face inaceitável do Ego.

O conceito de *Sombra* apareceu em diferentes culturas e histórias mitológicas. Na mitologia nórdica, temos Loki como a Sombra de Odin, no Egito, a Sombra de Osíris se apresenta em Seth, e na cultura Celta, podemos ver Balor como a face sombria de Lugh.

A Sombra é um "ser" criado em nossa psique que ganha vida e força quando tentamos separar o que é bom do que é mal. É literalmente a encarnação de todos os impulsos e qualidades que impelimos no inconsciente, porque nossa parte lógica os acha inaceitáveis. Ela é tudo aquilo que somos e que sentimos que não deveríamos ser. Em seu reino, encontra-se sexo, ódio, hostilidade, vulnerabilidade, culpa, fracasso e uma lista de temas rejeitados pela sociedade. Para os homens, a demonstração de compaixão e emoção pode ser incluída nesta lista, pois expressar tais qualidades não é aceitável em nossa cultura. Ideias sociais, como estereótipos sobre aparência física, funções na vida baseada em gênero e preconceitos raciais sexuais também residem no Reino da Sombra. Qualquer coisa que você, sua família ou a sociedade considera como "proibido" ou "pecaminoso" pode ser encontrado em sua Sombra. Ela também inclui características positivas que você pode ter negado, como poder, justiça, sexualidade e criatividade.

A maioria dos temas ligados à Sombra não são "maus", eles apenas não são percebidos como "aceitáveis" por uma maioria em função de seus valores e conceitos preestabelecidos. Em seu aspecto mais suave, essa é parte de nós com a qual nos sentimos desconfortáveis, esperando que ninguém a veja ou a perceba. Em seu aspecto mais radical, a Sombra pode ser comparada a algo como o "Médico e o Monstro", onde dois aspectos e personalidades totalmente separadas compartilham um único corpo biológico, um sobrepujando ao outro, ambos expressando seus desejos no mundo físico. Cada vez que permitimos que nossos pensamentos se tornem sentimentos negativos fortes, fortalecemos nossa Sombra

De acordo com a psicologia de Jung, a Sombra é a escuridão, a parte rejeitada da psique. Consiste em todas aquelas qualidades que nós, influenciados pelos valores de nossa cultura, sentimos que não são desejáveis ou aceitáveis de serem expressadas por meio de nossa personalidade. A Sombra contém o que nós não gostamos em nós mesmos, aquilo que achamos ameaçador, vergonhoso e inadequado, como também certos valores e qualidades positivas que somos pressionados a reprimir e não reconhecer. Individualmente e como uma cultura, rejeitamos estas partes negadas e desvalorizadas de nós mesmos, exilando-as no inconsciente e não permitimos que floresçam como parte de nossa identidade consciente. Nossa Sombra é a mensageira do inconsciente que, por sonhos, insights e imagens, revela o nosso ser interno que opera sob o limiar da mente consciente.

Quando o ego sublima alguns de seus aspectos, pode fazer com que percamos partes importantes de nossas habilidades. Explorar a Sombra pode restaurar aspectos perdidos de nosso ser e completar a Totalidade da psique em cada um de nós. Nenhuma pessoa que busca a verdadeira

Iniciação pode negar a existência da Sombra e ignorar o trabalho com ela. Não se pode atacar a Sombra com a ideia de destruí-la, ao contrário, deve-se reconhecê-la como uma parte importante e vital de si mesmo.

Para encontrar a Totalidade do ser é necessário integrar aspectos contraditórios da psique entre si com toda a psique cósmica, desenvolvendo o poder e conhecimento do Eu para permitir que ele alcance resultados que estão além das habilidades da psique pouco desenvolvida e trabalhada. A integração dos aspectos contraditórios da psique humana é a base de todo desenvolvimento do caráter. Isto libera e canaliza poderes psíquicos ilimitados que são inerentes a todos nós para que seja possível alcançar a Totalidade.

Quando a comunicação entre o inconsciente e o ego não é bem sucedida, conflitos emergem levando a todos os tipos de problemas, como tensão, neuroses, psicose, esquizofrenia e estresse. O que é necessário é haver uma bem sucedida comunicação entre o consciente e o inconsciente. O ego precisa compreender que o inconsciente tem mensagens para ele, precisa aprender como interpretar as mensagens que o inconsciente pode expressar somente através de símbolos. Obviamente, todo o conteúdo do inconsciente nunca estará diretamente disponível para o ego, mas uma grande parcela dele está disponível por meio do subconsciente. Compreendê-lo pode remover conflitos e enriquecer a significância do Eu e sua efetividade, aumentando a quantidade e a variedade de dados pelos quais podem agir.

O trabalho com os arcanos do Tarô também pode no ensinar a lidar com nossa Sombra, canalizando sua energia positivamente. É necessário compreender que ambas energias, negativa e positiva, são necessárias para o equilíbrio. Ao separarmos o bom do mal, criamos um conflito dentro de nós que pressagia uma queda potencialmente destrutiva. Fazer julgamentos morais do tipo "correto" ou "mal" e bom" ou "errado", baseado numa realidade de consenso dentro de qualquer estrutura social, é absolutamente necessário para manter a ordem social. Mas quando internalizamos esses julgamentos, reforçando-os com uma forte emoção negativa dirigida a nós, a Sombra cresce e torna-se mais difícil de mantê-la.

Diversos arcanos do Tarô ilustram a Sombra humana de uma forma mais evidente como as cartas do Enforcado, da Morte, do Diabo ou a da Torre. Porém, assim como nós, cada arcano também possui seus próprios aspectos sombrios por mais luminoso e elevado que ele possa parecer.

Cada um de nós nasce com uma "personalidade de 360 graus". Quando crianças, expressamos a amplitude total de nossa natureza humana sem editá-la ou censurá-la. Conforme crescemos, porém, aprendemos que determinadas partes de nossa personalidade de 360 graus são inaceitáveis às pessoas ao nosso redor. Talvez tenhamos nos envergonhado por chorar ou sido castigados por ficar bravos. Talvez tenhamos sido até ridicularizados por esperar atenção de outros ou agir com orgulho. Assim, fomos aprendendo a reprimir essas partes de nós mesmos, aquelas que formam feridas.

As "Sombras" se referem a todas as coisas que escondemos e podem ser partes "positivas" ou "negativas" do nosso ser. São todas aquelas partes que reprimimos ou negamos – as partes de nós que temos medo de mostrar –, mas que sabemos que somos muitas vezes impotentes para mudá-las.

Em certo nível, é próprio e útil não compartilhar algumas partes de nós mesmos com os outros. Mas quando o fardo desta repressão reduz nossa velocidade no caminho da Totalidade e nos impede de ser quem realmente somos ou o que queremos ser, está na hora de rever nossas posturas e encontrar um lugar seguro para olhar dentro de nós e examinar nosso interior, revendo aquilo que precisa ser revelado.

Você pode identificar muitas vezes as suas Sombras olhando para aquilo que projetou sobre os outros. Tendemos a possuir muito daquilo que criticamos em outras pessoas. Isto significa que, quando estamos muito atentos em determinadas características alheias, estamos, na realidade, refletindo nossas próprias Sombras, que também podem se apresentar nas características que admiramos demasiadamente nos outros. Quem são as pessoas que mais observamos? Quem são nossos ídolos? Projetamos frequentemente nossas Sombras douradas sobre eles, porque estas pessoas representam as qualidades que negamos em nós mesmos num falso senso de modéstia. Poderíamos dizer que pintamos as outras pessoas com nossas Sombras, para melhor ou pior.

Outro modo para reconhecer as Sombras é procurar por coisas que acabamos fazendo "sem querer". Não importa o quanto nos esforçamos para ocultar nossas Sombras, elas podem se expressar de tal maneira que parecem estar além de nosso controle. Por exemplo, você pode se comprometer a passar mais tempo com sua família, quando na verdade começa a gastar mais tempo no trabalho; pode se perceber entrando em uma relação questionável, quando sabe que uma determinada pessoa não é correta para você; ignora suas próprias regras sobre comer, enquanto fuma ou bebe. Quando repetimos um padrão de comportamento involuntariamente, é sinal de que a Sombra está assumindo o controle.

Existem muitos meios usados por nós para fugir da Sombra. Na maioria das vezes acreditamos que estamos nos beneficiando ao fazer isso. Porém, isso é o que pensamos!

Anulação nunca traz fortalecimento e nunca leva à evolução. É como um medicamento para gripe, apenas mascara ou corta os sintomas, quando o efeito acaba, podemos perceber claramente que a doença ainda existe ou até mesmo piorou. O fortalecimento interior verdadeiro vem da superação dos problemas, não em evitá-los. Quando nos anulamos, negamos as oportunidades para o crescimento, pois a Sombra é uma grande professora. Quando confrontamos nossa Sombra, somos forçados a nos encarar de frente e aprender mais sobre nós mesmos, pois a Sombra é a nossa face mais maligna. Ela conhece os segredos mais obscuros e feios de toda nossa existência. Quanto mais tentamos nos separar dela, mais ela cresce na escuridão, em tamanho e em poder. Nenhum medo é mais forte do que o temor à própria Sombra e nada é mais destrutivo do que a defesa que adotamos ao evitar confrontá-la.

Há vários passos que podemos dar para ganhar controle sobre nossa Sombra e nossas vidas com a ajuda do Tarô:

Use os arcanos para se tornar ciente de quando a Sombra se manifesta. Em uma leitura ou mesmo observando os acontecimentos da vida, podemos perceber qual arcano está se manifestando por meio de nossa personalidade em um dado momento. Ao se tornar ciente disto, você começará a ver efeitos da Sombra em sua vida e ela se tornará mais visível.

Nomeie a sua Sombra. Chamá-la de Lua, Torre, Enforcado, por exemplo, pode dar uma dimensão mais clara acerca de si mesmo. Você também pode usar os nomes das inteligências de cada arcano como Espírito das Poderosas Águas, Senhor dos Portais da Morte, Senhor das Hostes do Poder para ter uma percepção mais ampla ainda dos poderes que estão em jogo. Se nada disso fizer sentido para você, use um nome curto e gracioso para cada comportamento específico de sua Sombra que o persiga, tal como Sr. Travessura, Juiz, Menino Levado ou outro que for apropriado e tente relacioná-lo com um ou mais arcanos. Isto ajuda a estar mais ciente de como você se sente ou age quando esta figura de Sombra se manifesta em você.

Domine sua Sombra. Pergunte ao Tarô como você pode contribuir para que uma relação tensa com a Sombra chegue a um equilíbrio em algum ponto. Muitas vezes um determinado arcano pode compartilhar contigo sábios ensinamentos para colocar as coisas em ordem quando tudo parece perdido. Lembre-se de que você é o criador da sua vida, não a vítima dela! Dirija suas próprias emoções e ações.

Resista à tentação de salientar a outras pessoas as Sombras dela, ou tentar "consertar" a vida dos outros, uma vez que você se torne consciente da Sombra e seus efeitos. Isto é um assunto muito pessoal e nenhuma outra pessoa pode ajudar neste processo.

No centro de toda Sombra há uma joia rara de força e poder. Sua Sombra é como uma mina de ouro de energia criativa e útil. O trabalho com a Sombra faz parte de um processo de crescimento pessoal que traz seus poderes escondidos da escuridão para a luz. Todos nós temos estes poderes escondidos em nosso interior, mas nem sempre nos permitimos usá-los. Todos já fomos feridos e aprendemos a esconder partes nossas para não nos machucarmos novamente.

Este trabalho é um modo de explorar a paisagem interna e descobrir o ouro que está escondido nessa Sombra. É o modo mais fascinante de nos tornarmos cada vez mais quem realmente somos, e não talvez quem "deveríamos" ser. Trabalhar com a Sombra é uma maneira de enfrentar as feridas, o medo, a raiva e aprender a viver mais completamente. Acima de tudo, é um modo para amar a si mesmo pelos caminhos que escolhemos trilhar.

Cada arcano do Tarô pode ajudá-lo muito nesse processo ao mostrar suas vulnerabilidades e deficiências.

A SOMBRA DE CADA ARCANO

Como mencionado anteriormente, por mais luminoso que um arcano seja, ele possui seu lado Sombra.

Através de cada arcano podemos reconhecer os antigos padrões que se tornaram nossos velhos amigos e que impedem o progresso de nossa caminhada em muitos níveis. Ao trabalhar com a sua Sombra por meio das cartas do Tarô, você se conectará com aquelas partes de sua vida e personalidade que foram ignoradas durante tanto tempo ou que talvez você sinta medo ou vergonha.

Um exercício simples que pode ser feito para iniciar o contato com sua Sombra consiste em embaralhar os Arcanos Menores e pedir que eles revelem o que existe em seu mundo interior, pense que eles lhe revelarão um segredo acerca de sua natureza interna. Puxe uma carta e tente perceber qual segredo acerca de si mesmo essa carta deseja revelar. Lembre-se de que cada carta dos Arcanos Maiores contém verdades ocultas sobre sua alma e que elas podem revelar aspectos muito importantes do seu ser.

A seguir, veja a relação de possíveis comportamentos da Sombra com os Arcanos Maiores do Tarô:

O LOUCO: não dar atenção para sua voz interna, insegurança acerca do futuro, prisão psicológica, ingenuidade cega, imaturidade, insensatez, negacionismo, rigidez.

O MAGO: dificuldade em focar, ser dispersivo, pessimismo, desonestidade, abuso de poder para proveito próprio, dificuldade em finalizar projetos, tornar-se um ser destrutivo.

A SACERDOTISA: literalismo, racionalismo, superficialidade, rejeitar a espiritualidade e seus dons, dificuldade em lidar com a harmonia e o equilíbrio da vida, ser vago, ilusão, misoginia, desenvolvimento de uma vida secreta para viver suas fantasias sexuais.

A IMPERATRIZ: tornar-se controlador, amaldiçoar, ser fofoqueiro, agir com interesse, possessividade, dependência emocional, dificuldade em lidar com as dores e perdas do passado, inconsequência, criar barreiras emocionais, natureza destrutiva e perversa.

O IMPERADOR: desencantar-se com a vida, frieza, sentimento de distanciamento, ser calculista, agressividade, insegurança, confusão mental, autoritarismo, controle sobre as pessoas, natureza não receptiva, insubordinação.

O HIEROFANTE: intolerância religiosa, dificuldade em lidar com diferentes pontos de vista, alienação, controle espiritual sobre os outros, criar seitas, exigir demais dos outros, manter as aparências para finalidade escusas, hostilidade, desprezo, falta de ética e princípios, corrupção espiritual.

OS ENAMORADOS: fazer escolhas erradas, incerteza, medo, irresponsabilidade, dificuldade em manter uma postura de equilíbrio perante a vida, dificuldade em lidar com as emoções, não reconhecer os conflitos internos, desarmonia provocada pela indecisão.

O CARRO: descontrole, ego inflado, autoritarismo, natureza bélica, desejo de controlar os outros, dificuldade em aceitar outros pontos de vista, ansiosidade, ações agressivas, criar problemas deliberadamente.

A FORÇA: falta de coragem e integridade, insegurança, natureza agressiva e destrutiva, abuso sexual, falta de compaixão, natureza violenta, selvageria, deixar levar-se pelos instintos, vitimismo.

O EREMITA: isolamento, medo de sentir-se só ou isolado, superficialidade espiritual, síndrome de guru, necessidade de ter um guia para seguir, dependência de figuras de autoridade, dificuldade de envelhecer, impaciência e depressão.

A RODA DA FORTUNA: sentir-se vítima do destino, sentir-se paralisado, lutar contra mudanças, dificuldade em reconhecer as oportunidades, não conseguir finalizar o que começa, terceirizar responsabilidades, ser apegado ao passado.

A JUSTIÇA: egoísmo, dificuldade para aceitar as consequências de suas ações, desordem, falta de equilíbrio mental, falta de consciência, desunião com o Eu Divino, preconceito, extremismo.

O ENFORCADO: desespero, vícios de comportamento, orgulho demasiado, estar preso a velhos valores, dificuldade de abrir mão do que precisa, abnegação, superficialidade.

A MORTE: bloqueio emocional, sentir-se paralisado, medo, não conseguir virar a página de um processo, viver no passado, estagnação mental e física, falsidade, dificuldade de lidar com a dor emocional.

A TEMPERANÇA: senso de autoimportância exacerbado, dificuldade em deixar as emoções fluírem, negacionismo espiritual, menosprezar as emoções, fazer as coisas sem pensar nas consequências, falta de paciência, perder o controle sobre si mesmo, dificuldade em se relacionar afetivamente.

O DIABO: insensatez, luxúria, sentir-se preso aos pensamentos e desejos, falta de autoamor, materialismo exacerbado, hábitos e comportamentos negativos e destrutivos, desejo de controlar, falso vitimismo, ambição desmedida, agressividade, repressão sexual.

A TORRE: falsidade ideológica, apego à falsas crenças, distanciamento pessoal e emocional das pessoas, mentiras, natureza autodestrutiva, falsa imagem sobre si mesmo, desavença, incompatibilidade de gênio, rigidez.

A ESTRELA: negação da realidade, dificuldade em reconhecer seus próprios talentos, desesperança, falta de autoestima, idealismo, fantasia, pouca autoconfiança.

A LUA: dúvidas e confusão, loucura, ilusão, controle do inconsciente, sentimentos instáveis, indecisão, passividade, resistência de reconhecer sua Sombra, vulnerabilidade.

O SOL: sobrecarga emocional e física, falta de criatividade, resistência em ouvir conselhos, perda da alegria de viver, falta de contato com a criança interior, rancor, segredos ocultos.

O JULGAMENTO: criticismo, apego às perdas, falta de compaixão e perdão, rigorosidade, sede de vingança, ódio, projetar a Sombra nas outras pessoas, dificuldade em perdoar e pedir perdão, ranço, punir a si mesmo, sentimento de julgamento alheio.

O MUNDO: perda do controle da vida, perda do sentimento de satisfação e contentamento, busca por coisas sem valor, ser reprimido, busca pela perfeição inatingível, sentimento de restrição, estagnação emocional, irresponsabilidade perante a vida, visão cerrada de mundo.

A seguir compartilho um ritual com o Tarô que irá auxiliá-lo a conhecer mais de perto a Sombra adormecida em seu interior, para que seja possível fazer as pazes com ela e restabelecer o equilíbrio do seu ser.

RITUAL DE MAGIA COM O TARÔ PARA ENCONTRAR COM SUA SOMBRA

Sobre o seu altar, coloque os Arcanos Maiores do Tarô no centro. Crie um espaço sagrado e acenda uma vela cinza. Olhe a chama da vela por alguns minutos. Relaxe todo o seu corpo e então faça uma invocação à sua Sombra:

Senhora do desejo, divindade suprema do ego, nascida da luxúria, impelidora da criação. Estás comigo desde o início. Você que é a corporificação do prazer material, a senhora dos sentidos, a nutridora, o alimento e a fome.

Ó Destruidora, a quem temo e ao mesmo tempo amo, na profundidade da escuridão, na presença do medo, dor e ódio eu te chamo, Sombra amada! Eu a invoco como minha aliada, como a professora da verdadeira sabedoria.

Guia-me através dos mistérios da vida e da escuridão que fazem pesar o coração e a mente. Liberte-me da escravidão do ser conforme eu te conheço, quebre as ilusões da alma para que eu encontre o renascimento.

Que meus sentidos se abram para você, para que eu possa encontrar paz e alegria, conforme descubro a luz do espírito que reside em seu reino sombrio.

Embaralhe os Arcanos Maiores, faça um leque com as cartas e retire um arcano.

Contemple esse arcano e tente entender quais aspectos de sua Sombra ele representa. Se for necessário, leia a parte relativa a ele que contém as principais características deste arcano em seu aspecto Sombra e medite por alguns instantes sobre como isso se relaciona com você.

Coloque a carta em um lugar do seu altar visível e recoste-se por alguns instantes. Peça para que sua Sombra se comunique com você.

Depois de algum tempo, perceba que você começa a sentir uma energia concentrada no interior da região das suas costas, que se estende por todo o seu corpo. Aos poucos, essa energia vai tomando forma e começa a se desprender do seu corpo, como se estivesse saindo de dentro de você. Perceba que esta força se assemelha a você em altura e extensão. Você ainda não pode vê-la, mas consegue sentir isso.

Continue chamando mentalmente por sua Sombra. Se quiser, dê um nome para ela, chame-a pelo nome do arcano que se revelou para você como sendo a manifestação de sua Sombra ou o título esotérico associado à inteligência que rege a carta. Aos poucos, a energia atrás de você se torna ainda mais forte. Isso prossegue até ela se desprender totalmente de seu corpo.

Quando sentir que isso aconteceu, vire-se ao contrário. Você está agora cara a cara com a sua Sombra, que estava adormecida dentro de você há muito tempo.

Entender, aceitar e integrar com moderação o lado escuro de nossa natureza humana é um passo necessário no caminho espiritual superior.

Nosso lado sombrio, é aquela parte de nós que motiva o Ego a agir de maneira imprópria. Como nos esforçamos para desempenhar bem os próprios atos, tendemos a "evitar" esta parte de nossa personalidade. Mas enquanto ignorarmos ou evitarmos esta parte, ela sempre estará conosco, podendo se apresentar impulsivamente e causar diversos danos. Isto também fraciona parte de nossa essência completa e de nosso poder pessoal necessários para alcançar a Totalidade.

Integrar a Sombra é importante porque ela unifica. Uma vez que tenha conseguido realizar esse feito, sentirá uma grande diferença e alcançará um poder que não estava disponível antes. Sua Sombra pode se apresentar em qualquer forma física, inclusive como o personagem central do arcano que você acabou de tirar.

Dê as boas-vindas a sua Sombra e agradeça por ter atendido o seu chamado. Como ela se apresenta a você? Qual o seu nome? O que ela quer dizer? Ela assume alguma postura ou faz algum gesto? Converse com ela. Algumas vezes a Sombra pode nos dizer coisas surpreendentes sobre nossas próprias crenças.

Peça que sua Sombra mencione nove princípios, "valores" ou ideias que você mais acredita e se apega. Não racionalize isto. Deixe a Sombra nomear estes itens espontaneamente. Relacione nove Arcanos Maiores do Tarô com esses nove apegos revelados a você pela Sombra.

Eles representam as crenças estabelecidas que você deverá meditar e trabalhar nos próximos meses para mudar paradigmas e explorar os aspectos mais profundos de sua personalidade. Você poderá meditar com cada um destes nove arcanos em seu próprio tempo para entender melhor os desdobramentos de sua Sombra e a ação dela sobre sua personalidade.

Dialogue com sua Sombra por alguns minutos sobre como seria enxergar o mundo se cada um desses valores fosse exatamente oposto ao que é.

Sua Sombra lhe dará um desafio e um prazo para realizá-lo. O desafio é a prova para a sua reconciliação com ela. Isto poderá ser qualquer coisa: a mudança de um hábito, a concretização de um projeto, a finalização de uma situação que você esteja arrastando, uma atitude, etc. Seguramente o desafio estará ligado a algo que você teme ou rejeita em si mesmo.

Quando tiverem terminado a conversa, respire profundamente. Agradeça uma vez mais a sua Sombra. Olhem profundamente um nos olhos um do outro. Saiba que ela é você na sua dimensão mais profunda, que sua Sombra é tudo aquilo que você tem receio de mostrar ao mundo por medo ou vergonha. Reconciliar-se com sua Sombra é um processo inevitável no caminho em direção à Totalidade, aceitá-la é a única forma de saber quem você verdadeiramente é.

É hora de dizer "até logo", mas não por muito tempo. Saiba que sua Sombra estará sempre disposta a se encontrar com você para que possam explorar outros valores, dialogarem sobre novas ideias, derrubarem outros preconceitos e princípios e estabelecerem novos paradigmas.

Vire de costas para a sua Sombra. Ela, então, vai encostar na parte de trás do seu corpo e, aos poucos, vai entrando novamente dentro de você, até voltar ao seu local de origem.

Quando se sentir pronto, conclua sua meditação e volte à sua consciência normal. Registre suas sensações e impressões sobre esta prática. Reler todo o registro pode ser valioso quando precisar meditar sobre si mesmo.

Mantenha também um relatório sobre o seu trabalho com os nove princípios, "valores" ou ideias mencionadas por sua Sombra conforme for trabalhando cada arcano que associou a elas. Você pode repetir esse exercício todas as vezes que quiser contatar sua Sombra para entender melhor algo sobre si mesmo.

TRABALHANDO COM A SOMBRA

É a sombra que designa o outro lado de cada um de nós, aquela parte de nós que não tem luz. Quanto mais nos afastamos da Sombra ou a rejeitamos, mais forte e poderosa ela se torna.

A lei da Sombra como configuração arquetípica remete ao que Jung chamou de leis dominantes, os princípios que repetem com regularidade as expressões da alma, o mal de que precisamos como constituição estruturante do ser do sujeito.

Um dos trabalhos fundamentais com a Sombra inclui descobrir o centro dos padrões e de comportamento que estão interligados a sua ação no mundo físico e psicológico.

Uma vez que você veja e mude um padrão de pensamento ou ação, normalmente mudará simultaneamente outros padrões secundários que facilitarão sua maneira de viver e se relacionar com o mundo e com as outras pessoas, levando-o à compreensão de si mesmo e de sua relação com o Universo.

Para que isso aconteça em sua plenitude, é necessário que você faça uma reflexão sobre si mesmo livre de vergonha, culpa e julgamento.

A vontade para explorar seus temas e valores profundamente, em todas as suas facetas, traz em si um risco: o de se tornar alguém completamente diferente do que você é agora. Aceitar esta possibilidade e risco é a única maneira de prosseguir no caminho da transformação.

Você deve se sentir confortável e seguro para revelar tudo o que deseja ser, pois quando deixar de se julgar será o momento em que encontrará energia para mudar, aproximando-se mais ainda do objetivo final de qualquer caminho espiritual: a Totalidade.

O trabalho com a Sombra é a maneira de trazer seu verdadeiro Eu das profundezas da escuridão. Os exercícios que seguem o auxiliarão no processo de descoberta e lapidação de sua Sombra. Eles devem ser feitos em um prazo de três semanas.

1ª SEMANA: destruindo crenças

Faça uma lista de crenças, valores e ideias que lhe incomodam: hábitos, desvios de personalidade, sentimentos, situações, vícios, etc.

Ao lado de cada crença, escreva qual arcano você associa com aquilo e uma convicção positiva contrária. Faça a invocação de cada um desses arcanos ao longo da semana e medite sobre as palavras do texto. Como elas se relacionam com o seu processo de transformação e o que elas invocam para a sua vida.

Leia o papel cinco vezes ao dia e procure alterar a situação. Quando conseguir transformar o item para a convicção oposta, risque o tópico e agradeça ao arcano pelo processo de superação alcançado.

2ª SEMANA: reconhecendo hábitos

Faça uma lista de suas ações habituais que costumam mantê-lo preso a uma só forma de pensar e agir. Conecte cada uma dessas ações a um arcano e deixe-os bem visíveis para você durante esta semana. Os arcanos servirão como ponto focal de meditação todas as vezes que os hábitos determinados vierem à sua cabeça.

Tome consciência destes padrões e se observe todas as vezes que estiver repetindo uma forma de agir. Examine detalhadamente os padrões do hábito. Perceba exatamente o porquê e quando você realiza este hábito. Tome consciência de todo processo. Veja quais ações alternativas são possíveis e experimente-as.

Se você tem o hábito de ir andando pelo mesmo caminho ou pela mesma calçada todos os dias, leve a carta relacionada a essa atitude com você e mude esse hábito. Veja quais efeitos isto produz em sua vida e em seu pensamento.

Este exercício nos mostra que os hábitos tornam o nosso mundo um pouco menor com nossas crenças irrefutáveis. Ele nos faz refletir sobre a comodidade em continuar um padrão ou hábito estabelecido porque sempre foi assim.

3ª SEMANA: mudando hábitos

Escolha sete dias em que você estiver tranquilo e sem fazer nada para praticar uma inversão de hábitos:

- 1º dia: usar roupas do avesso.
- 2º dia: andar para trás pela casa.
- 3º dia: fazer a refeição no sentido inverso (jantar, almoço, café da manhã).
- 4º dia: comer uma fruta, alimento ou bebida que você não gosta ou que seja indigesta a você.
- 5º dia: dormir em horários diferentes.
- 6º dia: ficar mudo, caminhar vendado ou andar numa perna só durante todo o dia.
- 7º dia: realizar uma nova possibilidade de inversões de hábitos escolhida por você.

Dedique o dia inteiro para a mudança de hábitos. Analise profundamente o que esta mudança causa em sua vida.

A função deste exercício é perceber que os hábitos são estruturas convenientes criadas por nós mesmos para tornar a vida mais fácil, mas que também podem limitar e impossibilitar a experiência de novas possibilidades.

Para finalizar o ciclo de três semanas de trabalho, repita o ritual para encontrar a Sombra mencionado anteriormente e em meditação converse com ela sobre os avanços alcançados por meio das práticas mágicas compartilhadas neste capítulo.

CAPÍTULO 18

MAGIA SEXUAL
COM O TARÔ

O SEXO NADA MAIS É DO QUE uma das formas do dualismo universal. É o símbolo por excelência da indistinção primordial e divina de toda a experiência que tende a reintegrá-la por meio do indivíduo.

No princípio – dizem as grandes tradições místicas – o ser humano era um único ser, o qual possuía em si os dois sexos.

O Mito de Andrógino se encontra na obra *O Banquete*, do filósofo grego Platão. Nela, está descrita a história do tempo em que os primeiros humanos eram criaturas unidas fisicamente umas às outras, mulher-homem, homem-homem, mulher-mulher. Nesta época nossa força e poder se aproximava à plenitude dos Deuses, vivendo em alegria e constante conexão um ao outro, até que uma separação dividiu nossa natureza que antes era única, trazendo desequilíbrio e sensação de perda da identidade e Totalidade. Agora, caminhamos na Terra procurando nossa parte perdida, procurando redescobrir o estado primordial de nosso ser. Platão nos conta:

> No início, a raça dos homens não era como hoje. Era diferente. Não havia dois sexos, mas três: homem, mulher e a união dos dois. E esses seres eram chamados por nomes que expressavam bem essa sua natureza e hoje perderam seu significado: *Andros* era o homem, *Gyno* a mulher e *Andrógino* era então um terceiro gênero, tanto na forma quanto no nome comum aos dois, masculino e feminino, meio homem e meio mulher. Além disso, essa criatura primordial era redonda: suas costas e seus lados formavam um círculo e ela possuía quatro mãos, quatro pés e uma cabeça com duas faces exatamente iguais, cada uma olhando em direção oposta, pousada num pescoço redondo. A criatura podia andar ereta, como os seres humanos fazem, para frente e para trás. Mas podia também rolar sobre seus quatro braços e quatro pernas, alcançando grandes distâncias, veloz como um raio de luz. Eram redondos porque redondos eram seus pais: o homem era filho do Sol. A mulher, da Terra. E o par, da Lua.

Sua força era extraordinária e seu poder, imenso. E isso os tornou ambiciosos. Um dia eles quiseram desafiar os Deuses. Foram eles que ousaram escalar o Olimpo, a montanha onde vivem os imortais. O que deviam fazer os Deuses? Aniquilar as criaturas? Mas como ficar sem os sacrifícios, as homenagens, a adoração? As honras e os templos que lhes vinham dos homens desapareceriam. Por outro lado, uma tal insolência era perfeitamente intolerável.

E então o grande Zeus rugiu:

"Acho que tenho um meio de fazer com que os homens possam existir, mas que parem com a intemperança, tornados mais fracos. Eu os cortarei a cada um em dois e ao mesmo tempo eles serão mais fracos e também mais úteis para nós, pois serão mais numerosos. E andarão eretos, sobre duas pernas. Se ainda pensarem em arrogância e não quiserem acomodar-se, de novo eu os cortarei em dois, e assim sobre uma só perna eles andarão saltitando."

E mal tinha falado, começou a partir as criaturas em dois, como os que cortam as sorvas para a conserva ou como os que cortam ovos com cabelo. E, à medida que os cortava, Apolo ia virando suas cabeças, para que pudessem contemplar eternamente sua parte amputada, uma lição de humildade. Apolo também curou suas feridas, deu forma ao seu tronco e moldou sua barriga, juntando a pele que sobrava no centro transformando-a no umbigo, para que eles lembrassem do que haviam sido um dia.

Por conseguinte, desde que a natureza se dividiu em duas, cada parte passou a ansiar por sua própria metade e a ela se unia. E, envolvendo-se com as mãos e enlaçando-se um ao outro, no ardor de se confundirem, morriam de fome e de inércia em geral, por nada quererem fazer longe um do outro. E sempre que morria uma das metades e a outra ficava, a que permanecia procurava outra e com ela se enlaçava, quer se encontrasse com a metade do todo que era mulher – o que agora chamamos mulher – quer com a de um homem; e assim iam-se destruindo.

Tomado de compaixão, Zeus teve outra ideia. Virou as partes reprodutoras dos seres para a sua nova frente, pois até então eles o tinham para trás e geravam e reproduziam não um no outro, mas na terra, como as cigarras. Pondo assim o sexo na frente, fez com que, através dele, processasse a geração um no outro, o macho na fêmea. De agora em diante se reproduziriam um homem numa mulher, num abraço.

Mas se fosse um homem com um homem, que pelo menos houvesse saciedade em seu convívio e pudessem repousar, voltar ao trabalho e ocupar-se do resto da vida. É então que há tanto tempo o amor de um pelo outro está implantado nos homens, restaurador da nossa antiga natureza em sua tentativa de fazer um só de dois e de curar a natureza humana. Cada um de nós, portanto, é uma téssera complementar de um outro ser, porque fomos cortados como os linguados, de um só em dois, procurando então cada um o seu próprio complemento. Por conseguinte, todos os homens que são um corte do tipo comum, o que então se chamava *andrógino*, gostam de mulheres, assim como também todas as mulheres que gostam de homens. Todas as mulheres que são o corte de *Gyno* não dirigem muito sua atenção aos homens, mas antes estão voltadas para as mulheres. E todos os homens que são corte de *Andros* buscam outros homens.

Assim a raça não morreria e eles descansariam. Poderiam até mesmo continuar tocando a vida. Com o tempo eles esqueceriam o ocorrido e apenas perceberiam seu desejo. Um desejo jamais inteiramente saciado no ato de amar, porque mesmo derretendo-se pelo outro no espaço de um instante, a alma saberia, ainda que não conseguisse explicar, que seu anseio jamais seria completamente satisfeito. E a saudade da união perfeita renasceria, nem bem os últimos gemidos do amor se extinguissem.

Com a separação, surgiu, naturalmente, o desejo da reunião em um corpo único. O amor é a reintegração universal do eu cósmico e todas as técnicas de magia sexual tendem justamente para essa finalidade.

Assim, na magia, portanto, a utilização da atividade sexual permite que se alcance o Conhecimento Supremo e ao mesmo tempo revela um sistema poderosíssimo para direcionar nosso desejo ao Universo e carregar talismãs e objetos que tenham a função de se tornarem mágicos. A magia sexual também é um meio eficaz de entrar em contato com outros planos de existência para alcançar o desenvolvimento de certos poderes mágicos e assim por diante.

MAGIA SEXUAL COM O TARÔ

As cartas de Tarô podem ser usadas em rituais de magia sexual de muitas formas. Elas podem tanto servir para esclarecer alguma situação que esteja preocupando um casal, quanto para serem fontes de inspiração para realizar um ritual de magia sexual capaz de fortalecer a relação. Também podem ser usadas para determinar o tipo de energia necessária de ser trabalhada para alcançar qualquer desejo. Cada arcano do Tarô possui uma posição sexual que desperta seu poder e magia. Ao assumir aquela posição no ato sexual e visualizar-se investido com os instrumentos, regalias, indumentárias do arcano em questão, você estará puxando para si todo poder daquela carta. Esse poder pode ser canalizado e usado apropriadamente para qualquer propósito, mas por se tratar de um ritual que envolve duas pessoas em parceria mágica e provavelmente unidas em laços de amor, ele é melhor usado para ajustar qualquer desequilíbrio que esteja criando uma desarmonia na relação.

Nessas situações, a carta ou cartas de Tarô escolhida(s) aleatoriamente servem para lançar luz sobre uma situação tensa que o casal esteja vivenciando e extrair o poder necessário para beneficiá-los a resolver a situação em questão.

Por exemplo, se você retirar a carta do Enforcado, isso significa que o casal está enfrentando ou está prestes a enfrentar uma situação que os levará ao limite e que, apesar de tensa e desconfortável, isso poderá expandir sua capacidade de amar. Esse é apenas um exemplo e não é preciso grande criatividade para entender a mensagem de cada carta numa situação como essas. Com a ajuda das cartas e aproveitando a ritualização da leitura, você pode expandir a experiência assumindo a posição relacionada a esta carta em um dado momento do ritual, fazendo amor com seu parceiro e canalizando toda força e energia gerada por esse ato para limpar qualquer energia negativa que possa se colocar na relação entre vocês dois.

UM RITUAL DE MAGIA SEXUAL COM OS ARCANOS

O ritual fornecido aqui pode ser ampliado e alterado para suprir suas necessidades. As adaptações podem ser feitas levando em consideração seu conhecimento e experiência. Na dúvida, siga as orientações fornecidas e com o tempo vá ampliando e diversificando o protocolo do ritual para torná-lo totalmente confortável tanto a você quanto ao seu parceiro.

Determine um dia, lua e hora apropriados para a realização do ritual. O ideal é que o sol esteja no signo do seu parceiro e a lua esteja visível no céu (da Lua nova para a cheia) no seu signo de nascimento ou vice-versa. Se você tiver a lua em câncer e seu parceiro for de aquário, por exemplo, isso significa que deve esperar até que a lua esteja em câncer durante o período em que o sol estiver em aquário. Consulte as efemérides astrológicas para encontrar essas informações.

Escolha a área onde você fará o ritual. O ideal é que ela tenha de 2 a 3 m de área livre no chão, onde você deverá colocar um tapete ou um colchonete fino. Trace um círculo no chão ao seu redor. Em cada um dos quadrantes coloque uma vela que deverão permanecer apagadas até o início do ritual. Como cada um dos quadrantes representa um elemento da natureza, você pode escolher colocar alguns artefatos que representem essas forças em suas respectivas direções. Um copo com vinho à Oeste, um espelho à Leste e frutas ao Norte são itens indispensáveis para essa cerimônia.

Separe os 22 Arcanos Maiores do Tarô e embaralhe as cartas enquanto medita sobre o que está para acontecer. Distribua as 22 cartas com a face para baixo ao redor do Círculo. Tão logo o Círculo esteja preparado, é hora de começar o ritual.

Você e seu parceiro deverão despir-se completamente e então permanecerem no centro do Círculo, olhando face a face um para o outro. Usem esse momento para criarem as energias de amor e cumplicidade necessárias. Após alguns momentos neste estado contemplativo, um dos dois acende as velas dos quadrantes, em sentido horário, começando a partir do Leste. Enquanto as velas são acesas, visualize a Lua brilhando acima, no céu, e veja sua luz penetrando no Círculo, atravessando o coração de vocês dois e criando uma esfera brilhante ao redor do local onde se encontram. Sinta a força magnética da Lua mudando a atmosfera do espaço. Quando todas as velas estiverem acesas e você sentir que estão prontos, reconheça a presença dos quatro elementos se voltando para cada quadrante dizendo as seguintes palavras ou semelhantes:

Convidamos o Ar que nos dá asas para voar e ir além. O Fogo que aquece a chama do amor. A Água que lava nossas emoções e sentimentos, restaurando nosso equilíbrio. E a Terra que nos sustenta com força e segurança para vivermos as experiências que nos elevam e ensinam.

Dirijam-se novamente ao centro do Círculo, segurem nas mãos um do outro e reconheçam o laço de amor que os une. Se quiserem, podem dizer palavras uns aos outros que reforcem os sentimentos que sentem. Decidam qual pergunta relativa ao relacionamento deverá ser feita para as cartas.

Façam a pergunta em voz alta e tentem decidir qual dos elementos do Círculo poderá ajudá-los nesta questão. Talvez andar ao redor do Círculo por algumas vezes lhe dará a sensação exata de qual elemento chama a atenção de vocês nesta ocasião. Ao se concentrarem, vão se sentir puxados a um dos quatro elementos. Quando isso acontecer, parem e retirem uma carta do Círculo nas imediações do elemento que perceberam ser aquele mais necessário para este momento em suas vidas. Deixem que a intuição os guie neste momento.

O arcano em questão lhes dará uma indicação do que está acontecendo e como poderão trazer luz à situação. Coloquem o arcano em um lugar que possa ser visualizado facilmente, como, por exemplo, o altar, e meditem alguns instantes sobre a carta. Se desejar, façam junto a Jornada Interior relacionada com esta carta como encontrada no capítulo 11. Vocês também poderão fazer a uma breve oração ligada ao arcano, encontrada no Compêndio ou até mesmo invocar a energia da carta sobre o corpo de quem parecer mais apropriado na ocasião por meio das técnicas de assumição de forma divina compartilhadas no capítulo 12.

Lentamente, comecem a se acariciar e deixe que a energia sexual se eleve. Aos poucos comecem a fazer amor, sempre pensando na questão que os levou a fazer esse ritual, canalizando essa energia para trazer luz, harmonia e resolução ao tema. Quando sentir ser apropriado, assuma a posição sexual relacionada com a carta como demonstrado mais adiante e canalizem todas as forças que conseguirem elevar ao fazer amor. Procurem chegar ao êxtase nesta posição. Quando isso acontecer, permaneçam juntos visualizando felicidade e alegria para o relacionamento. Abracem-se e sintam a energia mágica elevada percorrendo os seus corpos.

Após alguns instantes nesse estado de unidade, peguem o espelho ao Leste e, alternadamente, mostrem um ao outro em sua superfície enquanto falam palavras de carinho e confiança. Para finalizar, façam um brinde, bebam o vinho e comam as frutas. Passem o tempo que for necessário no interior do Círculo, compartilhando deste momento de intimidade.

Finalizem agradecendo espontaneamente o poder dos elementos e preparem-se para viver a magia que será despertada com este ritual encantado.

POSIÇÕES PARA CADA CARTA

Os arcanos do Tarô são excelentes instrumentos de referência visual na hora de trabalhar a magia sexual com os arcanos. As cores, símbolos e posições dos personagens das lâminas, que falam diretamente com o nosso subconsciente, podem ser usadas instintivamente neste processo.

As posições encontradas a seguir fazem uma correspondência entre as tradicionais posturas do Tantra e os arcanos do Tarô. Todas as posturas não só lembram em muitos aspectos cada uma das cartas como despertam as energias específicas do corpo e da mente que se elevam na hora do ato sexual e que podem ser projetadas para propósitos e objetivos precisos. Resumidamente, a postura da carta quando adotada no ato sexual o coloca em contato com a energia do arcano e preenche sua aura com aquele potencial, capaz de tudo realizar. Elas podem ser adotadas de acordo com as instruções do ritual de magia sexual com os arcanos compartilhado anteriormente, mas podem ser usadas de forma muito mais espontânea quando você fizer amor sem a necessidade de nenhum ato ritual preciso.

Nestes casos, simplesmente selecione uma carta ou determine qual o arcano possui a energia que você deseja trabalhar. Comece as preliminares. Como parte desse início, selecione uma lâmina do baralho e assuma a postura da carta para ativar sua energia. Quando estiver chegando no clímax, visualize fortemente o arcano em sua mente e foque no seu objetivo. Você também pode, no momento que chegar ao orgasmo, olhar para a carta e focar nela o máximo que puder, enquanto determina em sua mente que seu desejo será realizado. Diferentes posturas associadas com diferentes arcanos podem ser adotadas durante a relação sexual. Neste caso, haverá uma fusão alquímicas das energias das diferentes cartas durante o processo. Seja cuidadoso em sua escolha nesses casos, pois algumas vezes determinadas misturas em vez de fazerem um bom tempero acabam por gerar uma bomba a ponto de explodir. Na dúvida, mantenha as coisas simples.

Conheça a seguir as posturas relacionadas com cada arcano do Tarô:

O LOUCO: ao tirar esta carta, faça algo inusitado e fora do comum que nunca teve coragem de realizar. Faça como o Louco e se lance no precipício do desconhecido.

O MAGO: a iconografia do Mago segurando seu Bastão o relaciona com o ato da masturbação. Por ser um arcano ligado à Mercúrio pode sugerir inversão.

A SACERDOTISA: a figura da Sacerdotisa sentada nos remete ao ato sexual em uma cadeira ou poltrona. Talvez o próprio parceiro ou parceira servindo como assento, onde se pode sentar ao ser penetrado(a).

A IMPERATRIZ: o cetro que a Imperatriz segura em suas mãos sugere o uso de objetos e acessórios durante o ato sexual.

O IMPERADOR: com o centro em suas mãos ele parece estar no controle da situação. A carta sugere situações de dominação.

O PAPA: com duas figuras ajoelhadas em frente a ele, o arcano parece sugerir sexo oral.

OS ENAMORADOS: com ambas as figuras eretas, a iconografia da carta sugere o ato sexual de pé.

O CARRO: um guerreiro tendo duas criaturas (cavalos, esfinges) à sua frente. Esta carta é clara quanto à posição: uma pessoa ajoelhada na frente é penetrada por alguém que a aborda por trás.

A FORÇA: uma mulher controlando o leão pode sugerir a dominação de uma figura masculina por uma figura feminina.

O EREMITA: o Eremita está sozinho, mas a luz de sua lanterna chama outros para contemplá-lo. Isso sugere a masturbação solitária, enquanto outra pessoa simplesmente observa.

A RODA DA FORTUNA: este arcano sugere a posição conhecida como 69, fazendo um círculo entre as partes envolvidas.

A JUSTIÇA: a carta sugere alguém parado observando as ações. Simplesmente observe, enquanto o parceiro lhe dá prazer de variadas formas.

O ENFORCADO: como este arcano, é possível ficar de cabeça para baixo na hora da relação sexual. Travesseiros, sofás, mesas e cadeiras podem ser usados para facilitar a postura.

A MORTE: um dos nomes do orgasmo é a "pequena morte". Na hora do clímax foque toda a sua energia em sentir o prazer em cada parte do seu corpo.

A TEMPERANÇA: o fluir das águas sugere sexo oral mútuo até chegar ao orgasmo.

O DIABO: este arcano mostra dois seres presos por correntes. Isso sugere uma relação sexual onde a bondage possa ser experimentada em algum nível.

A TORRE: este arcano sugere a observação do falo indo de seu estado de ereção até o repouso.

A ESTRELA: carta que mostra uma mulher completamente nua. Experimente striptease para aquecer as preliminares.

A LUA: sugere experiências sexuais com o sexo anal.

O SOL: se você tem alguma restrição em fazer sexo de luz acesa, esta é a hora de superar esta limitação. A luz sugerida pela carta do Sol pede por esta ocasião.

O JULGAMENTO: arcano ligado ao renascimento, sugere a tentativa de chegar ao orgasmo sucessivas vezes ao longo da noite, retomando continuamente o processo até a exaustão.

O MUNDO: a figura feminina segurando dois bastões sugere dupla penetração com a ajuda de acessórios ou com dois parceiros se seu status ou relacionamento assim o permitir.

As cartas do Tarô servem como inspiração na hora de assumir determinadas posturas durante as práticas de magia sexual. Aquelas indicadas aqui são apenas sugestões baseadas na iconografia de cada lâmina. Com o tempo você vai descobrir muitas outras posições sugeridas pelas imagens dos arcanos. Deixe sua percepção e intuição guiá-lo neste processo.

CONSIDERAÇÕES PRÁTICAS DOS RITUAIS DE MAGIA SEXUAL COM O TARÔ

Realizar um ritual de magia sexual com a ajuda dos arcanos do Tarô não precisa ser algo complicado. Aliás, o ideal é que a prática adquira um tom leve e simples.

Incenso, música, roupas de seda, tapeçaria ou cortinas e velas de cores apropriadas podem dar um toque especial ao trabalho da magia sexual criando uma atmosfera mágica e um estado de ânimo sensual ao mesmo tempo. Use sua própria imaginação criativa para o guiar em suas eleições. Se você tirou antecipadamente o arcano com o qual deseja trabalhar, pode usar a iconografia da carta para inspirá-lo e tornar o momento simbólico. Pode se vestir como o Mago, a Imperatriz ou o guerreiro que fulgura na carta do Carro.

Algumas autoridades da magia sexual sugerem jejuar como preparação. Enquanto que isto pode ou não ser necessário em seu trabalho, certamente não deveria ingerir comida considerável ao menos uma hora antes de qualquer operação, para que seja fisicamente capaz de estar completamente confortável e flexível na hora do sexo.

Pode ser que você deseje considerar influências astrológicas e sazonais durante seus rituais. Muitos magistas são entusiastas desta prática e pode ser útil considerar as correspondências planetárias dos dias da semana quando planejar seus trabalhos. As fases da Lua também podem emprestar alguma força macrocósmica a seus trabalhos.[10]

Os resultados das operações de magia sexual geralmente aparecem rapidamente. Com certa frequência, isso acontece mais rápido do que através de qualquer outra forma de magia.

Uma boa forma de começar suas primeiras experiências nesse campo é por meio da prática da magia sexual solitária.

---

10. Para mais informações, consulte o Compêndio disponível no final desta obra.

PRÁTICA DA MAGIA SEXUAL SOLITÁRIA

A magia sexual solitária é, na maioria das vezes, vista e descrita como masturbatória. Ela envolve apenas uma pessoa e o seu desejo para focar em um objetivo. A energia mágica elevada durante a estimulação sexual solitária já é, por si só, destinada a um propósito específico. Ela usa as energias criadas durante a atividade mágica "focada em uma única fonte". Ou seja, o foco mágico ocorre todo através de um único magista.

Talvez você queira dedicar-se apenas aos rituais de magia sexual solitária com o Tarô por um tempo até ter um parceiro com quem possa realizar os exercícios mais sofisticados e as práticas que exigem mais uma pessoa além de você para serem realizadas. Isso poderá lhe proporcionar uma percepção totalmente diferente e nunca antes alcançada acerca da sua própria sensualidade e sexualidade e o levará a descobertas nunca antes imaginadas.

A prática da magia sexual solitária lhe ensinará a ampliar seu poder mágico através do controle e canalização de sua energia mágica e sexual para diferentes áreas da sua vida.

RITUAL BÁSICO DE PRÁTICA ENERGÉTICA AUTOERÓTICA

1. Para começar, escolha o arcano mais alinhado com o seu desejo e coloque sobre o seu altar com velas, incensos, etc. também conectados com seu objetivo.

2. Simplesmente inicie o trabalho mágico se masturbando. Pode ser que você deseje separar de algum modo esta masturbação e introduzi-la em um contexto mágico através de um ritual ou meditação preliminar, mas isto não é realmente necessário.

3. Enquanto se autoestimula, foque toda a sua atenção no arcano sobre o seu altar.

4. Masturbe-se até que esteja a ponto de ter um orgasmo. Fique atento até que esteja próximo do "ponto do não retorno", digamos aos 90-95 % do caminho. Mas não se entregue ao orgasmo. Em vez disso, contraia seu períneo e distribua essa energia sexual altamente carregada para todo interior de seu corpo. Pode levar conscientemente essa energia para cima, através de todos seus chacras, concentrando possivelmente em um que sinta que está ligeiramente bloqueado ou mais alinhado com o seu desejo

5. Uma vez que tenha se acalmado e a energia tenha sido distribuída, pode recomeçar a masturbação, sempre focando no arcano.

6. Repita este processo várias vezes, evitando o orgasmo até que não aguente mais e exploda em êxtase. Ao fazer isso, concentre-se intensamente no seu desejo.

PRÁTICA DA MAGIA SEXUAL COM UM PARCEIRO

Há dúzias de formas de visualizar o movimento de energias e ideias na magia sexual. As seguintes sugestões são úteis, mas embora tenham demonstrado ser efetivas para muitos, você encontrará as que funcionam melhor conforme avançar na prática.

A conexão sexual é uma consumação metafísica de sua mesma essência. É importante, portanto, que veja seu parceiro como a metade gêmea do seu ser. Se invocar um Deus ou Deuses, essa pessoa se converte no seu consorte eleito deste Deus.

Seu parceiro é esse elemento especial do próprio Deus que você busca. Quando o encontrar, vai experimentar finalmente a Totalidade. Seu parceiro é a outra metade de seu pequeno universo e você poderá entender o que é essa natureza através de você. No caso dos rituais da Magia sexual com o Tarô, você pode seguir esse mesmo princípio buscando os pares de opostos na própria iconografia das cartas. O Mago é o consorte da Sacerdotisa, o Imperador da Imperatriz, o Sol é a contraparte da Lua. Tente estabelecer essas conexões ao trabalhar magicamente.

Na magia sexual é imprescindível que, conforme comece a se relacionar sexualmente no ritual, você foque em sua intenção e assegure-se que seu parceiro também está focado nela. Este foco pode ser uma série de imagens ou só uma ideia abstrata.

Cantar silenciosamente um mantra ou criar um som rítmico ao mesmo tempo pode ajudar. Os ciclos de impulso pélvico em seu órgão genital também podem corresponder-se com a natureza da operação, como a quantidade de toques ou circuladas. Use toda simbologia possível. Isto conectará seu foco com seu parceiro também.

Enquanto se aproxima do orgasmo, dependendo de seu nível pessoal de controle, leve a energia sexual para cima através de seu corpo, eleve-a para dentro de sua cabeça e mais acima ainda, em direção à luz do seu Eu Divino, imaginando que a intenção mágica está viajando com ela. Pode deixar a energia ser concentrada ali acima de sua cabeça ou fazê-la descer pela frente de seu corpo e depositá-la em um caldeirão visualizado em seu abdômen. Qualquer destas formas parece funcionar. Também pode dirigir a energia dentro de seu parceiro, fazendo-a circular entre os dois. Neste ponto é certo permitir que a pessoa experimente êxtases similares. Compartilhe o prazer da conexão, enquanto mantém sua própria concentração sobre a operação. Isto pode também ser feito mutuamente.

Após ter feito isso umas poucas vezes, possivelmente vai começar a experimentar períodos de gnose pessoal e/ou perda do sentido, conforme o êxtase sexual percorrer seu corpo. Quando isso começar a ocorrer, deve concentrar sua vontade mais claramente, dirigindo suas energias para sua meta.

Depois de algum tempo, permita-se chegar ao clímax. Com o orgasmo, todas as energias que você reuniu estarão presentes dentro dos fluidos liberados. Se puder alcançar o clímax ao mesmo tempo que seu parceiro, será o ideal.

A seguinte técnica simples pode ser tentada pelo casal, ajustando-a conforme necessário de acordo com suas próprias necessidades pessoais.

RITUAL BÁSICO DE MAGIA SEXUAL COM UM PARCEIRO

- Decida sobre uma meta mágica específica e escolha o arcano mais adequado para sua necessidade. Adicionalmente, você pode escolher um talismã, uma pedra, erva ou eleger um Deus para representar esta meta. Se está trabalhando um feitiço a distância, obtenha algo pertencente à pessoa ausente como um "vínculo mágico" e o tenha presente durante a operação. Pode também escrever um mantra ou encantamento curto para resumir sua intenção e repeti-lo durante todo o ato sexual enquanto visualiza o arcano em sua mente.

- Entre em estado alterado de consciência com seu parceiro mágico. Isto pode ser obtido através de um banho, meditações e/ou invocações rituais.

- Invoque forças compatíveis com sua intenção mágica através de um ritual ou de algum outro meio como uma simples visualização. Assegure-se de reconhecer o poder divino em você e em seu parceiro.

- Estimulem um ao outro sexualmente até a complete excitação. Por enquanto, deixem de lado o propósito do rito. Seu desejo permanecerá na cortina de fundo de sua consciência se tiver formulado apropriadamente sua intenção e invocado corretamente as energias mágicas certas.

- Uma vez que você e seu parceiro estejam completamente excitados, comecem a fazer sexo. Façam com que o ato seja apaixonado e amoroso. Foquem seus pensamentos e energias no propósito da operação, visualizando continuamente aquilo que estão desejando para que encarne sua força ou desejo. A conexão apaixonada por seu parceiro é o atalho de manifestação do seu desejo. Podem começar a usar seu mantra ou feitiço para lhes manter focados.

- Deixem que os fogos sexuais se elevem o máximo possível.

- Se começarem a perder sua excitação, troquem seu foco brevemente para algo que inclua só a beleza e a sedução de seu parceiro para acender a energia sexual novamente. Depois, tão logo reconquiste a excitação, imediatamente redirecione a energia para seu propósito.

- Cheguem até o limite do orgasmo com seu parceiro várias vezes, então empurrem a energia internamente para cima usando uma das técnicas de movimento de energia que conheça. O número de vezes que fizer isto pode corresponder com a natureza da operação, por exemplo, seis para uma intenção relacionada com a força planetária de Vênus. Puxem este êxtase amoroso tão grande e apaixonadamente quanto seja possível, para que ambos entrem em um reino elevado de transcendência sucessivas vezes.

- Finalmente, quando se entregarem ao orgasmo genital, façam isso simultaneamente, elevando a postura relacionada ao arcano como demonstrado anteriormente se for possível, dirigindo o propósito da operação para esse êxtase conjunto.

- Reúnam os fluidos sexuais e coloque sobre um talismã, erva, pedra, anel ou outro "vínculo mágico" se estiverem usando um.

- Realizem qualquer rito de fechamento e conclusão que julgarem apropriado e registrem sua experiência em seu diário mágico se tiverem um.

UMA ÚLTIMA PALAVRA SOBRE MAGIA SEXUAL

É hora de termos uma conversa séria sobre muitas coisas que já deveriam ter sido ditas há muito tempo. Neste momento ímpar de intolerância e conservadorismo, onde o termo abuso sexual foi banalizado e tem sido usado constantemente para perseguir pessoas que a sociedade quer ver sair de circulação, esta conversa é mais do que necessária. No passado, pessoas eram acusadas de Bruxaria e condenadas. Hoje, algumas pessoas específicas da sociedade têm sido acusadas de "abusadoras" aparentemente com a mesma finalidade. Quando as duas acusações se juntam (Bruxaria e abusos), cria-se a fórmula perfeita para acionar a mentalidade medieval ancestral com a qual a sociedade ainda opera. Com isso, as pessoas de boas intenções (e algumas que de boa não têm nada) saem se arvorando como os defensores da moral e dos bons costumes para colocar mais lenha na fogueira.

Mesmo nós, Bruxos e Bruxas, que buscamos por um caminho religioso libertário e que confronta constantemente os dogmas estabelecidos da sociedade, vez ou outra reproduzimos preconceitos que têm feito parte de nossa programação genética já há centenas de anos. A concepção religiosa sobre a sexualidade e a moral sexual presente em cada uma das religiões é um dos temas onde mais deslizamos quando estamos entre o sagrado e o profano que determina aquilo que é aceitável ou louvável ou o que é condenável e abominável.

É certo que as religiões têm se valido do sexo com finalidades e poderes específicos. Ao aplicar regras, proibições ou obrigações, as religiões obtêm favores, respeito ou determinam quais pessoas devem ser desprezadas nesta ou em outras vidas. O sexo tem sido usado para sentenciar a salvação ou a perdição da alma. O uso do sexo com finalidades religiosas tem sido fonte de estranheza para a maioria das pessoas. Porém, é necessário salientar que o sexo tem estado presente no cerne de muitas religiões ao longo da história há muito tempo.

Notoriamente, o Tantra, por exemplo, tem sido a mais famosa das religiões que, por milênios, tem usado o sexo como uma força transgressora de iluminação e sacramento. No Tantra, o intercurso sexual dos fiéis é visto como a encarnação de Shiva e Shakti, as forças ativas e receptivas que está por trás de toda realidade manifesta. Os Sauks e Meskwakis da América do Norte usam rituais sexuais como ritos de passagem. O sexo e o simbolismo religioso sexual tem sido uma constante entre os xintoístas no Festival de Kamanara. Crowley também sacralizou o sexo através da Missa Gnóstica. Praticamente todas as Tradições Ocidentais de Mistérios têm a magia sexual como uma das perspectivas possíveis para atingir a comunhão com os Deuses e existe uma literatura abundante sobre essa temática mágica tanto em português quanto em inglês.

Obviamente, esse fundamento também está na Wicca, seja de forma "real" ou "simbólica". O próprio Gerald Gardner escreveu sobre isso em suas obras. Nas palavras dele:

> A adoração do culto da Bruxa é, e sempre foi, a do princípio da própria vida. Ela fez deste princípio, manifestado no sexo, algo sagrado. Ainda existe, no inconsciente coletivo das mentes humanas, a compreensão da retidão do Antigo Casamento Sagrado. Deixe-me esclarecer que o culto da Bruxa não considera o sexo sagrado como um fim em si próprio, mas como um símbolo vivo e uma manifestação da "Grande Fonte de Todas as Coisas", que os homens chamam de Divino.

Sobre a magia sexual, Janet e Stewart Farrar escreveram o seguinte na *Bíblia das Bruxas*:

> Dizer que o Grande Rito é um ritual de polaridade masculino/feminino é verdadeiro, porém soa friamente técnico. Dizer que ele é um rito sexual é também verdadeiro, mas soa (para os desavisados) como uma orgia. De fato, ele não é nem algo frio nem uma orgia. O Grande Rito pode ser realizado em qualquer das duas formas. Pode ser (e achamos que geralmente é na maioria dos Covens) puramente simbólico – em cujo caso todo o Coven está presente o tempo todo. Ou ele pode ser "real" – isso quer dizer, envolvendo relação física – em cujo caso todos do Coven, exceto o homem e a

mulher envolvidos, deixa o Círculo e o recinto antes de o ritual se tornar íntimo e não retornam até que sejam convocados.

Porém, seja ele "simbólico" ou "real", as Bruxas não fazem apologia à sua natureza sexual. Para elas, sexo é sagrado – uma manifestação daquela polaridade essencial que atravessa e ativa todo o Universo, do Macro ao Microcosmo, e sem a qual o Universo seria inerte e estático – em outras palavras, não existiria. O casal que está encenando o Grande Rito está oferecendo a si mesmo com reverência e prazer, como expressões dos aspectos do Deus e da Deusa da Fonte Suprema.

Assim, não é nenhuma grande novidade que a Wicca aborda a sexualidade sagrada e a incorpora nos seus rituais, seja de forma "simbólica" ou "real". Em nenhum dos casos é admitido usar esses rituais como desculpa para a promoção de orgias, abusos ou para extravasar as fantasias sexuais de seus participantes. Sobre isso Gardner também escreveu:

> As Bruxas não acreditam ou encorajam a promiscuidade. Para elas o sexo é sagrado e belo e não deve ser sórdido ou vulgarizado. Em um velho livro raro que possuo, *Recueil de Lettres au Sujet des Malefices et du Sortilege...* par le Seur Boissier (Paris, 1731), há uma citação muito valiosa que narra um fato que ocorreu em um grande julgamento de Bruxaria em La Haye Dupuis, em 1669, que ilustra a atitude das Bruxas a esse respeito. Uma testemunha, Margeurite Marguerie, disse que quando um Bruxo estava presente no Sabbat sua parceira não participava da dança, ela diz mais adiante: "A dança, é realizada em pares, de costas um para o outro, cada Bruxo possui sua parceira no Sabbat, que às vezes é a própria esposa. Estas parceiras lhes eram conferidas quando iniciados e eles não as trocavam...".

Assim sendo, a magia sexual, como explicada nesta obra, quando realizada fisicamente deve ser feita por dois parceiros unidos por vínculos fortes, pessoas casadas ou que possuem relações de longo tempo. Ela não se destina àqueles que não mantêm tais vínculos ou para parceiros ocasionais e, sob nenhuma hipótese, deve ser usada para a promoção de abusos de nenhuma ordem.

É claro que algumas vezes a magia sexual pode ser feita para fins errados ou ser mal usada por pessoas inescrupulosas e mal-intencionadas. E é para auxiliar pessoas que têm sido vítimas de tais casos que estas palavras se destinam: "Sim, o sexo é considerado sagrado entre os Bruxos e a magia sexual pode ser realizada simbolicamente ou em alguns casos de forma real e física entre casais estabelecidos; a sexualidade humana é, ou deveria ser, encarada com naturalidade por nós Bruxos; e, sim, há alguns grupos de magistas que podem estar interpretando de forma errada como a sexualidade sagrada deveria ser tratada e abusos podem estar sendo cometidos por estas pessoas devido a uma interpretação equivocada dos verdadeiros fundamentos, mistérios e preceitos mágicos".

A história nos apresenta uma quantidade imensa de casos que nos mostra que quando sexo e religião se misturam fazem muitas vezes uma combinação desastrosa, sobretudo quando as lideranças espirituais que exploram essas experiências não têm maturidade emocional e preparo psicológico para estar na posição que ocupam. Olhemos para os escândalos do Vaticano ou os incontáveis casos de abusos cometidos nos interiores das seitas de gurus famosos que por vez ou outra surgem e desaparecem com a velocidade da luz...

Muitos desses casos se provaram engodos, boatos plantados por "haters" para difamar lideranças específicas. Mas não podemos fazer vistas grossas e deixar de reconhecer que por diversas vezes uma parte considerável das acusações se mostrou verdadeira.

O sexo é a força da vida que nos chama para aquela parte de nós que é mais humana e selvagem, que cria vínculos emocionais entre pessoas e que pode criar relações abusivas de muitas formas. Se na vida cotidiana o sexo pode causar estragos, algumas vezes irreparáveis, imagina em uma comunidade onde poder, autoridade e espiritualidade se mesclam?!

Quando o sexo é usado de maneira errada ele pode levar à dependência emocional, infidelidade com parceiros estabelecidos, sensação de vergonha e culpa. Mas o pior de todos os sintomas do mau uso do sexo em qualquer âmbito (religioso ou não) é a obsessão, que pode fazer um indivíduo querer controlar todas as esferas do cotidiano alheio, especificando, inclusive, quando os atos sexuais são permitidos, onde e com quem. Somando tudo isso à figura de autoridade que os líderes religiosos representam para os seus seguidores, não é muito difícil deduzir o porquê indivíduos que optam por mesclar sexo e religião acabam, muito frequentemente, envolvidos em problemas que levam a abusos de muitas outras naturezas, como insultos constantes, humilhação, desvalorização, chantagens, isolamento de amigos e familiares, ridicularização por meio de palavras ou atitudes, exploração financeira, sexual ou de outra natureza e por aí vai.

Há muito tempo manter a integridade dos buscadores Pagãos tem sido uma preocupação, exatamente porque casos de abusos de toda sorte na Wicca não são raros.

Minha própria opinião e posicionamento oficial é que a sexualidade sagrada é mais segura e benéfica de ser trilhada em âmbito simbólico, pois como diria Doreen Valiente "apenas o amor pode dar ao sexo o toque da magia".

O casal Farrar amplia um pouco essa reflexão em sua magnífica obra *A Bíblia das Bruxas*, dizendo:

> Eis o porquê de o Grande Rito "real" ser encenado sem testemunhas – não pela vergonha, mas pela dignidade da privacidade. E eis também o motivo de o Grande Rito em sua forma "real" dever ser encenado apenas por um casal casado ou por amantes (é o que nós achamos), cuja união tenha a força de um casamento, pois é um rito mágico, um rito poderoso e carregado com a intensidade do relacionamento corporal por um casal, cujo relacionamento menos estreito, pode muito bem ativar conexões em níveis para os quais eles não estejam preparados e que podem se mostrar desequilibrados e perturbadores.

Ao contar a quantidade de casos relacionados a esse tema na história da magia que deram muito errado, tenho o prazer de ser partidário da mesma opinião expressada pelos Farrar.

Estas palavras não tem a função de ser um instrumento moralista ou determinar quem é culpado ou inocente quando o sexo é usado com finalidades mágicas, mas lhe proporcionar um espaço para pensar de forma que possa fazer uma reflexão clara na hora de integrar essa prática em seu caminho mágico e, inclusive, determinar as reais intenções de quem possa propor esse tipo de ritual para você. Acredite em mim, o perigo real proporcionado por alguns grupos e indivíduos é muito maior do que você imagina, e algumas pessoas saem psicologicamente, moralmente e emocionalmente devastadas de determinados tipos de prática ritual, após terem decidido correr esse risco levianamente e sem a cautela adequada.

Para finalizar, deixo algumas palavras de Dolores Ashcroft-Nowicki encontradas em seu maravilhoso livro sobre magia sexual intitulado *A Árvore do Êxtase*:

> Minha ética manda que eu advirta sobre os perigos que [a magia sexual] representa aos não treinados [...] que a ética seja a sua linha mestra. Ao realizar esses rituais, assegurem-se de que ninguém seja ferido ou ofendido. Não usem esses rituais como pretexto para outras coisas. Não traiam sua própria divindade interior!

Tenha sempre em mente essas palavras ao realizar os rituais de magia sexual com o Tarô compartilhados nesta obra. Haja com responsabilidade e jamais cometa qualquer forma de abuso ou se deixe abusar se você decidir experimentar esse lado da magia.

A sexualidade deve ser vivida em sua plenitude e a magia sexual pode ser um caminho para isso, desde que suas práticas envolvam a cultura do consenso entre duas pessoas adultas que decidem viver esse tipo de experiência sem qualquer tipo de coerção.

Quando esse ideal é alcançado, a magia verdadeira floresce no coração dos mistérios onde o amor e o respeito vivem juntos.

PALAVRAS FINAIS

AO LONGO DESTE LIVRO foi possível demonstrar as muitas formas de fazer Magia com o Tarô. Esta é a primeira obra desse tipo publicada no Brasil e tenho a certeza de que ela vai abrir um caminho novo para muitas pessoas que desconheciam essa maneira de fazer magia e que pensavam que o Tarô era apenas sobre previsões. Na verdade, ele é muito mais que isso. É um sistema filosófico, simbólico e mágico completo.

Procurei ser o mais claro possível ao longo dos capítulos sobre como usar o Tarô magicamente e acredito que a maneira como as informações foram aqui compartilhadas são bastante acessíveis para a maior parte das pessoas, mesmo aquelas que não estão familiarizadas com os arcanos.

Espero que todos os leitores possam alcançar o entendimento de que é possível fazer magia séria com o Tarô usando as informações aqui fornecidas e saibam que, para tirar o maior proveito desse conhecimento, é importante ter o desejo de praticar esse sistema, aperfeiçoá-lo e ir além.

Apesar de o livro trazer em sua maior parte uma linguagem direcionada para os praticantes da Wicca e Pagãos em geral, todos aqueles que praticam qualquer forma de magia poderão se beneficiar das práticas, cerimônias e rituais fornecidos, pois como o Tarô, elas também são universais e se adaptam perfeitamente a qualquer sistema.

O Tarô tem sido meu companheiro há aproximadamente 34 anos e é incrível que, ainda que tenhamos percorrido uma longa trajetória e boa parte de minha vida juntos, ele sempre me surpreende mostrando que é possível ir além. Sempre há mais para aprender e integrar. Tenho a certeza de que muitos leitores sentirão o mesmo ao ler esta obra e que perceberão que, ao não terem usado o Tarô para fazer magia, passaram muito tempo de suas vidas usando apenas uma parte muito pequena das infinitas possibilidades que ele oferece.

O Mago LANÇA raios de fogo.

A Sacerdotisa MOLDA seu desejo oculto.

A Imperatriz NASCE sob o Sol.

O Imperador REGE os quatro como um.

O Hierofante ABENÇOA a estrada estreita.

Os Enamorados TENTAM durante a noite e o dia.

O Carro VENCE com mente de ferro.

A Força da FÉ fecha as mandíbulas da selvageria.

O Eremita ILUMINA o caminho da mão direita.

A Roda GIRA e os Deuses riem.

A Justiça PESA e paga em espécie.

O Enforcado se CURVA às leis do Céu.

A Morte LIBERA as almas da Terra.

A Temperança MISTURA e encontra o verdadeiro valor.

O Diabo TESTA com golpes terrenos.

A Torre CAI se for construída para se mostrar.

A Estrela dá a ESPERANÇA das coisas para serem.

A Lua ADVERTE sobre o perigoso mar.

O Sol AQUECE o mundo com alegria.

O Julgamento ACORDA com a trombeta o menino adormecido.

O Mundo COMBINA tudo em um.

A estrada do Louco TERMINA onde começou.[11]

Use o Tarô sabiamente e bem e descortine com ele os mais profundos mistérios da magia.

---

11. A autoria deste poema é desconhecida pelo escritor da presente obra até este momento.

COMPÊNDIO

RESUMO PARA REALIZAR RITUAIS DE MAGIA COM O TARÔ

INSTRUMENTOS E UTENSÍLIOS NECESSÁRIOS

Apenas você e um baralho de Tarô é tudo de que precisará na maior parte das vezes para realizar qualquer ritual deste livro.

Escolha as cartas dos Arcanos Maiores

Os Arcanos Maiores são considerados as cartas mais simbólicas e poderosas, portanto, as mais importantes e que ocupam lugar central em seus rituais com o Tarô. Assim sendo, você deve redobrar sua atenção ao usá-las. Para uma rápida referência:

O Louco: para experimentar maravilhas e atrair surpresas inesperadas.

O Mago: para aumentar o poder pessoal.

A Sacerdotisa: para desenvolver a intuição.

A Imperatriz: para gravidez e abundância.

O Imperador: para trazer ordem, estrutura e desenvolver liderança.

O Hierofante: para encontrar um guia ou um mentor.

Os Enamorados: para amor e casamento.

O Carro: para controle, clareza e alcançar os objetivos.

A Força: para o poder interior e para superar uma situação difícil.

O Eremita: para autocompreensão, introspecção e aprendizado sobre a natureza da alma humana.

A Roda da Fortuna: para provocar uma mudança radical.

A Justiça: para concluir com êxito qualquer assunto, trazer justiça e equilíbrio.

O Enforcado: para retardar eventos e ganhar mais tempo.

A Morte: para encerrar uma situação indesejada.

A Temperança: para acalmar discussões, encontrar equilíbrio e restaurar bons hábitos.

O Diabo: para quebrar um hábito, acabar com um vício, libertar-se de um relacionamento doentio.

A Torre: para criar confusão, colocar uma maldição, causar problemas.

A Estrela: para promover o amor nas famílias, trazer esperança, paz e serenidade.

A Lua: para aumentar os poderes psíquicos.

O Sol: para atrair sucesso, curar e alcançar a felicidade.

O Julgamento: descobrir sua vocação, encontrar seu caminho de vida.

O Mundo: para abrir novas oportunidades.

Uma carta dos Arcanos Maiores pode ser usada em conjunto aos Arcanos Menores para necessidades mais complexas ou criar um ritual mais poderoso.

Escolha as cartas dos Arcanos Menores

Já falamos amplamente sobre cada um dos Arcanos Menores e, apesar de ser positivo conhecer o significado de cada carta, você pode escolhê-las instintivamente simplesmente olhando as imagens e as cenas de cada arcano. Elas dizem por si só o que cada lâmina significa e pode trazer para a sua vida. Resumidamente:

Bastos simboliza o elemento Fogo: este naipe está conectado com a ação, inspiração, paixão e expressa todas as coisas que você gosta de fazer.

Espadas representa o elemento Ar: naipe que simboliza tudo o que tem a ver com o intelecto como ideias, comunicação, tecnologia, mensagens, conceitos de verdade e visão. Expressa todas as coisas que se passam na sua cabeça.

Copas simboliza o elemento Água: sua dimensão envolve emoções e sentimentos. Qualquer coisa a ver com amor romântico, empatia, intuição está conectado com este naipe, que fala de todas as coisas que você sente, seja felicidade, seja tristeza.

Ouros está conectado com o elemento Terra: é o mundo material. Qualquer coisa a ver com dinheiro, carreira, sua casa e seu corpo e saúde são simbolizados por este naipe.

Os Ases

Essas quatro cartas são veículos poderosos da energia pura do elemento do naipe aos quais estão associadas. Esses arcanos devem ser usados sempre que quiser iniciar algo ou renovar as energias e buscar por novos começos.

As Cartas da Corte

Estes arcanos podem ser úteis em muitas situações para representar pessoas reais ou traços da personalidade que você gostaria de adquirir.

Valete de Bastos: um jovem aventureiro, mensageiro, entusiasmado, brilhante, ativo.

Cavaleiro de Bastos: um empreendedor, alguém temperamental.

Rainha de Bastos: uma pessoa independente, vivaz, apaixonada, amante da diversão, voltada para a carreira, às vezes rebelde.

Rei de Bastos: um líder, alguém forte, carismático, verossímil.

Valete de Copas: um explorador de sentimentos e da condição humana, uma criança gentil, artística, fácil de lidar.

Cavaleiro de Copas: um amante, alguém romântico, egocêntrico, atraído pelo superficial.

Rainha de Copas: uma pessoa intuitiva, empática, emocional, baseada em sentimentos, nutridora.

Rei de Copas: uma pessoa introvertida, gentil, generosa, em contato com as próprias emoções.

Valete de Espadas: um portador de mensagens e ideias, inventor, pensador.

Cavaleiro de Espadas: um guerreiro da justiça, espirituoso, inteligente, espirituoso, sarcástico.

Rainha de Espadas: uma buscadora da verdade, afiada, focada, honesta, minuciosa.

Rei de Espadas: um intelectual, profissional, excelente comunicador.

Valete de Ouros: um estudante, investigador, razoável, alguém que gosta de conhecer todos os detalhes.

Cavaleiro de Ouros: uma pessoa confiável, leal e silenciosa, muito trabalhadora, dedicada, pacífica.

Rainha de Ouros: uma pessoa prática, pragmática, cuidadora, amante do lar, sensata, econômica.

Rei de Ouros: um líder empresarial, alguém que gosta de luxo, um provedor.

RÁPIDA REFERÊNCIA DOS ARCANOS DO TARÔ PARA PROPÓSITOS ESPECÍFICOS

PROPÓSITO	ARCANO
Atrair amor	Ás de Copas, Dois de Copas, Enamorados
Conseguir um novo emprego	Ás de Ouros, Sete de Ouros, Mago
Sucesso na carreira	Oito de Ouros, Seis de Bastos
Conseguir uma promoção	Três de Ouros, Seis de Bastos
Sorte inesperada	Ás de Ouros e Roda da Fortuna
Fazer amigos	Três de copas
Melhorar a saúde mental	Valete de Espadas, Ás de Espadas, Seis de Espadas
Curar uma doença	Rainha de Copas, Dois de Ouros
Aliviar uma condição de longo prazo	O Sol
Desenvolver habilidades psíquicas	A Sacerdotisa, Dois de Espadas, A Lua

PROPÓSITO	ARCANO
Passar em um exame	Ás de Ouros, Oito de Ouros, Seis de Bastos
Encontrar uma nova casa	Ás de Ouros, Quatro de Bastos
Ter um filho	A Imperatriz, Rainha de Ouros, Ás de Bastos, Seis de Copas
Para se casar	O Hierofante, Quatro de Bastos, Dez de Copas
Trazer paz para uma casa	A Estrela, A Temperança

PROTOCOLO BÁSICO DE RITUAL DE MAGIA COM TARÔ

1. Crie um espaço sagrado.
2. Escreva sua intenção em um pedaço de papel.
3. Percorra as cartas do baralho e separe qualquer uma que pareça ressoar com o seu desejo.
4. Percorra as cartas escolhidas com atenção e encontre a que mais reflete o objetivo do seu ritual.
5. Coloque a lâmina sobre o pedaço de papel que contém escrito o seu desejo.
6. Visualize uma forte luz branca entrando pelo centro de sua cabeça e se expandindo sobre você e suas cartas. Quando alcançar esta visualização declare seu desejo em voz alta.
7. Você pode encerrar formalmente o ritual queimando, enterrando ou rasgando o papel. Mentalmente, agradeça ao Tarô pelo auxílio.

Pronto, você deu início a uma corrente mágica que culminará com a manifestação do seu pedido.

APRIMORANDO O RITUAL DO TARÔ

O protocolo de ritual básico demonstrado é útil para a maioria dos rituais, mas pode ser aprimorado. Você pode se preparar para seus rituais de Magia com o Tarô tomando um banho antes da prática começar adicionando música e incenso para criar uma atmosfera mais sagrada. Velas também podem ser acesas sobre o altar ou superfície onde o feitiço como Tarô é feito para reforçar sua magia, assim como ervas e cristais. Aqui abordaremos todos os aspectos importantes que podem ser empregados para aprimorar seus rituais com o Tarô e deixá-los ainda mais poderosos.

Existem sinais na natureza que devemos levar em consideração na hora de fazer Magia com o Tarô. Um conjunto de correspondências, deve ser usado na hora de compor seus rituais. As fases da Lua, as estações do ano e os dias da semana possuem significados particulares e são alguns dos requisitos básicos que devem ser reconhecidos e compreendidos por você para serem usados a fim de alinhar seus rituais com um propósito.

Há um tempo, uma lua, um dia e muitos outros atributos a serem levados em consideração e que estão alinhados com cada tema da vida humana.

Você tem encontrado ao longo deste livro e também neste Compêndio, diversos rituais já montados e prontos para serem realizados. Porém, o ideal é que você mesmo crie seus próprios rituais com as cartas. À princípio pode parecer difícil, mas com o passar do tempo você vai perceber que é muito mais fácil do que imaginava e que basta entender que tudo na natureza tem seu próprio ritmo e simbologia, e que um ritual, na verdade, trata-se de usar todas essas referências de uma maneira ordenada. Você vai perceber que os rituais de amor usam quase sempre os mesmos elementos, geralmente ligados à Vênus; feitiços para melhorias financeiras, sempre usam elementos ligados à Júpiter e ao Sol; feitiços que tenham como função a cura das doenças, usam elementos ligados a Mercúrio; encantamentos para aguçar a intuição e potencializar os poderes extrassensoriais, usam elementos ligados à Lua; proteção contra feitiços e inimigos, elementos ligados a Marte e, assim, sucessivamente. Este é o segredo utilizado na construção de todos rituais.

Assim, as diferentes cerimônias, rituais e feitiços com o Tarô demonstrados na presente obra são apenas modelos básicos. Você poderá mudá-los e adaptá-los a seu critério, pois na natureza nada é estático. Por isso, nenhuma referência encontrada nesta obra é imutável. A seguir, conheça os principais elementos que devem ser levados em consideração na hora de compor seus rituais com o Tarô, bem como todas as correspondências que você poderá usar para alinhar seu ritual com um objetivo.

AS FASES DA LUA

Rituais de magia sempre são alinhados com as fases da Lua. Não seria diferente com os rituais usando o Tarô.

As fases da Lua são o aspecto mais importante na magia, já que determinam a intensidade ou o enfraquecimento de todos os rituais e daquilo que é pedido nos sortilégios e feitiços. Além disso, as fases lunares representam o propósito e o significado da prática ritualística.

Mesmo na fase da Lua nova, quando se encontra invisível, ela influi sobre as marés e sobre nossa própria personalidade. Diversos testes foram feitos e todos eles comprovam que a Lua influencia profundamente no crescimento das plantas, árvores e no ciclo menstrual. Seu papel na prática da magia com o Tarô é fundamental, pois suas fases expressam a força colocada na cerimônia a fim de realizar seu desejo. Por isso, observar as fases da lunação deve ser o primeiro ponto a ser levado em conta antes de qualquer ritual ou preparação mágica, para que assim eles sejam realizados na fase lunar apropriada.

Lua crescente: é a fase ideal para realizar rituais com o intuito de aumentar e fazer crescer algo, seja amor, dinheiro, amizade, intelecto, etc. É a melhor época para iniciar todo tipo de negócio e esclarecer os maus entendidos. A Lua crescente atrai, expande, fortalece e aumenta as grandes possibilidades. É uma das fases mais positivas, pois todos os rituais realizados nesta fase lunar tendem a apresentar resultados satisfatórios e imediatos.

Lua cheia: é a fase ideal para realizar rituais com o intuito de aguçar a intuição, aumentar a percepção extrassensorial e favorecer as relações sociais. É melhor para realizar rituais de qualquer natureza. Conforme a lua enche e se torna plena, o mesmo acontecerá com o tema de qualquer coisa trabalhada nesta fase lunar.

Lua minguante: fase ideal para realizar rituais com o intuito de afastar negatividade, má sorte, problemas, maldições e doenças. Esta fase evoca os poderes negativos que destroem as chances e as possibilidades. Portanto, realize ritos na Lua minguante que tenham a finalidade de expulsar doenças e combater o mal que porventura estejam sobre você.

Lua nova: fase dedicada aos trabalhos de introspeção e avaliação de nossas próprias Sombras. Esta lunação é vista como um momento de autoavaliação e espera.

Resumidamente falando, qualquer ritual que visa a aumentar e a atrair algo deve ser realizado durante a Lua crescente. Para diminuir, perder, livrar, banir, o ritual deve ser realizado na Lua minguante. A Lua cheia serve para qualquer desejo e a Lua nova para renovar ou meditar.

OS 7 PLANETAS MÁGICOS E SUAS CORRESPONDÊNCIAS

Todos os povos da antiguidade se interessaram pelos simbolismos dos planetas, atribuindo-lhes funções mágicas e divinas. A Bruxaria, assim como a Astrologia tradicional, sempre levou em conta apenas os 7 Planetas Mágicos: Sol, Lua, Mercúrio, Vênus, Marte, Júpiter e Saturno.

Em inúmeras crenças Pagãs o movimento dos planetas no céu desempenha uma função importantíssima em rituais e cerimônias.

As correspondências estabelecidas entre planetas, cores, dias, elementos, Deuses e outros fatores foram elaboradas por muitas tradições espirituais ao longo da história da humanidade.

Cada planeta tem um significado que se estabeleceu com o passar do tempo, passando, assim, a fazer parte das tradições e crenças que envolvem o ocultismo de forma geral. Os homens e os acontecimentos na Terra são reflexos dos acontecimentos no céu, já que o microcosmo é a contraparte do macrocosmo.

Para se obter êxito nas operações ritualísticas com o Tarô, é imprescindível que você leve em consideração as correspondências relacionadas aos planetas, pois cada um deles possui poderes mágicos inerentes a si e cada dia da semana e é governado por um dos 7 Planetas Mágicos. Portanto, os dias da semana possuem qualidades específicas e estão em sintonia com as energias do seu planeta regente. Isso significa que, levando em consideração essas informações, há sempre um dia ideal para você realizar seus rituais de Magia com o Tarô dependendo do que você deseja alcançar.

Conheça agora o significado de cada um dos 7 planetas, seus atributos e suas correspondências:

SOL: planeta que domina o idealismo as honrarias e o sucesso na carreira. Para o homem primitivo o Sol era o próprio Deus, já que é o doador da vida de todas as criaturas da Terra e quem fornece luz e calor. Por isso elementos consagrados ao Sol devem ser utilizados em rituais nos quais se deseja atingir a vitória, soluções rápidas em assuntos profissionais, abertura de algum negócio e o bom andamento de todas as coisas.

Dia: domingo

Elemento: Fogo

Cor: dourado, laranja e amarelo

Metal: ouro

Pedra: citrino e todas as pedras de cor amarela ou laranja.

Animais: leão, águia e todos os animais ferozes e de porte solene

Incenso: todas as resinas como o olíbano, lentísco, benjoim, estoraque, ládano, âmbar e almíscar.

Plantas: angélica, açafrão, alecrim, balsameiro, calêndula, canela, crisântemo, genciana, girassol, heliotropo, laranjeira, lavanda, lótus, louro, manjerona, sálvia, sândalo-vermelho, tomilho, trigo.

LUA: planeta associado a todos os feitiços e poções, por isso é chamada de "A Senhora da Magia". Os povos primitivos sempre associaram a Lua como irmã, mãe ou esposa do Sol. Aquilo que o Sol concede pelo lado energético e pulsante a Lua cede pelo lado emocional e compreensível. Por isso os atributos consagrados a este planeta devem ser utilizados em rituais com a finalidade de êxito na fecundidade, notoriedade, influenciar pessoas do sexo feminino, aguçar a intuição, influenciar a família, harmonizar o lar e obter sucesso em atividades públicas.

Dia: segunda-feira

Elemento: Água

Cor: branco, perolado e tons lácteos

Metal: prata

Pedra: quartzo-branco, pedra da lua e todos os cristais brancos.

Animais: gato, pato, coelho branco e cisne.

Incenso: folhas de todos os vegetais como a folha indiana, a murta e dama-da-noite.

Plantas: alfazema, beldroega, cabaça, canforeira, colônia, junco, nenúfar, papoula, rapôncio, sândalo branco, tamarga, tília, vitória-régia.

· ·

MARTE: é o Deus da guerra. Confere a vontade de expandir, conquistar e possuir. Inspira agressividade, coragem e confiança. Por isso os atributos consagrados a Marte devem ser utilizados em rituais com a finalidade de vencer, construir, realizar, abrir caminhos, obter vitória sobre os inimigos, defender-se dos ataques de magia negra, mau-olhado e vinganças.

Dia: terça-feira

Elemento: Fogo

Metal: ferro e aço

Pedra: hematita, granada, rubi e todas as pedras de tons vermelho ou provenientes do ferro.

Animais: lobo, águia, falcão.

Incenso: todas as madeiras aromáticas como o sândalo, cipreste, bálsamo e aloés.

Plantas: absinto, acanto, alho, ameixeira-brava, artemísia, aspargo, beladona, briônia, cardo, cebola, cebolinha, dormideira, espinhosa, eufrásia, fava, hortelã, manjericão, mostarda, noz-moscada, pimenta, taioba, urtiga, videira.

· ·

MERCÚRIO: sempre foi considerado o mensageiro dos Deuses, por isso suas características são as da rapidez, astúcia e eloquência. Influencia os jovens, as atividades intelectuais, o sucesso, todas as coisas que requerem rápidas mudanças, a literatura e os estudos de forma geral. Quando quiser conquistar estas qualidades e virtudes utilize os atributos consagrados a Mercúrio em seus rituais.

Dia: quarta-feira

Elemento: Ar e Terra

Cor: marrom e amarelo

Metal: mercúrio e alumínio

Pedra: ágata

Animais: papagaio, raposa, macaco e todos os animais astutos e vivazes.

Incenso: todas as raspas de madeira ou frutas como canela, cássia, flor da noz-moscada, cascas de limão, loureiro e sementes aromáticas.

Plantas: acácia, alteia, anis, aveleira, camomila, endívia, madressilva, matricária, margarida, mil-folhas, roseira brava, sabugueiro, salsaparrilha, selo-de-salomão, trevo, zimbro.

· ·

JÚPITER: é o Grande Benéfico. Representa a autoridade e o conhecimento para realizar, administrar e aperfeiçoar. Os atributos consagrados a Júpiter devem ser utilizados em rituais com a finalidade de expandir, trazer dinheiro, fortuna, prosperidade, nobreza, fartura, inteligência, sucesso, prestígio, felicidade, honra e fraternidade.

Dia: quinta-feira

Elemento: Fogo e Água

Cor: azul-marinho, púrpura e lilás.

Metal: estanho

Pedra: turquesa e ametista.

Animais: pavão, elefante, cisne, leão e águia.

Incenso: de todas as frutas aromáticas como a noz-moscada e o cravo.

Plantas: agrimônia, aloés, amaranto, betônica, cedro, cerejeira, espinheiro, figueira-brava, freixo, gergelim, morangueiro, peônia, sorveira, violeta.

. . . .

VÊNUS: é a Deusa do amor, da beleza e das artes. Por isso os seus atributos devem ser utilizados em rituais com a finalidade de conquistar a pessoa amada, realização no amor, fartura, prosperidade e equilíbrio. Todas as coisas associadas a Vênus atraem harmonia, beleza, entendimento familiar, fecundidade, caridade, casamento e sucesso em todas as coisas da vida.

Dia: sexta-feira

Elemento: Terra e Ar

Cor: verde e rosa

Metal: cobre

Pedra: aventurina, água-marinha, quartzo-rosa e todas as pedras com tonalidade verde e rosa.

Animais: pomba, pavão, faisão e perdiz.

Incenso: de todas as flores como rosas, violetas, açafrão, jasmim e tulasi.

Plantas: açucena, amor-perfeito, ancólia, cássia, celidônia, coentro, irís, lilás, limoeiro, macieira, malva, manjericão, melissa, mirta, rosa, saião, verbena, vessicária e visco.

. . . .

SATURNO: é o Deus do tempo, do destino e do carma. Suas energias represam, restringem, limitam e estabilizam as situações. Por isso os atributos consagrados a Saturno devem ser utilizados em rituais com a finalidade de cristalizar, apaziguar e estabilizar tudo que está relacionado ao destino, à sorte e ao carma. Rituais e sortilégios associados a Saturno atraem prudência, calma, cautela, inteligência, concretização dos sonhos, sabedoria e justiça da natureza. Todas as coisas que forem conquistadas sob esta energia jamais serão arrebatadas e/ou perdidas por quem as obteve.

Dia: sábado

Elemento: Terra e Ar

Cor: cinza, branco e preto

Metal: chumbo

Pedra: ônix, obsidiana, turmalina-negra e todas as pedras de tonalidade preta.

Animais: corvo, bode, coruja, urubu, urso, morcego.

Incenso: de raízes aromáticas como a raiz do mastruço-ordinário e a árvore de olíbano. Por tradição temos também o enxofre.

Plantas: acônito, arruda, avenca, cactos, cicuta, cipreste, cominho, estramônio, figueira preta, funcho, heléboro, hera, mandrágora, musgo de árvores, parietária, salgueiro, salsa, serpentária e tabaco.

HORAS PLANETÁRIAS

A importância das horas planetárias tem sido empregada desde sempre na magia. Elas estão alinhadas com os planetas e sua energia pode ser usada nos rituais de Magia com o Tarô.

Os 7 planetas clássicos representam diferentes temas em nossas vidas e estão associados a certas qualidades e características. É importante saber disso, pois os rituais devem ser iniciados dentro da hora do planeta que rege o tema relacionado ao seu objetivo para aproveitar todo o seu poder e se tornar ainda mais poderoso.

A hora do Sol é ótima para empreendimentos profissionais e criativos e para causar uma boa impressão. A hora da Lua para trabalhar os rituais relacionados com as atividades familiares, emocionais ou ligadas ao universo Feminino. A hora de Mercúrio é boa para concentração, comunicação, leitura e escrita. A hora de Vênus é ideal para amor, beleza e socialização. A hora de Marte para obter proteção e criar um grande impulso e estimular a motivação e a energia física. A hora de Júpiter é excelente para realizar rituais relacionados com sabedoria, fortuna, sucesso e crescimento. A hora de Saturno deve ser usada para banir o mal, desenvolver a disciplina e responsabilidade.

HORA	DOM	SEG	TER	QUA	QUI	SEX	SAB
00:00	Saturno	Sol	Lua	Marte	Mercúrio	Júpiter	Vênus
01:00	Júpiter	Vênus	Saturno	Sol	Lua	Marte	Mercúrio
02:00	Marte	Mercúrio	Júpiter	Vênus	Saturno	Sol	Lua
03:00	Sol	Lua	Marte	Mercúrio	Júpiter	Vênus	Saturno
04:00	Vênus	Saturno	Sol	Lua	Marte	Mercúrio	Júpiter
05:00	Mercúrio	Júpiter	Vênus	Saturno	Sol	Lua	Marte
06:00	Lua	Marte	Mercúrio	Júpiter	Vênus	Saturno	Sol
07:00	Saturno	Sol	Lua	Marte	Mercúrio	Júpiter	Vênus
08:00	Júpiter	Vênus	Saturno	Sol	Lua	Marte	Mercúrio
09:00	Marte	Mercúrio	Júpiter	Vênus	Saturno	Sol	Lua
10:00	Sol	Lua	Marte	Mercúrio	Júpiter	Vênus	Saturno
11:00	Vênus	Saturno	Sol	Lua	Marte	Mercúrio	Júpiter
12:00	Mercúrio	Júpiter	Vênus	Saturno	Sol	Lua	Marte
13:00	Sol	Lua	Marte	Mercúrio	Júpiter	Vênus	Saturno
14:00	Vênus	Saturno	Sol	Lua	Marte	Mercúrio	Júpiter
15:00	Mercúrio	Júpiter	Vênus	Saturno	Sol	Lua	Marte
16:00	Lua	Marte	Mercúrio	Júpiter	Vênus	Saturno	Sol
17:00	Saturno	Sol	Lua	Marte	Mercúrio	Júpiter	Vênus
18:00	Júpiter	Vênus	Saturno	Sol	Lua	Marte	Mercúrio
19:00	Marte	Mercúrio	Júpiter	Vênus	Saturno	Sol	Lua
20:00	Sol	Lua	Marte	Mercúrio	Júpiter	Vênus	Saturno
21:00	Vênus	Saturno	Sol	Lua	Marte	Mercúrio	Júpiter
22:00	Mercúrio	Júpiter	Vênus	Saturno	Sol	Lua	Marte
23:00	Lua	Marte	Mercúrio	Júpiter	Vênus	Saturno	Sol

INCENSOS

O incenso é um elemento importante na Magia com o Tarô, tanto que no layout de altar sugerido o turíbulo[12] ocupa posição central. Incensos não só alteram a atmosfera do espaço onde o ritual é realizado como é símbolo da criação de uma ponte com o divino e da elevação de nossos pedidos ao mundo divino. Assim, acredita-se que a fumaça criada pelos incensos eleva nossos desejos e palavras ao mundo dos Deuses.

Há centenas de anos o incenso tem sido usado em diferentes cerimônias ou rituais religiosos para limpar, curar e eliminar as energias negativas encontradas no ambiente. Por meio da representação da fumaça que flutua no ar e sobe para o céu, as pessoas pedem a seu eu superior para realizar seus desejos.

Além de propiciarem um agradável aroma no local onde se está trabalhando magicamente, os incensos purificam e harmonizam o ambiente. Diferentes rituais com o Tarô requerem diferentes aromas de incenso para conectar o ritual com a energia do arcano invocado.

O principal poder pelo qual o incenso deve se tornar um elemento nos seus rituais é que ele nos ajuda a nos conectar com os aromas que nos conduzem às nossas emoções e, direta ou indiretamente, mudam a nossa vibração. Tudo vai depender do aroma que utilizarmos para o propósito que buscamos. Ou seja, há aromas que nos relaxam, outros que aumentam a nossa energia, melhoram o humor, atraem saúde, amor, etc.

No entanto, as propriedades do incenso também são usadas para efeitos terapêuticos em um nível psicológico. Os efeitos que cada aroma produz na pessoa são benéficos para apoiar os processos de cura de distúrbios e doenças.

Hoje, o uso dos aromas e óleos essenciais de plantas aromáticas, flores, folhas, sementes, cascas e frutas que são usados para auxiliar na cura das doenças é bastante conhecido. Exatamente por essa razão, os incensos têm sido usados por pessoas com transtornos de ansiedade, depressão e instabilidade emocional.

---

12. Como demonstrado no Capítulo 8.

Cerca de 15% do ar que inalamos vai para o nariz, onde os receptores olfativos carregam os odores diretamente para uma parte do cérebro chamada de *sistema límbico*. Essa área do cérebro está ligada ao instinto, às emoções, à memória, à atenção, entre outros. Portanto, a sensação de um aroma durante o ritual estimula a liberação de substâncias químicas que atuam na geração de bem-estar ou na memória de fatos, ideias, imagens e outras experiências por meio da memória. Assim sendo, dão suporte à capacidade de concentrar nossa mente e visualizar melhor o nosso desejo durante os rituais.

PROPRIEDADES MÁGICAS DOS AROMAS

Os benefícios do incenso variam de acordo com a fragrância que você escolher, pois cada aroma possui propriedades que lhe darão um resultado específico. Como você deve ter visto nos capítulos anteriores, cada arcano tem um aroma associado a si que pode ser usado quando estiver realizando seus rituais de Magia com o Tarô. No entanto, quando os aromas específicos de cada carta não podem ser encontrados, as fragrâncias mais comuns podem ser usadas de maneira geral para diferentes propósitos se um aroma de uma carta específica não estiver disponível e precisar ser substituído:

Absinto	Perfume exótico que estimula a imaginação, a criatividade e a sensualidade. Favorece a clarividência e a proteção. Estimulante geral para cansaço mental e físico.
Acácia	Usado para revelar aspectos da vida futura, é tranquilizante e estimula o amor sereno e carinhoso. Evita pesadelos e transmite um sono tranquilo. Indicado para a saúde e sucesso nos negócios. Dá perenidade às coisas. Transmite harmonia psíquica e tranquilidade.
Alecrim	É comum ser usado para afastar maus espíritos e ladrões. Oferece também proteção na área profissional além de ajudar na recuperação e no tratamento de doenças. Estimulante mental, ativa a memória dispersando o cansaço da mente, estimula a consciência, é animador e antidepressivo. Purifica o local em questão, traz felicidade e justiça. Planta Mágica de longa tradição no esoterismo. Exerce ação geral de proteção e aumenta a capacidade de aprendizado.
Alfazema	Atua no plano astral eliminando maus fluidos e as energias negativas nos ambientes. Usada para meditação e limpeza geral, favorecendo a clarividência. Afasta as larvas astrais. Reativa alegria, alivia dores de cabeça e depressão. Relaxa e acalma a mente. Produz tranquilidade nos negócios e nos relacionamentos.
Almíscar	Aroma tradicional que tem ação afrodisíaca. Indicado para criar momentos de intimidade. Ativa a sensibilidade e é revitalizante mental. Aumenta a sorte e o sucesso, assim como a intuição. Equilibra o pensamento de forma racional e torna compreensivo.
Aloés	Incenso de aloe vera, planta conhecida desde a antiguidade por suas propriedades curativas que agem do nível do espírito para o corpo físico.
Âmbar/ Amber	Instrumento de base para dar início a qualquer atividade. Para autoconfiança e coragem. Revigorador do entusiasmo e dos desejos de empreender os caminhos que nossa vontade interior pede.

Amor-perfeito	Purifica ambientes, ajuda nos estudos, no amor e na elevação das vibrações.
Angélica	Estimula a fé e a espiritualidade. Promove a conexão com o reino angelical. Traz proteção. Usado à noite garante um sono mais tranquilo.
Anis	Incenso de erva-doce. Desperta o amor-próprio.
Anis-estrelado	Atrai a boa sorte. Atua tanto no nível material quanto no emocional, produzindo estímulo de natureza positiva.
Arruda	Importante filtro contra espíritos negativos, inveja e má sorte. Confere proteção espiritual e aumenta a segurança. É muito eficiente na eliminação de energias negativas e sua purificação. Afasta influências negativas e intensifica a força de vontade, auxiliando a pessoa que a usa a realizar seus desejos.
Artemísia	Favorece a concentração mental. Acalma ambientes, propicia o desapego e grandes conquistas. Faz aflorar a clarividência.
Bálsamo	Acalma e harmoniza ambientes carregados. Propicia inspiração e relaxamento.
Bálsamo-rosa	Acalma, purifica ambientes, ajuda nos estudos, no amor e eleva as vibrações psíquicas.
Benjoim	Limpa e descarrega ambientes, afasta inveja e olho-gordo. É excelente para limpeza espiritual. Aumenta a criatividade, seja em trabalhos artísticos ou escritos. Elimina bloqueios espirituais. Purifica o ambiente. Atrai energias positivas e combate energias negativas, assim como atrai energias do bem da alma, harmoniza nosso raciocínio e diminui a nossa agressividade.
Café	Elimina formas pesadas de pensamentos e pesadelos. Benéfico para doentes em recuperação.
Calandre	Ativa na concentração, desperta o interesse pelo conhecimento. É harmonizante no aspecto familiar.

Camomila	Aroma leve e agradável com propriedades calmante e sedativa, cria uma atmosfera que convida à harmonia e ao relaxamento. É a planta do Sol por excelência.
Canela	Atrai dinheiro, clientes, novos amores, casamento, domina o sexo oposto. Atrai bons fluidos. Prosperidade e sucesso. Tranquiliza o ambiente. Estimula o apetite. Tem ação antidepressiva e aumenta a alegria de viver, trazendo boa sorte e felicidade.
Cânfora	Atua contra egoísmo, inveja e exaustão nervosa. Aumenta a realização emocional e profissional e elimina todo tipo de energia negativa.
Capim-cheiroso	Também conhecido como erva-cidreira, ou capim-limão (Lemongrass) – facilita contatos com gnomos e duendes, promove sucesso e realizações. É antidepressivo.
Cedro	Possui propriedades sensuais. Diminui a compulsividade e o medo e tem efeito vigorante. Aumenta a força física. Muito indicado para purificar os ambientes, pois atrai vibrações de harmonia. Quanto aos negócios, ajuda a ter sucesso com as vendas.
Cipreste	Propicia um clima de fraternidade, harmonia, prosperidade e reconciliações. Aumenta a concentração, a firmeza e o equilíbrio. Atrai prosperidade e fortuna.
Coco	Traz o equilíbrio emocional necessário para a tomada de decisões. Estimula o bem-estar.
Cravo	Protege de pessoas mal-intencionadas e pensamentos negativos subconscientes. É uma das mais poderosas defumações protetoras. Estimulante mental, ativa a memória fraca, a coragem e revitaliza o corpo. Também neutraliza a tristeza e a mágoa. Abre os caminhos, atrai dinheiro, destrói as energias negativas reinantes e confere segurança. Aumenta a energia e traz prosperidade e aumento de ganhos materiais.
Dama-da-noite	Ativa o emocional. É tido como incenso do amor. Ajuda a encontrar pessoas com a mesma afinidade.

Erva-cidreira	Confere felicidade e sucesso. Promove o encontro do verdadeiro amor. É o Incenso dos Elementais.
Erva-doce	Tranquiliza e estimula a sensualidade. Promove a harmonia e paz. Indicado para atração e prosperidade.
Eucalipto	Harmoniza e estabiliza emoções, a ansiedade e ajuda na meditação. É bom para o estresse. Renova as energias e promove uma verdadeira limpeza energética do local.
Floral	Buquê de flores perfumadas que tranquiliza e relaxa. Afasta sentimentos negativos. Traz alegria, é bom para as crianças e harmoniza.
Flor-de-laranjeira	Estimula harmonia, carinho, alegria e felicidade. É calmante em casos de nervosismo, insônia, tensão e preocupação. Afasta o pânico. Aumenta a segurança e a autoconfiança em assuntos emocionais e financeiros.
Flor-de-pitanga	Revitalizante e energético, ativa a sensibilidade. incentiva a criatividade. Atua poderosamente na área financeira. Direciona aquisições materiais e negociações com êxito.
Flor-do-campo	Indicado para harmonia com os seres da natureza.
Franquincenso	Com reconhecidas propriedades terapêuticas, este incenso propicia incomparável ligação mística.
Gerânio	Força e vitalidade, calmante e harmonizante. Alivia tensão nervosa criatividade e vitalidade. Indicado para fechar bons negócios.
Heliotrópio	Utilizado para magias de amor.
Hortelã	Prosperidade, bons sonhos e proteção. É muito indicado para aumentar a compreensão, o poder de decisão, a ordem e a consciência ecológica. Bom para problemas de saúde e equilíbrio emocional.

Incenso	Perfume de incenso natural. Purifica, criando um ambiente favorável à prece e à meditação.
Jasmim	Calmante, antidepressivo, estimulante da sensibilidade, sempre utilizado nas composições de perfumes afrodisíacos. Aumenta a resistência física e melhora os negócios. Acalma o ambiente.
Lavanda	Calmante para agitação, excitação, insônia, irritação, diminui ansiedade, tensão e depressão. Dissolve negativismo e obstinação e confere um sono tranquilo. É próprio para práticas respiratórias.
Lemongrass	Incenso de capim-limão. Possui efeito tônico e estimulante. Atua positivamente sobre pessoas depressivas e desanimadas. Aroma cítrico e exótico, diminui a agressividade e atrai energias do bem. Desperta sentimentos de desejo pelo bem alheio e em si próprio.
Lírio-do-vale	Para oração, intuição, pureza de intenções.
Lótus	Utilizado por clarividentes. Ajuda na concentração mental e no relaxamento, inibe a compulsividade o medo e a insegurança interior. Indicado para iniciação e autoconhecimento. Antidepressivo, usado no trabalho de resgate do equilíbrio de energias, para calma e paciência.
Maçã	Para vitalidade e boa sorte.
Maçã-verde	Para a saúde e a harmonia com os animais. Aroma leve e sutil que beneficia a saúde física. Bastante útil para pessoas enfermas e convalescentes.
Madeira	Dissolve sentimentos de apreensão e preocupação excessiva. Combate o medo e a compulsividade. É confortante em caso de necessidade de amparo, insegurança e para força e sucesso. Estimula a razão. Aumenta a concentração necessária ao trabalho, estudo e meditação.

Madeira de Sândalo	Incenso de Sândalo. Eleva o estado de consciência e cria uma atmosfera de bem-estar. Indicado para meditação e paz de espírito. Prosperidade no campo comercial, no trabalho e nos negócios. Proporciona elevação espiritual.
Madressilva	Acalma os nervos, afasta a negatividade, bom para a saúde mental, desperta a criatividade.
Manjericão	Traz sorte, felicidade, prosperidade e proteção.
Mel	Atrai boa sorte e prosperidade.
Menta	Melhora o estado de atenção, indicado para dores de cabeça, mas se for usado em demasia pode alterar o sono.
Mirra	Resina aromática usada desde a antiguidade. Facilita o contato com os planos superiores, criando no ambiente uma atmosfera de prece e oração. Usado para limpeza astral da casa, afasta maus fluidos e estimula a intuição. Aumenta a consciência, acalma os medos relativos ao futuro. Indicado em terapia de regressão de vidas passadas. Poderoso no equilíbrio das funções do corpo, balanceando o físico e o espiritual.
Morango	Promove a boa sorte. Acalma e refresca o ambiente.
Musk	Incenso de almíscar. Cria um ambiente de sensualidade.
Musgo-do-carvalho	Utilizado pelos antigos druidas como poderoso regenerador. É aconselhável em trabalhos de cura, tanto emocional como material.
Noz-Moscada	Alegra o ambiente e atrai dinheiro de maneira justa e merecida. Diminui a ansiedade. Aumenta o grau de segurança emocional. É estimulador do corpo e da mente. Aumenta a coragem e a audácia.
Olíbano	Usado pelos povos africanos para ajudar na concentração de espíritos e divindades positivas, forte condensador de energias.

Opium	Inspiração, criatividade para energizar o ambiente, traz prazer e harmonia. Desperta a sensualidade de forma envolvente e sutil. Proporciona êxtase e prazer.
Orquídea	Estimula a independência. Ajuda na autossuficiência pessoal. Tranquiliza ânimos exaltados sendo indicado para purificar o ambiente de trabalho e ajudar a encontrar soluções para problemas práticos. Promove beleza, harmonia e amor. Devido ao seu aroma exótico é indicado para momentos íntimos.
Patchouli	Estimulante sexual, antidepressivo e revigorante. Muito usado como afrodisíaco. Traz abundância e reativa a fertilidade. Cura a apatia, diminui a confusão e indecisão. Aguça a inteligência. Proporciona paz de espírito. Facilita a meditação e aguça a intuição. Recomendado para pessoas com intensa atividade psíquica, ajudando a controlar o esgotamento de sua vitalidade.
Pêssego	Excelente oferenda. Atrai novas amizades e boa sorte.
Pimenta-da-jamaica	Elimina brigas dentro de casa. Atrai dinheiro e boa sorte.
Pinho	Atrai proteção e aumenta a fertilidade.
Raízes	Indicado para estabilizar o sistema emocional. Direciona também a estabilidade financeira.
Rosas	Trabalha com a energia solar, trazendo alegria e vitalidade ao coração. Antidepressivo. Indicado para pressão baixa, tensão nervosa e estresse.
Rosa branca	Indicada para oferendas. Limpa o ambiente contra as energias maléficas e acalma as pessoas que estão ao seu redor. Símbolo da pureza e da paz. Traz para o ambiente uma atmosfera de harmonia, tranquilidade e compreensão. Produz paz interior e sintonia com as esferas elevadas do Universo.

Rosa musgosa	Usada na meditação e nos estudos místicos.
Rosa vermelha	Indicada para amor e comunhão espiritual.
Sândalo	Utilizado no desenvolvimento e na expansão da intuição. Relaxante e calmante, induz o relaxamento profundo e autocontrole. Usado em trabalhos psíquicos, ioga e meditação. É o incenso lunar, induz à viagem astral, à humildade e à renúncia.
Sândalo Branco	Traz sucesso, proteção e aumenta o poder da meditação.
Sândalo Vermelho	Indicado para proteção e êxitos.
Sol	Incenso de lavanda, alecrim, olíbano, canela e sândalo. É o mesmo que o The Sun. Traz alegria e energia nas pessoas e no ambiente. Protege a aura mantendo a mente positiva (trabalha fora do corpo).
Verbena	Afasta a negatividade, a tristeza e a melancolia. Libera de energias negativas atraindo desenvoltura, alegria e bom astral. Utilizado para criatividade, inspiração e bons sonhos.
Vetiver	É a fragrância que protege o comércio, favorecendo as boas vendas, atraindo dinheiro e a boa sorte. Indicado para purificação. É aliado para meditação, inspirador e é estimulante.
Violeta	Proporciona bem-estar e prazer, atua expandindo a família, o amor, a compreensão e a harmonia. Ajuda a espantar as energias negativas. Muito utilizado em reuniões sociais. Indicado para atrair paz e humildade.
Ylang-Ylang	Potencializa a autoestima. Indicado para o equilíbrio do sistema nervoso. Fortalece a capacidade de sentir prazer e viver a própria sensualidade. Poderoso afrodisíaco.

Como escolher corretamente?

A principal razão pela qual os incensos são eficazes, ajudam a conectar com as forças divinas e mexem com nossa memória olfativa é em função do material com que são feitos. Portanto, quando você quiser usá-los, deve levar em consideração que todos os ingredientes sejam naturais. Os aromas de ervas, flores e ingredientes naturais são os mais eficazes. Então, um incenso de boa qualidade será feito a partir de uma mistura de plantas aromáticas, óleos, flores e resinas.

Recomenda-se que não seja usado mais de um aroma de incenso por vez em um ritual e que a pessoa não seja exposta à fumaça dele por mais de três horas. Após este tempo, o ambiente deve ser ventilado para que não seja saturado com fumaça e se torne tóxico. Isso permite que a pessoa descanse seu sistema respiratório e, da próxima vez que sentir o cheiro, ele ainda será agradável.

A qualidade do incenso também se mede pela quantidade de fumaça que gera. O ideal é que quantidades excessivas não saiam da varinha ou do carvão que está sendo usado para produzir a fumaça.

Ao queimar incenso, é aconselhável tomar os mesmos cuidados que tomamos quando acendemos uma vela. O ideal é colocar o palito ou os grãos da resina que estão sendo usados em um recipiente de metal e em superfícies que não sejam fáceis de queimar. Além disso, deve-se levar em conta que o incenso sempre deixa cinzas, que em sua maioria criam uma mancha ao seu redor.

Diferentes formatos de incenso também servem para diferentes finalidades. Há os de cone, de varetas, em pó, de ervas desidratas, de resinas e até mesmo os que são feitos em formato de Bastão com a própria planta seca, cujos ramos das ervas uma vez acesos servem de brasa para mantê-lo queimando. Cada um desses diferentes tipos de formatos serve para uma finalidade:

- **Cone:** usado para ambientes.
- **Varetas:** de uso pessoal e ritualístico. Também servem como uma oferenda votiva aos Deuses.
- **Pó:** usados para suavizar os ambientes.

- **Ervas desidratadas:** para limpeza e proteção.
- **Resinas:** para harmonizar os ambientes e ser usado em rituais. Possui funções terapêuticas.
- **Bastão de erva seca:** para limpezas pesadas.

Como usá-los?

Existem diferentes formas de usar os incensos.

- **Passar ao redor do corpo:** antes de começar um ritual, usá-lo ao redor do corpo limpa as energias pessoais. Faça movimentos circulares como se estivesse pendurando um 8 em seu pescoço. Isso representa a circulação da energia e o fluxo natural da limpeza.
- **Nos cantos:** após um ritual de limpeza, deixe sempre os incensos queimarem nos cantos da casa para fazer uma limpeza no ambiente. As energias negativas se concentram sempre nas quinas.
- **Sobre um altar:** em seus rituais com o Tarô, acenda um incenso sobre o seu altar para conectar a cerimônia, feitiço ou encantamento com as energias superiores.
- **Uma forma de oração:** acender um incenso é um ato de oração. Um ritual simples com o Tarô poderia ser feito escolhendo a carta que representa o seu desejo e acendendo o incenso associado a ele em frente ao arcano. Você pode dar mais significado ainda à essa experiência recitando palavras que reforcem o seu pensamento. Veja uma oração que pode ser feita nessas ocasiões:

Que este incenso suba aos céus. Elevando-se como um doce e suave perfume que carrega minhas palavras, (*Diga o nome ou título do arcano que está usando*) receba-as em vossas mãos e derrame sobre mim vossas bênçãos.

Que esse aroma puro e agradável seja um sinal de respeito e reverência e um lembrete de que assim como ele vos é ofertado, também me ofereço a vós.

Que zeles por mim com compaixão. Purifique-me e me abençoe, afaste o mal e o medo. Dissipe toda a minha ignorância e ilusão.

Nesta fumaça eu me banho em generosidade, felicidade e amor para ter apenas bons pensamentos, ver e ouvir coisas belas.

E assim, dou graças pela paz que agora faz morada em meu coração. Que assim seja!

AS VELAS

As velas têm recebido vários simbolismos, atributos e significados desde tempos antiquíssimos e são muito importantes nos rituais de Magia com o Tarô.

O Fogo sempre foi considerado um elemento cercado de mistérios e misticismo. Ele é sagrado e divino para quase todas as religiões. Na antiguidade era considerado um Deus vivo.

Falando de forma mais prática, a vela e seu uso mágico é uma forma simbólica empregada nos rituais para despertar sentimentos e energias que estão adormecidas no nosso inconsciente. Quando nos colocamos em contato com a magia do Fogo, despertamos para um estado alterado de consciência naturalmente.

O fascínio exercido pelo fogo faz com que nos concentremos com maior facilidade, pois quando uma chama é colocada à nossa frente, ficamos enternecidos com aquele foco de luz que dança em um compasso de paz e harmonia. Com isso, esquecemos de todos os nossos problemas, frustrações, desamores e decepções. Nossa mente então entra em um processo de tranquilidade que poucas vezes conseguimos alcançar. Este é o estado ideal para as práticas de rituais.

A palavra "fogo" vem do termo *piro*, que também pode significar "ação". Daí, deduzimos que, ao acender uma vela sobre nossos altares durante um ritual mágico, estamos ativando nossos desejos e pedidos, colocando em ação todas as energias divinas para conspirarem a nosso favor.

Ao acender uma vela, estará fazendo com que os Poderes Divinos trabalhem para você, para que, dessa forma, seus pedidos se realizem.

Em todos os rituais é imprescindível o esforço pessoal, pois o que fará seu rito ou feitiço surtir efeito não é só a posição dos Instrumentos Mágicos, cores de velas ou nomes sagrados entoados, mesmo que facilitem, mas, sim, o direcionamento da energia gerada durante os rituais.

Quando usar as velas em seus rituais com o Tarô, concentre-se o máximo possível em seus objetivos. Olhe fixamente na chama da vela durante o ritual e tente visualizar nela a imagem do arcano permeando cenas relacionadas com a concretização de seus desejos. Veja os fatos, as pessoas e as situações envolvidas na questão e direcione a história criada em sua mente, vendo-a acontecer exatamente da maneira como quer vê-la resolvida no mundo físico.

Nas primeiras tentativas pode parecer difícil se concentrar, mas com o passar do tempo você vai ver como isso se torna fácil. Então, você poderá entrar em um estado profundo de concentração em apenas alguns segundos.

Tenha a mão velas de várias cores. Não importa de que material sejam feitas. Elas podem ser de parafina, estearina ou cera de abelha. Em alguns livros que ensinam como usar as velas, os autores afirmam enfaticamente que devemos usar apenas velas feitas à base de cera de abelha. Hoje em dia as velas feitas com este material são muito dispendiosas e difíceis de serem encontradas. Além disso, o que mais importa não é o material do qual elas são compostas, mas, sim, suas cores e as chamas. Portanto, você poderá usar tranquilamente velas de parafina pois surtem o mesmo efeito e serão facilmente encontradas em casas especializadas.

O uso dos castiçais ou porta-velas fica a seu critério. O ideal é que tenha à sua disposição uma quantidade que varia entre 7 e 10, pois na maioria dos rituais usam-se mais de 4 velas. Para facilitar, você poderá usar alguns azulejos, uma barra de mármore ou um vidro retangular como base para acender suas velas. Desta forma será mais fácil o manuseio quando for preciso aproximar ou afastar uma vela da outra, o que muitas vezes se torna difícil com castiçais ou porta-velas.

Sempre examine as velas antes de comprá-las e evite aquelas que possuem um aspecto envelhecido. Isto pode indicar que foram feitas de material reutilizado e, portanto, são impróprias para o uso mágico por que já foram impregnadas com intenções de outras pessoas.

Sempre dê preferência às velas de bom aspecto e cores brilhantes, pois isto demonstra que elas foram feitas com material novo e estão prontas para serem impregnadas com os seus desejos. Nunca use velas com defeitos. Se elas estiverem lascadas ou quebradas, deixe-as de lado.

Você deve realizar rituais com velas de um único tamanho, à não ser que o ritual diga o contrário. Quando isso acontecer, você vai se deparar com velas para três finalidades distintas: velas para altar, velas astrais e velas significadoras.

VELAS PARA ALTAR

- Para todos os rituais.
- Para proteção e para invocar uma divindade.
- Devem sempre ser predominantes por posição ou medida sobre todas as outras.
- Possuem de 11 à 15 cm.
- Geralmente serão uma branca para o Deus, uma preta para a Deusa e uma vermelha para representar a Arte. Outras cores, porém, podem ser usadas de acordo com a sua Tradição espiritual.

VELAS ASTRAIS

Representam as pessoas envolvidas no ritual e são escolhidas pela cor em analogia ao signo delas:

- **Áries:** vermelho
- **Touro:** verde
- **Gêmeos:** amarelo
- **Câncer:** prata
- **Leão:** laranja
- **Virgem:** marrom
- **Libra:** rosa
- **Escorpião:** preto

- **Sagitário:** azul-marinho
- **Capricórnio:** cinza
- **Aquário:** branco
- **Peixes:** roxo

Você pode reforçar essa ligação gravando na vela as iniciais do nome da pessoa para quem o ritual se destina ou escrevendo o nome completo por toda sua extensão.

Outra maneira bastante tradicional e usada na magia de ligar uma vela a uma pessoa é gravar os símbolos do signo solar, lunar e ascendente no corpo da vela, como demonstrado na imagem.

VELAS SIGNIFICADORAS

Essas velas representam o propósito do ritual, seu pedido, desejo, invocação. São usadas para determinar o objetivo do rito. Cada vela significadora deve estar em perfeita sintonia com o objetivo do ritual.

A cor desta vela abre a porta do seu subconsciente para o setor relativo ao desejo e determina a vibração ou a onda do seu ritual. Estão geralmente relacionadas com os sete planetas ou os quatro elementos. A cor é o fator mais importante no uso mágico das velas, pois deve estar em perfeita sintonia com as intenções, desejos e objetivos do ritual mágico que está sendo realizado. A cor age como intermediária entre o plano espiritual e o humano. Simbolicamente, ela representa a chave mágica que abre a porta que libera a realização de nossos pedidos. As cores das velas modificam ou alteram a coloração de nosso campo áurico. Quando visualizamos a determinada cor de uma vela, o nosso cérebro trabalha incansavelmente para que esta cor seja emitida pelo nosso campo áurico. Essa modificação pode ocorrer por dois processos: inconsciente e consciente.

No trabalho mágico a alteração da aura ocorre pelo processo inconsciente, pois as cores modificam a nossa aura de acordo com emoções, ações ou pensamentos, e é aí que o Universo entende a mensagem que está sendo emitida e libera tudo o que for preciso para realizar aquilo o que é solicitado.

Existem cores destinadas aos planetas, signos zodiacais, dias da semana, fases da Lua, etc. Por isso, antes de tudo, devemos saber as analogias existentes entre esses elementos.

Números de velas, suas cores, sentido de unção, aromas, os arcanos escolhidos e área do altar onde eles devem ser colocados são a linguagem sagrada por meio da qual a Magia do Tarô opera.

Todos esses detalhes criam vibrações que, quando utilizadas em conjunto, geram sinergia, ou seja, têm a capacidade de potencializar os efeitos individuais, formando um todo, ampliando a eficácia do ritual.

Veja a seguir uma lista com o simbolismo e a correspondência de cada cor no uso das velas na Magia do Tarô.

AMARELO: cor ligada a Mercúrio, o planeta que representa o intelecto, a rapidez e a cura das doenças. As velas amarelas devem ser acesas quando queremos conquistar a alegria, alcançar sucesso no comércio ou nas vendas em geral. Devem ser usadas em ritos e sortilégios específicos para estes fins. Os rituais que tenham como finalidade a conquista da criatividade, inteligência, sucesso na área da comunicação, na medicina ou nos problemas relacionados à saúde sempre utilizam velas amarelas.

AZUL: cor ligada à Vênus, Urano e Júpiter. O azul-claro tem a função de inspirar carisma e harmonia familiar. Atrai paz e equilíbrio, por isso as velas desta cor devem ser usadas quando queremos atrair tranquilidade, uma situação favorável ou a concórdia entre as pessoas. Esta cor também pode ser usada em rituais que tenham a finalidade de provocar mudanças bruscas na mente das pessoas. Já o azul-escuro tem como função básica a virtude de trazer a prosperidade. Além disso, atrai a expansão de todas as coisas, boas ou ruins, por isso é uma cor que deve ser usada com muita cautela. Tenha em mente que os rituais para conquistar a prosperidade, o êxito profissional e as boas oportunidades devem ser realizados sempre com velas azul-marinho. Já os ritos relacionados à harmonia, compreensão e calma devem ser realizados com velas azul-claro.

BRANCO: esta é a cor universal. Pode ser usado para todas as finalidades. Está ligado a Saturno e à Lua, por isso atrai a intuição, harmoniza o lado espiritual e a reconquista do otimismo e da esperança. Quando realizar ritos que tenham a finalidade de canalizar as energias mais elevadas, utilize velas brancas.

CINZA: cor ligada a Saturno. Essa é uma cor de vela que deve ser evitada, pois seu maior atributo é trazer a tristeza, a depressão e o luto. No entanto, pode ser usada sobre o altar para representar aquilo que nos restringe, reprime ou nos prejudica. Geralmente, quando usamos uma vela cinza para esta função, ela é quebrada ao final do ritual, simbolizando a quebra do mal que nos limita.

LARANJA: cor ligada ao Sol. As velas laranjas atraem o sucesso, as honrarias, a fama, a popularidade e a sorte. Quando queremos uma resposta favorável aos nossos anseios devemos usar velas desta cor. O laranja afasta o azar, o comodismo e o conformismo, fazendo com que as pessoas tomem consciência de seus direitos e possibilidades na vida, ajudando-as a concretizarem seus objetivos.

MARROM: cor ligada a Mercúrio. O marrom faz com que as pessoas coloquem "os pés no chão" e se centrem na vida. As velas de cor marrom devem ser usadas em rituais e sortilégios preparados para pessoas que ainda não conquistaram o sucesso material, a conquista de bens, propriedades, realização pessoal e seu objetivo de vida. É uma cor que também está ligada ao elemento Terra e, por consequência, a todas as coisas ligadas a ela.

PRETO: cor ligada à Lua, a Saturno e a Plutão. O preto é uma cor extremamente poderosa que deve ser usada sempre que quisermos respostas concretas aos nossos objetivos. É a cor do conhecimento do bem e do mal, por isso está ligada à Bruxaria em todas as suas manifestações. O preto é a única cor que não tem uma finalidade específica, pois é sempre usado para atrair aquilo que queremos, sobre nós ou sobre outras pessoas, coisas boas ou ruins, vida ou morte, saúde ou doença, sucesso ou fracasso. O preto é uma "faca" de dois gumes, é uma cor neutra. Seus poderes para atrair as coisas positivas ou negativas vai depender da intenção da pessoa que faz uso das velas desta cor e não da vela em si.

PÚRPURA: cor relacionada a Júpiter e Netuno. Seus atributos são semelhantes aos da cor azul-marinho. Tem o poder de transmutar os carmas, trazer equilíbrio espiritual e harmonizar os altos e baixos que a vida pode proporcionar a um indivíduo.

ROSA: cor ligada à Vênus. O rosa tem o poder de atrair a felicidade amorosa ao lado da pessoa amada. Harmoniza os laços matrimoniais e os casamentos que estão abalados. Por ser uma cor ligada à Vênus, equilibra os relacionamentos entre as pessoas, família, colegas de trabalho, etc. Velas cor-de-rosa devem ser usadas em rituais que se destinam a conquistar e a atrair a pessoa que amamos.

VERDE: cor sagrada de Vênus. O verde atrai abundância, fartura, prosperidade e a conquista de bens materiais. É a cor da renovação, da esperança e do otimismo. Ritos e sortilégios que se destinam a atrair a fartura e a prosperidade devem ser realizados à luz de velas verdes.

VERMELHO: cor de Marte, o planeta ligado às guerras, brigas, batalhas, mas também às vitórias. Velas vermelhas têm a função de afastar as energias negativas de todas as ordens. Quando um feitiço é enviado contra nós, devemos nos proteger acendendo velas vermelhas para que ele seja quebrado. Vermelho é a cor da guerra e da vitória. Por isso, quando estiver lutando para conquistar algo, realize rituais ou sortilégios com velas vermelhas. Nos ritos que se destinam a afastar as influências maléficas de algum tipo de magia negativa, as velas vermelhas deverão sempre se fazer presentes.

A UNÇÃO DAS VELAS

As velas que são compradas já foram manuseadas por outras pessoas e com isso absorveram o magnetismo, positivo ou negativo, de quem manteve contato com elas. A forma mais fácil de limpar as suas velas e dar a elas um propósito é ungindo-as com um óleo para que sejam purificadas antes de serem usadas.

Quando ungimos uma vela, todas as energias que elas absorveram de outras pessoas são imediatamente anuladas para que estejam prontas para receber nosso magnetismo pessoal.

Você poderá ungir suas velas com um óleo relacionado ao aroma do arcano do Tarô predominante em seu ritual ou, na dúvida, use a referência geral a seguir para cada propósito:

- **Rituais para amor:** óleo aromático de rosas.
- **Rituais para dinheiro:** óleo aromático de almíscar.
- **Rituais para saúde:** óleo aromático de lótus.
- **Rituais para proteção:** óleo aromático de cravos-da-índia.

O aroma associado aos arcanos pode ser encontrado na descrição de cada carta.

Quando fizer a unção, fique atento à maneira como realiza este ato, pois ele indica as intenções que estamos querendo impregnar na vela. Unja as velas do pavio para a base se quiser atrair algo como amor, fama, sucesso, dinheiro, prosperidade, etc. E da base para o pavio quando quiser afastar algo como doenças, pessoas, situações, algo indesejado ou negativo:

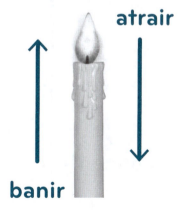

Quando quiser anular uma energia comece pelo meio da vela, coloque as duas mãos no cento dela e deslize-as ao mesmo tempo, de forma que uma vá para a direção do pavio e a outra da base:

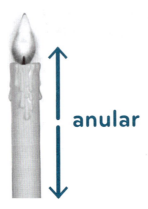

Para concentrar uma energia, faça o oposto. Coloque uma mão na extremidade do pavio e a outra na base e deslize-as ao mesmo tempo para o centro da vela:

Para ascender uma vibração ou energia, unja a vela espiralando a mão ao redor dela no sentido horário, indo da base para o pavio:

ascender

Para aterrar uma energia, faça o inverso. Comece pelo pavio e desça em direção à base, deslizando sua mão por toda a extensão da vela no sentido anti-horário:

aterrar

Durante a unção, concentre-se nos propósitos para o qual o ritual é realizado e visualize em sua mente a realização dos seus desejos, como se já estivessem acontecendo.

A unção é um dos atos simbólicos mais importantes nos rituais que usam velas, pois é nesse momento que transmitimos todos os nossos desejos e intenções à vela que será utilizada. O ato de ungi-las simboliza o estabelecimento de um elo psíquico através do tato, o momento em que sua aura irá se misturar com a aura da própria vela e torná-la mágica.

NÚMERO DE VELAS EM UM RITUAL

Cada número que existe representa uma vibração no Universo, um padrão energético que nossos sentidos detectam e que têm a possibilidade de produzir uma mudança na vibração da nossa própria aura, levando-nos a experimentar sentimentos, pensamentos e ações.

Como cada número é uma vibração, quando usamos um número apropriado de velas em nossos rituais com o Tarô estamos mobilizando a presença daquela vibração em nossa cerimônia. Com isso, um alinhamento sutil, mas profundo de forças é desencadeado em nossa direção a partir deste momento.

Assim, o número de velas que colocará sobre o seu altar na hora de trabalhar a Magia com o Tarô pode servir para representar a natureza do ritual que está sendo realizado:

1: Buscar por novos inícios, novos projetos, tudo o que estiver se iniciando.

2: Aumentar a fertilidade, os dons psíquicos, a força mágica.

3: Trazer resolução de assuntos legais e sorte no comércio.

4: Ajudar a alcançar a estabilidade e a honrar os compromissos.

5: Facilitar a comunicação e a mudar uma situação.

6: Trazer sorte no amor e saúde.

7: Ajudar a conseguir uma cura.

8: Favorecer as carreiras e a abertura do caminho profissional.

9: Aumentar a energia sexual, trazer resolução aos problemas e neutralizar feitiços.

Usar velas de acordo com o número do arcano central usado em seu ritual é uma opção que não pode ser descartada. Use três velas para invocar a energia da Imperatriz, sete quando quiser trabalhar a força do Carro e, assim, sucessivamente.

Resumidamente, tenha em mente a seguinte referência na hora de escolher as velas para seus rituais com o Tarô:

PROPÓSITO	COR DA VELA
Dinheiro	Verde, laranja, dourado
Amor	Rosa, vermelho, salmão
Paixão	Vermelho, laranja, carmesim
Cura	Amarelo, azul, verde
Estudos	Amarelo, azul
Todos os propósitos	Branco
Proteção	Preto

PEDRAS

Pedras e cristais também podem se tornar seus grandes aliados nos rituais de Magia com o Tarô, pois estão repletos de força e energia. Desde tempos imemoriais, acredita-se que as pedras possuem efeitos benéficos, trazem boa sorte, saúde e proteção. Os cristais podem ser considerados um universo em miniatura, já que contêm as mesmas partículas que formaram os cosmos, as estrelas e que também estão presentes em nosso corpo. Assim, existe um elo entre nós e cada cristal.

Na magia, cada diferente pedra tem uma frequência energética específica. Elas são como baterias naturais que contêm e concentram as energias da terra. Os cristais harmonizam, transformam e transmitem essa energia.

A capacidade de transmissão de energia dos cristais é tão poderosa, que eles são usados na tecnologia moderna. Por possuírem a capacidade de vibrar e ressoar, cristais como os de silício têm sido largamente usados na indústria de equipamentos eletrônicos e no desenvolvimento de celulares, computadores e relógios. O quartzo é usado para produzir sinais em frequências de áudio ou rádio devido a seu efeito piezoelétrico, que serve como um sintonizador de altíssima frequência. Muitos são os estudos sobre o efeito terapêuticos dos cristais para o equilíbrio do ser. Em função das vibrações que são capazes de emitir, as pedras e os cristais podem estabelecer uma comunicação com a nossa mente e até mesmo com nossa estrutura molecular, mudando a energia que envolve nossos corpos sutis por meio de vibrações imperceptíveis por qualquer aparelho desenvolvido até o presente momento.

Desta forma, nos rituais os cristais servem tanto como potencializadores quanto antenas transmissoras capazes de ampliar a sintonia da cerimônia e dar a ela um destino apropriado. A energia dos cristais na Magia do Tarô é usada para beneficiar nossa própria energia e nos conectar criando uma ressonância com aquilo que queremos alcançar ou influenciar por meio do ritual.

Muitos são os cristais que podem ser usados nos seus rituais com o Tarô. Cada arcano possui uma pedra correspondente que, da mesma forma que os aromas e as cores, pode ser usada na composição de seus rituais para intensificar ainda mais o poder do próprio arcano. Ainda que cada carta esteja associada com um cristal específico, você pode escolher outras pedras para seus feitiços com o Tarô levando simplesmente em conta suas cores e constituição. Poderíamos dizer que todas pedras:

- Verdes, pretas e marrons são ligadas à Terra e por isso acalmam, centram e trazem prosperidade, estabilidade e poder.
- Amarelas e brancas estão ligadas ao Ar, por isso trazem os dons do intelecto, inspiração e cura.
- Vermelhas e laranjas representam o elemento Fogo e trazem energia, determinação, garra e proteção.
- Azuis, peroladas e púrpuras estão ligadas ao elemento Água e equilibram, purificam e aumentam os poderes psíquicos.

Diferentes cristais possuem poderes especiais. Para uma rápida referência os cristais descritos a seguir são úteis para serem empregados na maior parte dos rituais:

- **Água-marinha:** atrai inspiração e equilibra as emoções. Favorece a comunicação, a expressividade e os dons artísticos.
- **Ametista:** desenvolve os dons psíquicos e transmuta as energias negativas. Usada para eliminar vícios e para favorecer a meditação e o relaxamento.
- **Aventurina:** é usada para curar, trazer sorte e atrair ganhos financeiros.
- **Cornalina:** aumenta nossa energia e auxilia no equilíbrio de processos hormonais.
- **Hematita:** traz coragem, vigor e força de vontade.
- **Jaspe:** protege e elimina o mal. É usada para auxiliar na superação dos obstáculos.
- **Obsidiana:** usada em rituais de banimento, como contrafeitiço e para curar todos os tipos de doenças físicas e emocionais.
- **Olho de tigre:** pedra usada para atrair sucesso, prosperidade e para proporcionar reconhecimento pelo nosso trabalho.
- **Pedra da lua:** a pedra sagrada da Deusa. Pode ser usada para todas as finalidades e para nos colocar em contato direto com o Sagrado.
- **Quartzo-branco:** usado para todas as finalidades. Serve como um intensificador de nossas vontades.
- **Quartzo-rosa:** pedra do amor, usada para atrair as bênçãos e trazer equilíbrio emocional.
- **Turmalina-negra:** pedra usada para proteção em todas as suas manifestações.

Obviamente, existem muito mais tipos de cristais do que os mencionados na presente obra. Porém, descrever seus usos e aplicações excede o propósito do presente livro. Pesquise sobre o tema em outras fontes para conhecer um pouco mais sobre o assunto. Isto será de grande utilidade na hora de usar uma pedra para confeccionar um talismã para ser impregnado com a energia de uma carta e também na composição dos seus feitiços e rituais.

ERVAS

A magia postula que o mundo animal, mineral e vegetal são manifestações divinas e possuem poderes inerentes a si, por isso as ervas podem ser usadas como um suporte adicional nos rituais com o Tarô. Elas podem ser colocadas sobre a altar, sobre as cartas, reproduzindo símbolos sobre os quais os arcanos são dispostos, etc. Ao fazer isso, estamos entrando em contato com o espírito que vive no interior de cada erva e solicitando que, por meio de seus poderes, associados à nossa energia psíquica, a mudança do curso da natureza ocorra para nos beneficiar e realizar nosso desejo. Os vegetais também possuem uma aura mágica de energia que compõe tudo o que existe e que pode interferir em pessoas, lugares e outras coisas das mais diversas maneiras. Ao usarmos as ervas em um ritual, o poder de cada uma delas se mistura com a força gerada pelo próprio ritual em si. Esse poder é depois canalizado e direcionado para o propósito da cerimônia por meio da visualização, como já explicado anteriormente.

Todas as plantas, sejam elas aromáticas ou não, possuem algum tipo de poder mágico e podem ser usadas nos rituais com o Tarô. Elas também possuem a capacidade de neutralizar energias negativas atuando como um escudo protetor ou trazendo amor, paz de espírito, prosperidade ou outras forças necessárias. Suas vibrações emitidas são tão fortes que chegam a influenciar nossa própria personalidade e destino.

Não deixe de usar as ervas para dar ainda mais poder aos seus rituais com o Tarô. O ideal é que você mesmo plante e colha as ervas que vai usar, pois assim sua aura se impregnará com o campo áurico do vegetal e você obterá as respostas favoráveis que deseja mais rapidamente. Caso não tenha disponibilidade para plantá-las, poderá optar em adquiri-las em lojas especializadas, concentrando sua energia pessoal nas ervas por meio da visualização para intensificar o seu poder.

É necessário salientar aqui, que algumas ervas são venenosas e podem causar inúmeras doenças e até mesmo a morte. Portanto, nunca beba ou use medicinalmente nenhuma das ervas indicadas neste livro. Ao fazer uso delas, limite-se a colocá-las sobre o altar ou usá-las externamente após serem carregadas de poder por meio dos rituais de cada carta. Isso significa que, a erva colocada sobre o altar pode ser usada por você na forma de banho ou na confecção de um talismã após o ritual, o que faz com que a energia da carta tenha uma dispersão prolongada e influencia sua aura ou um ambiente mesmo após o ritual ter se completado.

Todas as plantas, ervas e árvores possuem habilidades e poderes para curar e influenciar ambientes e pessoas em algum nível. Da mesma forma, elas também podem oferecer seus poderes e benefícios a você para que sua força mágica seja utilizada em seus rituais com o Tarô para trazer as mudanças desejadas.

Para uma rápida consulta, organizamos uma breve descrição das ervas mais utilizadas nos rituais e que podem ser incorporados por você na Magia com o Tarô.

PLANTA	CORRESPONDÊNCIA
Acácia	Masculino, Sol, Fogo
Açafrão	Masculino, Sol, Fogo
Alcaravia	Masculino, Mercúrio, Ar
Alecrim	Masculino, Sol, Fogo
Algodão	Feminino, Lua, Água
Alho	Masculino, Marte, Fogo
Amêndoa	Masculino, Mercúrio, Terra
Angélica	Masculino, Vênus, Fogo
Artemísia	Masculino, Sol, Fogo
Arruda	Masculino, Marte, Fogo
Azevinho	Masculino, Marte, Fogo
Babosa	Feminino, Lua, Água
Bálsamo	Feminino, Saturno, Terra
Baunilha	Masculino, Júpiter, Fogo
Benjoim	Masculino, Sol, Ar

FUNÇÃO MÁGICA

Atrai beleza e amor.

Favorece a prosperidade, a cura e a coragem sexual para os homens.

Atrai proteção e paixão.

Melhora a memória e o sono. Purifica os ambientes, atrai jovialidade e amor, dá poder, favorece cura e proteção. Coloque-o em todos os banhos de purificação, incensos de amor e defesa mágica. Faça um óleo simples de alecrim e use-o para limpar as mãos antes dos rituais. Queime alecrim com junípero para limpeza astral.

Atrai sorte, saúde e proteção.

Erva protetora e curativa. Atrai coragem e é boa para o exorcismo.

Atrai dinheiro, prosperidade e sabedoria.

Usada para proteção pessoal e exorcismos.

Utilizada em feitiços protetores, cura da febre e outras enfermidades. Ótimo incenso de exorcismo, o chá aumenta a coragem e dá poder. Colha na véspera do Solstício de Verão, jogue-a na fogueira e atravesse sua fumaça para se purificar. Fumigações mantêm a casa protegida e previnem contra pesadelos.

Atrai saúde, proteção e amor. Combate os inimigos e influências hostis. Ótimo para banhos de limpeza do campo áurico.

Quando plantado ao redor da casa protege contra mal. As folhas e bagas podem ser levadas por um homem para exaltar a masculinidade, virilidade e atrair a pessoa amada.

Atrai beleza, proteção, sucesso e paz.

Os brotos são levados para aliviar um coração partido e podem ser usados para encantamentos de amor e proteção.

Seu feijão e fava são usados em sortilégios de amor e o óleo é usado como afrodisíaco.

Usado amplamente em incensos de purificação.

PLANTA	CORRESPONDÊNCIA
Calêndula	Masculino, Sol, Fogo
Camomila	Masculino, Sol ou Vênus, Água
Canela	Masculino, Sol, Fogo
Cânfora	Feminino, Lua, Água
Carvalho	Masculino, Sol, Fogo
Cebola	Masculino, Marte, Fogo
Cravos	Masculino, Sol, Fogo
Cravo-da-índia	Masculino, Sol, Fogo
Cipreste	Masculino, Saturno, Terra

FUNÇÃO MÁGICA

Usada para profetizar, favorecer assuntos legais, aumentar poderes psíquicos, ver criaturas mágicas, atrair o amor e desenvolver a clarividência. Favorece todos os negócios, principalmente os de ordem legal, e renova a energia pessoal. Coloque uma flor de calêndula embaixo do travesseiro durante a noite para induzir a sonhos proféticos.

Bom como incenso de meditação, pois possui a capacidade de centrar e atrair a paz. Borrife em sua casa para proteção, cura e dinheiro.

Favorece as buscas espirituais, aumenta poder e atrai amor. Usada também para favorecer o sucesso de todas as ordens. Boa para ser utilizada em trabalhos psíquicos, cura e limpeza energética. Usada em incensos para aguçar a clarividência e atrair altas vibrações. Reputada por ser um afrodisíaco masculino. Use em encantamentos de prosperidade e amor.

Usada para saúde, clarividência e poderes ocultos e mágicos.

O carvalho é uma árvore sagrada em muitas culturas. Um Bruxo procurará frequentemente uma Vareta de Carvalho para executar seus ritos. Queime folhas de carvalho para purificação de espaços rituais, sempre pedindo a permissão do Elemental da árvore antes de utilizá-la. O carvalho é frequentemente usado para fazer varetas mágicas e bastões de todos os propósitos, pois possuem grande poder. As bolotas são usadas para fertilidade em mulheres e aumentam atração sexual nos homens, preservando a mocidade e acabando com as enfermidades. Pendure carvalho em cima de janelas e portas para proteger sua casa de maus espíritos.

Usada para proteção e cura. Quando colocamos uma cebola cortada em pessoas doentes, a enfermidade é absorvida por ela. Deixe-as durante a noite junto a pessoa e jogue fora de manhã.

Usado por Bruxas para proteção durante tempos difíceis, aumenta a energia e poder quando usado durante um ritual com incenso.

Use em amuletos ou encantamentos para dispersar a negatividade. Podem ser amarrados em uma linha vermelha como um amuleto protetor para ser pendurado no carro, na porta de entrada ou amarrada junto ao braço com pulseira. Atrai dinheiro, visões, limpa e purifica afastando o mal.

Está conectado à morte em todos os aspectos. Sua fumaça pode ser utilizada para consagrar objetos rituais.

PLANTA	CORRESPONDÊNCIA
Coentro	Masculino, Marte, Fogo
Confrei	Feminino, Saturno, Água
Dente-de-leão	Masculino, Júpiter, Ar
Endro	Masculino, Mercúrio, Fogo
Erva-doce	Masculino, Júpiter ou Lua, Ar
Espinheiro	Masculino, Marte, Fogo
Eucalipto	Feminino, Lua, Ar
Gardênia	Feminino, Lua, Água
Gengibre	Masculino, Marte, Fogo
Ginseng	Masculino, Sol, Fogo
Girassol	Masculino, Sol, Fogo
Hera	Masculino, Saturno, Água
Hortelã	Masculino, Mercúrio ou Vênus, Ar
Hissopo	Masculino, Júpiter, Fogo
Jasmim	Feminino, Júpiter, Terra

FUNÇÃO MÁGICA

Usado na proteção do lar e para atrair serenidade e paz. Pode ser colocado em bebidas rituais e usado em incensos para longevidade e feitiços de amor.

Utilizado em feitiços para viagens seguras, atrair dinheiro, cura e para honrar o aspecto da Deusa como Anciã.

Usado na adivinhação, para dar boas-vindas aos Deuses e Espíritos e enviar mensagens.

Pode ser pendurado no quarto das crianças para protegê-las dos maus espíritos e de sonhos ruins.

Usado para proteção, purificação e exorcismo. Favorece a consciência e a alegria.

Usado para proteção e nos amuletos contra influências do mal. Promove felicidade em matrimônios ou numa nova relação. Queime suas bolotas como incenso quando você precisar de energia e mudanças em sua vida.

Usado em rituais curativos, talismãs e amuletos. Coloque as folhas ao redor de uma vela azul e queime para atrair energias curativas.

Atrai o amor verdadeiro.

Atrai poder, sucesso, amor e favorece os assuntos financeiros.

Atrai amor, desejo, beleza.

Dá boas-vindas e atrai as bênçãos do Sol a um jardim ou casa. As sementes são comidas por mulheres para aumentar a fertilidade.

Protege as casas onde cresce. Na Antiga Tradição, hera e azevinho são dados a recém-casados como símbolo de boa sorte.

Atrai dinheiro, cura, força, poder e sorte nas viagens.

Usado em banhos de purificação, proteção e contra feitiços. Muito usado durante a Idade Média para purificação e para afastar doenças. Pode ser usado em rituais de consagração e queimado como um incenso. Quando lançado no fogo é dito que se chama pelo Dragão da Magia.

Usado em feitiços de paixão. Mulheres sempre usaram jasmim na história antiga devido a seus efeitos sedutores em homens.

PLANTA	CORRESPONDÊNCIA
Junípero	Masculino, Sol, Fogo
Lavanda	Masculino, Mercúrio, Ar
Laranja	Feminino, Júpiter, Água
Limão	Feminino, Lua ou Netuno, Água
Lilás	Feminino, Vênus, Ar
Loureiro	Masculino, Sol, Fogo
Maçã	Feminino, Vênus, Água
Mandrágora	Masculino, Mercúrio, Terra
Madressilva	Feminino, Júpiter, Terra
Manjericão	Masculino, Marte, Fogo
Margarida	Feminino, Vênus, Água
Mirra	Feminino, Lua ou Júpiter, Água
Murta	Feminino, Vênus, Água
Noz	Masculino, Sol, Fogo

FUNÇÃO MÁGICA

Usado na proteção contra acidentes, danos e roubos. As bolotas são usadas para atrair a pessoa amada.

Favorece o sono, a vida longa e a paz. Usada para proteção, amor, purificação, visões, clareza de pensamento e para atrair pessoas do sexo masculino. Também usada para banhos e incensos de purificação e é lançada sobre os fogos do Solstício de Verão por Bruxos como um sacrifício para os Deuses antigos.

A casca pulverizada é usada para sortilégios de amor.

Atrai purificação, amor e bênçãos.

Atrai proteção contra o mal, beleza, amor, harmonia e equilíbrio.

Atrai sabedoria, proteção, poderes psíquicos e bane energias negativas.

Usado em feitiços de amor e para favorecer a boa sorte.

Ótimo protetor para a casa. A raiz aumenta a fertilidade nas mulheres e cura a impotência em homens quando carregada junto ao corpo. Para isso, carregue uma raiz de mandrágora com sua energia pessoal, durma com ela durante três noites anteriores à Lua cheia. A raiz pode ser levada para aumentar a coragem.

Usada amplamente em feitiços de prosperidade e de amor.

Atrai proteção, amor, riqueza (se levado em sua carteira), relações curativas, coragem, fertilidade, utilizada em exorcismo e para assegurar a fidelidade de um companheiro.

Decore a casa com margaridas na véspera do Solstício de Verão para trazer felicidade a um lar e obter as bênçãos do Povo das Fadas. Margaridas também são usadas nesta data para atrair sorte e bênçãos. Nos tempos antigos, colocavam-se coroas de margarida no cabelo das bonecas para atrair o ser amado.

Usado como incenso protetor para áreas rituais e para consagrar instrumentos mágicos.

A murta era sagrada à Deusa grega Vênus e foi muito usada em feitiços ao longo da história. Leve ou use murta para atrair amor. Use-a fresca para fazer encantamentos, poções ou rituais de amor.

Leve a noz como um amuleto para promover fertilidade e fortalecer o coração.

PLANTA	CORRESPONDÊNCIA
Patchouli	Masculino, Sol, Terra
Pimenta-preta	Masculino, Marte, Fogo
Rosa	Feminino, Vênus, Água
Sabugueiro	Feminino, Vênus, Ar
Salgueiro	Feminino, Lua, Água
Sálvia	Masculino, Júpiter ou Vênus, Ar
Samambaia	Feminino, Saturno, Terra
Sangue-de-dragão	Masculino, Marte, Fogo
Sândalo	Feminino, Lua, Ar
Sorveira	Masculino, Sol, Fogo
Trevo	Masculino, Mercúrio, Ar
Tomilho	Feminino, Vênus, Água
Urtiga	Masculino, Marte, Fogo
Valeriana	Feminino, Mercúrio ou Vênus, Água
Verbena	Feminino, Vênus, Ar

FUNÇÃO MÁGICA

É afrodisíaco e atrativo de amor.

Use em feitiços de proteção.

Atrai amor, amizade, sorte, proteção, poder psíquico e favorece a adivinhação.

É muito usado para fazer Varetas e Bastões Mágicos. A pessoa sempre deve ser cautelosa pedindo permissão ao Elemental da árvore para poder colher suas folhas, madeira e frutos, evitando assim a má sorte. Também é considerado mau agouro queimar madeira de Sabugueiro. Folhas deixadas nas portas e janelas afastarão o mal.

Bastões de salgueiro podem ser usados para curar. O Salgueiro trará as bênçãos da Lua àqueles que o plantam ou os têm na propriedade.

Atrai fertilidade, longevidade, desejo, sabedoria, proteção, cura e saúde.

A Samambaia é uma planta protetora extremamente poderosa. Cultive ao redor da casa para proteção do mal e para banir a negatividade.

Extensamente usado em feitiços de amor, proteção e purificação. Mantenha um pedaço de sangue-de-dragão debaixo da cama para curar impotência. Levado com você, atrai boa sorte. Pode ser dissolvido no banho para purificação.

Usado para purificação, proteção e cura.

Atrai proteção, boa sorte e cura.

Os de três folhas estão associados com a Deusa Tripla. Use-os em rituais para beleza, mocidade, poderes curativos e cura da loucura.

Desenvolve a energia psíquica e é usado para coragem, cura e como incenso de purificação.

Usada para advertir perigos, atrair proteção, cura e coragem. É um antídoto para muitos venenos.

Atrai amor e paz. Usada em banhos de purificação ou relaxantes. Use a erva fresca em feitiços de amor.

Usada em feitiços de amor. Favorece a mocidade, a beleza e atrai o sexo oposto. Use ao redor de seu pescoço ou coloque debaixo de um travesseiro para prevenir pesadelos.

GUIA DE RÁPIDA REFERÊNCIA PARA USO DAS CARTAS BASEADO EM TEMAS

Aqui encontra-se uma rápida referência para consulta. Sempre que desejar escolher uma carta para alinhar seus rituais e cerimônias com um tema da vida, tenha em mente que cada arcano pode significar muitas coisas diferentes e atrair várias energias para sua vida e que as referências aqui apontadas são genéricas e amplas. Estude minuciosamente cada carta para entender seu verdadeiro simbolismo e contextualizar seu uso.

Amizade

Os Enamorados
O Sol
4 de Bastos
6 de Bastos
3 de Copas
6 de Copas
6 de Espadas
3 de Ouros
5 de Ouros
6 de Ouros

Amor

A Imperatriz
O Hierofante
Os Enamorados
O Sol
O Mundo
4 de Bastos
2 de Copas
6 de Copas
10 de Copas
Cavaleiro de Copas
Rei de Copas
Rainha de Copas
10 de Ouros

Autoestima

O Louco
A Força
A Temperança
A Estrela
6 de Bastos
9 de Copas
Valete de Copas
2 de Espadas
9 de Ouros

Beleza

A Imperatriz
Os Enamorados
O Carro
A Estrela
O Sol
O Mundo
Ás de Copas

Valete de Copas
Cavaleiro de Copas
Rainha e de Copas
Rei de Copas
9 de Ouros
Rainha de Ouros

Valete de Espadas
Cavaleiro de Espadas
Rainha de Espadas
Rei de Espadas
8 de Ouros

Casa

A Sacerdotisa
A Imperatriz
O Imperador
A Justiça
O Julgamento
2 de Bastos
4 de Bastos
10 de Copas
Ás de Ouros
10 de Ouros

Cura

O Mago
A Sacerdotisa
A Imperatriz
O Hierofante
O Carro
A Temperança
A Estrela
O Sol
O Julgamento
O Mundo
Ás de Bastos
4 de Bastos
6 de Bastos
8 de Bastos
Rainha de Bastos
Rei de Bastos
Ás de Copas
3 de Copas
9 de Copas
10 de Copas
Ás de Ouros
9 de Ouros

Coragem

O Louco
O Mago
O Imperador
O Carro
A Força
A Roda da Fortuna
O Mundo
6 de Bastos
7 de Bastos
09 de Bastos
Cavaleiro de Bastos
8 de Copas
Ás de Espadas
5 de Espadas

Destino

O Louco
O Eremita
A Roda da Fortuna

A Morte
A Torre
O Julgamento
3 de Ouros
4 de Copas
8 de Copas
4 de Espadas
6 de Espadas
9 de Espadas
10 de Espadas

Dinheiro

A Imperatriz
O Imperador
O Hierofante
O Carro
A Roda da Fortuna
A Justiça
A Estrela
O Sol
O Mundo
6 de Bastos
9 de Copas
Ás de Ouros
3 de Ouros
6 de Ouros
8 de Ouros
9 de Ouros
10 de Ouros
Valete de Ouros
Cavaleiro de Ouros
Rainha de Ouros
Rei de Ouros

Engravidar

A Imperatriz
A Força
A Estrela
O Sol
O Mundo
Ás de Bastos
Rainha de Bastos
10 de Copas
Rainha de Copas
Rainha de Ouros

Espiritualidade

O Louco
O Mago
A Sacerdotisa
O Hierofante
O Eremita
O Enforcado
A Morte
A Temperança
O Diabo
A Lua
O Julgamento
O Mundo
Ás de Bastos
Ás de Copas
4 de Copas
3 de Ouros

Felicidade

O Louco
A Imperatriz
A Estrela

O Sol
O Mundo
4 de Bastos
6 de Bastos
3 de Copas
9 de Copas
10 de Copas
9 de Ouros

Fertilidade

A Imperatriz
A Estrela
Ás de Bastos
Ás de Copas
Rainha de Bastos
10 de Copas
Rainha de Copas
10 de Ouros
Rainha de Ouros

Fidelidade

O Imperador
O Hierofante
A Justiça
2 de Copas
Rainha de Copas
Rei de Copas
Rainha de Ouros
Rei de Ouros

Fofocas

O Mago
Ás de Espadas
A Roda da Fortuna
4 de Copas
5 de Copas
6 de Espadas
Ás de Espadas
Valete de Espadas

Força

O Imperador
A Força
A Torre
Ás de Bastos
5 de Bastos
7 de Bastos
Cavaleiro de Bastos
Ás de Espadas
Cavaleiro de Espadas

Inimigos

O Mago
O Hierofante
A Roda da Fortuna
O Enforcado
O Diabo
A Torre
3 de Bastos
5 de Bastos
7 de Bastos
9 de Bastos
10 de Bastos
5 de Copas
5 de Espadas
8 de Espadas
10 de Espadas
5 de Ouros
7 de Ouros

Justiça
O Imperador
O Hierofante
O Eremita
A Roda da Fortuna
A Justiça
O Enforcado
O Julgamento
A Torre
O Julgamento
Ás de Espadas
2 de Espadas
Rainha de Espadas
Rei de Espadas
2 de Ouros
6 de Ouros

Longevidade
O Hierofante
O Eremita
10 de Ouros

Magia
O Mago
A Sacerdotisa
O Hierofante
O Eremita
O Diabo
A Lua
7 de Copas
9 de Espadas

Maldições
O Mago
A Roda da Fortuna
O Enforcado
A Morte
O Diabo
A Lua
10 de Bastos
4 de Copas
5 de Copas
3 de Espadas
10 de Espadas
7 de Ouros

Meditação
A Sacerdotisa
O Hierofante
O Eremita
2 de Bastos
3 de Bastos
2 de Espadas
4 de Ouros

Morte e renascimento
O Louco
A Morte
O Enforcado
A Torre
O Julgamento
4 de Espadas

Mudanças
O Louco
O Mago
O Carro
A Roda da Fortuna
O Sol

A Lua
6 de Bastos
Todos os Cavaleiros
8 de Copas
6 de Espadas

Sorte

O Mago
O Carro
A Roda da Fortuna
A Estrela
O Sol
O Mundo
Ás de Bastos
4 de Bastos
6 de Bastos
8 de Bastos
3 de Copas
9 de Copas
10 de Copas
Ás de Ouros
6 de Ouros
8 de Ouros
9 de Ouros
10 de Ouros

Paz e harmonia

A Sacerdotisa
O Hierofante
O Eremita
A Justiça
A Temperança
A estrela
O Sol

O Mundo
6 de Bastos
Ás de Copas
10 de Copas
2 de Espadas

Poder Pessoal

O Imperador
A Força
7 de Bastos
Cavaleiro de Bastos
Rainha de Bastos
Rei de Bastos
Ás de Espadas
Cavaleiro de Espadas
Rainha de Espadas
Rei de Espadas

Proteção

O Imperador
O Carro
A Força
A Justiça
A Temperança
5 de Bastos
7 de Bastos
9 de Bastos
Cavaleiro de Espadas
Rainha de Espadas
Rei de Espadas

Proteção psíquica

A Sacerdotisa
A Lua

O Enforcado
2 de Espadas

Questões legais
O Imperador
A Imperatriz
O Hierofante
A Justiça
O Julgamento

Separações afetivas
Os Enamorados
A Morte
O Julgamento
4 de Copas
5 de Copas
3 de Espadas

RESUMO DO USO MÁGICO DOS ARCANOS PARA RÁPIDA REFERÊNCIA

ARCANOS MAIORES

O Louco

Novos começos.
Assumir riscos.
Quando um salto de fé é necessário.
Embarcar em um novo caminho, carreira, trabalho, escola ou mudar para um novo lugar, cidade ou país.
Abraçar sua excentricidade ou se tornar mais excêntrico.
Para fazer alguém parecer tolo.
Para se tornar mais despreocupado ou se importar menos com o que os outros pensam.
Magia ou feitiços envolvendo Urano (planeta ou Deus).

O Mago

Comunicação.
Adquirir habilidade e conhecimento em diferentes campos.
Autoaperfeiçoamento e autodesenvolvimento.
Escrever artigos, ensaios ou redação criativa.
Para aumentar as ideias criativas ou a resolução de problemas.
Magia ou feitiços envolvendo Mercúrio (planeta ou Deus).

A Sacerdotisa

Melhorar a intuição.
Sintonizar-se com o eu superior.
Desvelar os mistérios além do véu.
Comunicação espiritual.
Desenvolver os dons psíquicos e extrassensoriais.
Aprofundar a compreensão da espiritualidade.
Feitiços para manter ou esconder segredos e mistérios internos.
Magia ou feitiços envolvendo a Lua (pode ser usado com a carta da Lua para magia lunar).

A Imperatriz

Gravidez, maternidade.
Magia relacionada a uma mãe ou figura materna.
Cuidados pessoais.
Cuidado infantil.
Magia natural.
Fertilidade.
Feminilidade.
Magia ou feitiços envolvendo Vênus (planeta ou Deusa) e Vênus retrógrado.

O Imperador

Liderança.
Atividades militares.
Paternidade.
Representar um pai, chefe, patrão ou figura de autoridade.
Magia ou feitiços envolvendo o signo de Áries.

O Hierofante

Representar uma organização ou liderança religiosa.
Cerimônias religiosas.
Casamento.
Tradição e costumes.
Iniciação em uma tradição ou organização.
Magia ou feitiços envolvendo o signo de Touro.

Os Enamorados

Amor, parcerias, relacionamentos, atrair opostos.

Relacionamentos (românticos, platônicos ou de trabalho) com o sexo oposto ou gênero diferente do seu.

Para superar dificuldades em um relacionamento ou ambiente de grupo no trabalho.

Magia ou feitiços envolvendo Gêmeos.

O Carro

Magia ou feitiços envolvendo carros ou veículos.

Viagens.

Para aumentar a vontade e a determinação pessoal.

Para permanecer no caminho correto.

Para fazer pessoas, elementos ou forças opostas trabalharem juntos.

Magia ou feitiços envolvendo o signo de Câncer.

A Força

Para aumentar a força interior.

Perseverar através de dificuldades e obstáculos.

Para acalmar a raiva causada pela impaciência ou frustração.

Superar desafios.

Para manter a calma quando estiver sob pressão.

Magia ou feitiços envolvendo o signo de Leão.

O Eremita

Magia para trabalhar com guias espirituais.

Buscar orientações de alguém mais experiente.

Termos envolvendo idosos.

Ensinar.

Encontrar um professor.

Feitiços para trabalhar com Deuses psicopompos.

Magia ou feitiços envolvendo o signo de Virgem.

A Roda da Fortuna
Apostas e jogos de sorte.
Conquistar fortuna.
Mudar o rumo da sorte.
Soltar-se e começar a se mover novamente.
Magia ou feitiços envolvendo Júpiter (planeta ou Deus).

A Justiça
Todos os assuntos legais.
Questões judiciais.
Trazer justiça.
Prestação de contas.
Assumir responsabilidades.
Equilibrar as áreas da vida.
Magia ou feitiços envolvendo o signo de Libra.

O Enforcado
Resolver paradoxos.
Alcançar a Iluminação espiritual por meio de provações e tribulações.
Autossacrifício.
Profetizar.
Para lidar com uma situação que tenha virado sua vida de cabeça para baixo.
Magia ou feitiços envolvendo Netuno (planeta ou Deus).

A Morte
Comunicação espiritual.
Feitiços e magia envolvendo a vida após a morte.
Necromancia.
Para trazer finais e mudanças necessárias.
Deixar algo ir.
Morte espiritual e renascimento.
Magia ou feitiços envolvendo o signo de Escorpião.

A Temperança
Equilíbrio.
Para acalmar o temperamento.
Para trazer paz interior.
Para equilibrar discussões ou disputas.
Magia ou feitiços envolvendo o signo de Sagitário.

O Diabo
Para afirmar ou estabelecer autonomia.
Finalizar vícios e maus hábitos.
Magia sexual.
Trabalho com a Sombra.
Lidar com um adversário.
Magia ou feitiços envolvendo o signo de Capricórnio.

A Torre
Magia e feitiços destrutivos.
Destruição.
Magia negra.
Derrubar um sistema ou estrutura.
Combater uma pessoa ou organização autoritária.
Magia ou feitiços envolvendo Marte.

A Estrela
Cura alternativa.
Magia e feitiços planetários.
Feitiços para um resultado positivo e esperançoso, após um desastre ou tragédia.
Magia ou feitiços envolvendo Aquário.

A Lua
Magia Lunar.
Desfazer ilusões.
Magia de Sonhos.
Sonhos lúcidos.
Saúde Mental.
Magia ou feitiços envolvendo o signo de Peixes.

O Sol

Alcançar a positividade e o otimismo.
Trazer boas notícias.
Invocar divindades solares.
Magia de fogo.
Sucesso.
Sair da depressão.
Magia ou feitiços envolvendo o Sol.

O Julgamento

Para saber qual é a sua vocação.
Para se tornar menos crítico.
Para julgar outra pessoa.
Magia ou feitiços envolvendo Plutão (planeta ou Deus).

O Mundo

Iniciar um novo episódio na vida.
Finalizar algo da melhor forma possível.
Totalidade.
Autoconhecimento.
Viagem pelo mundo.
Aprender lições de vida.
Magia ou feitiços envolvendo Saturno (planeta ou Deus).

ARCANOS MENORES

Ás de Bastos

Poder.
Criatividade Inovação.
Plantar sementes para o futuro.
Saúde sexual masculina.
Aumentar a resistência.
Encontrar uma paixão (na vida, amor ou sexo).
Magia ou feitiços envolvendo os signos de Fogo (Áries, Leão, Sagitário).

2 de Bastos

Para sair de uma zona de conforto.
Para superar a ansiedade social.
Agorafobia.
Fazer novos planos ou projetos.
Para abrir novas portas e caminhos.
Criar novas oportunidade.
Influenciar alguém.
Superar a decepção por meio de seus esforços e metas.
Magia ou feitiços envolvendo Marte em Áries.

3 de Bastos

Para expandir seu alcance.
Melhorar as metas de um negócio.
Comércio.
Negócios empresariais.
Planejar o futuro e definir metas a longo prazo.
Viagem ao exterior.
Imigração / emigração.
Magia ou feitiços envolvendo o Sol em Áries.

4 de Bastos

Casamento ou noivado.
Alcançar uma graduação.
Obter sucesso em uma reunião.
Convenções e workshops.
Qualquer tema ligado aos negócios, comércio, profissão.
Cerimônias de premiação.
Magia ou feitiços envolvendo Vênus em Áries.

5 de Bastos

Concorrência.
Concursos.
Para iniciar ou resolver conflitos.
Para chegar ao topo da escada do sucesso.
Autodefesa psíquica.
Magia ou feitiços envolvendo Saturno em Leão.

6 de Bastos

Magia para promoção.
Recompensa.
Reconhecimento.
Elogio.
Prêmios.
Sucesso.
Vitória.
Aumentar o seu orgulho.
Realizar bem um trabalho.
Para impressionar colegas, associados, empregadores.
Magia ou feitiços envolvendo Júpiter em Leão.

7 de Bastos

Magia e feitiços de autodefesa.
Para ir na ofensiva contra alguém ou algo.
Para enfrentar um desafio.
Estar preparado para qualquer coisa.
Parar perseguições ou assédio.
Ajudar a superar a ansiedade.
Magia ou feitiços envolvendo Marte em Leão.

8 de Bastos

Para acelerar um resultado.
Para enviar mensagens ou comunicação rápida.
Magia de paixão.
Feitiços ou magia envolvendo a outra pessoa (homem ou mulher) em um relacionamento.
Viagem astral.
Magia ou feitiços envolvendo Mercúrio em Sagitário.

9 de Bastos

Curar feridas psíquicas.
Curar ou controlar a paranoia.
Superar as adversidades.
Tratar doenças ou dores prolongadas.
Magia ou feitiços envolvendo a Lua em Sagitário.

10 de Bastos

Gerenciar a carga de trabalho.
Compartilhar seus fardos com outras pessoas.
Diminuir seus fardos.
Organizar sua vida ou casa.
Magia ou feitiços envolvendo Saturno em Sagitário.

Ás de Copas

Amor.
Aniversário.
Beleza.
Começos de um romance ou relacionamento.
Magia ou feitiços envolvendo os signos de Água (Câncer, Escorpião, Peixes).

2 de Copas

Compromisso nos relacionamentos.
Namoro.
Casamento.
Amizade mútua.
Para se tornarem mais do que "apenas amigo" de alguém.
Magia ou feitiços envolvendo Vênus em Câncer.

3 de Copas

Socialização e festas.
Irmandade, amizades femininas.
Confraternização social.
Celebração.
Magia e feitiços envolvendo Mercúrio em Câncer.

4 de Copas

Acabar com o tédio.
Acabar com a apatia e o desânimo.
Voltar a ser você mesmo.
Encontrar seus interesses e despertar novamente.
Magia ou feitiços envolvendo Lua em Câncer.

5 de Copas

Curar a dor.
Seguir em frente após infortúnios ou erros.
Recuperar-se de acidentes e decepções.
Aprender com eventos infelizes.
Magia ou feitiços envolvendo Marte em Escorpião.

6 de Copas

Superar o passado e a nostalgia.
Para lembrar ou relembrar de algo ou alguém.
Reconectar-se com alguém do seu passado.
Fortalecer os laços de amizade.
Magia ou feitiços envolvendo o Sol em Escorpião.

7 de Copas

Magia onírica.
Criar uma ilusão.
Magia de glamour.
Para confundir e imobilizar.
Viagem astral.
Magia ou feitiços envolvendo Vênus em Escorpião.

8 de Copas

Buscar algo novo.
Sair de uma situação, relacionamento ou trabalho.
Magia ou feitiços envolvendo Saturno em Peixes.

9 de Copas

Fazer um desejo se tornar realidade.
Felicidade.
Banquetes e festas.
Ter satisfação.
Lidar com excessos.
Magia ou feitiços envolvendo Júpiter em Peixes.

10 de Copas

Vida familiar.
Vida doméstica.
Ter a família.
Comprar uma casa.
Magia ou feitiços envolvendo Marte em Peixes.

Ás de Espadas

Vitória.
Concepção de novas ideias.
Clarear os pensamentos.
Alcançar a precisão em qualquer processo.
Magia ou feitiços envolvendo os signos de Ar (Aquário, Gêmeos, Libra).

2 de Espadas

Lidar com impasses.
Identificar falsos amigos.
Protelar uma decisão ou julgamento.
Meditar sobre um tema.
Ver as coisas com mais clareza.
Magia ou feitiços envolvendo a Lua em Libra.

3 de Espadas

Para curar a dor de uma separação ou coração partido.
Tristeza.
Mágoas.
Rancores.
Magia ou feitiços envolvendo Saturno em Libra.

4 de Espadas

Afastar-se do estresse mental e da fadiga.
Ter paz de espírito.
Limpar os chacras e os corpos psíquicos.
Magia ou feitiços envolvendo Júpiter em Libra.

5 de Espadas

Lidar com discussões e desacordos.
Ganhar uma discussão.
Para saber quando escolher suas batalhas.
Curar-se de uma perda ou derrota.
Magia ou feitiços envolvendo Vênus em Aquário.

6 de Espadas

Aprender a viver com a bagagem do passado.
Extrair sabedoria de um relacionamento que terminou.
Viajar.
Sair de uma situação de extrema tristeza.
Superar os problemas ou dificuldades recentes.
Navegar em águas turbulentas na vida.
Magia ou feitiços envolvendo Mercúrio em Aquário.

7 de Espadas

Expor um trapaceiro.
Prender um ladrão.
Passar incógnito.
Passar despercebido.
Camuflar-se.
Dissimular.
Revelar algo clandestino.
Magia ou feitiços envolvendo a Lua em Aquário.

8 de Espadas

Curar doenças graves ou ferimentos se estiver acamado.
Hospitalização.
Encontrar uma maneira de sair de uma situação.
Vincular uma pessoa a uma situação.
Impedir alguém de agir.
Magia ou feitiços envolvendo Júpiter em Gêmeos.

9 de Espadas

Para causar ou aliviar preocupações, medo ou ansiedade.
Parar com pesadelos.
Magia ou feitiços envolvendo Marte em Gêmeos.

10 de Espadas

Para render-se ao destino.
Um novo começo, após um período de extrema dificuldade.
Sair de uma rotina.
Finalizar com sofrimentos.
Magia ou feitiços envolvendo o Sol em Gêmeos.

Ás de Ouros

Receber dinheiro.
Ganhar dinheiro.
Encontrar um emprego.
Obter um reembolso.
Magia ou feitiços envolvendo os signos da Terra (Touro, Virgem, Capricórnio).

2 de Ouros

Equilibrar as finanças ou o orçamento.
Escapar da burocracia.
Lidar com documentos e papeladas.
Aprender a conciliar duas ou mais áreas da vida.
Trazer equilíbrio para um estilo de vida agitado ou caótico.
Magia ou feitiços envolvendo Júpiter em Capricórnio.

3 de Ouros

Colaboração, projetos.
Trabalhar em equipe.
Avaliação positiva no trabalho ou na escola.
Passar em testes ou exames.
Magia ou feitiços envolvendo Marte em Capricórnio.

4 de Ouros

Economizar dinheiro.
Proteger as finanças.
Proteger seus chacras e aura.
Magia ou feitiços envolvendo o Sol em Capricórnio.

5 de Ouros

Lidar com situações de extrema pobreza.
Diminuir restrições.
Curar ferimentos.
Magia ou feitiços envolvendo Mercúrio em Touro.

6 de Ouros

Receber dinheiro ou empréstimo.
Fazer ou receber uma doação.
Eventos de caridade.
Receber a graça de alguém caridoso.
Magia ou feitiços envolvendo a Lua em Touro.

7 de Ouros

Obter retorno de investimentos.
Planejamento a longo prazo.
Investimentos.
Feitiços que exigem paciência.
Magia ou feitiços envolvendo Saturno em Touro.

8 de Ouros

Trabalho constante.
Estudar.
Vida escolar.
Aprender um novo ofício ou habilidade.
Voltar para a escola.
Magia ou feitiços envolvendo o Sol em Virgem.

9 de Ouros

Comprar ou vender uma casa.
Mudar de residência.
Feitiços para manter sua casa.
Colher as recompensas de seu trabalho.
Magia ou feitiços envolvendo Vênus em Virgem.

10 de Ouros

Pagamento, apresentação, declarações fiscais para impostos.
Adquirir sua propriedade.
Investimentos financeiros.
Alcançar a aposentadoria.
Resolver questões relacionadas com testamentos e propriedades.
Avós, família e linhagem.
Trabalho mágico com os ancestrais.
Magia ou feitiços envolvendo Mercúrio em Virgem.

CARTAS DA CORTE

Valete de Bastos
Novo.
Inexperiente.
Imaturo.
Infantil.
Ambicioso.
Ansioso.
Mensageiro.

Cavaleiro de Bastos
Rebelde.
Apaixonado.
Volátil.
Motivador.
Enérgico.
Impulsivo.

Rainha de Bastos
Compassiva.
Convidativa.
Autoconfiante.
Inteligente.

Rei de Bastos
Alguém com experiência.
Inspirador.
Empresário.
Confiante.
Controlador.
Orgulhoso.
Maduro.

Valete de Copas
Admirador.
Novato.
Doce.
Gentil.
Mensageiro do amor.

Cavaleiro de Copas
Amante.
Cavalheiresco.
Generoso.
Sensível.

Rainha Das Copas
Empática.
Intuitiva.
Boa ouvinte.
Sabe ler nas entrelinhas.
Consciente.
Compreensiva.

Rei de Copas
Calmo.
Maleável.
Paciente.
Lento.
Alguém que esconde emoção.

Valete de Espadas

Detalhista.
Orientador.
Preciso.
Agudo.
Resguardado.
Ardiloso.
Fofoqueiro.
Conhecedor de tecnologia.

Cavaleiro de Espadas

Defensivo.
Ofensivo.
Impaciente.
Imediatista.
Defensor da honra.
Luta pelos direitos.

Rainha de Espadas

Julgadora.
Ouvinte.
Língua afiada.
Vai direto ao ponto.
Equilibrada.

Rei de Espadas

Decisivo.
Pensador crítico.
Busca por altos padrões.
Rigoroso.
Honesto.

Valete de Ouros

Estudioso.
Aluno.
Pessoa determinada.
Inteligente.
Principiante.
Aprendiz.

Cavaleiro de Ouros

Teimoso.
Metódico.
Estável.
Minucioso.
Lento.

Rainha de Ouros

Sensata.
Caseira.
Tem gosto refinado.
Aprecia o conforto.
Sensual.

Rei de Ouros

Próspero.
Poderoso.
Estável.
Seguro.
Negociador.

CONCEITOS, PALAVRAS-CHAVES E FRASES

Quanto mais você se familiarizar com os conceitos por trás de cada arcano, mais fácil será usar as cartas nos seus rituais de magia.

A tabela a seguir fornece uma visão geral acerca da natureza geral de cada arcano:

CONCEITO/PALAVRAS-CHAVE/FRASES	ASTROLOGIA	ELEMENTO	CHACRA
O LOUCO: Novo começo, Salto de fé *É hora de embarcar em um emocionante novo começo.*	Urano	Ar	Coronário
O MAGO: Poder, Habilidade *Tenho todos os recursos de que preciso, internos e externos.*	Mercúrio	Ar	Garganta
A SACERDOTISA: Intuição, Sabedoria Superior *Meu conhecimento interior é meu melhor guia de todos.*	Lua	Água	Terceiro Olho
A IMPERATRIZ: Fertilidade, Abundância, Criatividade *Conectando-se à terra, lembro-me de que a abundância é ilimitada.*	Vênus	Terra	Cardíaco e Umbilical
O IMPERADOR: Autoridade, Figura Do Pai *Eu sou a própria autoridade. Tenho a vontade e o poder para criar minha própria vida estrutura.*	Marte Aries	Fogo	Básico
O HIEROFANTE: Religião, Identidade de Grupo *Eu escolho quais tradições que abraço e como faço isso.*	Vênus Touro	Terra	Laríngeo

CONCEITO/PALAVRAS-CHAVE/FRASES	ASTROLOGIA	ELEMENTO	CHACRA
OS ENAMORADOS: Amor, União, Obrigações *Meu sistema de valores pessoais me leva ao amor.*	Mercúrio Gêmeos	Ar	Cardíaco
O CARRO: Vitória, Direção, Caminho *Nenhum obstáculo vai me parar agora.*	Lua Câncer	Água	Laríngeo
A FORÇA: Coragem, Autocontrole *A força começa com a escolha de ser meu próprio amigo.*	Sol Leão	Fogo	Plexo Solar
O EREMITA: Pesquisa da Alma, Solidão *Eu honro meu ser espiritual.*	Virgem	Terra	Frontal
A RODA DA FORTUNA: Carma, transformando um Ciclo *Eu navego nas ondas da vida.*	Júpiter	Fogo	Plexo Solar
A JUSTIÇA: Equilíbrio, causa e efeito *Eu recebo o que compartilho.*	Vênus Libra	Ar	Cardíaco
O ENFORCADO: Deixar ir, Sacrifício voluntário *É hora de uma pausa sagrada. Aguardar assegura uma nova perspectiva.*	Netuno	Água	Frontal
A MORTE: Fim, Início *Quero deixar ir para mudar.*	Plutão Escorpião	Água	Cardíaco

CONCEITO/PALAVRAS-CHAVE/FRASES	ASTROLOGIA	ELEMENTO	CHACRA
A TEMPERANÇA: Equilíbrio, Cura *Meus extremos me guiam para encontrar paz.*	Júpiter Sagitário	Fogo	Plexo Solar
O DIABO: Restrição, Escravidão *Eu não sou uma marionete.*	Saturno Capricórnio	Terra	Básico
A TORRE: Mudança Súbita *Eu me rendo às tempestades da vida.*	Marte	Fogo	Coronário
A ESTRELA Esperança, Orientação Espiritual *O universo me mostra que posso ter sonhos de fé em mim.*	Urano Aquário	Ar	Coronário
A LUA: Ilusão, Mistério, Sonhos *Um passo de cada vez. Minha luz ilumina o caminho que eu não vejo.*	Netuno Peixes	Água	Frontal
O SOL: Sucesso, Vitalidade, Juventude *Eu brilho minha luz no mundo ao meu redor e minha radiância atrai mais sucesso.*	O Sol	Fogo	Plexo Solar
O JULGAMENTO: Chamada Interna *As escolhas diárias que faço agora alinham a vida com um propósito.*	Plutão	Fogo	Coronário
O MUNDO: Conclusão, Realização *Aquilo pelo qual eu tenho trabalhado já foi alcançado.*	Saturno	Terra	Básico

ARCANOS MENORES

CARTA	TEMA GERAL	BASTOS
Ás	Potencial	Inspiração
Dois	Dualidade	Escolha
Três	Unidade	Previsão
Quatro	Estabilidade	Comunidade
Cinco	Desafios	Conflito
Seis	Crescimento	Reconhecimento
Sete	Fé	Permanecer de pé
Oito	Mudança	Viagens/notícia
Nove	Fruição	Resiliência
Dez	Conclusão	Fardo

CARTAS DA CORTE

CARTA	TEMA GERAL	BASTOS
Valete	Mensagens	Entusiasmo
Cavaleiro	Movimento	Paixão
Rainha	Criatividade	Vibração
Rei	Força	Visão

COPAS	ESPADAS	OUROS
Intimidade	Clareza	Prosperidade
Amor	Decisão	Saldo
Amizade	Dor	Trabalho em equipe
Apatia	Descanso	Orçamento
Perda	Derrota	Pobreza
Juventude	Transição	Caridade/doação
Sonhos/fantasias	Fazer uma pausa	Fazer investimentos
Mover-se	Isolamento	Paciência
Cumprimento	Ansiedade	Fortuna/Independência
Casamento	Fins/derrota	Culminação

COPAS	ESPADAS	OUROS
Sincronicidade	Curiosidade	Novo emprego
Romance	Pressa	Rotina
Nutrição	Astúcia	Abundância/Criatividade
Emocional/Autocontrole	Verdade	Segurança

INVOCAÇÃO DOS ARCANOS

A seguir você encontrará uma invocação para cada arcano do Tarô com o intuito de trazer o poder simbólico de cada carta, que podem ser usadas para acompanhar qualquer ritual ou prática exemplificada neste livro. Elas também são úteis para serem empregadas em práticas mágicas espontâneas onde, talvez, seu ritual seja tão simples, como, por exemplo, somente acender uma vela em frente a um arcano com o qual deseja se conectar enquanto medita e acalma sua mente. Todas essas invocações podem e devem ser adaptadas às suas necessidades de acordo com o momento, simplicidade ou complexidade em que forem usadas.

INVOCAÇÃO DO LOUCO

Ó Louco sagrado em cada um de nós.

À medida que avançamos em direção à união da mente e coração, intelecto e espírito, meditação e oração, sabedoria humana e revelação divina, proteja-nos da inação e da loucura.

Que aceitemos ser como tolos quando nossa pompa superar nossa compreensão, quando nosso pensamento se desconectar de nossos corações, quando nosso sentimento abandonar nosso intelecto.

Lutamos para viver à beira do paradoxo onde a parcela individual é maior que o todo.

Que não nos deixemos ser atacados ou nos permitamos encolher perante os cães da opinião pública, pois buscamos a unidade do Céu e da Terra mais do que a aceitação social.

Guia-nos, ó Protogonos, para a transformação interna sem autoelevação.

Não permita que o desespero ou a satisfação nos afastem do que é divino e mais sagrado.

Que assim seja!

INVOCAÇÃO DO MAGO

Ó Mago divino,

Em nossos esforços em direção à Verdade, Beleza e Amor, pedimos sua ajuda para descobrir a leveza da criança que existe dentro de nós!

Que sejam sinceros os nossos intentos e que possamos aprender a tornar cada jugo em fardo leve.

Que o ritmo natural do pulsar dos nossos corações e pulmões que respiram, guie-nos conforme o centro de nossa consciência se move da mente ao coração.

Que possamos reconhecer a unidade essencial dentro de nós, entre os mundos natural, humano e divino.

Enquanto entramos mais profundamente sem esforço no silêncio de nossas almas, que a ação criativa, espontânea e deliberada unam-se para o benefício de todos.

Que assim seja!

INVOCAÇÃO DA SACERDOTISA

Sacerdotisa Secreta, você que é como as águas calmas refletindo perfeitamente o espírito divino, ajude-nos a nos tornarmos espelhos da verdade, refletindo a essência superior.

Verdadeiramente, quando a sabedoria revela o poder das polaridades, reconhecemos que a Unidade requer a natureza dupla para ser completa e que sua essência é dualidade do Amor.

Aprendendo a sentar e ouvir, contemplamos o que já está dentro de nós, permitindo que essa essência se torne consciente de si mesma.

Por favor, guie-nos para longe das perturbações das paixões e caminhos áridos da despersonalização, permitindo que a verdadeira personalidade humana seja revelada através dos Deuses.

Que assim seja!

INVOCAÇÃO DA IMPERATRIZ

Fértil Imperatriz,
Veículo de libertação que vem do alto,
Conectora da vontade humana e divina.
Poder da redenção e revelação.
Buscamos orientação em nosso destino.

Que possamos nos maravilhar com a oportunidade de participar conscientemente do milagre da vida.

Nós ouvimos seu chamado e sua verdadeira voz através do mistério em direção à regeneração de toda existência.

Que assim seja!

INVOCAÇÃO DO IMPERADOR

Imperador do Mundo,

Enquanto aspiramos nos tornar verdadeiramente humanos e escolhemos o amor ao invés do poder, ajude-nos a transformar nossas compulsões e violência.

Honrando sua disposição de renunciar às liberdades pessoais, buscamos sua orientação para suavizar nossas opiniões, aliviando nossos movimentos e ajustando nossa fala.

Pois a verdadeira autoridade deve vir de cima.

Que possamos ser preenchidos com a Vontade Divina à medida que aprendemos a arte de ser, enquanto batemos na porta da transformação.

Que a natureza humana se transforme no que é verdadeiramente humano, ao mesmo tempo em que se mira na imagem e semelhança divina

Que assim seja!

INVOCAÇÃO DO HIEROFANTE

Hierofante dos céus,

Conforme nos esforçamos em nossa escalada sagrada com gratidão e respirando entre a Terra e o firmamento, oferecemos nossa obediência e fé, esperança e amor, humildemente em oração.

Que o Divino se expresse por meio de nós, acima e abaixo, dentro e fora, para realizar o propósito da unidade com todas as coisas.

Que assim seja!

INVOCAÇÃO DOS ENAMORADOS

Enamorados, fonte do amor

Vocês que são dois, mas essencialmente um! Mostre-nos a não separação, pois na totalidade não há partes. Unidos com o divino não há necessidade de possuir, pois tudo o que é divino, a tudo possui.

Assim, por meio da contemplação, vem a Unidade, por meio da Unidade, vem a Totalidade e por meio da Totalidade, vem o amor.

Que assim seja!

INVOCAÇÃO DO CARRO

Animado por minha força e autodomínio,

Sozinho e com medo, renuncio a tudo o que me impede de colocar em movimento as forças do mundo acima, criando espaço para o divino operar, para triunfar sobre o instinto e a emoção autoprotetora, para resistir às tentações do autoengrandecimento, para conter nossas ilusões de autoimportância.

Busco profundamente sua orientação e exemplo, ó Carro divino. Lembre-me da verdadeira humildade. Enquanto caminho nesta estrada traiçoeira de integração da vida, ensine-me a renunciar a tudo o que é ilusório e manter meus votos sagrados, em harmonia com a Natureza, comigo mesmo e com o divino.

Que assim seja!

INVOCAÇÃO DA FORÇA

Virgem Gloriosa, Força de todas as Forças,

Pedimos orientação para descobrir a totalidade do ser expressa por meio de nosso incansável amor, esforços e luminosidade.

Ensine-nos a apreciar sua força virginal e o poder selvagem do leão que vive em nosso interior, conforme buscamos superar os desafios de nossa jornada, cheia de atritos, divisão e conflitos em nossa busca para realizar a unidade entre espírito, alma e matéria.

Transformando os inimigos em aliados, liberte-nos dos conflitos internos e externos conforme nos movemos. Da dúvida à fé. Do prazer supérfluo à bem-aventurança. Do falso poder à verdadeira rendição.

Enquanto corajosamente reconhecemos nossas compulsões violentas que restringem a força vital e tentamos compelir outros, buscamos com esperança renovada controlar nossas mais primitivas emoções.

Abençoada fonte da vida, nós agradecemos pelos meios que nos oferece para manifestar a presença divina sobre a Terra.

Que assim seja!

· ·

INVOCAÇÃO DO EREMITA

Sábio e bom pai espiritual,

Guie-nos para que possamos perceber a verdadeira paz, sintetizando conflitos em uma verdade superior e restaurando a humanidade no coração humano.

Envolva-nos no manto da verdadeira fé. À medida que usamos nossa sabedoria para acessar nossa luz interior para ver claramente, usamos nossos valores como o seu cajado, que nos mantêm firme na jornada. Ajude-nos a tolerar a dor de nossas incertezas caminhando com prudência.

Que haja fé na dúvida e aceitação na ação, à medida que aprendemos a criar luz a partir das trevas, que possamos perceber nossos verdadeiros corações, humanos e divinos, para o benefício de tudo.

Que assim seja!

INVOCAÇÃO DA RODA DA FORTUNA

Esfinge unificada e integrada,

Conectora da consciência humana e animal,

Ajude-nos a transformar o círculo fechado de nossa vaidade habitual e sombras internas na espiral aberta do instinto divino como uma abertura espontânea para o que é sagrado.

Sabendo que devemos ser mais fortes que a vida para sobreviver, ensine-nos a aceitar nossa luta pela existência à medida que aprendemos a sobreviver por meio da cooperação.

Ajude-nos a honrar sem medo a sabedoria da serpente, enquanto valorizamos a inocência da pomba.

Usando nossa vontade humana desperta dentro do que envolve nosso destino, pedimos por sabedoria para enfrentar a impermanência que a tudo permeia para sairmos mais fortalecidos de cada desafio da vida.

Que assim seja!

INVOCAÇÃO DA JUSTIÇA

Justiça, ensina-nos a encontrar o equilíbrio entre o Universal e o Individual à medida que descobrimos a verdadeira liberdade humana baseada na Consciência.

Ajude-nos a saber a diferença entre julgar e avaliar, pois o amor nunca acusa e sabe a tudo perdoar.

Ajude-nos a manifestar a equidade entre paz e justiça, enquanto cooperamos por meio de nossos esforços.

Que possamos perceber seu raio de luz e manifestação em nosso conhecimento crescente em direção ao que é sagrado.

Que assim seja!

INVOCAÇÃO DO ENFORCADO

Enforcado, Ser Verdadeiramente Espiritual, pedimos sua orientação.

Mostre-nos a porta da fé autêntica, permitindo que o nosso vício pelos apegos terrenos seja virado de cabeça para baixo.

Que esta mudança de percepção nos ajude a irradiar a transformação em todas as direções, pois este trabalho não é simplesmente transcendente.

Nosso caminho é ficar suspenso entre a terra e os céus enquanto, em liberdade, escolhemos nos entregar para o mistério de forma que aconteça a verdadeira mudança.

Que assim seja!

....

INVOCAÇÃO DA MORTE

Nobre Morte,

Que nosso desmembramento ajude em nossa lembrança,

Substituindo a auto-obsessão pela vontade dos Deuses.

Que possamos entender os processos de viver, morrer e renascer.

Ajude-nos a compreender os processos de morte interna que trazem a libertação do eu cristalizado e da compulsão desmedida.

Enquanto nos lembramos do que é vertical, não devemos esquecer do horizontal.

Que a luz celeste desça dos céus trazendo o fermento para a Terra, para que o mundo seja verdadeiramente curado e a sabedoria cármica possa ser acessada e por nós relembrada.

Que assim seja!

INVOCAÇÃO DA TEMPERANÇA

Ó ser alado da Temperança

Da liberdade de nossa vontade humana pedimos sua ajuda para descobrir a verdadeira relação entre nossa humanidade e divindade.

Com nossas almas comovidas às lágrimas, somos inspirados a encontrar o equilíbrio entre descansar e criar, ser e fazer, a eternidade e o presente.

Com humildade e confiança, pedimos orientação para que seja criada uma ponte entre nós e o divino.

Que assim seja!

INVOCAÇÃO DO DIABO

Damos graças ao dom eterno do livre-arbítrio.

Com humilde reconhecimento de nossas complexas ilusões, pedimos orientação como veículos da Verdadeira Vontade.

Reconhecendo nossa dolorosa propensão em direção à autoescravidão, através da criação de seres e imagens artificiais, nós realmente pedimos por ajuda para silenciar os tormentos de nossa mais profunda natureza.

Que a nossa inspiração para a vida não se torne intoxicação pelo ego.

Ao encontrarmos nosso caminho através das provações, somos gratos, pois sabemos que sem tentação não há superação.

Ó amado senhor das profundezas de nossa alma

Que sua luz brilhe através de nossa presença humana para

o benefício de todos.

Que assim seja!

INVOCAÇÃO DA TORRE

Enquanto contemplamos a Torre neste grande trabalho de crescimento e purificação, que possamos ver profundamente a ânsia de exaltação própria pela qual nosso desejo e ignorância nos separam do que é sagrado.

Nós escolhemos o crescimento e, com humildade, pedimos força para viver a experiência de nossa natureza humana à luz da verdade divina. Neste casamento entre Céu e Terra, Espírito e Natureza, Alma e Sabedoria, tornamo-nos a manifestação do Conhecimento mais elevado. Sob esta luz, cada aspecto de nosso Eu deve ser trazido de volta ao amor. Ensine-nos os segredos da verdade de nosso interior, por meio dos quais nossa concentração se torna purificação, meditação se transforma em iluminação, contemplação em união divina.

Em nossos esforços para cultivar e manter nossa jornada, que cada terrível raio destruidor de nossos sonhos, abale as estruturas de nossas frágeis edificações, libertando-nos da dor da separação entre nós e todas as formas de vida.

Assim, a vontade divina será identificada.

INVOCAÇÃO DA ESTRELA

Sagrada Mãe de toda Vida, ajude-nos a compreender bem a essência da água que flui em crescimento e esperança. À medida que as dualidades se fundem no arco-íris da paz, que a unidade de criação, evolução e salvação seja realizada através da ação contemplativa que dá confiança.

Conforme esta esperança dirige nossa evolução espiritual, que possamos nos emocionar e nos maravilhar ao descobrir uma maneira de sairmos dos ciclos repetitivos. Pois a verdade espiritual é uma espiral que leva à Porta dos Mistérios.

Estrela da vida, reconhecendo nosso dever para com o futuro, ajude-nos a transformar a esperança da luz das estrelas nas águas da vida. Pois em verdade, o agente de crescimento e da germinação é o mais forte de todos os poderes. Guie-nos pela Porta Secreta do conhecimento e da sabedoria.

Que assim seja!

INVOCAÇÃO DA LUA

Brilhante Lua,

Aprendendo a usar nosso intelecto a serviço da vida, aprendendo a remar além das águas estagnadas, aprendendo a tolerar dissonância e paradoxo, ajude-nos a avançar – refletindo a luz da sabedoria criativa.

Reconhecendo nossa tendência de destruir a vida por meio da divisão, imobilização, numeração e encaixotamento, auxilie-nos a não recuar na dúvida ou na certeza e a não adorar a humanidade como o árbitro final da verdade.

Permita-nos ver o sol espiritual onde, através da consciência e da humildade o intelecto não é mais eclipsado pela autoridade sobre a rebelião, pelo objetivo acima do subjetivo ou por meio do consciente sendo considerado superior ao inconsciente.

Que estejamos unidos com sabedoria espontânea para o benefício de todas as coisas.

Que assim seja!

INVOCAÇÃO DO SOL

Sol da meia-noite, sagrada estrela luminosa, abandonando todo o medo, buscamos e seguimos você sem reservas. Guie-nos até o ponto médio, o Alfa e o Ômega, convergindo ao centro, o coração de todos os corações.

Nosso desejo profundo é reconhecer diretamente a intimidade na inocência, coração com coração, essência com essência, em cooperação com o Todo.

Que a profunda união da sabedoria transcendental e inteligência criativa manifeste-se em nossa certeza intuitiva, pois através de simpatia essencial, conheceremos as coisas como realmente são.

Somos crianças tomando banho em sua luz virginal: o sol da noite, a lua do dia, as estrelas eternas.

Ajude-nos a ver com os olhos da verdade e à luz da Sabedoria.

INVOCAÇÃO DO JULGAMENTO

Atraído pela gravidade quente de um amor que liberta. Elevado pela gravidade celestial aos poderes superiores despertado pelo som mágico e glorioso, que todas as forças da Vontade se unam para permitir o ato mágico do renascimento e a redenção da humanidade.

Com medo, humildade e coragem, reconhecemos tudo o que foi esquecido em nossa inconsciência. Reconhecendo nossa humanidade mais sombria, vemos nossos infindáveis erros, falhas e desonestidade, e pedimos, do fundo do nosso ser, compaixão pela falta de nossa percepção mais ampla por aqui, que verdadeiramente é relevante.

Colocamos sob os seus cuidados todos os nossos atos do passado com a profunda esperança de que memória divina verdadeiramente esquece atos imperdoáveis e atitudes vis. A possibilidade de ablução nos enche de maravilhamento, pois é através da reversão mágica e alquímica do tempo, que podemos escrever um novo capítulo no Livro da Vida. Com um livre e consciente consentimento de nossos corações, neste movimento, em direção à ascensão divina, oferecemos ao fogo da absolvição universal nossos esforços revelados por nossa vida.

Que assim seja!

INVOCAÇÃO DO MUNDO

Perante a presença do mundo renunciamos a todas as nossas ideias, esforços e compreensão! Esvaziados e purificados, somos agora iluminados como receptáculos para a revelação do ser puro e oferecemos todas as partes de nós na participação ativa nos esforços criativos da criação.

Ó dançarina graciosa, procuramos viver no ritmo e sob a verdade. Proteja-nos de nossa embriaguez com bem-aventurança. Guia-nos da água doce ao vinho consagrado.

Sabedoria alegre, à medida que aprendemos a nos mover em harmonia com a Totalidade, que as metamorfoses mágicas e criativas transformem todos os atos em verdade, beleza e bondade.

Que assim seja!

O SIMBOLISMO DO TARÔ NA MAGIA

O Tarô é uma ferramenta viva de autoconhecimento que se comunica conosco para enriquecer nossa vida e estimular nosso espírito. Um mundo completo de simbolismo. Cada cor, gesto de um personagem e suas expressões nos fornecem pista para o significado de cada arcano e é uma fonte de recursos para enriquecermos ainda mais uma consulta, meditação sobre uma carta ou na hora de fazer magia com ela. Cada arcano está repleto de significados e paralelos em seus símbolos que nos dão poderosas chaves para a sua melhor compreensão e entendimento das leis universais.

Para tirarmos o máximo proveito do Tarô como uma ferramenta mágica, devemos mergulhar em seu simbolismo. Para isso, levamos em consideração basicamente três itens: símbolos, cores e gestos e posições dos personagens de cada arcano.

OS SÍMBOLOS

Muitos são os símbolos que podem ser encontrados nos Arcanos do Tarô e que representam a sua força e poder de magia central. Lembre-se de que os símbolos das cartas não precisam ser necessariamente físicos. Eles podem estar implicitamente retratados nas posturas dos personagens dos Arcanos do Tarô.

Conheça a seguir os significados gerais dos símbolos mais comuns encontrados nos Arcanos do Tarô:

ÁGUA: representa basicamente o nosso lado mais psíquico, que está ligado a uma área ainda pouco conhecida por nós: o subconsciente. Num aspecto geral, é a força do amor, além de simbolizar os vários fluxos existentes na vida. Quando quiser se conectar com a força do amor, da compaixão, com as emoções e com a verdade, busque pelas cartas onde exista a presença do elemento Água.

ANIMAIS: sabe aquela nossa essência mais profunda e íntima? Pois é isso o que este símbolo representa. O nosso "Eu" interior ou, em outras palavras, o nosso poder mais instintivo. Nos rituais de Magia com o Tarô use cartas onde apareçam animais para ter uma percepção de mundo sob outro olhar ou descobrir outro aspecto de uma questão. Os arcanos que retratam animais em suas cenas também despertam algo muito importante em nós: o espírito da pureza e os instintos.

ARCO E FLECHA: como os próprios objetos já dão a entender, esses símbolos possuem uma representatividade que encarna a nossa capacidade de atingir metas e realizar objetivos que foram estabelecidos anteriormente. São símbolos que estão bastante ligados aos poderes da Lua. As cartas com estes símbolos despertam nossa capacidade de ir além, de superar os obstáculos (tanto em se tratando do nosso íntimo, quanto das conquistas pessoais).

CAJADO: para que serve um cajado? Para orientação, não é mesmo? Pois é justamente esse o sentido deste símbolo nas cartas do Tarô. Use arcanos que tragam personagens com um cajado para alcançar orientação, conhecimento e sabedoria. Cartas com cajados também despertam em nós o poder criativo e realizador. Trata-se de um objeto que está intimamente ligado ao poder pessoal e cartas que trazem este símbolo podem ser usadas para representar ou atrair a ajuda de um amigo nos momentos mais difíceis.

CÁLICE: representa claramente o poder feminino, além de evocar a nossa habilidade de adaptação. Na Magia com o Tarô as cartas que trazem esse símbolo podem ser usadas para representar a nossa capacidade de sentir o amor em suas mais diversas formas. Outras representações desse símbolo correspondem à verdade do nosso espírito, o poder que o equilíbrio possui, além da energia purificadora. Ainda podem ser usadas para nos despertar aos mistérios presentes em nossa alma que precisam ser desvendados.

CÍRCULO: aqui temos, pura e simplesmente, a unidade, além do conceito de proteção em si. Nesse símbolo também reside a nossa "ponte" para o Divino, pois é através dele que os portais são abertos e que ingressamos no Outromundo. Use cartas que trazem este símbolo para atrair a presença divina.

COROA: simboliza a vontade e o descobrimento de novos propósitos em nossa vida. É um símbolo que está intimamente relacionado com a sabedoria ou simplesmente a algum conhecimento elevado de um determinado assunto. Use cartas que trazem personagens com coroas para alcançar todas essas coisas e para colocar você em sintonia com o poder da soberania, alcançar destaque em suas ações, atingir metas, conquistar o reconhecimento, a fama e a sorte na vida.

ESCUDO: um dos significados mais óbvios deste símbolo é que ele representa a proteção, ou, sob outro olhar, a necessidade de nos defendermos de algo. Também representa a resistência e a capacidade de realização que temos. Esteja você querendo se proteger ou defender algo e alguém, use arcanos que tragam este símbolo para colocá-lo em sintonia com a energia da proteção e defesa.

ESPADA: ao mesmo tempo em que representa o espírito de liberdade, este símbolo também pode indicar a necessidade de defesa ou simplesmente um alerta em nossa vida. Isso sem contar que ela é igualmente a divisória entre o bem e o mal, como também simboliza a justiça e a retribuição de acordo com nossas ações. Quando precisar desses atributos em sua vida, use em seus rituais, encantamentos e feitiços cartas que ostentem este símbolo. Certifique-se de que o arcano usado por você mostre o personagem em um contexto de sucesso e vitória.

ESTRELA: sorte, fortuna e boa esperança. A princípio, é isso o que representa este símbolo. As cartas que trazem estrelas em sua simbologia têm a capacidade de realizar seus desejos e planos, bem como atrair reconhecimento por suas ações.

FLORES: basicamente, representam três coisas: a alegria de viver, a renovação e a vitalidade do espírito. Cartas com flores podem ser usadas em rituais que têm o intuito de atrair felicidade, vida e energia.

FOICE: neste símbolo, podemos encontrar um sentido de renovação, já que ele representa o velho que morre para o início de algo novo. Cartas que trazem o símbolo da foice podem ser usadas em rituais para atrair a transformação e a renovação do nosso bem mais precioso: a vida. Por fim, podem ser empregadas para despertar tanto a sabedoria, quanto os ensinamentos mais ocultos que podemos aprender.

LUA: cartas que trazem a lua em sua simbologia podem ser usadas em encantamentos para representar as suas emoções, além do poder atrair fertilidade e mudanças. Também podem ser empregadas nos encantamentos que tenham como finalidade descobrir fatos ocultos e aprender a lidar com surpresas inesperadas.

TRIÂNGULO: nossa ligação com o mundo espiritual está calcada aqui, neste símbolo. Caso a posição dele esteja voltada para baixo, significa ligação com poderes femininos e germinadores. Voltado para cima significa poderes masculinos e fertilizadores. As cartas que trazem esta simbologia o colocam em sintonia com esses temas.

Esta simbologia pode ser aplicada para ambos os arcanos, maiores e menores. Leve sempre em consideração a natureza da carta onde o símbolo aparece para não a empregar de forma equivocada durante os rituais. Uma espada representa, em geral, vitória, mas há arcanos que trazem espadas em sua representação onde o tema geral da carta pode estar relacionado com derrota e disputas. Use esta lista de símbolos como um guia de seus significados, tendo sempre em mente que quando ele fulgurar em uma carta negativa, seu significado frequentemente será o oposto. Claro que um arcano negativo pode ser usado nos rituais sendo posicionado em uma área que representa a situação negativa que precisa ser vencida e, nesse sentido, ele se torna um elemento que ajuda a representar uma situação específica que será superada.

Pode levar algum tempo até que você perceba as diferentes nuances de cada carta e como e quando um arcano negativo pode ser usado em ritual para representar aquilo que precisa ser banido. Na dúvida, use sempre cartas que tragam uma simbologia clara da energia que precisa ser despertada em você para transpor qualquer desafio.

CORES

As cores estão presentes em nossa vida desde sempre. Da natureza aos palcos da moda, elas expressam estados de emoção ou avisos naturais.

O uso das cores ao nosso redor influencia a mudança dos nossos estados mentais. Os gregos já estavam cientes das alterações que as cores eram capazes de fazer nos nossos corpos. Os egípcios também parecem ter tido conhecimento dessa ciência, pois usavam as cores de tintas extraídas a partir de determinadas pedras tanto na magia quanto no tratamento de certas doenças. Civilizações antigas reverenciavam tanto o arco-íris quanto o sol, uma vez que seus raios mostravam todas as cores do espectro.

A predominâncias de determinadas cores nas cartas do Tarô também é importante, pois elas nos oferecem pistas preciosas dos atributos e propósitos de cada arcano:

AMARELO: aqui temos a vitalidade, bem como as boas energias. Também pode representar inteligência, cura ou simplesmente entusiasmo. Relaciona-se com a luz do sol, alegria, autoconfiança e curiosidade intelectual. Utilize arcanos que mostram esta cor predominantemente para obter boa concentração, favorecer a memória, estimular a mente, a comunicação, ajudar nos estudos e banir estados depressivos.

AZUL: cor que representa uma série de coisas, entre elas, paz, harmonia, tranquilidade e o equilíbrio de todas as ordens existentes. Está relacionada com as novas tecnologias, as invenções e os jogos. Use cartas com esta cor em predominância para ajudar a expressar sentimentos, favorecer a comunicação, aproveitar a vida e aprender a cooperar. Cartas com esta cor também são positivas de serem usadas em rituais que tenham como objetivo aumentar a intuição e a sensibilidade e trazer paz e soluções práticas.

BRANCO: poder ancestral, alma, pureza, fé, inocência e conexão com o mundo espiritual. Estes são os significados da cor branca no Tarô. O branco contém todas as cores, por isso, relaciona-se com a clareza, a pureza e a simplicidade. Use cartas onde a cor branca prevaleça para aumentar a vibração do corpo físico e da consciência e para compreender e superar o sofrimento.

LARANJA: cor que simboliza a energia vital e o poder de cura, além de alegria e entusiasmo. Representa celebração, plenitude e abundância, o prazer e a disponibilidade sexual. Utilize cartas que trazem a predominância desta cor quando quiser superar traumas e choques em qualquer nível, encontrar outras opções e estimular a criatividade.

MARROM: cor que tem conexão mais direta com a Terra, além de simbolizar a seriedade e a força realizadora. Também pode representar acúmulo de bens que sejam materiais. Use cartas com essa prevalência de cor para atrair sorte nos negócios, vender ou comprar um imóvel e estabilizar todas as situações.

PRETO: cor que representa o final de um período, de uma jornada, ao mesmo tempo em que também simboliza o início de um novo e renovado ciclo. Em um nível simbólico, está relacionada com o oculto, a morte e a depressão. Use cartas com predominância da cor preta para favorecer a meditação profunda, sentir-se seguro, livrar-se dos maus hábitos e abrir o inconsciente em um nível profundo.

ROSA: cor que tem a representatividade do amor, da cordialidade e da harmonia. É a cor do otimismo e do feminino. Representa suavidade, doçura e ternura, amor incondicional e bondade. Nos rituais, use arcanos com preponderância desta cor para entrar em contato com seus sentimentos mais ternos e sentir-se positivo e rejuvenescido, além de aliviar a dor e a raiva.

VERDE: proteção, esperança e ligação com a natureza são alguns dos significados que iremos encontrar nesta cor. Fartura e sabedoria são elementos que o verde simboliza. É a cor da natureza, do equilíbrio e do relaxamento. Use cartas onde o verde impera para ajudar a alcançar o equilíbrio em qualquer situação, trazer paz, harmonia, purificar ambientes e expandir os horizontes e os espaços. Esses arcanos também são bons de serem utilizados para superar situações em que as coisas não saíram como você esperava.

VERMELHO: a representatividade dessa cor é de elementos fortes, como o vigor, o poder, o desejo, as paixões, energia e força vital, sobrevivência e paixão. Na Magia do Tarô, use cartas com a predominância do vermelho para obter a energia para fazer as coisas acontecerem, fortalecer suas defesas e superar a dependência emocional, vulnerabilidade e amores não correspondidos.

GESTOS E POSIÇÕES

Os gestos e posições dos personagens falam sobre a atuação do arcano sobre o presente, o passado ou o futuro nas práticas e nos rituais. Falam sobre os acontecimentos da vida e seus desencadeamentos.

Além de vários outros elementos que podem ter significados diversos na hora de empregar o Tarô para fazer magia, a posição em que os arcanos se encontram também influencia o ritual, especialmente no que se refere à linha temporal entre passado, presente e futuro. Ou seja, os principais acontecimentos da nossa vida, além de seus desdobramentos, podem ser determinados pela simples posição de um personagem e de seus gestos.

OLHANDO PARA A ESQUERDA: cartas que olham nessa direção são empregadas em rituais que visam alterar o presenta a partir das ligações e acontecimentos mais diretamente ligados ao passado.

OLHANDO PARA FRENTE: quando quiser um impacto imediato em sua vida presente, use cartas que estejam olhando para frente. Elas expressam as ligações com o presente e os acontecimentos atuais.

OLHANDO PARA A DIREITA quando quiser alterar o futuro a longo prazo, use cartas que estejam olhando para a direita. Nessa posição, temos as ligações com o futuro.

QUANDO O PERSONAGEM ESTIVER DE PÉ: assim como os arcanos, cujos personagens estão olhando para frente, aqueles que estão de pé influenciam os rituais a partir de uma ação imediata. Essas cartas são ideais de serem usadas quando é preciso alterar um acontecimento que esteja muito próximo de se tornar realidade.

QUANDO O PERSONAGEM ESTIVER SENTADO: às vezes precisamos de maior reflexão sobre um determinado assunto e precisamos observar os acontecimentos para decidir aquilo que é melhor para uma dada situação. Nesses casos, use em seus rituais as cartas cujos personagens estejam sentados. Elas fazem as coisas acontecerem de maneira mais orgânica e organizada. Esse tipo de carta também é ideal de ser utilizado para influenciar uma ação demorada ou simplesmente acontecimentos futuros que demorarão um pouco para se firmarem ou acontecerem.

OLHANDO PARA BAIXO: os arcanos que trazem personagens nesta posição devem ser usados em rituais cujos acontecimentos presentes estão intrinsecamente ligados ao passo.

OLHANDO PARA CIMA: nesta simbologia os arcanos devem ser usados para rituais que tenham como objetivo quebrar hábitos ou vencer barreiras que estejam atrapalhando de alguma forma os seus objetivos.

MÉTODOS PARA SEUS RITUAIS DE MAGIA COM TARÔ

Qualquer método de tiragem de Tarô usado em uma consulta para previsões pode se tornar uma disposição para fazer uso das cartas de forma mágica em rituais. Enquanto no método comum de consulta aos arcanos cada casa representa um prognóstico de previsão do futuro, no uso mágico do Tarô cada uma das posições do método de tiragem escolhido representa exatamente como o seu desejo deve se cumprir. Por isso, escolhemos as cartas mais apropriadas e positivas para ocupar a posição de cada casa.

Se você ainda não conseguiu captar como um dos métodos de tiragem de consulta do Tarô poderia ser usado para fazer magia, pense nisso de maneira mais simples: quais cartas ideais você gostaria que saíssem numa jogada acerca de um tema de sua vida e em que posições?

Simule a jogada, colocando exatamente as cartas que deseja ver em cada posição e expresse esse desejo para o Universo por meio de visualizações, frases de impacto, invocações e *voi lá* seu feitiço foi lançado. Para potencializar seu desejo, ritualize o processo. Acenda velas, incensos, disponha cristais e ervas sobre a superfície (ou seja, o seu altar) onde a disposição das cartas foi estabelecida e coloque todo o seu intento e energia na operação mágica que está realizando.

PROTOCOLO PARA USAR MAGICAMENTE QUALQUER MÉTODO DE TIRAGEM DO TARÔ

- Pense no seu desejo.
- Escolha um método de tiragem apropriado.
- Decida quais cartas serão colocadas nas posições do esquema elegido, de forma que elas reflitam a melhor disposição possível dos arcanos que poderiam sair para a questão se esse fosse um jogo de previsão.
- Coloque sua intenção e desejo em cada carta. Você pode focar seu pensamento em cada uma dessas cartas antes de colocá-las na posição escolhida, soprar sobre elas, passá-las no seu corpo para serem impregnadas com sua energia, deixar que a fumaça do incenso dance sobre elas, apresentá-las para cada quadrante ou elemento da natureza, etc.
- Coloque as cartas em suas respectivas posições invocando a força de cada uma delas. Se desejar, invoque as inteligências de cada arcano ou fale a invocação de cada carta ao depositá-la na posição adequada sobre o seu altar.
- Assim que todo o método tiver sido construído com as cartas escolhidas, medite sobre as relações entre cada carta e visualize o seu desejo vividamente. Sua vontade deve fixar-se fortemente em sua mente por meio da visualização e meditação.
- Para finalizar, circule seu pêndulo no sentido horário sobre o esquema das cartas e deixe sua vontade ser enviada ao Universo, enquanto o pêndulo gira cada vez mais rápido.
- Encerre com qualquer declaração que determine que seu desejo será prontamente realizado e dispense as energias invocadas (destrace o Círculo Mágico, agradeça, aterre, etc.)

A seguir, veja alguns layouts que podem ser usados por você em seus rituais de Magia com o Tarô. Lembrando que esses são apenas métodos aleatórios escolhidos para ilustrar essa seção do Compêndio nesta obra. Qualquer método de tiragem usado de forma oracular pode se tornar mágico e ser usado de maneira semelhante para alcançar os resultados desejados.

MÉTODO 1: Fazendo as coisas funcionarem

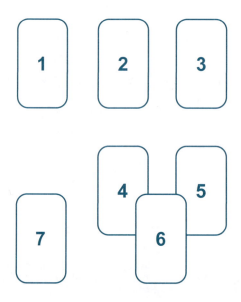

1. O que eu desejo
2. O que tenho que ter em mente
3. Como quero que as coisas se desenvolvam
4. Energia que devo colocar em ação
5. Como desejo lidar com os obstáculos
6. Uma ajuda espiritual
7. Desfecho

MÉTODO 2: Alcançando um desejo

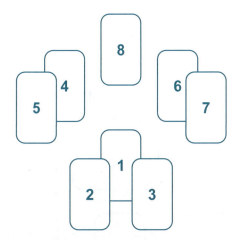

- De (1 a 3) Cartas que descrevam sua situação atual
- De (4 a 5) Cartas que demonstrem como você pode ser mais produtivo
- De (6 a 7) Cartas expressando como vencer aquilo que pode impedir o seu progresso
- Carta (8) Carta que simboliza como você pode alcançar o seu desejo

MÉTODO 3: Tome a ação

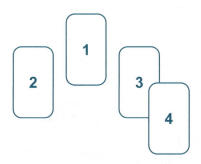

1. O que você deseja alcançar
2. Ações ou perspectivas que deseja evitar
3. Como as coisas devem se desenvolver
4. Resultado final

MÉTODO 4: Saindo do lugar

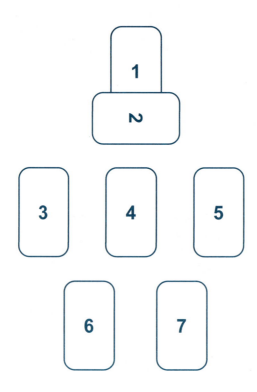

1. A situação atual
2. Como superar seu maior desafio ou bloqueio
3. Como seguir adiante
4. Pessoas que podem lhe ajudar
5. Como equilibrar as emoções
6. Onde focar
7. Próximo passo

MÉTODO 5: Cura geral

1. Qual é o problema
2. Como resgatar suas energias
3. Carta representando sua melhora
4. Significador
5. Desfecho da situação

MÉTODO 6: Superando a mente

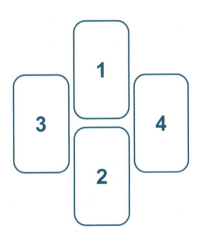

1. O que atrapalha sua mente
2. Como organizar seus pensamentos
3. Como superar aquilo que o mantém preso aos padrões de pensamentos
4. Carta representando como quer ver sua mente operando

MÉTODO 7: Pico da montanha

1. Significador
2. Seu objetivo
3. Como alcançar seu objetivo
4. Como vencer as forças opostas
5. Forças auxiliares

MÉTODO 8: Jornada de vida

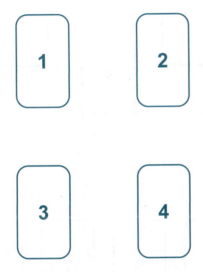

1. Onde você está agora
2. Quem ou o que o ajudará na sua jornada de vida
3. Como superar o que atrapalha alcançar o objetivo da jornada de vida
4. O que você deseja se tornar

MÉTODO 9: Alcançando seu maior sonho

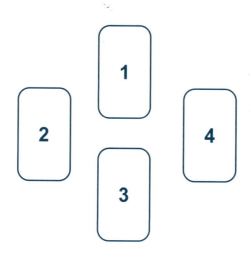

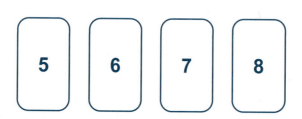

1. A oportunidade que você espera
2. Como isso deve se desenvolver
3. Como se preparar para alcançar seus objetivos
4. Quem vai lhe ajudar
5. Como vencer o que ou quem se opõe a você
6. Como fortalecer sua vontade
7. O resultado a curto prazo
8. O resultado a longo prazo

MÉTODO 10: Lei da atração

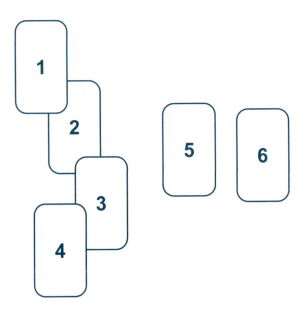

1. Energia que deseja emitir
2. Algo que você precisa ser mais receptivo para receber
3. O que deseja que seja atraído quando estiver preparado
4. O próximo passo que você deve dar
5. Como você pode manifestar ainda mais sucesso
6. Resultado final

MÉTODO 11: Chuva de bênçãos

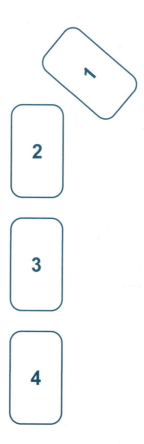

1. Qual bênção quer ver derramada sobre você
2. Como alcançar essa bênção
3. Desfecho
4. Significador

MÉTODO 12: Checkup de relacionamento

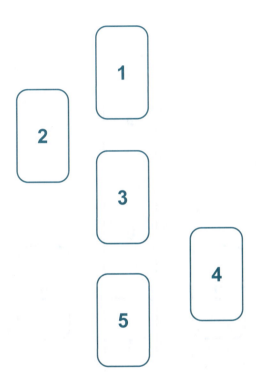

1. Situação atual
2. O que precisa melhorar
3. Como fortalecer essa relação
4. Como deseja que a pessoa amada o perceba
5. Futuro da relação

MÉTODO 13: Cura da Sombra

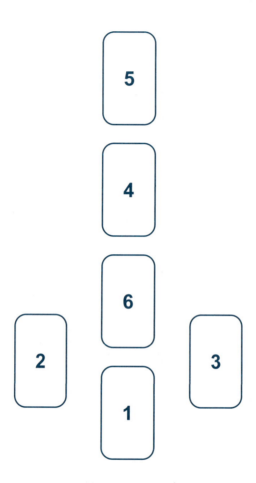

1. Como sua Sombra tem influenciado seus pensamentos
2. O que sua Sombra tem impedido você de receber
3. O que sua Sombra tem impedido você de dar
4. Onde sua Sombra está lhe impedindo de chegar
5. Como vencer seu medo enraizado
6. Como lidar com sua Sombra

MÉTODO 14: Geral

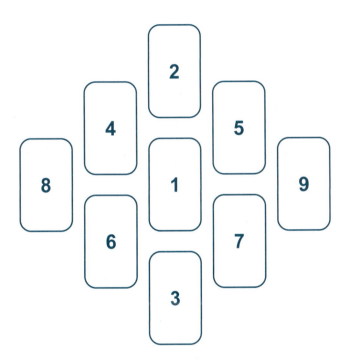

1. Situação presente
2. Qual força você precisa
3. Qual fraqueza que você deseja fortalecer
4. Sua comunicação
5. Sua vontade
6. Suas emoções
7. Seu plano material
8. O que precisa curar no seu passado
9. Como deseja que seja seu futuro

MÉTODO 15: Alinhamento afetivo

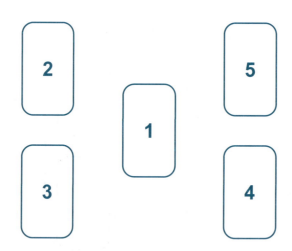

1. Como deseja que seu relacionamento se torne
2. Uma carta representando você
3. Como seu parceiro deve perceber você
4. Comportamento atual do seu parceiro
5. Qual resultado final deseja alcançar

MÉTODO 16: Estrela dos desejos

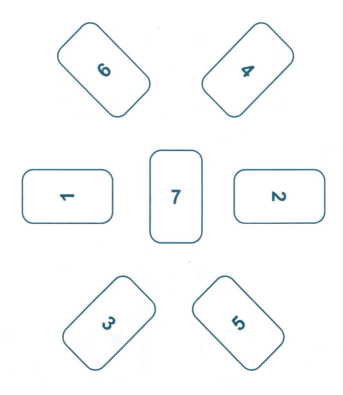

1. Trabalho e Finanças
2. Amor
3. Família
4. Saúde
5. Vida social
6. Espiritualidade
7. Seu futuro

MÉTODO 17: Manifestação dos pensamentos

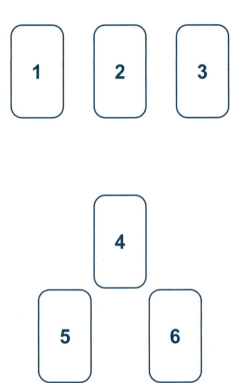

1, 2, 3. Seus pensamentos e desejos
4. Significador
5. O que precisa ser banido
6. Resultado

MÉTODO 18: Poder dos Elementos

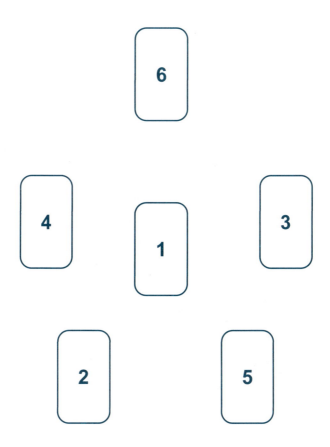

1. Significador
2. A raiz do seu desejo
3. Como equilibrar suas emoções
4. Como dar luz às suas ideias
5. O que você precisa proteger
6. Ajuda espiritual para manifestar o seu desejo

MÉTODO 19: Pirâmide

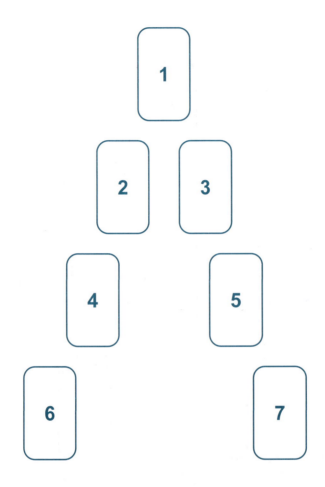

1. Significador
2. Acontecimentos passados que influenciam seus desejos
3. Acontecimentos presentes que influenciam seus desejos
4. Influências do passado que precisam ser banidas
5. Como você gostaria de ser ajudado pelas pessoas
6. Obstáculos que precisam ser superados
7. Resultado

MÉTODO 20: Generalista

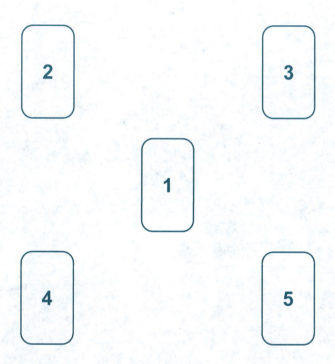

1. Situação
2. Desafio
3. Orientação divina
4. Foco
5. Resultado

BIBLIOGRAFIA

Alighieri, Dante. *The Purgatorio. John Ciardi*, trans. New York: New American Library, 1957.

Almond, Jocelyn & Keith Seddon. *Understanding Tarot*. St. Paul, MN: Llewellyn, 1991.

Anonymous. *Meditations on the Tarot: A Journey into Chrisrian Hermeticism*. Warwick, New York: Amity House, 1985.

Arrien, Angeles, *The Tarot Handbook – Practical Applications of Ancient Visual Symbols*, Jeremy P. Tarcher Putnam, 1997.

Ben-Dov, Yoav. *Tarot: The Open Reading*. Self-published, 2011.

Berti, Giordano and Andrea Vitali, eds. *I Tarocchi: Le Carte di Corte. Italy*: Nuova Alfa Editoriale, 1987.

Blakeley, John D. *The Mystical Tower of the Tarot*, Watkins, London, 1974.

Buckland, Raymond. *Gypsies and the Tarot*. Fate. July, 1990, pp. 58-65.

Bunyan, John. *The Pilgrim's Progress*. Excerpt from The Norton Anthology of English Literature: vol. 1, 3rd ed. New York: Norton, 1974.

Butler, Bill. *Dictionary of the Tarot*. New York: Schocken Books, 1975.

Calvino, Italo and Ludovici, Sergio Samek. *Il mazzo Visconteo di Bergamo* e New York, 1969.

____. *The Castle of Crossed Destinies*. New York: Harcourt Brace Jovanovich, 1969.

Case, Paul Foster. *Tarot: A Key to the Wisdom of the Ages, Los Angeles*: Builders of the Adytum, 1990.

Cavendish, Richard. *The Tarot*. New York: Harper&Row, 1975.

Charles, Judith. *Tarot de Marseille*: Développer L'Intuition par L'Observation. *France: Dangles Éditions*, 2008.

Chatto, William Andrew, *Facts And Speculations On The Origin And History Of Playing Cards*.

Cicero, Chic and Sandra Tabatha. *Tarot Talismans*, Llewellyn, 2006.

____. *The New Golden Dawn Ritual Tarot: Keys to the Rituals, Symbolism, Magic and Divination*, LLlewellyn Publications, 1996.

Cieri-Via, Claudia. "L'Iconografia degli Arcani Maggiori." In *Le Carte di Corte: I Tarocchi: Gioco e Magia alla Corte degli Estensi*, edited by Giordano Berti and Andrea Vitali, 158-182. Italy: Nuova Alfa Editoriale, 1987.

Clark, Kenneth, *Burlington Magazine*, Vol. Lxii, 1933.

Clifton Chas S. *The Unexamined Tarot Gnosis*, Winter 1991.

Connolly, Eileen. Tarot: *A New Handbook for the Apprentice*. North Hollywood, CA: Newcastle, 1979.

Connolly, Eileen. Tarot: *The Handbook for the Journeyman*. North Hollywood, CA: Newcastle, 1987.

Cortellesi, Linda. *The User-Friendly Tarot Guidebook*. Worthington, OH: Chalice Moon Publications, 1996.

Cowie, Norma. *Tarot for Successful Living*. White Rock, British Columbia: NC Publishing, 1979.

Crowley, Aleister (Master Therion), *The Book of Thoth: A Short Essay on the Tarot of the Egyptians, Being the Equinox Volume III No. V*, York Beach: Samuel Weiser, 1969 (orig. publ. 1944).

D'Agostino, Joseph D. Tarot: *The Path to Wisdom*. York Beach, ME: Samuel Weiser, 1994.

Darche, Claude. *Tarot: Outil de Développement Interieur*. France: Dangles Éditions, 2008.

David, Jean-Michel. *Reading the Marseille Tarot*. Australia: Association for Tarot Studies, 2009.

Decker, Ronald, and Michael Dummett. *A History of the Occult Tarot 1870-1970*. London: Duckworth, 2002.

Decker, Ronald, Thierry DePaulis and Michael Dummett. *A Wicked Pack of Cards: The Origins of the Occult Tarot*. New York: St. Martin's Press, 1996.

Denning, Melita, & Osborne Phillips. *The Magick of the Tarot*. St. Paul, MN: Llewellyn, 1983.

Dequer, John H. *Arrows Of Light From The Egyptian Tarot* (1930).

Doane, Doris Chase and King Keyes, *How To Read Tarot Cards*. New York: Funk & Wagnalls, 1967.

Donaldson, Terry, *Step by Step Tarot*, Thorsons Element, 2000.

____. *The Tarot Spellcaster*, Barrons Educational, 2001.

Dorsini, Cristina. *The Visconti-Sforza Tarot: Milan from the Viscontis to the Sforzas*. Milan: Il Meneghello Edizioni, 2019.

____. Visconti Brambilla Tarot: *The Zavattari at the Visconti Court*. Milan: Il Meneghello Edizioni, 2018.

____. Visconti di Modrone *Tarot: Art in Milan in 1400*. Milan: Il Meneghello Edizioni, 2017.

Dummett, Michael, *The Game of Tarot*, Duckworth, 1980. Definitive History of the oldest European card game.

____. *The Game of Tarot: From Ferrara to Salt Lake City*. London: Duckworth, 1980.

____. *The Visconti-Sforza Tarot Cards*. New York: George Braziller, 1986.

Eliade, Mircea, *A History of Religious Ideas*, Vol. 1. Chicago: University of Chicago Press, 1978.

Fairfield, Gail. *Choice-Centered Tarot*. North Hollywood, CA: Newcastle, 1985.

Falconnier, *Les XXII lames hermétiques du Tarot divinatoire* (1896).

Farley, Helen *A Cultural History of Tarot* (2009).

Favret-Saada, Jeanne, *Les Mots, la mort, les sorts. An English translation appeared under the title Deadly Words: Witchcraft in the Bocage*.

Franklin, Stephen E., *Origins of the Tarot Deck*. Jefferson, North Carolina: McFarland & Co., 1988.

Frater Achad, *The Egyptian Revival*, 1923

Fredericks, Emmi. *The Smart Girl's Guide to Tarot*. New York: St. Martin's Press, 2004.

Gad, Irene, *Tarot and Individuation: Correspondences with Cabala and Alchemy*, York Beach: Nicolas-Hays, 1994.

Garen, Nancy. *Tarot Made Easy*. New York: Simon & Schuster, 1989.

Gerulskis-Estes, Susan. *The Book of Tarot*. Dobbs Ferry, NY: Morgan & Morgan, 1981.

Giles, Cynthia. *The Tarot: History, Mystery & Lore*. New York: Simon & Schuster, 1992.

Graham, Sasha, 365 Tarot Spells: creating the Magic in Each Day, LLlewellyn Publications.

Gray, Eden, *The Tarot Revealed*. New York: New American Library, 1969.

____. *A Complete Guide to the Tarot*. New York: Crown, 1970.

____. *Mastering the Tarot*. New York: New American Library, 1971.

____. *The Tarot Revealed*. New York: New American Library, 1960.

Greer, Mary K. *Tarot For Yourself: A Workbook for Personal Transformation*. North Hollywood, CA: Newcastle, 1984.

Greer, Mary K. *Tarot Transformation*. Great Britain: Aquarian Press, 1984. (Tarot for Yourself).

Greer, Mary K., and Rachel Pollack. *New Thoughts on Tarot*. North Hollywood, CA: Newcastle, 1989.

Guiley, Rosemary Ellen, & Place, Robert M., *The Alchemical Tarot*, London: Thorsons, 1995.

Haga, Enoch. Tarosolution: *A Complete Guide to Interpreting the Tarot*. Livermore, CA: Enoch Haga Publisher, 1994.

Haich, Elisabeth, *Wisdom of the Tarot*, tr. D. Q. Stephenson, Santa Fe: Aurora, 1984.

Heline, Corinne, *The Bible and the Tarot*, New Age Press, California.

Hoffman, Detlef, *The Playing Card: An Illustrated History*. New York: New York Graphic Society Ltd., 1973.

Hotema, H. *Ancient Tarot Symbolism Revealed. An examination of the Major Trumps in the light of symbolism to discover what information the Ancients left us concerning Man and his higher possibilities.*

Huson, Paul. *Mystical Origins of the Tarot*. Vermont: Destiny Books, 2004.

Jette, Christine, *Tarot Shadow Work Using the Dark Symbols to Heal*, Llewellyn, 2000.

Jodorowsky, Alejandro. *The Way of Tarot*. Vermont: Destiny Books, 2009.

Kaplan, Stuart R. *The Encyclopedia of Tarot: Volume 1*. Stamford, CT: U. S. Games Systems, Inc., 1978.

_____. *The Encyclopedia of Tarot: Volume 2*. Stamford, CT: U. S. Games Systems, Inc., 1986.

_____. *The Encyclopedia of Tarot: Volume 3*. Stamford, CT: U. S. Games Systems, Inc., 1990.

Kaser, R. T. *Tarot in Ten Minutes*. New York: Avon Books, 1992.

Knight, Gareth. *The Treasure House of Images*. Vermont: Destiny Books, 1986.

Konraad, Sandor. *Classic Tarot Spreads*. Atglen, PA: Whitford, 1985.

Kraig, Donald Michael, *Tarot & Magic*, Llewellyn, 2002.

Levenson, J.A. – Oberhuber, K., *Early Italian Engravings from the National Gallery of Art, Exhibition Catalogue*, Washington, 1973. PP. 84-86 for Tarocchi of Mantegna.

Levi, Eliphas, *The Magical Ritual of the Sanctum Regnum: Interpreted by the Tarot Trumps*, ed. by W. Wynn Westcott, Kila, MT: Kessinger, c. 1992; reprint of 1896 ed.

Levi, Eliphas. *Transcendental Magic*. Translated by A. E. Waite. London: Rider & Co:, 1896, 1984 paperback.

Louis, Anthony. *Tarot Plain and Simple*. St. Paul, MN: Llewellyn, 1996.

Masino, Marcia. *Easy Tarot Guide*. San Diego: ACS Publications, 1987.

Mattiuzzi, Antonia. *I Tarocchi: Come Leggerli*. Italy: BUR Manali, 2007.

Meldi, Diego. *Tarocchi: Il Manuale Completo*. Italy: Giunti Demetra, 2007.

Michelson, Teresa. *The Complete Tarot Reader*. Minnesota: Llewellyn, 2005.

Miro, Shaheen and Theresa Reed. *Tarot for Troubled Times*. Massachusetts: Weiser, 2019.

Moakley, Gertrude, *The Tarot Cards Painted by Bonifacio Bembo for the Visconti-Sforza Family*, New York: New York Public Library, 1966.

Myers, I. B. *The Myers-Briggs Type Indicator*. Palo Alto, CA: Consulting Psychologists Press, 1962.

Naiff, Nei, *Curso Completo de Tarô*, Editora Alfabeto, 2017.

____. *Estudos Completos do Tarô Vol. 1*, Tarô - Simbologia e Ocultismo, Editora Alfabeto, 2019.

____. *Estudos Completos do Tarô Vol. 2*, Tarô - Vida e Destino, Editora Alfabeto, 2019.

____. *Estudos Completos do Tarô Vol. 3*, Tarô - Oráculo e Métodos, Editora Alfabeto, 2019.

Nichols, Sallie, *Jung and the Tarot*, Samuel Weiser, Inc. York Beach Maine, 1980.

O'Neill, Robert V., *Tarot Symbolism*, Lima: Fairway Press, 1986.

Papus. *The Tarot of the Bohemians*. A. P. Morton trans. California: Wilshire Book Company, 1970.

Petrarch, Francesco, *The Sonnets, Triumphs and Other Poems*. London: George Bell & Sons, 1897.

Phillip, Osborne and Melita Denning, *The Magick of the Tarot*, LLlewellyn Publications, 1982.

Place, Robert, *The Tarot: History, Symbolism and Divination*.

Pollack, Rachel, *Seventy-eight Degrees of Wisdom: A Book of Tarot*.

____. Tarot Wisdom. Minnesota: Llewellyn, 2008.

Prieto, Claudiney, *O Novo Tarô de Marselha*, Editora Alfabeto, 2016.

Prinke, Rafal T. *Mantegna's Prints in Tarot History*, Manteia, 4 (1990).

Rafal T. Prinke, *The Alchemical Tarot Deck*, The Hermetic Journal, 40 (1988).

Renee, Janina, *Tarot Spells*, LLlewellyn Publications, 2000.

Robertson, Leeza. *Pathworking the Tarot*. Minnesota: Llewellyn, 2019.

Seznac, Jean 'Apollo and the Swans' on the tomb of St. Sebaldus. JWCI.

Sharman-Burke, Juliet, & Greene, Liz, *The Mythic Tarot: A New Approach to the Tarot Cards*, New York: Simon & Schuster, 1986.

Simon, Sylvie, *The Tarot: Art, Mysticism, and Divination*, tr. by Kit Currie and Sean Konecky, Rochester: Inner Traditions International, 1988.

Simon, Sylvie. *The Tarot: Art, Mysticism, Divination*. Rochester, VT: Inner Traditions International, 1986.

Spence, Lewis, *An Encyclopedia of Occultism*. New Hyde Park, New York: University Books, 1960.

Starkie, Walter In Sara's Tents, John Murray, London, 1955. *Chapter on: Tarot of Gypsies*.

____. *Tarot Talismans*, LLlewellyn Publications, 2006.

The Florentine Fior di Virtu of 1491 with facsimile woodcuts. Translated by Nicholas Fersin. Library of Congress, Washington, D.C., 1953.

Tuchman, Barbara W., *A Distant Mirror: The Calamitous 14th Century*. New York: Alfred A. Knopf, 1978.

Tyson, Donald, *Tarot Magic*, Llewellyn, 2018.

Vitali, Andrea and Terry Zanetti. I *Tarocchi: Storia Arte Magia*. Ravenna: Edizioni le Tarot. 2006.

Vitali, Andrea. "Iconografia dei tarocchi." In *Taroccchi: Arte e Magia*, edited by Giordano Berti and Andrea Vitali, 77-119. Faneza: Edizioni le Tarot, 1994.

Waite, A. E., *The Pictorial Key to the Tarot: A Fully Illustrated Guide to what Tarô is and How to Consult It*, 2nd ed., London: Rider, 1971.

Waite, Arthur Edward and Pamela Colman Smith. *The Rider Tarô Deck*. Stamford, CT: U. S. Games Systems, Inc., 1971.

Walker, Barbara G., *The Secrets of the Tarot: Origins, History, and Symbolism*, New York: Harper Collins, 1984.

Wang, Robert. *Qabalistic Tarot: A Textbook of Mystical Philosophy*. York Beach, ME: Samuel Weiser, 1983.

Weigle, Marta, *Brothers of Light, Brothers of Blood*. Albuquerque: University of New Mexico Press, 1976.

Williams, Brian, *A Renaissance Tarot: A Guide to the Renaissance Tarot*, Stamford: U.S. Games, 1994.

Wirth, Oswald. *Tarot of the Magicians*. California: RedWheel/Weiser, 2012.

Wood, Juliette 'The Celtic Tarot and the Secret Tradition: A Study in Modern Legend Making', *Folklore*, Vol. 109 (1998), pp. 15-24.

Woudhuysen, jan. *Tarot Therapy: A New Approach to Self Exploration*. Los Angeles: Jeremy P. Tarcher, 1979.

Zain, C.C. *The Sacred Tarot*, The Church of Light, Los Angeles.

CONHEÇA OUTROS TÍTULOS DA EDITORA ALFABETO

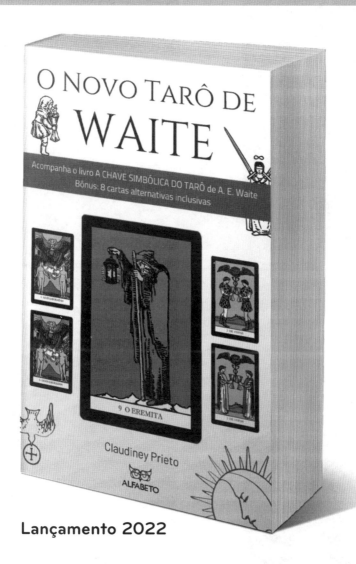

Lançamento 2022

Esta nova versão do Tarô de Waite é fiel à original em todos os sentidos, porém, amplia o seu espectro trazendo uma incrível inovação: a adição de 8 "cartas alternativas inclusivas". Trata-se daqueles arcanos emblemáticos do Tarô que falam do amor e que, até o presente momento, traziam representações exclusivamente heteronormativas. Num mundo atual, que dialoga frequentemente com a diversidade, essa adaptação se fazia mais do que necessária. Assim, as cartas dos Enamorados, 2 de Copas, 10 de Copas e 10 de Ouros ganharam expressões homoafetivas masculinas e femininas que possibilitam tornar muito mais inclusivas as leituras com o Tarô.

O Tarô de Marselha ganhou uma versão repaginada, incluindo personagens para as cartas que vão do 2 ao 10 de cada naipe dos Arcanos Menores.

As cartas do Oráculo da Grande Mãe evocam os arquétipos da Deusa e podem auxiliar você nas diferentes etapas de sua jornada rumo ao autoconhecimento.

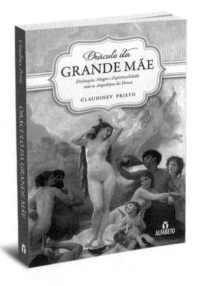

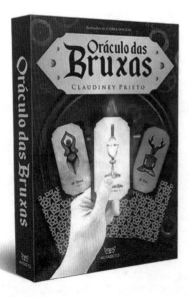

Composto por 40 cartas, o Oráculo das Bruxas traz todo imaginário do universo da Bruxaria, apresentando seus instrumentos sagrados e seus símbolos mais importantes como ferramenta divinatória.

A trilogia Estudos Completos do Tarô tem como objetivo ensinar o conhecimento básico das cartas (história, simbologia, sistematização e interpretação), uma inigualável fonte de estudo e de pesquisa para o tarólogo contemporâneo.

Pela primeira vez na história da Bruxaria, o Livro das Sombras de Laurie Cabot é aberto para compartilhar seus mais profundos mistérios!

Um Bruxo Solitário nunca está só: ele permanece sempre acompanhado pela presença dos Deuses Antigos, dos Ancestrais e dos espíritos dos elementos.

Neste livro você aprenderá como manifestar sua vontade por meio de seus próprios Sigilos Mágicos e ainda vai poder explorar os significados tradicionais e modernos das formas, números, letras e cores, enquanto aprende sobre como adicionar significado pessoal a seus símbolos.

Em Os Portais da Bruxaria você encontrará exercícios para o desenvolvimento psíquico, meditações, danças e músicas usadas em rituais, além de muitas outras maneiras de praticar a magia.

Patrícia Crowther levanta a tampa do caldeirão e revela a verdade sobre a Bruxaria, compartilhando sua história, métodos e as teorias por trás da magia e da autoiniciação em seus antigos mistérios.